서른넷

프랑스 문화 올림픽

BONJOUR

신동훈 외 15인 저자

Harmonisation

Allez! Allez!

Mosaïque

Ceci Cela

다 사 랑

프랑스 문화 올림픽

초판인쇄 2024년 1월 6일
초판발행 2024년 1월 10일

공동저자 김의나 · 김종현 · 김하진 · 남치원 · 박채연 · 성윤지 · 신동훈 · 신승연 · 양기성 · 양현진 · 이재형 · 이주아 · 정승아 · 지창훈 · 진희원 · 허수정

펴 낸 곳 도서출판 디 시 랑
펴 낸 이 신진호
출판등록 제2002-000017호
주 소 07027 서울시 동작구 사당로 8(상도동)
전 화 (02)812-3694(代)

ISBN 978-89-97756-75-9 03920

정가 16,000원

프롤로그

/ 프랑스 문화 올림픽 /

(책상과 의자, 16명의 학생과 그들의 열정으로 2023학년도 2학기 유럽어문학과 프랑스어 전공 P-실무프로젝트 강의실이 가득 찼다. 추운 날씨에도 프로젝트에 참여한 학생들의 열정으로 강의실은 후끈거렸고 저마다 좋은 결과를 만들기 위해 학생들이 분주하다.)

캐 스 터 김한 항상 프랑스 문화에 관심 가지고, 사랑 해주시는 팬 여러분 안녕하십니까, 캐스터 김한입니다. 2023학년도 2학기 유럽어문학과 프랑스어 전공 학생들이 진행하는 가천대학교 유럽어문학과 프랑스어 전공 P-실무프로젝트 〈프랑스 문화 올림픽〉 현장에서 인사드립니다. 오늘 진행은 이불 해설위원과 함께합니다. 안녕하세요?

해설위원 이불 안녕하세요. 해설위원 이불입니다.

캐 스 터 김한 해설위원님 프로젝트가 진행되는 이곳은 현재 추운 겨울임에도 불구하고 참여한 학생들의 열정과 패기로 후끈거립니다. 오늘 이곳에서 진행되는 〈프랑스 문화 올림픽〉이 정확히 무엇이죠? 참여자들이 승리와 메달을 목표로 하는 경쟁인가요?

해설위원 이불 〈프랑스 문화 올림픽〉은 “프랑스와 한국의 상호 문화 콘텐츠

개발 프로젝트"를 주제로 하여, 학생들이 진행하는 하나의 축제입니다. 치열하게 경쟁해서 승리하는 것에 목표를 두지 않고 모든 학생이 참여해서 각자 관심 있는 한국과 프랑스 문화를 비교하고 참여한 학생과 독자 모두가 같이 즐기는 것을 목표로 하는 축제죠. 오늘 이곳에서 독자 여러분은 16명의 학생이 4주 동안 노력한 결과물을 보실 수 있습니다.

캐 스 터 김한 학생들이 4주 동안 노력한 결과라니 기대가 됩니다. 학생들은 어떤 주제로 참여했을까요?

해설위원 이불 팀 Harmonisation은 '다양한 시선으로 바라본 프랑스'로 참여했고, 팀 Allez! Allez!는 '한 · 프의 A to Z'로 참여했습니다. 팀 Mosaïque는 '프랑스 찍어먹기'로 참여했고 팀 'Ceci Cela'는 '캐치업 프랑스'로 참여했습니다. 이상 4개의 팀에서 16개의 주제로 참가합니다. 각 주제는 〈목차〉 항목에서 살펴보실 수 있고, 자세한 내용은 책 속에서 찾아보실 수 있습니다.

캐 스 터 김한 〈목차〉 항목을 살펴보니, 모든 학생이 흥미로운 주제로 참여한 것 같습니다. 한국과 프랑스 문화 비교에서 이렇게 색다른 주제들이 나오다니 신기합니다. 해설위원께서 독자들에게 글을 읽을 때 추천하는 방식이 있으실까요?

해설위원 이불 16개의 다채로운 주제들이 이어지지 않고 각자의 독립된 이야기를 다루고 있습니다. 또 모든 주제가 신선하죠. 순서에 상관없이 원하는 주제, 끌리는 제목을 찾아가서 읽어보시기를 추천합니다. 또 책을 읽고 흥미를 느껴 더 깊은 정보를 원하신다면 이 책을 시작으로 새롭게 찾아보시는 것도 좋을 것 같습니다. 〈프랑스 문화 올림픽〉은 단순히 정보를 제공하는 책이 아니라 16개의 흥미로운 시각을 전달하는 책이니까요.

캐 스 터 김한 좋은 말씀 감사합니다. 잠시 후 〈프랑스 문화 올림픽〉이 여러분의 눈 앞에 펼쳐집니다. 16명의 대학생이 모여 진행하는 〈프랑스 문화 올림픽〉에 와주신 독자 여러분, 4주라는 짧은 일정 속에서도 최선을 다한 16명의 글쓴이, P-실무프로젝트가 원활하게 진행될 수 있도록 도움 주신 담당 교수님과 다사랑 출판사, 적극적으로 P-실무프로젝트를 지원한 가천대학교 모두에게 감사의 인사를 드리면서 캐스터 김한과 해설위원 이불은 다음에 다시 인사드리겠습니다. 감사합니다.

차례

제1장 다양한 시선으로 바라본 프랑스

TEAM

Harmonisation

Harmonisation

프랑스와 한국의 문화 비교와 문화 교류 및 이해의 과정 속 두 나라의 문화를 조화롭게 융화할 방안을 찾자는 목표를 담은 팀 이름이다.

한국과 프랑스, 서로를 바라보는 시선

신동훈

‖ 가천대 유럽어문학과(프랑스어) 4학년 ‖

한국과 프랑스, 서로를 바라보는 시선을 들어가며

세계 지도를 펼쳐보신 적이 있나요? 여러분이 지도를 펼쳐보면 아시아와 유럽이 붙어 있는 것을 볼 수 있을 겁니다. 흔히 유라시아(영어 : Eurasia)라고 부르는 대륙으로 동서로 길게 있는 땅이죠. 지도에서 이 땅을 놓고 오른쪽으로 쭉 따라가다 보면 중국 옆에 삐죽 튀어나온 작은 나라 대한민국이 있습니다. 물론 현대에 들어서 그 영향력은 작지 않지만요. 대한민국을 찾았다면 이제 눈을 돌려 왼쪽으로 가볼까요? 중국, 튀르키예, 이탈리아 등 여러 나라를 지나서 쭉 가면 대한민국의 반대편에서 우리는 프랑스를 찾을 수 있습니다. 펼쳐진 지도 속 대륙의 동쪽 끝에는 대한민국이, 서쪽 끝에는 프랑스가 위치한 것이죠! 지도에서 보이는 것만큼, 실제로도 두 나라는 꽤 먼 거리를 두고 위치합니다. 세계적인 검색 엔진 구글(Google)에서 제공하는 자료에 따르면 “대한민국에서 프랑스까지의 거리”는 직선으로 그리면 9,378km, 항공사마다 편차는 있겠지만 평균 13시간을 비행해야 도착할 수 있는 나라입니다. 이처럼 멀리 떨어져 있는 두 나라는 어떤 과정을 거쳐서 서로를 바라보게 되었을까요?

프랑스, 한국에 대해 듣다!

대한민국과 프랑스가 서로를 바라보게 된 이야기를 하려면[1] 우리나라 역사를 거슬러 올라가서 조선 시대로 가야 합니다. 조선의 역사로 가서 이웃 나라 청나라를 먼저 살펴봐야 하죠. 당시 청나라는 조선보다 땅이 더 컸기에, 외국인이 찾아오기 쉬웠습니다. 프랑스인들도 마찬가지였죠. 바다를 건너 알려지지 않은 땅을 탐험하던 프랑스인들은 우리나라보다 중국을 먼저 발견했고 더 일찍 교류를 시작했습니다. 이러한 활동은 18세기부터 더욱 활발해집니다. 프랑스의 가톨릭 선교사들은 청나라에 와서 선교 활동을 하면서, 서로의 문화와 정보를 활발히 교류했죠. 이 정보 중에는 청나라의 옆에 있는 우리나라 조선에 대한 정보도 있었습니다. 새로운 나라를 알게 된 프랑스, 두 나라는 어떻게 지금까지 교류하게 되었을까요? 역사의 흐름 속 두 나라의 교류, 알아보겠습니다.

프랑스의 가톨릭 선교와 한국의 가톨릭 박해

프랑스는 가톨릭 선교를 통해 조선과 만나게 됩니다. 조선 후기, 적은 수였으나 청나라를 통해 이미 가톨릭을 전파 받고 믿는 조선인들이 있었습니다[2]. 하지만 조선에는 가톨릭 사제가 없었고 조선인 신자들은 사제를 필요로 했습니다. 이들은 1825년 가톨릭 교황청으로 사제를 보내 줄 것을 요청합니다. 이에 교황은 1827년 프랑스 파리 외방전교회(Missions étrangères de Paris, MEP)[3]에 선교사를 보내라고 전달하죠.

파리 외방전교회는 프랑스 대혁명의 여파로 회원도 많이 없었고, 단체를 운영할 돈도 없는 어려운 상황이었습니다. 그럼에도 가톨릭을 전파하겠다는 사명으로 조선에 선교사를 보냅니다. 당시 방콕에서 보좌 주교로 활동하던 브뤼기에르(Barthélemy Bruguière) 주교가 조선으로 갈 것을 자원했고, 1831년 조선으로 출발했습니다[4]. 방콕에서 출발한 브뤼기에르 주교는 3년 만에 청나라와 조선의 국경에 있는 땅, 만주에 도착했지만, 조선의 외국인 입국 금지법으로 조선으로 들어오지 못합니다. 브뤼기에르 주교는 결국 1835년 만주에서 사망했죠. 브뤼기에르 주교 사후, 1836년에 모방(Pierre Philibert Maubant) 신부가 프랑스인 선교사 최초로 조선에 들어왔습니다. 1837년 앵베르(Laurent-Joseph-Marius Imbert) 주교와 샤스탕(Jacques Honoré Chastan) 신부도 국경의 감시망을 피해 비밀리에 조선으로 입국했죠[5]. 이들은 조선에서 3명의 가톨릭 소년(김대건, 최방제, 최양업)을 선발해서 마카오로 유학을 보냅니다. 3명의 소년 중 최방제는 안타깝게도 유학 중 병을 얻어 사망했습니다. 남은 김대건과 최양업만 공부를 마치고 사제서품을 받습니다[6]. 소년들이 마카오에서 공부하는 시기에 조선에서 가톨릭 박해는 심해지고 있었습니다. 1839년에는 기해박해(己亥迫害, 기해년에 일어난 가톨릭 박해)가 일어나서 많은 가톨릭 신자와 파리 외방전교회 선교사 3명이 죽었죠[7]. 기해박해가 있고 6년 후에, 우리나라 최초로 김대건이 사제가 됩니다. 신부가 된 해에 김대건 신부는 페레올(Jean-Baptiste Ferréol) 주교, 다블뤼(Marie- Nicolas-Antoine Daveluy) 신부와 함께 조선에 들어옵니다. 이들은 함께 가톨릭을 전파하죠. 그러던 중, 김대건 신부는 잡혔고 1846년 병오박해(丙午迫害, 병오년에 일어난 가톨릭 박해)에서 처형당했습니다[8]. 1846년 이후에도 파리 외방전교회는 꾸준히 활동합니다. 1866년 병인박해(丙寅迫害, 병인년에 일어난 가톨릭 박해)가 일어날 때까지 베르뇌(Siméon-François Berneux) 주교 등 9명의 선교사를 조선에 보냈죠. 조선에 온 프랑스인 선교사들은 가톨릭을 전파하기 위해 노력했습니다. 안타깝게도 선교사 중 9명은 병인박해에서 순교했고, 3명만 겨우 화를 피해 청나라로 갔습니다. 이들을 통해 병인박해에 대한 소식이 전해졌고 분노한 프랑스는 조선을 무력으로 압박하게 됩니다.

병인박해와 병인양요(丙寅洋擾, 흥선대원군의 가톨릭 탄압으로 병인년에 프랑스 함대가 강화도를 침범한 사건), 조선과 프랑스가 대립한 사건은 양국 관계에서 중요한 사건이기 때문에, 조금 더 깊이 있게 살펴보는 게 좋겠습니다.

한국과 프랑스, 전쟁의 역사

병인박해와 병인양요가 일어난 1866년은 고종이 조선의 왕이 된 지 3년이 되는 해였습니다[9]. 고종은 12살의 어린 나이에 왕이 되었기 때문에 아버지인 흥선대원군이 대신 왕 노릇을 했죠[10]. 1866년에도 마찬가지였습니다.

흥선대원군 집권기에 조선의 북쪽에 있는 러시아는 얼지 않는 바다와 항구를 차지하기 위해 호시탐탐 조선을 노리고 있었습니다[11]. 흥선대원군은 러시아가 조선으로 내려오는 것을 막아야 했죠. 하지만 러시아의 군사력은 조선의 군사력보다 강했기 때문에 외국의 도움이 필요했습니다. 신하들의 권유로 그는 프랑스의 도움을 받기로 합니다. 그러나 이전까지 조선은 프랑스와 정식으로 수교한 적이 없었죠. 그렇기에 조선의 요청을 전달해 줄 사람이 필요했습니다. 처음 수교하는 것이기에 내용을 전하는 사람이 조선에 대해 긍정적으로 전달해야 프랑스와 수교하기가 쉬웠을 겁니다. 그래서 조선은 그 사람에게 좋은 인상을 보이는 것이 필요했습니다. 처음 친구를 사귈 때, 좋은 모습을 보여주면 쉽게 친해질 수 있는 것처럼 말이죠.

흥선대원군은 조선의 요청을 프랑스에 잘 전달할 수 있는 사람은 프랑스인 선교사뿐이라고 생각했습니다. 그래서 그는 선교 활동을 암묵적으로 허용하면서, 좋은 인상을 남기려고 노력했죠[12]. 흥선대원군은 선교 활동을 묵인하면서, 선교사를 친절하게 대합니다. 최고 집권자가 용인하자 선교사들은 활발히 활동할 수 있었습니다. 조선인 가톨릭 신자의 수는 급증했고 조선 왕실에도 가톨릭이 전파되었죠. 대원군의 부인과 고종의 유모까지도 독실한 신자가 되었다고 합니다[13].

친절하게 대하니, 흥선대원군은 충분히 좋은 모습을 보였다고 생각했습니다. 그는 이제 선교사의 도움을 받아 프랑스와 소통하려고 했죠. 그는 조선에 체류 중이었던 베르뇌 주교와의 만남을 시도합니다. 하지만 흥선대원군의 요청에도, 베르뇌 주교는 만남을 거절합니다. 주교는 '자신이 종교인이기 때문에 정치에 관여할 수 없다'라며 거절했죠. 주교는 프랑스의 라이시테(laïcité, 프랑스의 종교 중립성의 원칙) 원칙을 지킨 것이지만 흥선대원군이 그것을 알 리가 없었습니다.

유교를 따르는 사람들의 따가운 눈총에도, 흥선대원군은 가톨릭을 묵인하며 그들에게 친절하게 대했습니다. 하지만 그 일은 베르뇌 주교의 거절로 좋은 결실을 얻지 못했죠. 오히려 나쁜 결과만 얻습니다. 유교 사상을 숭상하며, 자신의 집권에 반대하는 정치 세력이 공격하기 시작한 것입니다[14]. 흥선대원군은 자신을 향한 정치적 공격을 피해야 했습니다. 더 이상, 가톨릭을 묵인할 수 없게 된 것이죠. 그렇게 그는 이전과는 다른 행보를 보입니다. 가톨릭을 탄압하고, 가톨릭을 믿는 사람들을 처형했죠. 또 서양과의 만남을 금지하는 정책을 펼칩니다. 사교금압(邪敎禁壓, 간사한 가르침을 금지하고 억압함)과 쇄국양이(鎖國攘夷, 나라를 잠그고 오랑캐를 물리침) 정책을 펼친 것입니다.

흥선대원군의 명령 아래에, 1866년 봄부터 우리나라 역사상 최대 규모의 가톨릭 박해가 진행됩니다. 8천여 명의 조선인 가톨릭 신도와 9명의 프랑스인 선교사가 처형되었습니다. 이 사건이 바로 병인박해입니다[15]. 병인박해에서 처형된 가톨릭 선교사들은 파리 외방전교회 소속의 프랑스인 사제들이었고 12명 중 3명의 선교사만이 살아서 청나라에 도착합니다.

프랑스인 선교사 리델(Félix-Clair Ridel) 신부는 1866년 7월, 청나라에 무사히 도착했습니다. 리델 신부는 그곳에 주둔 중이던 프랑스 극동함대 사령관 로즈(Pierre-Gustave Roze) 제독을 만나, 조선에서 벌어진 참극에 대해 이야기합니다[16]. 이야기를 듣고, 분노한 프랑스군 사령관 로즈 제독은 해군 함대를 이끌고 조선을 공격했죠[17]. 이렇게 일어난 전쟁이 병인양요입니다. 우리나라가 겪은 최초의 서양 군대와의 무력 충돌이자, 프랑스와는 처음이자, 마지막 전쟁이었습니다.

로즈 제독은 자국인의 인명 손실에 대한 항의와 보복을 명분으로 내세워서 조선의 강화도를 공격합니다. 크게 1차와 2차로 나뉘어서 공격했죠[18]. 프랑스의 1차 침략은 조선의 해로와 한강의 수로를 탐색하는 과정이었습니다. 2차 침략은 프랑스 함대 7척이 11월 강화도를 공격하는 단계였죠. 로즈 제독은 계속해서 프랑스인 선교사를 살해한 자에 대한 처벌과 통상조약 체결을 요구합니다. 하지만 흥선대원군은 프랑스 측의 요구를 무시했죠. 오히려 그는 훈련도감(訓鍊都監, 조선 시대 군대 중 하나로 수도 경비와 군인 양성을 맡았던 기구) 산하에 순무영(巡撫營, 조선 시대 군영)을 설치해서 무력으로 대항했습니다[19]. 조선군이 완강하게 저항하자, 결국 프랑스 해군은 12월에 퇴각했고, 전쟁은 막을 내렸습니다[20].

병인양요는 양국 모두에 피해를 준 전쟁이었습니다. 특히 조선이 큰 피해를 보았죠. 프랑스의 경우 전쟁에서 패하고 돌아갔기 때문에 군사적 영향력이 약간 줄었습니다[21]. 그럼에도 프랑스는 인도-차이나 반도에서 큰 영향력을 가졌고, 세계적으로 손꼽히게 강한 군사력을 보유하고 있었죠. 그래서 한반도에서의 군사적 실패는 큰 피해가 아니었습니다. 반면 조선의 경우, 프랑스와의 전쟁으로 인해 서양인에 대한 적대감과 불신이 강화되었습니다. 왕실은 쇄국양이 정책을 강화했죠. 때문에, 서양 국가와의 수교에 큰 벽이 생겼고, 동아시아 3국(한국, 중국, 일본) 중 가장 늦게 서구 열강과 수교하게 됩니다. 특히, 프랑스와 조약을 체결하고, 상호이해를 증진하는 데 20년이 걸리게 되었죠.

수교 문제를 먼저 다루었지만 다른 문제도 있었습니다. 수도 한양을 지키는 주요 거점 중 강화도가 파괴되었다는 것입니다. 강화도는 대륙에서 한양으로 향하는 바닷길을 지키는 중요한 거점이었습니다. 하지만 프랑스의 공격으로 그 기능을 상실했죠[22]. 또 강화도는 방어 거점과 더불어, 조선 왕실의 중요한 기록물을 보관하는 외규장각이 있었습니다. 조선 왕실 의궤 등 왕실 서적을 보관하고 있었죠. 이곳을 프랑스 군대가 퇴각하는 과정에서 약탈하고 방화합니다. 그로 인해, 조선의 역사・문화적 유산이 소실되었습니다[23].

2011년에, 프랑스 국립도서관으로부터 돌아와 국립중앙박물관에 소장하고 있는 조선 왕실 의궤는 프랑스가 가져간 유산 중 하나입니다[24]. 의궤는 조선 왕실의 기록문화를 상세하고 입체적으로 보여주는 중요 사료이죠. 더욱이, 어람용이라는 점에서 당대 최고 수준의 문화 역량이 결집 된 기록물이자, 예술품으로 문화재적 가치가 높습니다[25]. 강화도의 외규장각에는, 이런 역사 유산이 더 많이 존재했지만, 지금은 찾아볼 수 없게 되었죠. 이는 우리나라 역사 기록물 차원에서, 큰 피해라고 할 수 있겠네요.

몸에 상처가 나고 시간이 지나면 아무는 것과 같이, 조선과 프랑스의 교류는 점차 회복되었습니다. 하지만, 없어지고, 반환되지 못한 유물은 아직 남은 흉터라고 할 수 있겠습니다.

양국 역사에 전쟁의 상처를 남긴 병인양요, 현대에 와서 바라보는 시각이 조금 다릅니다. 프랑스는 크게 2차례에 걸쳐서 조선을 공격했죠. 우리나라는 이것을 전쟁 혹은 침략으로 해석합니다. 하지만 프랑스의 경우, "L'expédition en Corée du contre-amiral Roze(해석하면, 로즈 제독의 한국 원정)"로 부르고, 프랑스의 원정으로 보죠. 하나의 사건을, 양국이 서로 다른 시각에서 보고 있습니다. 상호문화 교류와 비교문화의 시선에서 흥미로운 점이 아닐 수 없습니다!

더불어, 사건에 대한 역사 교육의 차원에서도 다른 모습을 보입니다. 우리나라에서는 한국사 시간에 꼭 병인양요를 다루지만[26], 프랑스에서는 교육하지 않습니다. 한류 문화의 열풍으로, 한국사에도 관심을 가지며, 사건을 알게 된 몇몇 프랑스인도 있습니다. 하지만 아직 우리나라와는 다른 수용 양상을 보입니다[27].

병인박해와 병인양요는 양국 모두의 책임이 있는 역사적 사건입니다. 그러므로 우리나라는 죽은 프랑스인 선교사를 기억하며 추모하고, 프랑스는 약탈한 문화재를 모두 돌려줘서 흉터가 점점 옅어질 수 있으면 좋겠습니다.

한국과 프랑스, 첫 만남에 대해 새롭게 발견하다

앞서 언급한 것과 같이 한국과 프랑스의 첫 만남은 파리 외방전교회의 선교 활동이죠. 하지만 종교 차원의 선교를 나라의 공식적인 외교로 볼 수는 없습니다. 때문에, 1866년 전쟁 중, 로즈 제독의 프랑스군과 흥선대원군의 조선군이 한 소통을 첫 외교로 보는 것이 적합했습니다.

"적합했습니다." 왜 과거형으로 적었냐고요? 아주 예리한 분이시군요! 이제 한국과 프랑스의 외교사를 이야기할 때, 병인양요는 더 이상 처음이 아니기 때문입니다.

2023년, 프랑스에서 한국학을 연구하는 연구진들이 병인양요보다 15

년 앞선 1851년, 한국과 프랑스의 공식적인 만남이 있었다는 사실을 발견했습니다[28]. 1851년의 만남은, 프랑스 외무부 보고서와 조선의 공식 문서에서도 발견되었죠. 상하이에서 발행된 영국 신문에서도 그 내용이 존재했으며, 파리 교외에 세브르 국립 도자기 박물관(Musée national de la céramique de Sèvres)에 유물이 남아있었습니다[29]. 그렇기에 이제 양국의 첫 만남을 이야기할 때, 이 내용을 다루어야 할 것입니다. 새롭게 발견된, 약 2세기 전 우리나라와 프랑스의 첫 만남[30], 함께 살펴보시죠.

1851년 3월의 끝자락에서, 조선인들은 서해 연안에 갑자기 출몰한 이상한 모양의 서양 배를 발견합니다. 조선 사람들은 그 배로 사람을 보내 누구인지 물었지만, 서로의 언어가 달라서 이해하지 못했죠[31]. 마땅한 결과를 내지 못하고, 조사는 끝납니다. 배는 다시 활동을 떠났고, 나중에 이름과 정보가 알려졌죠. 그 배의 이름은 나르발(Narval), 프랑스의 고래잡이배였습니다[32].

나르발 호는 1850년 3월에 프랑스 서북부 르아브르(Le Havre) 항구에서 출발했습니다. 1년 동안, 대서양과 인도양을 떠돌며, 고래를 잡았죠. 그 시절에, 고래는 다양한 곳에서 이용되었습니다. 고래 기름은 조명 기구와 화장품의 원료가 되었고, 고래잡이는 돈을 벌 수 있는 사업이었죠. 사람들은 많은 돈을 벌기 위해서, 많은 수의 고래를 잡았습니다. 고래가 많던 바다에서, 점차 고래를 보기 힘들어졌죠. 사람들은 고래가 더 많은 바다를 찾아 나섭니다.

나르발 호도 예외는 아니었습니다. 고래가 많은 바다를 찾아, 한반도의 동해로 가는 것을 선택했죠[33]. 동해는 옛날부터 고래가 많이 살던 바다였습니다. 사람들이 경해(鯨海, 고래가 많은 바다를 부르는 말)라고 불렀다는 기록을 보면, 정말 고래가 많았을 것 같습니다[34]. 또 18~20세기 초반에, 미국의 고래잡이배에서 기록한 바에 의하면, 동해는 긴수염고래, 혹등고래 등이 무리 지어 서식했던 곳이었습니다. 이러한 정보를 바탕으로, 나르발 호는 동해를 새로운 목적지로 향했습니다.

동해를 향해 가던 중 파도를 잘못 만났고, 3월 서해에서 조선인을 먼저 만나게 된 것입니다. 조사를 받고, 나르발 호는 다시 동해로 향합니다. 하지만, 우리나라의 바다는 호락호락하지 않았습니다. 특히 서해는 섬이 많은 바다이면서, 섬을 지나는 파도가 강렬한 바다였죠. 결국 조선 바다의 힘을 이기지 못한 프랑스의 배는 1851년 4월 전라도 비금도에 좌초합니다.

갑작스러운 배의 등장으로 조선인들은 당황했지만, 이내 정보를 얻기 위해 비금도에 표류한 프랑스인 선원들은 만납니다[35]. 양측은 서로의 언어를 전혀 몰랐기 때문에 제대로 된 소통이 되지 않았습니다. 조선의 관료는 일단 프랑스인들을 조선의 땅에 머물도록 하고, 상관에게 보고합니다. 소식을 들은 상관은 조선의 조정에 장계를 올린 뒤에, 갑작스럽게 등장한 선원들을 보호하기 위해 비금도로 향했죠[36]. 이 시기, 동아시아에는 종종 서양의 배가 표류하는 일이 있었습니다. 나라에서는 법으로, 표류한 사람을 해치지 않고 보호하도록 했죠. 비금도의 관료들도 그 법을 지킨 것입니다. 하지만 이 사실을 전혀 알지 못하고, 낯선 곳이 무서웠던 선원 중 9명은 작은 배를 타고, 서해를 건너, 청나라로 도망칩니다. 말도 통하지 않는 곳에서 갑자기 군사들이 찾아오니, 무서워서 도망치는 것은 당연했을 겁니다.

다행히 9명의 선원은 청나라 상하이 항구에 무사히 도착했죠. 그리고 그곳에 거주 중이던 영국인들의 도움으로 상하이에 있던 프랑스 영사를 만납니다. 당시 상하이에는 프랑스 영사로 샤를르 드 몽티니(Charles de Montigny)가 있었습니다[37]. 그는 자국민이 표류했다는 이야기를 듣고, 구출하러 가는 것을 망설이지 않았죠. 조선에 표류 중인 나머지 선원을 구조하기 위해, 통역관 등을 대동하고, 조선으로 향합니다[38].

구출대의 출발은 좋았습니다. 하지만 나르발 호가 좌초한 정확한 위치를 몰랐기 때문에, 상하이에서 출발한 몽티니 일행은 난항을 겪습니다. 힘든 상황 속에서, 구출대 일행은 해류와 바람으로 인해 제주도에 도착합니다. 제주도에 잘못 도착한 구출대는 제주도의 조선 관리에게 나르발 호에 관해 물었지만, 도착한 곳이 제주도라는 정보 외에는 아무것도 얻지 못하고 다시 길을 떠났죠.

여기서 잠깐! 양국의 관계 속 재밌는 내용이 나옵니다. 제주도에 도착한 몽티니 영사 일행을 조사하기 위해서 제주도 관리 이현공(李玄功)은 프랑스인들을 조사합니다[39]. 이때 몽티니는 프랑스를 '대법란서국(大法蘭西國)'이라고 소개하죠[40]. 당시 중국에서는 한자의 음과 훈을 빌려, 프랑스를 발음 나는 대로 '법란서(法蘭西)'라고 부르고 썼는데, 몽티니가 스스로 자신의 나라를 높이는 의미로 '큰 나라, 대국(大國)'를 붙인 것입니다. 먼 아시아에서도 몽티니의 프랑스 사랑을 엿볼 수 있죠. 반면 조선 관리 이현공은 서양의 지리와 국명을 몰라 계속해서 '란서국(蘭西國)'으로 이해했다고 합니다. 그도 그럴 것이 조선에서 '법란서' 즉, 프랑스를 처음 알게 된 것이 1832년(순조 32년) 시기였으니[41], 일부 학자들을 제외하고는 이름도 생소했을 겁니다. 약 170년 전까지 우리나라와 프랑스가 서로의 이름도 잘 모르는 사이였네요. 다시 이야기로 돌아가겠습니다.

제주도에서 조사를 마치고, 조선은 몽티니 일행이 다시 선원들을 찾으러 갈 수 있도록 지원합니다. 물자를 얻은 몽티니와 그의 일행은 다시 북쪽으로 향했죠. 힘든 과정을 거쳐서, 현재 전라남도 신안 인근에 도착합니다. 신안 앞 바다는 섬이 많아서, 구출대가 섬을 하나하나 돌아다니면서 난파한 선원들을 수소문해야 했죠. 수소문 끝에 비금도에 도착했고, 상하이에서 출발한 지 12일 만에 선원들을 만나게 됩니다[42].

선원들을 찾은 몽티니 영사는 비금도의 조선 관리들을 만납니다. 조선의 관리들은 먼 곳에서 온 이국인들을 환영했고, 대접했죠[43]. 그들은 음식과 술을 통해 만찬을 가졌고, 몽티니 영사는 보고서에 이 만찬을 '그림 같은 만찬(repas pittoresque)'로 기록했습니다[44]. 만찬을 즐기고, 선물을 교환한 이후, 몽티니는 선원들과 함께 청나라로 돌아갑니다. 1856년 몽티니 영사는 이 교류에서 선물로 받은 갈색 술병을 본국의 박물관에 기증했습니다. 이후 2015년 연구진에 의해 발견되었죠.

연구진의 노력 덕분에, 앞으로 우리나라와 프랑스의 역사를 다룰 때, 양국의 첫 외교는 '박해와 전쟁'에서 벗어나서 '비금도에서의 평화로운 교류'가 될 것입니다.

한국과 프랑스, 공식적인 만남을 시작하다

19세기, 서양의 국가들은 동아시아 시장을 개방하기 위해 적극적으로 구애합니다. 동아시아를 새로운 시장으로 개척하고, 교역을 통해 이득을 얻고자 한 것이죠. 중국의 경우, 1842년 영국과 난징조약(南京條約, 아편전쟁에서 패배한 청나라와 영국이 맺은 불평등 조약)을 체결하며 개항했고[45], 일본은 1854년 미국과 미일화친조약(美日和親條約, 미국 해군의 무력시위로 일본이 맺은 조약)을 통해 교류를 시작합니다[46].

중국과 일본에 비해, 조선에는 조금 늦게 개항을 요구합니다. 여러 이유가 있겠지만, 조선이 중국에 비해서 시장 규모가 비교적 작았고, 일본에 비해서 바다로 교류하기 조금 더 힘들었기 때문이었죠. 그런 게 아니라면, 1850년대 중반 이후 프랑스, 영국 등 서양의 강대국이 이미 차지한 식민지 안정에 주력하고, 반란이 일어나지 않도록 관리해야 했기 때문일 수 있습니다.

조금 늦어졌지만, 조선도 서양 자본주의 국가의 개항 압박에 시달립니다. 1866년에는 프랑스가, 1871년에는 미국이 공격하면서 조선을 개항시키려고 하죠. 서양의 압박에도, 조선은 오히려 전국에 척화비(斥和

碑, 조선 후기 흥선대원군이 서양 제국주의 세력의 침략을 경계하기 위해 전국 각지에 세운 비석)를 세우면서 교류를 거부하는 위정척사 사상(衛正斥邪思想, 외세에 대항하여 성리학적 가치를 지키자는 운동)을 유지합니다.

변화의 흐름을 거스르기란 어려운 일이었나 봅니다. 1876년, 조선은 일본과 조일수호조규(朝日修好條規, 강화도조약)를 맺으면서 최초로 개항하고, 이후 1882년 미국과의 조약을 시작으로 여러 나라와 근대적인 조약을 맺기 시작합니다. 1882년 미국과의 조약 이후, 1883년 10월 영국, 같은 해 11월 독일, 1884년 6월에 이탈리아, 같은 해 7월 러시아와 차례로 조약을 맺습니다.[47] 프랑스와의 조약은 조금 늦게 맺게 되죠. 앞서 살펴봤던 병인박해와 병인양요로 인한 갈등이 문제였습니다. 결국 프랑스는 다른 서양 국가보다 먼저 조선과 접촉했지만, 늦게 조약을 체결한 국가가 됩니다. 이제부터, 우리나라와 프랑스가 공식적으로 시작한 외교와 조약 체결의 과정을 세심하게 살펴보도록 하겠습니다.

프랑스는 강화도에서 패배하고, 조선을 향해 회피적인 태도를 가졌습니다. 대표적인 예로 1872년 미국이 프랑스 정부에 제안한 공동작전을 거부한 사례가 있죠[48]. 프랑스의 회피적인 태도가 두려움 때문인지, 정치·경제적 이유 때문인지는 알 수 없지만, 조선에 대해 적극적인 태도를 보이지 않았음은 분명합니다. 때문에, 다른 나라보다 조금 늦은 1886년 프랑스는 조선과 교섭을 시작합니다.

1886년, 고종의 명을 받은 조선의 전권대신 김만식과 고종의 미국인 외교 고문관 데니(Owen Nickerson Denny)가 조선 대표로, 프랑스의 전권위원 코고르당(F.G.Cogordan)이 프랑스 대표로 참석한 자리가 마련됩니다[49]. 이들은 그 자리에서 조선과 프랑스 간 우호 통상조약을 체결했습니다. 이 조약은 1835년 모방 신부가 조선에 입국해서 활동한 이후, 반세기 만에 수립된 양국의 공식 외교관계였습니다. 조약을 체결하고,

주요 외국인 관직에 프랑스인이 15명이나 관직을 받기도 했으며, 양국은 1905년 을사늑약(乙巳勒約, 일본이 대한제국의 외교권을 박탈하기 위해 일본군을 동원하여 강제로 체결한 불평등 조약) 전까지 외교관계를 맺었습니다[50]. 일본으로 인해, 대한제국의 외교권이 박탈되어 외국과의 수교를 맺지 못하게 되었기 때문이죠.

을사늑약 이후, 많은 국가가 일본과 협정을 맺고, 조선에서 철수합니다. 하지만, 프랑스는 다른 국가와는 조금 달랐습니다. 공사관을 철수하는 대신에, 공사관을 영사관으로 조정하여 운영했습니다. 정치성을 배제한 영사관으로 하향 조정한 거의 유일한 국가였습니다.

1886년 양국의 조약 체결 이후 사회・문화적 교류가 활발해졌습니다. 프랑스인 선교사에 의해 양로원, 보육원, 신학교가 설립되었고, 우리나라 최초로 고딕 양식 건물인 명동성당이 건축되었습니다[51]. 1880년에는, 파리 외방전교회에 의해 쓰인 최초의 한국어 사전《한불자전(韓佛字典)》과 최초의 한국어 문법책《한어문전(韓語文典)》이 발간되기도 했죠. 1895년에는 프랑스어 교육과 통역사 양성을 목적으로 최초의 프랑스어 교육 기관인 법어학교(法語學校)도 설립되었습니다[52]. 1890년에는 홍종우가 우리나라 최초로 프랑스에서 유학했습니다[53]. 1901년에는 이위종이 프랑스 육군사관학교에 입교했습니다[54].

우리나라는 1900년에 파리에 공사관을 설치하며 외교에 힘썼고, 같은 해 파리 만국박람회에 참가하여, 한국의 문물을 처음 유럽에 소개하는 문화외교를 진행하기도 했죠[55]. 을사늑약 당시, 우리나라의 외교권이 박탈되지 않았다면, 양국의 문화 교류가 더 발전하지 않았을까요?

이 시기 교류의 역사를 다룰 때, 반드시 언급되어야 하는 인물이 있죠. 바로 빅토르 콜랭 드 플랑시(Victor Collin de Plancy) 주한 프랑스 공사입니다[56]. 플랑시 공사는 1887년 11월 임명된 초대 주한 프랑스 공사이자, 미술품과 도자기 수집가였습니다. 그는 파리의 동양어 대학교에서 중국어를 공부하고, 외교관이 되었습니다. 중국어가 능통했던 그는 중국에서 근무할 당시, 능력을 인정받고 조선으로 왔습니다. 초대에 이어 3대 공사를 역임한 것으로 보아, 직업적인 능력이 훌륭했다는 사실을 유추해 볼 수 있습니다. 그러나 다른 무엇보다도 그가 특출난 부분은 수집가의 안목이었습니다. 그는 미술품과 도자기 수집에 관심이 많았기 때문에, 우리나라에서 근무할 당시 많은 작품을 열정적으로 수집했습니다. 사후 그가 모았던 서적, 예술품 등의 유물은 프랑스 파리 기메 박물관(Musée national des arts asiatiques-Guimet)[57], 세브르 국립 도자기 박물관, 프랑스 국립도서관(Bibliothèque nationale de France, BnF)에 배치되어 있습니다[58].

플랑시 공사가 발견해 소장했던 수집품 중 한국사를 넘어 세계사적으로도 중요시되는 유물이 있는데, 바로 <직지(直指, 1377)>입니다[59]. <직지>는 고려 시대 승려 백운(白雲)이 고승들의 말을 엮고, 그의 제자들이 간행한 상, 하권 총 2권의 불교 서적입니다. 1972년 박병선 박사가 프랑스 국립도서관 사서로 근무할 당시, 다시 발견된 것으로[60] 진리를 깨닫기 위한 주제와 선종 불교의 교리를 담고 있어 불교학적 · 한국사적으로 중요한 자료였죠. 박병선 박사의 발견과 노력으로 세계 최초의 금속활자본으로 알려졌던 독일의 <구텐베르크 성경(Gutenberg-Bibel, 1455)>보다 한 세기가량 앞선 금속활자본임이 밝혀지게 되었습니다. 이로써, <직지> 금속활자본은 세계사적으로 가장 중요한 자료가 되었습니다. 프랑스 국립도서관에 보관된 <직지>는 플랑시 공사가 수집해서 프랑스로 돌아갈 당시 가져간 것으로 금속활자본 하권입니다. 1900년 파리 만국박람회에서 그는 최초로 <직지>를 공개했고, 이는 프랑스의 동양학자 모리스 쿠랑(Maurice Courant)의 「한국서지」에 게재되었습니다. 플랑시가 죽고, 예술품 수집가 앙리 베베르(Henri Vever)가 이를 구매했죠. 앙리 사후, 유언에 따라 가족들은 프랑스 국립도서관에 기증했고, 1952년부터 프랑스 국립도서관에서 보관 중입니다. 한 프랑스인 외교관의 취미에서 시작된 수집이 새로운 역사의 발견까지 이어졌다고 할 수 있겠네요.

프랑스의 한국 외면, 사실이 아니다

일본에 의해 우리나라의 외교권이 박탈되면서, 한국과 프랑스 사이에 공식적인 외교관계는 중단되었습니다. 프랑스는 1907년 일본과의 협상[61]에 따라, 일본으로부터 인도차이나 식민지 통치와 이권과 관련해서 국제적으로 인정받고 일본의 한국 식민지화 정책에 미적지근한 태도를 보입니다. 다른 서양 국가처럼 주한 공사관을 철수시키지는 않았으나 공사관을 영사관으로 격하시켰습니다. 이로써 프랑스는 우리나라와 일본 사이에 정치 분야에서는 중립을 취하지만, 종교 분야와 철도 부설권, 광산 채굴권 등 경제 분야에서는 적극적으로 이득을 취한 것입니다. 외교는 마치 거래와 같죠. 하나를 주면, 하나를 받게 됩니다. 프랑스는 우리나라에 대한 일본의 지배권을 인정 해주고, 인도차이나에 대한 지배권을 인정받죠. 또한 우리나라에서 경제적으로 이득을 얻는 대신에 일본이 우리나라를 정치적으로 지배하는 것을 허용합니다. 외교란 그런 것이니까요. 그럼에도 일본의 한국 식민지화를 눈감아준 프랑스가 마냥 나쁘기만 한 것은 아니었습니다.

1910년 일본이 국권을 침탈하고 우리나라를 식민지로 만든 이후, 수많은 국민이 해외로 망명하거나 해외에서 독립운동을 전개합니다[62]. 해외로 나간 사람들은 러시아 연해주, 미국 하와이 등으로 갔고 중국 상하이로 간 사람들도 있었죠. 그렇다면 왜 독립운동가들은 해외로 갔을까요? 일본이 전국을 장악, 지배, 탄압했기 때문입니다. 물론 국내에서 활동한 독립운동가도 있었지만[63], 일본의 감시가 심한 국내에서 독립운동을 원활하게 진행하기에는 어려움이 있었습니다. 그래서 해외에 거점을 마련하고 독립운동을 진행한 것이죠. 독립운동가들은 세계 곳곳에서 일본의 만행을 알리고 독립하기 위해 노력합니다[64]. 그리고 1919년, 중국 상하이에 대한민국 임시정부를 수립하고, 독립 국가 건설의 초석을 마련했죠[65]. 여기서 또 하나의 궁금증이 생깁니다. 왜 하필 독립운동가들은 상하이에 임시정부를 만들었을까요?

독립운동가들이 상하이에 임시정부를 만든 이유를 우리는 프랑스와 관련해서 찾을 수 있습니다[66]. 중국과 영국의 난징조약 이후, 1900년대에 상하이는 영국이 지배력을 가진 영어권 구역(상하이 공공 조계지)과 프랑스가 지배력을 가진 프랑스어권 구역(상하이 프랑스 조계지)으로 나뉘어 있었습니다. 즉, 상하이는 중국의 영토에 있지만 실질적으로는 영국과 프랑스에 의해 운영되는 지역이었던 것이죠. 이렇게 운영되니, 일본이 크게 간섭할 수 없었습니다. 이런 이유로 대한민국 임시정부는 상하이의 두 구역 중에서도 프랑스어권 구역에 자리 잡았죠. 영어권 구역이 아니었던 이유는 해당 구역에 일본인이 많이 살았고, 당시 영국과 일본은 친밀한 동맹 관계였으므로, 프랑스어권 구역이 더욱 안전했기 때문입니다[67]. 또 1919년은 제1차 세계대전 정전협정 이후, 파리강화회의가 진행되는 중이었습니다[68]. 지금처럼 교통망과 연락망이 발달한 시대가 아니었으므로, 프랑스 파리와 신속히 연락하기 위해서 프랑스어권 구역에 자리를 잡은 이유도 있습니다. 마지막으로 프랑스 혁명의 정신[69]인 자유, 평등, 박애가 대한민국의 독립을 간절히 원하는 사람들의 염원과 일맥상통하는 부분도 있기 때문이었죠. 이후 독립운동가들은 상하이 프랑스어권 구역에서 활동하고, 상하이의 프랑스 당국은 임시정부의 망명과 정치활동을 묵인하면서 독립운동이 진행될 수 있도록 도움을 줍니다. 임시정부와 프랑스어권 구역의 은밀한 협력 관계는 1932년 윤봉길 의사의 홍커우 공원 의거[70]로 일본이 프랑스에 강력하게 항의하기 전까지 지속됩니다.

프랑스는 일본과의 협정으로 직접적인 도움을 주지는 못했지만, 자신들의 구역에서 활동할 수 있도록 암암리에 허락하면서 대한민국 독립에 살포시 도움의 손길을 얹었다고 할 수 있겠습니다. 대한민국 독립운동가의 노력과 상하이 프랑스 당국의 비밀스러운 도움으로 1945년 8월 15일 대한민국은 일본으로부터 독립합니다. 독립 이후, 대한민국 정부가 수립되고 국교는 재개되어 현재까지 우호적인 관계가 이어져 오고 있습니다.

앞서 대중에게 잘 알려지지 않았지만, 일제강점기에 프랑스로 건너가 한글을 지키기 위해 노력한 분을 소개하고자 합니다. 바로 고루 이극로 선생[71]입니다. 1920년 중국 상하이에서 공부하던 이극로 선생은 1927년 독일 베를린대학으로 유학을 떠나, 철학부를 졸업합니다. 귀국하여 1929년 『조선어사전』[72] 편찬 등 한글을 보호하기 위한 활동을 했죠. 귀국 1년 전 1928년 5월 15일, 그는 프랑스 파리 소르본 대학의 구술 아카이브에 방문합니다. 일본에 의해 우리말 한글이 없어지지 않고 후대에도 한글이 기억될 수 있게 직접 2편으로 나누어 녹음했습니다[73]. 1편에서는 한글 자음과 모음 발음을, 2편에서는 한글 단어의 예시를 녹음했습니다. 이극로 선생의 노력, 파리 소르본 대학의 자료 보존과 연구진의 발견이 없었다면, 발견되지 않았을 한국과 프랑스 문화 교류의 역사 중 하나죠.

독립한 프랑스, 독립한 대한민국 43년 만에 다시 만나다

1944년 8월 25일은 프랑스가 나치독일로부터 독립한 날이며,[74] 1945년 8월 15일은 대한민국이 일본으로부터 독립한 날입니다[75]. 4년 동안 나치독일에 의해 점령되었던 파리를 되찾은 프랑스가 대한민국보다 1년 정도 앞서 독립한 것이죠. 프랑스는 샤를 드골(Charles de Gaulle)을 중심으로 제4공화국이 출범을 준비하며 혼란한 나라를 정상화하고 있었습니다. 우리나라는 미국과 소련의 군대 진주와 이데올로기 갈등 속에서 자유를 지키기 위해 노력하고 있었죠.

긴 노력 끝에, 1948년 8월 15일 독립 이후 3년 만에 이승만 대통령이 대한민국 정부 수립을 선포했습니다. 같은 해 12월 12일 유엔정치위원회에서는 대한민국이 합법 정부로 승인되었죠[76]. 1949년 2월 15일 프랑스 제4공화국 정부가 대한민국의 국제 주권을 승인하면서, 43년 만에 대한민국과 프랑스는 국교를 정상화합니다. 대한민국과 프랑스가 국제 외교라는 무대에서 친구로 다시 만나게 된 것이죠.

프랑스 정부는 1949년 4월 주한프랑스공사관을 개설했고, 초대 공사로 앙리 코스틸레스(Henri Costilès)를 임명했습니다. 대한민국 정부는 같은 해 5월 파리에 주프랑스 대한민국공사관을 설치했으며, 초대 공사로 공진항을 임명했죠.

그러던 중, 1950년 6월 25일 북한의 선제공격으로 한국전쟁이 발발하자 프랑스는 도움의 손길을 내밀었습니다[77]. 참전 16개국의 일원으로 지원 부대 1대대, 구축함 1척, 병사 3,421명을 파병했습니다. 프랑스 병사 중 262명이 전사했고, 1,008명이 다쳤습니다. 많은 병력은 아니었으나 '쌍터널 전투', '지평리 전투', '단장의 능선 격전', '281고지 전투' 등에서 훌륭하게 싸웠고[78], 현재 부산 유엔기념공원에 47명의 영웅이 안장되어 있습니다[79]. 귀국한 프랑스 장병은 <프랑스 한국전 참전 용사회>를 발족하여, 오늘날까지도 한국과 프랑스가 좋은 관계를 유지할 수 있도록 노력하고 있습니다[80].

1958년 10월, 양국은 외교관계를 공사급에서 대사급으로 승격시키기 위해 합의했으며, 1959년 양국 초대 대사를 임명했습니다. 현재 양국은 정치, 경제, 사회, 문화 등 다양한 방면에서 우호적이고 협력적인 관계를 유지하고 있고, 프랑스는 우리나라 안보와 경제 외교의 주요 협력국 중 하나입니다.

대한민국과 프랑스 과거부터 미래까지

자, 이제 우리는 어떤 과정을 통해 대한민국과 프랑스가 서로를 알게 되었는지 살펴보았습니다. 또, 만나서 어떤 이야기를 나누고, 어떻게 서로를 바라보는지 조금이나마 알게 되었죠. 1836년 모방 신부의 가톨릭 선교 활동을 시작으로, 1851년에는 '비금도 사건'이 있었고 1866년에는 가톨릭 박해와 프랑스인 선교사 처형으로 전쟁이 있기도 했습니다. 20년이 지난 1886년 우호 통상조약을 기점으로 교류하다가, 1905년 일본의 방해로 잠시 끊겼었죠. 이후, 43년 만인 1949년에 재수교를 맺었고 그 이후로는 계속해서 돈독해지고 있습니다.

현대에 와서, 교통, 통신의 발달로 상호 간 의사소통이 더욱더 편리해졌죠. 이제는 정부 차원을 넘어, 사회적 차원, 개인 차원의 교류까지도 활발해지고 있습니다. 먼저, 정부 차원에서는 대통령 간 만남의 횟수가 다른 나라에 비해 비교적 많습니다. 1986년 한국 대통령의 방불을 시작으로, 총 십여 차례 프랑스를 방문했습니다. 프랑스의 경우, 1993년부터 대통령의 방한이 무려 다섯 차례 진행되었죠[81]. 그리고 사회 차원에서는 매년 서래마을에서 즐기는 크리스마스 마켓과 한류 문화 열풍을 예로 들 수 있겠습니다[82]. 마지막으로, 개인 차원에서의 교류는 셀 수 없을 만큼 다양할 것입니다. SNS를 통해 언제나 자유롭게 이야기를 나누고 정보를 공유하기 때문이죠. 이처럼 우리나라와 프랑스는 서로서로 좋은 길잡이가 되어 순항하고 있습니다. 함께 좋은 길을 찾아, 먼 바다로 항해하는 양국 관계에 더 관심을 가져보는 사람이 되었으면 좋겠습니다. 여러분도 함께 승선하시겠습니까?

프랑스와 한국의 연애-결혼 가치관 비교

신승연

‖ 가천대 유럽어문학과(프랑스어) 3학년 ‖

다양한 연애 가치관

다들 어떤 연애를 하고 있는가 또는 어떤 연애를 하기를 원하는가? 사람마다 추구하는 연애가 다를 것이고, 다 다른 연애를 하고 있을 것이다. 그런데도, 사람마다 지향하는 연애가 비슷하긴 할 것이다. 그러니까, 친구에게 연애 상담을 하고, 연애 상담 관련 책과 관련 유튜버들이 있는 거라고 생각한다.

그런데, 옳은 연애라는 게 있을까? 예를 들어, 우리나라에서 연애할 때 연락의 빈도는 중요한 문제이다. 일어났는지, 오늘 무엇을 하는지, 집은 들어갔는지 등 연락을 자주 한다. 만약 애인이 온종일 연락이 되지 않는다면, 무슨 일이 있는지 걱정이 될 것이다.

프랑스인이 올린 영상을 보다가, 연애 방식이나 가치관이 우리나라와 달라 신기했었던 적이 있다. 물론, 정해진 연애 방식과 가치관은 없고 사람마다 다 다르다. 그 사람 말에 따르면, 애인이 하루 이틀 연락이 안 되어도 딱히 걱정이 되지 않는다는 것이다. 그에게 있어서는 직접 만나서 이야기를 나누는 것이 중요하지, 연락이 중요한 것은 아니라고 했다.

이 말을 들으니 신기하기도 하고, 또 다른 점이 있지 않을까 궁금했다. 앞으로 글을 읽으면서, 모든 프랑스인과 한국인이 내가 말하는 것처럼 연애하지 않는다는 걸 알아줬으면 좋겠다. 사람들의 가치관은 전부 다르니까.. 그냥 이런 경우도 있구나 하고 가볍게 봐줬으면 한다.

프랑스와 한국, 다른 코드의 연락 빈도

앞에서 언급했듯이, 프랑스에서 연락은 중요한 편이 아니다. 파비앙 코르비노(대한민국에서 활동하는 프랑스 출신의 배우, 모델, 방송인)가 예능프로그램 '비디오스타'에 나와 한국 사람들이 연애할 때, 연락을 굉장히 자주 해서 놀랐다고 말한 적이 있다. 프랑스에서는 이틀 동안 연락 안 하고, 안 만나는 경우도 흔하다고 한다. 더불어, 프랑스는 썸타는 사이에서도 연락을 그렇게 자주 하는 편이 아니라고 한다. 그 이유로는 개인의 사생활과 시간을 보장받길 원해서라고 말한다.

우리나라 대부분의 연인은 서로 최대한 많이 연락하기 위해 노력한다. 우리나라에서는 연락 빈도가 그들 간의 애정을 측정하는 하나의 지표로 자리 잡고 있는 것 같다. 연인끼리 용건 없이도 자주 전화하고, 방금 헤어졌어도 집 가는 길에 또 전화한다. 이러한 소통의 빈도가 서로에 대한 깊은 관심과 사랑을 표현하는 하나의 수단으로 작용하고 있다.

그래서 국제 연애를 처음 할 때 연락 문제로 의견 차이가 나는 경우가 있다고 한다. 그러할 경우 서로 대화를 통해 오해를 풀고 맞춰 나가는 것이 좋은 해결 방안이 될 것 같다. 그렇지만 아무래도 서로 다른 문화 속에서 형성된 가치관의 다름을 쉽게 이해할 수는 없을 것이다. 예를 들어 프랑스인 애인이 자기네 나라에서는 연인끼리 연락 잘 안 하니까 네가 이해하라고 말한다면 바로 그 말을 수긍할 수 있을까? 그러기는 쉽지 않을 것이다. 그런데도 그 애인의 가치관이 잘못되었다고 말할 수는 없다. 그 문화에서는 연락을 자주 안 하는 것이 당연할 수 있기 때문이다. 그렇기 때문에 서로 다른 문화를 살아온 사람들끼리 연애를 하는 것은 더욱 어려운 일인 것 같다.

커플링은 결혼할 때만

우리나라에서는 오래 사귄 커플은 커플링을 맞추는 경우가 많다. 100일, 200일, 300일 등을 기념으로 커플링을 맞추고는 한다. 커플링을 맞춘다고 해서 그들이 결혼한다는 의미는 아니다.

그러나 프랑스에서는 결혼할 때만 반지를 나눠 낀다. 우리나라처럼 커플일 때 커플링을 맞추는 문화는 없다고 한다. 그렇다면 프랑스에는 우리나라와 같은 기념일은 없을까?

프랑스도 기념일을 챙길까?

프랑스는 우리나라처럼 100일, 200일 등의 기념일은 없다고 한다. 대신 한 달 단위로 기념일을 챙긴다고 한다. 예를 들어 1월 10일에 사귀기 시작했다면, 2월 10일, 3월 10일을 챙기는 식이다.

우리나라는 화이트데이, 밸런타인데이, 빼빼로데이 등 기념일이 많다. 화이트데이에는 남자가 여자에게 사탕을 주고 밸런타인데이 때는 남자가 여자에게 초콜릿을 주고 빼빼로데이 때는 서로 빼빼로를 챙겨준다. 이런 식으로 우리나라에는 연인들끼리 기념일을 챙기는 날이 많다.

프랑스의 경우 밸런타인데이만 챙긴다고 한다. 프랑스는 밸런타인데이 때 우리나라와 달리 여자, 남자 구분 없이 초콜릿이나 꽃 또는 다른 선물을 애인에게 준다.

전 애인에서 친구로?

전 애인과 친구로 남을 수 있을까? 프랑스에서는 전 애인과 좋게 헤어진 경우 친구 사이로 남기도 한다고 한다[83]. 헤어졌다는 이유로 사랑했던 추억이 있는 전 애인을 자신의 인생에서 완전히 지워버리는 것을 정 없는 행동[84]이라고 생각하기 때문이다. 또한 이별했다는 이유로 전 애인과의 추억(예를 들어 사진)을 모두 지우지도 않는다.

우리나라에서는 전 애인과 친구로 지내는 경우가 흔하지 않다. 전 애인과 좋게 헤어졌다고 해도 친구로 지내는 것이 현재 애인에게 배려가 아니라고 생각하기 때문이다. 또한, 우리나라의 경우 헤어지면 전 애인과 관련된 사진이나 추억들을 지우는 경우가 많다. 만약 애인이 전 애인과 친구로 지내면서 연락하고 만나기까지 한다면 독자들의 경우 어떨 것 같나? 그들의 관계를 이해해 줄 수 있나?

우리나라 대부분의 사람은 쉽게 이해하지 못할 것 같다. 문화와 가치관이 다르다고 하더라도 나는 이 부분은 받아들이기 어려울 것 같다. 굳이 지나간 사람과 친구로 지내는 이유도 잘 모르겠고, 추억은 추억으로 간직하면 되지 연락하고 만날 이유까지 있나라는 생각이 든다. 그러나 개인마다 생각은 다 다른 것이니까 그들의 가치관을 존중은 한다.

사귀지만 연인은 아니야

프랑스인에게 사귄다는 것과 좋아한다/사랑한다는 조금 다른 의미이다. 그들은 사귀고 있지만, 서로를 연인으로 인정하고 있지 않을 수도 있다. 프랑스인들은 자신이 만나고 있는 사람을 '연인'이라고 부르기까지 생각보다 오랜 시간이 걸린다고 한다. 그들에게 있어서 '연인'이라는 단어는 꽤 신중한 단어인 것 같다.

특히 프랑스인들은 '사랑한다'는 말을 쉽게 하지 않는다. 그들은 말의 가치를 엄청 중요하게 여기기 때문이다. 그 대신 '너랑 같이 있으면 좋아'라는 등의 애정 표현을 자주 한다고 한다.

프랑스어를 모르더라도 많은 사람이 알고 있는 Je t'aime(좋아해)가 생각만큼 자주 쓰이는 문장이 아니라니.. 조금 놀라웠다. 연인 사이에서 쉽게 쓰이지 않는 것이지 친구 사이나 가족끼리는 자주 사용한다고 한다! 그런데도 Je t'aime는 프랑스인들이 하는 사랑 표현 중 가장 확실하고 명확한 사랑 고백이라고 한다. 만약 프랑스인에게 이 말을 들었다면, 그 사람과 연인 관계에 있다고 생각해도 좋다. 프랑스인들은 이 문장을 사용하는 데 평균적으로 짧게는 3개월 길게는 1년 또는 그 이상이 걸린다고 하고, 사용하지 않는 사람도 있다고 한다[85].

위에서 프랑스인에게 사귄다는 의미와 연인으로 인정했다는 의미는 다르다고 말했다. 우리나라에서는 사귀기 전에 내가 이 사람을 좋아하나? 사랑할 수 있을까? 라는 고민의 단계를 거치고 확신이 들면 그 사람과 사귀게 되는 경우가 많다. 보통 우리나라에서는 이 과정을 썸탄다라고 말한다. 그렇기 때문에 우리나라의 경우 사귄다는 의미는 상대방을 연인으로 인정했다는 뜻이다.

그러나 프랑스의 경우 사귀고 있는 도중에도 내가 만나고 있는 사람을 진정으로 사랑하는지에 대해 스스로 고민하는 시간을 계속 가진다고 한다. 연인으로 인정하기까지 보통 5개월에서 7개월 정도 걸리고, 이 기간에는 자유롭게 떠나갈 수 있다고 한다.

프랑스에서는 너무나도 자연스러운 동거 문화

신중한 성격을 가진 프랑스인들에게 '동거'는 자연스러운 문화이다. 그들에게 동거는 결혼을 전제로 둔 것이 아니다. 상대방을 더 깊게 알아갈 수 있는 하나의 도구이다. 같이 살아보지 않고서는 상대방을 안다고 할 수 없다. 그들은 같이 살아봐야 진정한 상대방의 모습을 알 수 있다고 생각한다. 진정한 모습을 모르는데 어떻게 자기 연인을 사랑할 수 있냐는 마인드인 것 같다.

그리고 프랑스는 우리나라와 달리 성인이 되면 독립한다. 우리나라와 부동산 체계가 달라, 보증금이 없어 독립하는데 큰 부담이 없다고 한다. 그렇지만 20대가 독립을 하고, 홀로 집값을 내는 것은 쉽지 않은 일이다[86]. 그렇기 때문에 동거라는 문화가 더 자연스러운 것 같다. 집값의 부담을 줄이기 위해서는 동거하는 것이 더 좋은 방법이기 때문이다. 그래서 프랑스의 경우 오래 사귄 연인들은 대부분 동거한다.

그렇다면 우리나라의 경우는 어떨까? 연인과 동거하겠다고 부모님께 당당하게 말할 수 있는 문화일까? 아직은 동거 문화가 사회적으로 받아들여지지 못하고 있고, 제대로 된 제도도 마련되어 있지 않다.

프랑스의 경우는 '팍스'(PACS)(시민연대계약 혹은 공동생활약정)라는 제도가 있다. 아이를 가지더라도, 이 제도가 결혼과 같은 혜택을 준다. 그런데 우리나라는 팍스 같은 제도가 없다. 즉, 동거하면서 생긴 아이는 법적으로 보장받을 수 없다는 이야기이다. 이러한 이유와 유교적인 사상이 강하게 자리 잡혀 있기 때문에 우리나라에서는 동거 문화가 쉽게 받아들여지지 않고 있다.

그러나 같이 살아보지 않고 상대방의 진정한 모습을 알 수 있을까? 결혼하고 나서 상대방과 자신이 살아가는 스타일이 맞지 않다며 이혼하는 사람들도 꽤 많다. 이를 방지하기 위해서는 동거도 좋은 해결책이 될 수 있다고 생각한다.

동거 문화가 발달하고, 팍스 제도가 도입된 프랑스에서는 이제 결혼이 필수가 아니게 되었다. 다양해진 가족 형태에 맞춰 제도가 도입됨으로써 그들의 자유가 보장되고 있다. 프랑스인들에게 결혼이란 무엇일까? 우리나라와 다른 문화와 흐름을 가진 프랑스인들의 결혼 가치관이 궁금해졌다. 지금부터는 프랑스와 한국의 결혼 가치관과 문화에 대해 알아보고자 한다.

결혼에 대한 MZ의 생각

요즘 들어, 나는 자주 친구들에게 언제 결혼하고 싶냐고 묻곤 한다. 나도 그렇고 내 주변 사람들이 결혼하는 것이 상상이 잘 안 가기 때문이다. 나이를 먹을수록 결혼에 대한 환상이 커지는 게 아니라 과연 내가 결혼을 할 수 있을까? 라는 생각이 커지는 것 같다. 어렸을 때는 당연하게 결혼해야만 하는 건 줄 알았다. 그러나 시간이 지나면 지날수록.. 나도 내 주변 사람들도 결혼이 필수라고 생각하지는 않는 것 같다. 내가 질문을 했을 때, 대부분이 20대 후반 아니면 30대 초반에 가고 싶다고 했고, 몇몇 친구들은 결혼 생각이 없다고 답하기도 했다.

이에 다양한 친구들의 생각도 궁금하여, 간단한 설문 조사를 실시했다. 21명 중 18명이 결혼하기를 원한다고 답하였고, 4명이 원하지 않는다고 답했다. 결혼을 원한다고 대답한 사람 대부분이 28살에서 32살 사이에 결혼하기를 원했다. 결혼을 원하지 않는다고 답한 사람들의 이유로는 '결혼 이후 내 삶의 선택의 폭이 좁아지는 것을 원하지 않는다', '한 사람과 인연을 지속하기 어려울 것 같아서', '결혼으로 인생을 낭비하기 싫다', '아직 결혼에 대해 크게 생각해 보지 않아서' 등이 있었다.

이렇듯 우리나라 결혼 가치관은 빠르게 바뀌고 있다. 우리의 부모 세대들까지만 하더라도 결혼은 필수적이고, 자연스러운 일이었던 것 같다. 요즘 청년 세대들은 자신의 인생을 살아가는 데에 있어서 결혼이 필수라고 생각하지 않는다. 개인의 행복을 추구하는 경향이 커지고 있다. 굳이 결혼하지 않더라도 충분히 자신의 삶을 즐기면서 잘 살 수 있다고 생각하기 때문이다. 결혼식뿐만 아니라 결혼하게 됨으로써 발생하는 비용이 많고, 희생해야 하는 부분도 많다. 집값도 비싸고 물가도 비싸기 때문에 경제적인 부분에서 압박감이 심한 것도 사실이다. 그런데도 아직 우리나라에서는 '결혼'하기를 원하는 MZ들이 꽤 있는 것 같다.

반면 프랑스 청년들은 결혼을 거의 하지 않는다. 그들은 굳이 '결혼'이라는 것을 염두에 두고 있는 것 같지 않다. 프랑스 또한 결혼식 비용이 많이 들고, 결혼 비용에 대한 부담이 있기 때문에, 결혼하지 않는 프랑스인들이 많다. 결혼 대신 대부분의 프랑스인은 동거하거나, 팍스 제도를 통해 살아간다.

왜 우리나라에서는 아직 결혼하기를 원하는 사람들이 많을까? 아마 프랑스와 한국 간의 문화 차이 때문인 것 같다. 아직 우리나라에서 동거는 좋은 시선으로 바라봐지지 않는다. 특히 기성세대에게… 또한 동거 커플을 위한 제도가 없다, 더 나아가, 우리나라는 가족 중심 사회이다. 자신의 의사결정에 부모님이나 가족의 영향력을 배제할 수 없다. 우리나라에서는 성인이 되어도 독립하지 않는 자식들이 대부분이다.

1968년 개혁 이후부터 프랑스에서는 이미 다양한 혼인 형태가 존재했다. 1999년 팍스 제도의 도입으로 동성 커플도 결혼하지 않더라도 그에 비슷한 혜택을 받을 수 있게 되었다. 더불어 2013년 동성결혼법이 통과되면서 더욱 가족에 대한 개념과 인식 변화가 생기고 있다.

프랑스는 이성 간 결합에 의한 법률혼 부부의 생식과 출산으로 이루어지는 '혈연 중심의 가족'만을 인정하는 관념에서 점차 벗어나고 있다. 전에 민법에서는 가족의 개념을 명확하게 제시하고 있지는 않았지만,

암묵적으로 '이성 간의 결혼[87]'을 의미하고 있었다.

그러나 동성결혼법 시행과 팍스의 시행 이후 신설된 프랑스 민법 제 143조에서는 "이성 혹은 동성 양 당사자 간에 체결되는 계약"[88]이라고 결혼의 의미를 정확하게 명시하고 있다. 이렇게 다양한 가족 형태와 혼인 제도가 생긴 만큼 프랑스에서 결혼은 딱히 중요한 것이 아니게 되었다. 이제는 결혼하지 않고, 동거하면서 아이를 키우는 경우가 많아졌다. 자녀를 가진 동거 커플이나 팍스 커플의 경우 다른 사람에게 "여긴 내 아이의 엄마이자, 내 여자친구야"라고 소개하는 경우가 많다고 한다.

이처럼 프랑스에서는 결혼하지 않고 살아가는 커플들이 매우 많다. 복잡한 절차를 거쳐야 하는 결혼보다 간편한 절차와 자신의 개인적인 자유를 좀 더 보장받을 수 있는 제도가 있기 때문인 것 같다. 더불어 결혼하지 않더라도 아이를 기르고, 집을 장만하고 사는데 전혀 문제가 되지 않기 때문이다.

보통 우리나라에서는 결혼식 → 동거 → 아이 또는 집 마련 이런 순으로 가지만 프랑스에서는 보통 동거 → 아이 → 그리고 필요한 경우 결혼식을 올린다. 물론 위의 방식처럼 가지 않는 사람들도 분명 존재한다.

그러나 우리나라에서는 결혼하지 않고 동거만 하면서 아이를 키우는 일이 쉽지 않고, 혜택을 받는 것에도 어려움이 있다. 이에 반해 프랑스는 관련 제도가 현재 프랑스 청년들의 가치관에 맞게 잘 마련되어 있는 것 같고, 우리나라에 비해 더 자유롭고 다양한 형태의 가족들이 있는 것 같아서 신기하다.

왜 우리나라 기성세대들은 결혼을 하라고 할까?

기성세대에게 있어서 결혼과 출산은 당연한 삶의 과정 중 하나였다. 그들은 왜 결혼과 출산이 당연하게 여겨졌을까?

현재 우리의 부모들은 자식들에게 결혼하라고 권장한다. 권장하기보다 당연하다는 듯이 이야기한다. 우리 엄마, 아빠 또한 내가 당연하게 결혼하고, 자녀를 낳을 것으로 생각한다. 하지만 난 자식을 키울 자신도 없고, 내 자유를 포기하고 싶지도 않다. 왜 스스로를 희생하면서까지 자식을 길러야 할까? 그렇게 말하면 자식들이 주는 행복이 있다고 한다. 지금의 나로서는 그 말이 잘 와닿지는 않는다.

한편으로는 부모님들이 정말 존경스럽다. 자신들을 희생하고, 모든 것을 지원해 주고 당연히 자식들인 우리에게 있어서 정말 고마운 분들이다. 20대 때부터 쉴 틈 없이 일만 해온 아빠, 또 자기 직장을 포기하면서 우리를 키워 온 엄마, 과연 내가 그들처럼 나 자신을 희생할 수 있을까?

우리 엄마, 아빠는 25살 27살 때 결혼하셨다. 지금 내 나이가 23살이다. 25살에 결혼? 너무 이른 느낌이 든다. 부모님들 세대에는 그 나이 때 결혼하는 것이 보편적이었을지도 모르지만, 지금 결혼 연령은 점점 늦어지고 있다. 통계청 자료에 따르면, 남녀 초혼 평균 연령이 1996년에는 남성 경우 28.4세, 여성 경우 25.5세였지만, 2023년에는 33.7세, 33.1세[89]까지 늦춰졌다.

아마 나와 같은 생각을 하는 사람들이 많지 않을까 싶다. 결혼을 원하지 않거나, 하더라도 준비가 된 후 하기를 원하는 사람들이 많을 것이다. 내 주변 친구들 또한 가정을 이루고, 자식을 키울 자신이 없다고 한다. 요즘 세대들은 하고 싶은 것, 이루고 싶은 것들이 많기 때문에 결혼과 육아를 방해 요소라고 생각하기도 한다. 특히 출산을 원하지 않는 여성들이 점점 많아지고 있다.

기성세대보다 요즘 세대들은 개인주의 경향이 커지고 집단주의 경향이 낮아지고 있다고 한다. 그만큼 그들은 결혼해서 가정을 이루는 것보다 자유롭게 자신이 원하는 대로 삶을 살아가기를 원한다[90]. 또한 기성세대와 그들이 추구하는 삶의 목표가 다르다. 베이비붐 세대보다 젊은 이들은 타인이나 사회 문제에 대한 관심이 낮다. 타인보다 자신에게 초점이 맞춰진 목표를 추구한다고 한다. (삶의 즐거움, 자아실현, 성취감 등)

여성에게 있어서는 경제적 불안정성, 가부장적 문화와 출산과 육아에 대한 부담 또한 결혼에 대한 생각을 부정적으로 변화시키고 있다[91].

더불어, 일자리와 주거 마련이 쉽지 않고, 미래가 불확실한 상태에서 결혼과 출산은 쉽지 않은 결정이다. 결혼 연령이 낮았던 시대와 달리 요즘 세대들은 조건이 갖춰졌을 때, 결혼을 생각한다. 자신이 준비되지 않고 여유가 생기지 않았을 때는 결혼을 하지 않겠다는 입장이다.

MZ들이 결혼을 늦게 하고 싶어서 결혼 연령이 높아진 것도 있지만, 사회적, 경제적인 상황도 청년들의 결혼을 방해하고 있다. 결혼을 원하지 않는 청년들도 존재하지만, 결혼을 원하는 청년들도 꽤 존재한다, 2020년 25~49세 미혼 남녀를 대상으로 조사한 결과 미혼 남성의 65.7%, 미혼 여성 47.3%가 결혼을 원했다고[92] 한다.

청년들의 고등교육 기간이 길어지면서 독립이 늦어지고 사회 진출 연령 또한 높아지고 있다고 한다[93]. 기성세대 때와는 상황이 다르다는 것을 알 수 있다. 어떻게 보면 결혼 연령이 높아지고 결혼에 대한 가치관이 변화하는 것은 자연스러운 현상 아닐까?

프랑스 기성세대들은 어떨까?

68혁명 전까지 프랑스는 가톨릭의 영향으로 가부장적 성향이 강한 나라였다. 68세대들이 기성세대가 되면서, 가톨릭과 가부장제의 영향력이 약해졌다. 그러면서 수평적인 가족 문화가 뿌리내리기 시작했다. 지금의 젊은 세대는 팍스를 통해 더 주체적이고 평등하게 자신들만의 가정을 만들어 가고 있다.

프랑스는 우리나라에 비해 부모의 간섭이 적은 편이다. 앞서 말했듯이 프랑스 청년들은 국가의 지원을 통해 비교적 쉽게 독립한다. 그로 인해 부모님의 간섭은 저절로 줄어들게 된다. 프랑스 청년들은 부모님의 간섭 없이 스스로 누구를 만날지 어떻게 살아갈지를 결정한다. 우리나라 청년들보다 더 주체적인 삶을 살아가고 있는 듯하다.

이러한 문화적 차이가 프랑스와 우리나라의 결혼에 대한 가치관을 다르게 만든 것 같다.

결혼식 천천히 길게? 짧고 빠르게?

보통 프랑스에서 공식적인 결혼식은 시청의 서약을 거쳐야만 한다고 한다. 다른 곳에서(예를 들어 성당, 교회) 결혼식을 진행하더라도 시청 앞에서 다시 증인들과 함께 서약해야만 결혼이 인정된다고 한다. 시청에서 하는 결혼식 자체가 혼인신고이기 때문이다. 따라서 프랑스인들은 결혼하는 당사자나 부모님이 살고 있는 도시에서 결혼식을 올려야만 한다. 이와 달리 우리나라는 비교적 자유롭게 주민센터에 가서 혼인신고를 진행하기 때문에 결혼식을 어디서 해야 한다는 제약은 따로 없다.

그러나 프랑스인들은 성당에서 올리는 결혼식을 더 중요하게 여긴다고 한다. 성당 결혼식의 경우에는 결혼식을 올리기 몇 개월 전부터 신부님과 만나 면담을 해야 한다고 한다. 성당 결혼식은 시청 결혼식보다는 더 진지하고, 경건한 분위기에서 진행된다. 성당 결혼식에서도 신랑과 신부의 지인이 증인이 되어 서류에 서명한다고 한다.

원래 결혼식을 마치고 나오는 신랑 신부에게 쌀을 던지는 문화가 있었는데, 눈에 들어가게 되면 위험하기도 하고 바닥에 떨어진 쌀도 다 주워야 하므로 이제는 금지되었다. 지금은 라벤더 씨를 뿌리며 신랑, 신부를 축복해 준다.

또한 프랑스에서는 축의금을 주는 것이 필수는 아니다. 축의금을 주는 경우도 있지만, 작은 선물을 준비하는 경우도 있다고 한다. 축의금 문화가 우리처럼 활성화되어 있지 않아서, 프랑스인들이 결혼식 비용에 부담을 더 느끼는 편이다. 그러나 요즘은 프랑스도 축의금을 주는 추세라고 한다!

프랑스 결혼식은 굉장히 천천히.. 길게 진행된다. 보통 1박 2일로 결혼식을 진행한다. 프랑스는 계속 이동해 가면서 결혼식이 진행되기 때문이다. 시청 앞에서 결혼식을 올리고 바로 피로연 장소로 이동하거나 종교에 따라 성당이나 교회에서 따로 결혼식을 올린 후 이동하기도 한다.

그래서 우리나라의 경우 청첩장이 단순히 결혼식 날짜와 시간, 장소 등을 알리는 도구로써 이용된다면 프랑스에서는 청첩장을 받은 사람은 무조건 참석 여부를 신랑 신부에게 알려줘야 한다고 한다. 결혼식이 1박 2일, 길게는 2박 3일까지 진행되기 때문에 식사 인원과 숙박 인원을 확정 지어야 하기 때문이다. (하객들의 숙박비까지 생각하면... 결혼식 비용이 정말 많이 들 것 같다)

우리나라는 길어도 결혼식이 1시간 이내 끝나고, 축하해주러 온 사람들끼리 결혼식 뷔페에서 밥을 먹고 헤어지는 경우가 대부분이라 신랑, 신부와 대화할 시간이 거의 없다. 그러나 프랑스의 경우 새벽까지 신랑과 신부가 지인들과 어울려 논다.

또한, 우리나라는 신랑, 신부가 대부분 결혼식이 끝나고 바로 신혼여행을 떠난다. 반면에 프랑스는 신혼여행을 늦게 가거나, 안 가는 부부들도 많다.

개인적인 생각으로는, 결혼식을 준비하는데 만만치 않은 비용과 시간이 소요되는데, 1시간도 안 지나서 결혼식이 끝나면 좀 허무하고 아쉬울 것 같다. 그래서 프랑스 결혼식 문화에 대해 찾아보면서 자신들의 결혼을 친한 지인들과 제대로 즐기고 축하받는 프랑스 결혼식도 정말 좋은 문화 같았다. 결혼식 비용만 빼면 말이다.

프랑스 결혼 형태

위에서 언급했듯이, 프랑스는 크게 결혼, 결혼과 단순 동거의 중간 형태인 팍스, 단순 동거로 나누어져 있다. 1960년대 말 청년 세대들이 기성세대와 국가의 권위에 반발을 일으키고, 자유로운 결합을 추구[94]하면서 결혼 및 가족 제도에 변화가 일어났다[95]. 그 결과 다양한 가족 형태가 등장했다.

1970년대에는 동거 후 약 50% 정도가 결혼, 41%가 동거 유지 나머지가 동거를 중지했다고 한다[96]. 반면 1990년대에는 동거 후 약 9%만이 1년 안에 결혼, 30%가 5년 후에 결혼, 나머지는 동거를 지속했다. 이처럼 프랑스 사회에서 결혼은 점차 사라지고 있고, 동거나 팍스 제도를 통해 살아가는 커플들이 많아지고 있다, 2017년 프랑스 '조혼인율(인구 1,000명당 한 해 결혼 건수 비율)이 3.5건에 불과했다[97]'고 한다. 그렇다면 팍스가 도대체 구체적으로 무엇일까? 그들은 왜 결혼 대신 팍스를 선택하는 것일까? 지금부터는 팍스에 대해 좀 더 자세히 알아보고자 한다.

우선 팍스는 프랑스 젊은이들이 동거 문화를 확산시키면서 그것에 대한 대안으로 나타나게 되었다. 프랑스의 혼인 건수는 1969년 380,000건에서 1994년 253,000건까지 떨어졌고, 현재 2022년[98]에는 192,000건이다. 위의 수치를 보고 알 수 있듯이, 결혼하는 수는 계속 줄어들고 있지만, 동거하는 커플의 수는 점점 늘어나고 있다. 동거 비중은 1960년[99] 16%에서 1990년 87%로 늘어났다. 하지만, 동거 커플이 증가하면서 결혼제도 바깥에서 태어나는 아이들의 비중 또한 증가하였다. 그 당시(1990년대) 혼외 출산율이 약 40%정도였다고 한다[100]. 이를 해결하고, 동성애자의 가정 형성을 위하여 프랑스 국가는 팍스라는 해결책을 제시하였다. 원래 팍스는 동성커플을 위해 만들어진 제도였지만, 지금은 이성커플이 더 많아졌다고 한다[101].

또한 프랑스는 이혼율이 높은 나라이다. 프랑스에서 이혼을 하기 위해서는 합의이혼이라고 할지라도 결혼 6개월이 지나야 가능하고, 수속기간이 최소 4개월이 걸린다고 한다[102]. 그래서 조금 더 자유롭고, 쉽게 끊을 수 있는 팍스를 더 선호한다.

팍스

우선 팍스는 프랑스 젊은이들이 동거 문화를 확산시키면서 그것에 대한 대안으로 나타나게 되었다. 프랑스의 혼인 건수는 1969년 380,000건에서 1994년 253,000건까지 떨어졌고, 현재 2022년[103]에는 192,000건이다. 위의 수치를 보고 알 수 있듯이, 결혼하는 수는 계속 줄어들고 있지만, 동거하는 커플의 수는 점점 늘어나고 있다. 동거 비중은 1960년[104] 16%에서 1990년 87%로 늘어났다[105]. 하지만, 동거 커플이 증가하면서 결혼제도 바깥에서 태어나는 아이들의 비중 또한 증가하였다. 그 당시(1990년대) 혼외 출산율이 약 40% 정도였다고 한다[106]. 이를 해결하고, 동성애자의 가정 형성을 위하여 프랑스 국가는 팍스라는 해결책을 제시하였다. 원래 팍스는 동성 커플을 위해 만들어진 제도였지만, 지금은 이성 커플이 더 많아졌다고 한다[107].

또한 프랑스는 이혼율이 높은 나라이다. 프랑스에서 이혼을 하기 위해서는 합의이혼이라고 할지라도 결혼 6개월이 지나야 가능하고, 수속기간이 최소 4개월이 걸린다고 한다. 그래서 조금 더 자유롭고, 쉽게 끊을 수 있는 팍스를 더 선호한다.

팍스는 동거를 원하는 이성 혹은 동성 커플이 동거계약서를 지방법원에 제출함으로써 성립된다고 한다. 상대방과 혈연관계가 아니고 각자 다른 사람과 결혼 혹은 팍스 관계에 있지 않다는 것만 증명하면 누구나 등록할 수 있으며, 파트너 중 한 명이라도 결합의 해소를 원하는 경우 해당 관공서에 알리는 간단한 절차만으로 헤어질 수 있다. 2000년대 중반 관련 법의 개정으로 팍스 커플에게 보장되는 사회경제적 권리와 의무의 내용이 결혼 커플과 거의 유사한 수준으로 확대되었다[108].

팍스에 등록된 커플은 소득세, 사회보장급여 등에 있어서 결혼한 커플과 거의 유사한 수준의 권리를 보장받는다. 또한 동반자가 사망한 경우 상속권이나 유족연금 승계권은 제한되어 있지만, 동반자와 같이 살던 곳에서의 거주권은 먼저 보장받을 수 있다. 자녀 양육에 있어서도 부의 친권만 확인되면 공동양육권 획득에 문제가 없다[109].

프랑스 경우 결혼한 부부는 공동으로 세금을 납부하여 납부액을 줄일 수 있다. 단순 동거 커플은 별도로 내지만, 팍스 또한 공동납세의 혜택을 받을 수 있다. 부채에 대해서도 연대책임을 진다. 단순 동거 커플은 각자 책임을 진다고 한다. 또한 서로에 대한 부양 의무가 존재하기 때문에 사회보장 급여에서 혜택을 받을 수 있다(건강보험이나 실업수당 등). 반면 단순 동거는 건강보험 한해서만 적용이 된다고 한다. 더 나아가 팍스 커플은 파트너와 동시에 휴가를 신청할 수 있다.

그러나 팍스를 함께 등록한 외국인에게 시민권이 자동으로 부여되지 않는다는 점, 공동으로 취득한 재산을 공동소유로 간주하지 않는다는 점, 상속권에 있어서 결혼한 부부와 동등한 지위를 갖지 못한다는 점 등 결혼한 부부와 달리 보장되지 않는 권리도 있다.

그렇다면 양육의 경우는 어떨까? 우리나라와 달리 프랑스에서는 동거하면서 아이를 낳고, 기르는 것이 자연스러운 문화이다. 우리나라는 혼외 출생아를 보호하는 법이 아직 마련되어 있지 않다.

반면 프랑스는 결혼하지 않고, 팍스나 동거만 하더라도 양육권을 가질 수 있다. 팍스에 등록된 커플은 아버지임을 확인하는 증명서만 제출하면 아이에 대한 친권을 얻을 수 있다. 친권 성립 후 1년 이내라면 자동으로 공동 양육권 또한 획득할 수 있다. 공동 양육권은 팍스뿐만 아니라, 단순 동거 커플에게도 적용된다.

프랑스는 시대의 변화 흐름에 맞춰 제도도 잘 마련되고 있다. 느슨해진 가족 형태로 인해, 프랑스인들은 가족을 구성하는 것에 있어서 부담감이 적다. 자연스러운 동거 문화.. 우리나라도 이를 받아들여야 할까?

가족이라는 단어에 묶이고 싶지 않아 하는 현실에서, 팍스와 같은 제도는 좋은 해결책이 될 수도 있을 것 같다. 그러나 우리나라와 프랑스의 문화는 다르기 때문에 팍스라는 제도를 우리나라에 적용한다고 하더라도, 좋은 해결책이 될 수 있을지는 의문이다.

한국 결혼 형태

한국의 사회 변동은 결혼이라는 개념과 형태를 바꾸었다. 1960년대에 농업 중심 사회에서 산업화사회로 변화되면서 정치와 사회, 경제 등 다양한 면에서 변화가 생겼다. 과거 우리나라는 농사를 지어야 했기 때문에 일손이 많이 필요했다. 그래서 그 당시에는 부부, 자녀 외 조부모 등이 함께 사는 확대 가족[110]이 많았다. 그러나 산업화로 인해 농촌 지역에서의 대가족제도가 해체되었고, 부모와 자녀 중심의 핵가족이 증가하게 되었다고 한다. 더 나아가 지금은 개인 생활을 더 중요시하는 청년층들이 많아졌고, 예전에는 결혼이 필수였다면, 이제는 '선택'이 되었다. 사회에서는 경쟁력을 가진 개인을 요구하기 때문에, 개인화 현상이 강해질 수밖에 없는 현실이다.

점점 결혼을 선택하지 않는 청년들이 많아지고 있다. 이는 앞에서 계속 이야기 해왔던 이유 때문이다. 청년들은 결혼 대신 다른 방식의 대안을 찾고 있다. 그 대안 중 하나가 '동거'이다. 결혼하지 않고 동거를 꾸리고 있는 2030 청년들이 많아지고 있다. 여성가족부에 의하면 2021년에 결혼 없이 동거할 수 있다고 생각하는 사람의 비율이 약 70%라고 했고, 국민 약 60%가 가족의 범위를 사실혼에서 비혼 동거까지 확장하는 것에 대해 찬성 의견을 내었다고 한다[111]. 결혼식을 올렸지만 혼인 신고를 하지 않는 경우, 결혼식도 혼인 신고도 하지 않고 살아가는 경우도 있다. 이처럼 법률혼 관계인 핵가족의 표준을 벗어난 가족 형태는 점점 다양해지고 있고, 그 수도 늘어나고 있다.

하지만 우리나라의 경우 동거 관계는 법적으로 인정되지도, 사회과학적 범주로도 포함되지 않아 1인 가구로 분류된다고 한다[112]. 동거에 대한 사회적 인식은 계속해서 변해가고 있지만, 그에 따른 법적 제도가 마련되지 못하는 상황이다.

끝맺음

사람마다 가치관은 모두 다르다. 그렇지만 가치관 형성에서 문화라는 것을 무시할 수는 없다. 같은 문화 속에서 살아온 사람들이 다른 문화에서 살아온 사람들보다는 가치관이 더 비슷할 수밖에 없다. 만남에 있어서 서로의 다름을 이해하는 것은 굉장히 중요한 문제이다.

기술이 발달하면서 세계는 하나의 공동체가 되어가고 있다. 이제는 다른 나라 사람들과 교류하면서 지내는 것은 자연스러운 현상이다. 살아온 문화가 다르고 가치관이 다른 그들과 잘 지낼 수 있는 방법은 그들의 '문화'를 이해하고 존중하는 것이다.

원고를 집필하면서 우리나라와 프랑스의 연애-결혼 가치관이 꽤 다름을 알 수 있었다. 한 번도 다른 나라 연애-결혼 가치관에 대해 알아보고, 조사해 본 적이 없었는데, 이는 나에게 신선한 충격을 주었다. 비슷한 점도 있었지만, 이렇게 생각할 수도 있구나라는 생각이 들게 해준 부분도 많았다.

이 책을 읽으면서 여러분의 가치관은 어떤지 비교해 보고 깊이 생각해 볼 수 있는 시간이 되었으면 좋겠다.

프랑스에서 온 테니스, 프랑스로 간 태권도

양기성

‖ 가천대 유럽어문학과(프랑스어) 4학년 ‖

추억에서 유행까지

2018년도 프랑스어를 전공하기 시작할 때부터 프랑스 및 프랑스어를 사용하는 프랑스어권 국가들의 문화에 관심이 생겼다. 더불어, 이 국가들과 한국과의 관계, 경제적, 문화적 교류 또한 자연스럽게 흥미가 갔다. 프랑스어를 전공한 지 5년이 지난 지금, 프랑스뿐만 아니라 프랑스어권 국가에서의 한국의 인지도는 놀랍도록 상승했고 스포츠, 음악, 음식 등 다양한 분야에서 이름을 널리 알리고 있다. 프랑스에서 한국의 k-pop이나 화장품이 유행 중인 것은 뉴스를 통해 쉽게 접할 수 있으며 필자 또한 프랑스의 누벨바그(새로운 흐름이라는 뜻을 지닌 프랑스 단어)에 대해 익히 알고 있다. 이미 잘 알려진 유행보다는 현재 한국의 20대, 30대 청년층 사이에서 가장 유행하는 프랑스 기원 스포츠인 테니스와 2024년에 개최되는 파리 올림픽의 주 종목 중 하나인 한국 기원 스포츠, 태권도에 대해서 자세하게 알아보고자 한다.

9,300km 떨어진 두 나라가 어떻게 각자 원조국인 스포츠를 하고 있을까?

한국인 중 태권도를 한 번도 들어보지 못한 사람은 없을 것이다. 특히 어렸을 적 부모님께서 정서 안정과 체력 단련을 위해 우리를 태권도 도장에 보낸 기억이 한 번쯤 있을 것이다. 필자도 오랫동안 태권도를 수련했으며 태권도장에서의 추억이 꽤 많다. 띠의 색깔이 바뀔 때마다 한층 성장한 기분이 들었고 검은 띠를 내 허리에 묶었을 때는 세상을 다 가진 것 같았다. 이렇게 태권도를 몇 년간 수련했음에도 불구하고, 태권도의 역사는 어떻고 현재 어느 국가에서 행해지고 있는지 정확하게 알지 못한다. 어렸을 때도 띠의 색깔을 바꾸기 위해 태권도를 했지, 그 기원과 의의도 제대로 몰랐었다. 성인이 된 후 태권도를 거의 잊고 살았다가 올해 6월 주한 프랑스 대사관에서 진행됐던 <2023 문화소통포럼>에서 프랑스 대사의 태권도 시범에 관한 기사를 읽었다[113]. 이 소식을 접한 후 해당 분야에서 일하는 프랑스 친구에게 태권도의 현황에 대해 자세하게 물어봤는데, 올해 2월에도 양국의 올림픽 태권도 선수단이 만나고 태권도 관련 다양한 행사를 주최하고 있다는 답변을 받았다.

프랑스 이외에도 벨기에 프랑스어권 태권도 협회(ABFT, Association Belge Francophone de Taekwondo)[114], 퀘벡 태권도 연맹(Fédération Québécoise de Taekwondo)[115], 코트디부아르 태권도 연맹(FITKD, Fédération Ivoirienne de Taekwondo)[116], 모로코 왕국 태권도 연맹(FRMTK, Fédération Royale Marocaine de Taekwondo)[117] 같이 프랑스어권 국가들에서도 이런 조직들이 활성화돼 있고 여러 태권도 대회를 개최하고 있다. 한 예로, 작년에는 알제리의 알제라는 도시에서 2022년도 지중해 태권도 올림픽(Taekwondo aux Jeux méditerranéens de 2022)이 개최됐기도 했으며 우리도 모르게 다양한 국가에서 태권도를 즐기고 해가 지날수록 그 규모가 점차 확대되고 있다.

반대로, 프랑스에서 유래된 스포츠인 테니스도 젊은 세대들 사이에서 인기이다. 테니스를 하는 모습을 찍어 SNS에 올리는 현상이 하나의 유행이 됐고 의류 시장에서도 테니스 관련 스포츠 웨어의 시장규모가 점점 확장되고 있다[118]. 불과 몇 년 전까지만 해도 골프가 유행이었지만, 가격 문제와 한 번 진행하는데 많은 시간이 소요된다는 단점 때문에 비교적 비슷한 스포츠인 테니스도 유행하고 있다. 대학교 내 테니스 동아리도 비교적 골프 동아리보단 많이 활성화돼 있고 주변 사람들도 자주 자신의 SNS에 테니스를 하는 모습을 찍어 올리기도 한다. 또한, 실내 테니스장의 개수와 테니스 강습 희망 인원도 증가하고 있다.

이처럼, 프랑스에서 유래된 스포츠인 테니스는 현재 한국에서 크게 성행하고 있고, 반면에서 한국에서 생겨난 태권도는 프랑스 및 프랑스어권 국가에서 많이 시행되고 있다. 이처럼 두 스포츠는 원조국이 아닌 타국에서도 즐기고 있다는 공통점을 지닌다. 더불어 이 종목들은 모두 2024년에 있을 파리 올림픽의 경기 종목으로도 등록되어 있다. 테니스나 태권도 경기를 더 재미있게 관람하려면, 해당 종목에 대한 역사와 규칙 등을 제대로 이해하는 것이 필수라고 생각한다. 그래서 프랑스에서 온 테니스, 프랑스로 간 태권도를 주제로 선정했다. 테니스, 태권도의 기원과 역사를 간단하게 알아보고 두 스포츠의 유행을 인터뷰를 통해 자세히 파헤쳐 보려 한다.

À vous de servir (당신이 서브를 넣을 차례입니다)

현재, 프랑스는 축구의 인기에 밀려 예전만큼 테니스를 즐기지 않지만, 한국은 접근성이 점차 좋아져 테니스를 많이 하는 추세다. 하지만, 테니스가 현재 유행하고 있더라도 정확한 기원이나 규칙을 모르는 사람이 대다수라고 생각한다. 테니스의 기원은 중세시대 프랑스에서 자주

하던 쥬드폼(Le jeu de paume)이라는 스포츠 경기에서 유래 됐다. 원래 이 게임은 두 사람 간 네트를 사이에 두고 에뙤쁘(éteuf)라는 가죽으로 된 공을 손바닥으로 넘기는 방식으로 진행됐다. 당시 이 스포츠는 귀족층 사이에서 즐겨 했으며 서로 공을 넘기며 Tenez!(받으시오!) 라고 외치는 것이 15세기 영국으로 넘어가 Tennis로 변형되어 오늘날 테니스로 명칭이 굳어졌다[119]. 이 게임은 지금의 테니스와 경기 방식이 거의 유사하지만, 몇 가지 차이점이 있다. 테니스와 쥬드폼 모두 지상 바운드는 한 번만 허용된다. 하지만, 쥬드폼은 경기장 내부의 벽이나 지붕에 맞아 공이 계속 튕기는 것도 허용한다. 또한, 쥬드폼은 벽이나 지붕에 꼭 공을 한 번 이상을 맞춘 후 지상으로 공이 떨어져야 하는 독특한 경기 규칙이 있다. 그리고 테니스와 다르게 코트에 종이 있는데 공에 종이 맞거나 특정 범위 내에 공이 들어가면 점수를 얻는다[120].

이 게임이 시간이 지나며 다방면으로 발전했다. 그 예로 1874년 영국의 장교 월터 윙필드(Walter Wingfield)가 스페어리스티크(Sphairistike)[121]이다. 그는 쥬드폼보다 더 정형화 된 테니스 게임을 고안해냈으며 이 용어는 그리스어로 «공의 예술»[122]을 의미한다. 또한, 테니스 규칙과 테니스 코트를 각 지역에 상용화하기 시작했다. 이 시기부터 쥬드폼은 손으로 경기를 하다 보니 손 부상이 자주 발생하여 영국으로 전파된 후 장갑을 끼고 하거나 혹은 라켓으로 즐기는 방식으로 변형됐다. 그리고 윙필드는 스페어리스티크 게임에서 라켓, 장갑, 공, 네트 등 테니스 키트를 팔며 테니스를 상업화하기 시작했다. 왜냐하면, 당시 테니스장은 잔디로 되어있어서 기존의 쥬드폼 공인 가죽으로 된 에뙤프가 통통 튀기 힘들었기 때문이다. 그래셔 고무로 된 지금의 테니스공이 탄생했다.

그래서 공을 고무로 바꾸고 지금의 테니스공이 탄생했다.

테니스는 즉각적인 성공을 거둬 1877년 윔블던 대회(Wimbledon)가 출범한 후 테니스는 즉각적인 성공을 거뒀고 경기 규정이나 코트 모양이 정립됐다. 토너먼트에서 흰색 유니폼을 착용하는 것이 그 예다. 1년 뒤, 프랑스의 디나르(Dinard)라는 곳에서 최초의 프랑스 테니스 클럽이 만들어졌으며, 당시 영국 및 당시 영국의 식민지로 빠르게 테니스가 전파되어 1913년에는 국제 테니스 연맹이라는 단체도 창설됐다. 1891년에는 롤랑가로스(Roland-Garros) 경기장에서 하는 대회로 잘 알려진 프랑스 오픈 대회가 처음 개최됐다[123]. 기존의 프랑스 대회는 자국 내 클럽 선수만 참가할 수 있었지만, 1925년부터는 외국 국적의 선수들의 참가도 허용됐다. [124]. 하지만, 이 당시 아마추어 대회와 프로 대회로 분리되어 있었는데, 1968년 테니스가 또 한 번 변화의 바람을 맞으며 아마추어 대회에도 프로가 참가할 수 있게 변경됐다[125]. 이를 오픈(Open)이라고 하는데 오픈 테니스 대회라고 하는 것은 프로, 아마추어 모두 상관없이 경기에 참여할 수 있음을 뜻한다[126]. 이 중 윔블던, US오픈, 호주 오픈, 프랑스 오픈은 수많은 테니스 대회 중 가장 오래 되어 따로 그랜드슬램이라는 이름으로 불리고 있다[127].

또한, 1970년에는 테니스 경기가 오래 진행되는 것을 막기 위해 타이브레이크(Tie-break)[128]라는 제도가 도입됐는데 듀스(Deuce)가 발생했기 때문이다. 듀스는 두드쥬(Deux de jeu)[129]라는 프랑스어에서 유래된 것으로 추측한다. 이를 직역하면 승리까지 2점이라는 뜻이다. 이는 상대방과 점수가 같을 시 먼저 2점을 따내야 승리하는 규칙이다. 테니스에서는 4점을 먼저 따야 하는데, 점수가 3:3일 때 선수 중 한 명이 2점을 바로 따야 게임이 끝나게 된다. 듀스로 인해 경기가 승패 없이 지속되자 이러한 상황을 방지하기 위해 테니스에서 게임이 해당 상황이 된 경우 둘 중 먼저 7점을 획득한 사람이 이기는 방식으로 규칙이 변경됐다[130].

테니스는 기타 구기 종목과는 다르게 점수를 세는 방식이 특이하다. 0점을 러브(Love), 1점을 15(Fifteen), 2점을 30(Thirty), 3점을 40(Forty)

이라고 부르고 4점을 먼저 내는 선수가 그 세트에서 승리한 것으로 간주 된다. 먼저 0점이 러브로 불리게 된 이유는 프랑스에서 달걀을 뜻하는 단어인 뢰프(l'oeuf) 때문이다. 뢰프의 알파벳 l은 정관사며 oeuf는 달걀을 뜻한다. 둘이 합쳐 뢰프라는 발음이 난다. 달걀과 0의 생김새가 비슷했기 때문에 이 이름으로 불렸고, 이 단어가 영국으로 도입되어 뢰프에서 러브로 발음이 변형됐다는 가설이 유력하다. 그리고 점수마다 15, 30, 40으로 불리는 이유는 다양한 이야기가 존재한다. 먼저 앞서 설명한 테니스의 원조인 쥬드폼의 코트가 60피트(약 18m)였는데, 경기에서 1점을 획득할 때마다 15피트씩 선수들이 전진해야 했다. 15피트씩 전진하다가 45피트까지 전진하면 선수와 네트 사이의 거리가 너무 좁아져 40피트까지 가는 것으로 규칙이 변경됐다[131]. 또, 중세 프랑스 시기 사용된 화폐에서 유래됐다는 가설도 존재한다. 당시 쥬드폼 경기 역시 도박꾼들이 승패에 돈을 거는 베팅 시스템이 존재했는데, 그 시기 당시 사용되던 15 수(sous, 중세시기 사용되던 여러 동전의 이름) 정도 가치를 지니는 드니에 금화(denier d'or) 혹은 60 수의 가치를 지니는 두블 금화(double d'or)를 사용하여 선수들에게 베팅했었다. 따라서 중세 시대에서 15라는 숫자가 기준이 되어 오늘날 테니스에 적용됐다는 이야기도 있다.

테니스는 한국에 어떻게 도입됐을까?

한국에서의 테니스는 19세기 미국인 선교사를 통해서 도입됐다. 하지만, 현재 테니스 형태로 즐기는 것이 아니라 정구라는 형태로 진행됐다. 정구는 좀 더 가벼운 공과 라켓으로 한다는 점이 테니스와의 차이점이다[132].

1908년 재무부가 친목 도모를 위한 일종의 정구 부서를 조직했으며 이 부서에서 경기를 열었던 것이 시초이다. 현재는 테니스의 인기에 다소 부진한 면이 있지만, 지금도 세계연식 정구선수권대회가 2년마다 개최되고 있다[133]. 1926년에는 연식 정구부를 테니스부로 전환되어 지금의 테니스 형태로 점차 변화됐다. 이렇게 정구의 시대는 막을 내리는 듯하다가, 광복 이후 1955년에 테니스로부터 분리되어 대한 연식 정구협회가 창설됐다[134]. 이런 과정을 거쳐 테니스는 점점 발전했고 테니스 동호회, 아마추어 대회와 프로 대회가 많아지고 있다. 지금은 코리아오픈(Korea Open)[135]이라는 명칭으로 각 도시의 이름을 붙여 다양한 지역에서 대회를 진행하고 있다.

양국의 테니스 유행

프랑스의 대표 스포츠가 무엇일까? 라는 질문을 사람들에게 던졌을 때 십중팔구는 당연히 축구라고 대답할 것이다. 자국 리그도 꽤 경쟁력 있는 편이고, 국가대표는 말할 필요도 없이 늘 발군의 실력을 뽐낸다. 프랑스 축구 국가대표팀은 2018년 러시아 월드컵에서도 당당히 우승컵을 들며 프랑스의 스포츠는 곧 축구라는 이미지를 대중들에게 각인시켰다. 실제로 프랑스인들이 현재 가장 많이 즐겨 하는 스포츠는 바로 축구다. 하지만, 축구 전 테니스가 이를 대체했다. TV와 라디오가 상용화되기 전, 프랑스인들의 스포츠들은 바로 테니스, 승마, 자전거 경주였다. 테니스는 그 당시에도 경기장이 있었기 때문에 말이 필요한 승마보다는 비교적 쉽게 접근할 수 있었다. 당시 1924년 파리 올림픽에서도 남자 단식, 복식경기에서 은메달을 따는 등 프랑스의 테니스 수준은 꽤 높았다[136].

테니스는 축구의 인기에 밀려 다소 주춤한 듯 보이지만, 프랑스에서 두 번째로 많이 하는 스포츠다[137]. <<가장 많이 하는 스포츠 순서는 다

음과 같다; 축구, 테니스, 승마 그리고 유도 <<Après le football, les sports les plus pratiqués sont dans l'ordre: le tennis, l'équitation et le judo.[138]>> 2022년 기준으로 프랑스에서 테니스 회원 수는 약 100만 명 가까이 된다. 물론 최근 몇 년간 꾸준히 감소하긴 했지만, 여전히 프랑스 스포츠 산업의 30% 이상을 현재 차지한다[139]. 한 예로, 작년의 프랑스 테니스 토너먼트는 약 4,000만 명 정도가 관람했으며 대회 첫날 관중은 35,000명 이상에 달했다고 한다. 2022년부터 이 대회를 하이라이트나 리플레이로 경기를 다시 볼 수 있게 됐는데, 약 3,000만 조회수를 달성했다[140]. 이처럼 아직도 프랑스는 테니스에 열광하고 있다는 것을 알 수 있다.

이 유행을 한국이 현재 서서히 이어나가고 있는 듯하다. 약 10년 전까지만 해도 대부분이 취미로서 축구, 야구, 등산 혹은 수영을 즐기곤 했다. 실제로 통계청의 자료인 <여가시간과 여가활동의 변화> 자료를 살펴보면, 2016년에 테니스를 즐기는 사람은 불과 0.8%에서 2022년 작년에 1.6% 수준까지 증가했음을 알 수 있다[141]. 예전에만 하더라도, 테니스와 같이 네트를 넘겨서 했던 스포츠로는 배드민턴이나 배구 정도만 여가 스포츠로서 언급됐다. 그러나 지금은 테니스가 많이 취미로서 언급된다. 최근에는 필자의 지인들이 하나둘 테니스를 시작하거나 강습을 받고 있다. 한국에서 어떻게 프랑스에서 온 스포츠, 테니스가 유행 중일까? 이 이유는 약 2년간 우리를 괴롭혔던 COVID-19의 영향으로 볼 수 있다. 코로나 창궐 이후, 사람들은 서로 접촉하는 것을 꺼렸으며 특히 한국에서는 사회적 거리두기라는 정책을 통해 서로 몇 년 동안 거리를 둘 수밖에 없었다. 이 현상은 스포츠에도 고스란히 영향을 미쳤다. 농구나 축구 같이 자주 접촉하는 운동 빈도수는 점차 줄어들기 시작했고, 더불어 실내 시설 운영시간 제한으로 인해 헬스, 요가, 필라테스 등 실내에서 할 수 있는 운동 또한 자주 할 수 없게 됐다.

하지만, 테니스나 골프 같이 1인당 사용하는 면적이 넓은 스포츠는 이에 속하지 않아 호황기를 맞이하게 된다. 이 스포츠는 사람과 접촉하지 않고 넓은 장소에서 했기 때문에, 코로나 시대의 야외 활동으로서 좋은 선택지였다. 코로나 확산 이후 비대면 업무 및 재택근무가 활성화로 인해 사용하지 않는 공실 건물이 많아졌고 이를 실내 테니스 연습장으로 용도를 변경하여 더 많은 사람이 테니스를 접할 수 있게 됐다[142]. 필자는 다양한 기사를 접해 테니스 유행을 간접적으로는 느끼고 있었지만, 실제로 테니스를 하는 사람이 이를 실감하는지 궁금하여 현재 테니스를 1년째 하는 지인과의 인터뷰를 진행했다.

Q. 인터뷰에 선뜻 응해주셔서 감사합니다. 테니스를 시작한 계기가 궁금합니다.
A. 예전부터 테니스에 관심이 크게 있기도 했고 최근에 주변 사람들도 많이 시작해서 본격적으로 배우기 시작했다.

Q. 주변 사람들은 왜 테니스를 한다고 생각하는가?
A. 일단 테니스용 옷들이 예쁜 게 가장 중요한 이유인 것 같다. 테니스를 할 때마다 사진을 자주 찍어 나의 SNS에 올리곤 하는데, 그 사진을 보고 주변 사람들이 옷 예쁘다고 여러 번 들었던 기억이 있다. 물론 테니스가 건강해지기 위해서 혹은 다이어트를 위해서 시작하는 사람도 있겠지만, 옷이 날개라는 말이 있듯이 옷이 예쁘니까 테니스를 시작하는 경우가 대부분인 것 같다.
더불어, 안전하게 할 수 있는 스포츠라는 이유도 있다. 코로나 시대를 요약하자면 바로 '소통의 부재'라고 이야기할 수 있겠다. 사회적 거리 두기를 하면서 우리는 거의 2년에서 3년간 사람과의 교류나 각자의 삶을 공유하는 시간을 전혀 가지지 못했다. 유일하게 이런 것이 가능했던 곳이 바로 테니스장이었던 것 같다. 기본적으로 테니스 경기나 테니스 강습은 단식, 그러니까 1대 1로 진행된다. 그래서 다른 사람과 신체접촉을 할 일은 없지만, 상대방과 적어도 얘기는 할 수 있었다. 더불어, 테니스라는 공통의 취미가 있으니 얘기할 소재가 넘쳐나서 서로 얘기를 하며 사람들과 더 쉽게 친해질 수 있었던 것 같다.

Q. 테니스 초기 자본은 얼마나 들었는가?

A. 보통 테니스를 시작할 때 기본적으로 구매하는 것이 라켓, 테니스용 신발, 테니스용 옷 정도가 있겠다. 보통 선수용 라켓을 주로 사는데 약 30만 원 정도로 가격이 형성되어 있다. 테니스용 신발이나 테니스 옷은 주로 10만 원 정도이다. 강습 같은 경우에는 어느 운동이 그렇듯이 가격이 꽤 나가는 편이다. 나는 주 2회 20분씩 수업을 받는데, 월 38만 원 정도로 가격형성이 돼 있고 현재는 3개월에 95만 원 정도 한다. 근데 초기 자본만 이렇게 비싸지 막상 배운 후에는 돈을 낼 일이 거의 없다. 구민 체육센터에서도 테니스 강습을 저렴한 가격에 이용할 수 있기도 하고, 테니스 클럽이나 대회도 많이 활성화돼 있다. 현재는 테니스 초보인 선수들을 위한 아마추어 대회도 많이 개최되고 있다. 최근에 나는 쏘쿨컵이라는 아마추어용 대회에 참가하여 8강까지 진출했었다.

인터뷰에서 볼 수 있듯이, 테니스는 점차 한국에서 주된 스포츠로 발돋움하고 있음을 알 수 있다. 테니스는 골프의 대체 스포츠로서 많이 사랑받고 있다. 더불어, 테니스, 골프는 귀족 스포츠로 인식되는 경우가 많은데, 아무래도 다른 종목보다는 자본이 많이 필요하고 또 영국, 프랑스같이 유럽에서 온 스포츠기 때문이다. 골프는 더더욱 자본이 많이 필요하다. 필자는 골프를 거의 1년 정도 했는데, 실내 골프장 비용, 강습비, 필드, 골프채 비용 등 테니스와 비교가 안 될 정도로 가격이 많이 든다. 골프를 처음에 시작했을 때만 500만 원 가까이 썼던 기억이 난다. 또한, 필드에 나가서 골프를 한다고 가정하면, 경기 1회당 1인 30만 원은 써야 한다.

하지만, 테니스는 서울 근교 테니스장만 가도 약 3만 원에서 4만 원 정도의 예산으로 하루 내내 할 수 있다고 한다. 그리고 운동 효과도 크게 다르다. 필자는 1년 가까이 골프를 하면서, 체력이 좋아지거나, 체중이 감량되는 효과는 보지 못했다. 골프는 다소 정적인 면이 있는 것 같다. 한 타 한 타 모두 긴 시간을 두고 진행되며 몸을 움직이는 경우도 테니스보다 덜하다. 테니스는 반대로, 정말 역동적인 스포츠인 것 같다. 배드민턴과 비슷하게 이리저리 공을 상대방에게 보내기 위해 돌아다니기 때문이다. 2024년 파리 올림픽이 예정되어 있는데 테니스를 종주국인 프랑스에서 하므로 더 많은 관심이 쏠릴 것 같다. 따라서 내년 올림픽 이후 지금보다 많은 사람이 테니스를 시작하지 않을까 예상해본다.

테니스는 어떻게 할까?

2024년 프랑스 롤랑가로스 경기장(Stade Roland-Garros)에서 테니스 올림픽이 있을 예정이다. 개최일이 가까워질수록 테니스에 관한 관심이 점점 커지고 있는 것 같다. 특히 한국에서도 유행 중인 종목인 만큼 한국인들도 이 테니스 경기들을 많이 관람하거나 시청할 것으로 예상한다. 그래서 테니스에 대한 규칙을 조금이나마 이해하고 본다면 더 흥미롭게 볼 수 있지 않을까 생각한다. 물론 다양한 규칙들이 있지만, 테니스를 처음 보는 사람이 알면 좋을 것 같은 규칙만 간추려서 설명하려고 한다.

테니스 경기를 처음 보는 사람이 테니스에서 가장 먼저 이해가 안 되는 점은 바로 점수를 합산하는 방식일 것이다. 테니스는 포인트→게임→세트→경기승리 순으로 진행된다. 우선 4포인트를 먼저 득점하면 1게임을 얻게 되며 6게임을 따면 한 세트를 확보한다. 즉 6게임을 모두 이기면 한 세트를 가져가는 것이다. 3세트 경기 시 2세트, 5세트 경기 시 3세트를 우선 확보하면 경기에서 최종 승리하는 시스템이다. 이를 스코어링(Scoring)[143] 이라고 얘기한다. 테니스 경기를 한 번이라도 본 적이 있다면 경기 도중 공을 교체하는 장면을 자주 보았을 것이다. 이를 테니스 용어로 볼 체인지(Change of Balls)[144]라고 한다. 특히 볼 체인지는 양 선수의 합의로 진행할 수 있다. 여기에는 조건이 붙는데 선수끼리의 게임의 합이 홀수가 되어야 볼을 바꿀 수 있다. 예를 들어 한 선수가 1세트에서 3게임을 따고 다른 선수가 2게임을 땄다면 이때 공을 바꿀 수 있다. 또한, 앤드체인지(Change of End)[145]가 있는데 이는 코트를 바꾸는 행위이다.

첫번째 앤드체인지 시기는 첫 게임이 끝났을 때다. 즉, 4점을 먼저 내서 1게임을 가져간 사람이 발생하면 엔드체인지를 하는 것이다[146]. 그 후에는 게임에서의 합에 따라 앤드체인지 시기가 결정된다. 예를 들어 한 선수가 6게임을 따고 다른 선수가 3게임을 따서 합이 홀수로 끝났다면 다음 세트 시작 전에 앤드체인지를 한다. 만약 합이 짝수로 끝난 경우에서는 일단 세트를 진행하고 1게임이 끝나면 앤드체인지를 한다[147].

마지막으로 레트(Let)[148]이라는 규칙이 있다. 레트를 경기 도중에 선언하면 누가 포인트를 많이 땄든 적게 땄든 다시 처음부터 경기를 진행한다. 레트는 보통 공이 찢어져 버린 경우, 다른 공과 충돌한 경우와 같이 정상적으로 경기 진행이 어렵다고 판단하는 경우 심판이 레트를 선언한다[149]. 레트의 종류 중 서비스 레트도 있는데 이는 서브를 상대방에게 넣었을 때 선언하는 경우를 말한다. 보통, 서브를 받는 사람이 준비되지 않았는데 서브를 하는 경우나 서브한 공이 네트를 맞았는데 바운드 없이 상대방의 몸이나 라켓에 닿거나 맞았을 경우 선언된다. 일반 레트와 다르게 서비스 레트가 선언됐을 경우는 점수를 0점부터 다시 시작하지 않고 서비스만 다시 진행 한다[150].

이렇게 테니스의 기원, 역사, 현황, 유행에 대해 간단하게 알아보았다. 테니스는 유행한 지 얼마 되지 않아서 시간이 갈수록 관심이 더욱 커질 것 같다. 현재 테니스 시장이나 실내 테니스장들이 점점 더 활성화되고 있어서 더 많은 사람이 테니스를 즐기지 않을까 예상한다.

태권도(跆拳道), 발과 주먹의 길

프랑스에서 온 테니스를 간략하게 살펴봤다면, 이제 프랑스로 간 태권도를 보고자 한다. 한국인이라면 태권도에 대해 모르는 사람이 없을 것이다. 하지만, 태권도의 역사, 의미를 제대로 아는 사람은 많이 없을 것 같다. 나 또한 어렸을 때 태권도를 약 3년간 연마했으나 태권도가 정확히 무슨 뜻이고 어떤 역사를 지녔는지 제대로 알지 못한다. 그래서 태권도에 대한 간략한 기원과 설명을 하고 나서 프랑스 및 프랑스어권 국가에서 태권도를 수련하고 있는 몇 분과 인터뷰를 진행하는 방식으로 글을 이어나가려 한다. 과연 앞서 언급한 국가들에서 과연 얼마나 태권도를 알고 있고 수련하고 있을까? 함께 알아보자.

태권도는 발과 주먹으로 하는 무술이다. 태는 밟을 태(跆), 주먹 권(拳), 길 도(道)이다. 여기서 「길」은 단순히 특정 위치에서 다른 위치로의 까지 여정을 말하는 것이 아니다. 수련의 길, 무술의 길, 단련의 길 등 다양한 의미로 해석될 수 있다. 프랑스에서도 태권도를 소개할 때 도(道)를 라 부아(La voie) 혹은 레스프리(L'esprit)[151]라고 설명하는데, 이 단어는 단순히 길, 정신을 의미하기도 하지만, 육체에 대한 사유, 마음, 추상적인 길[152]을 내포하기도 한다. 따라서 태권도는 단순히 신체를 단련하는 것 이외에도 정신적 성찰을 통해 인격을 수양하는 기능을 한다는 것을 알 수 있다.

태권도는 유구한 역사를 자랑한다. 이 무술의 기원은 고구려, 부여, 동예라는 나라가 존재했던 시기인 1세기경까지 거슬러 올라간다. 당시 한반도의 북쪽에는 고구려와 부여가 동쪽에는 동예라는 국가가 있었다. 이 세 국가는 각각 일종의 행사가 존재했는데 이를 국중대회(國中大會)[153]라고 한다. 이 용어는 부여와 고구려에서는 쓰였지만, 동예에서는 국중대회라고 부르지는 않았다. 부여와 고구려는 이미 왕을 중심으로 한 지배 구조의 국가가 이미 형성이 돼 있었던 반면에 동예에서는 이런 정치 체계가 잡혀 있지 않았었기 때문이다. 여기서 「국」이란 왕이 있는 수도를 의미하는데, 동예는 현재의 읍, 리같이 자그마한 마을에서 했기 때문에 불리지 못했다[154]. 고구려에서는 동맹(東盟), 부여에서는 영고(迎鼓), 그리고 동예에서는 무천(舞天)이라는 이름으로 이 행사를 했다. 이러한 행사는 집단적 제천의식의 일종이었으며 당시 세 나라 모두 농경사회 국가여서 추수가 끝난 10월에 하는 경우가 많았다. 하지만, 부여는 농경사회 국가였지만 12월에 영고를 지냈던 이유는 바로 추수 감사의 목적보다는 수렵에 대한 성격이 강했기 때문이다[155]. 이러한 전통 의례 행사에서 진행됐던 체육 활동에서 우리 조상들은 각종 신체단련 무술을 즐겼는데 이것이 오늘날의 태권도로 발전하게 됐다[156].

초기 태권도는 수박(手搏)과 택견이라는 형태로 태어났다. 수박은 손 수(手)에 두드릴 박(搏)을 사용하며 손을 마주하면서 하는 무술[157]이다. 특히 고대에 탄생했던 무술인 만큼 단련 목적보다는 실용성이 강했는데, 당시 짐승을 사냥할만한 무기들이 많이 발달 돼 있지 않아서 맨손을 이용하여 잡는 경우가 많았다. 따라서 맨손 무술을 단련하기 위해 수박이 발달됐다[158]. 점점 시대를 거쳐 수박 수련방식이 점점 정형화되고 수박 대회 또한 각 지역에서 성행하게 된다. 또한, 태권도의 또 다른 유래는 택견이 있는데 택견은 맡길 탁(托)과 어깨 견(肩)을 사용하여 탁견이라고 부르기도 하고 다리 각(脚)과 재주 술(術)을 사용하여 각술[159]이라고도 한다. 택견은 수박과 다르게 발로 행하는 무술이며 다리를 이용하여 상대방을 넘어트리는 무술의 일종이다. 택견과 수박은 필수 무술의 하나로써 자리 잡았는데, 외세의 침입이 거셌던 삼국 시기에는 국방, 안보에 대한 필요성을 제창하며 무술 교육이 점차 강화되었다. 특히 지금의 군대 역할을 하는 무인청년단(武人青年團)에서 수련되었는데 예를 들어, 고구려의 선배(仙輩)나 신라의 화랑(花郞) 같은 조직이 있다. 나라를 지키기 위해 이런 무술을 자주 수련했다[160].

이후 고려 시대에는 화약, 총의 발명으로 기존의 무술 단련의 의미는 점차 퇴색되었고 안보적인 기능이 아닌 일종의 민속놀이로써 무술의 성격이 변하게 된다[161]. 이후 일제 강점기 시대에는 택견이 민족의 단합 및 결속을 도모한다는 이유로 금지됐으며 광복 이후에도 부흥하지 못하고 점차 쇠퇴 됐다. 그 이후로 택견을 아예 자취를 감출 뻔하다가 한국전쟁 이후 송덕기[162] 사범이 태권도를 다시 단원들에게 가르치기 시작했고 현재의 태권도 문화가 정착된다. 이후 국제태권도연맹(International Taekwondo Federation, ITF)과 세계태권도연맹(World Taekwondo, WT)이 창설되어 태권도를 세계적으로 더욱 알리기 시작했다. 더불어 태권도는 1980년 올림픽 종목으로서 올림픽 위원회(International Olympic Committee, IOC)에 인정을 받았으며 2000년 시드니 올림픽부터 정식 종목으로 출범했다. 올림픽으로서 태권도가 행해진 이후로 다양한 국가의 관심을 받았으며 이 시기부터 점점 태권도의 세계화가 시작됐다.

겨루기와 품새

태권도에 대한 이미지를 한 번 떠올려보자. 무엇이 떠오르는가? 많은 사람은 도복과 띠를 맨 단원이 격파, 겨루기 혹은 품새를 하는 장면을 떠올릴 것이다. 실제로 태권도장에서도 이 3가지를 중점으로 교육한다. 이들은 각자 다른 목적으로 수련된다. 격파는 보통 유단자를 위한 수련이라면 품새와 겨루기는 초보자, 입문자를 위한 과정이라고 볼 수 있다. 품새는 가상의 상대를 두고 혼자 일정한 체계를 두고 배우는 기술이다. 겨루기는 품새를 익히며 배웠던 기술을 활용해보며 상대방과 대련하는 것을 뜻한다[163]. 품새에 대해 먼저 살펴보자면 크게 유단자용 품새와 입문자용 품새로 분류되어있다. 태권도는 띠의 색깔로 수련 정도를 판단하는데 검은 띠를 딴 사람을 보통 유단자라 부르고 이외에는 수련자라고 말한다. 태권도의 띠 승급체계는 총 5가지가 있는데[164], 흰 띠, 노란 띠, 파란 띠, 빨간 띠, 검은 띠가 있다. 이 5가지 색은 오방색(五方色)이라고 말한다. 예외적으로, 빨간색과 검은색을 섞인 품 띠도 있는데, 이는 15세 이하의 유단자에게 부여하는 띠이다.

하지만, 이 승급체계에 관해 의문을 품는 독자들도 있을 것이다. 필자가 어렸을 때 태권도를 수련했을 때까지만 해도 띠의 색깔은 굉장히 다채로웠었기 때문이다. 이는 공식적인 띠 색깔은 아니며 태권도장에서 통용되는 승급체계라고 이야기한다. 기존의 오방색을 이용한 띠 승급체계를 도장에 그대로 적용하면 띠 색깔이 바뀌는 기간이 너무 오래 걸린다. 그리고 무엇보다 단원들의 동기부여를 위해 변형된 승급체계를 각 도장에서 채택하고 있다. 따라서 일반적으로 도장에서는 흰 띠-노란 띠-주황 띠-초록 띠-파란 띠-보라 띠-밤 띠-빨간 띠-품 띠 순의 승급체계를 적용한다[165]. 보통 흰 띠부터 빨간 띠까지의 수련자들을 유급자, 품 띠 수련자와 그리고 검은 띠 수련자들을 유품자/유급자라 일컫는다. 현재에는 품과 단을 혼용하여 쓰고 있다.

유급자는 태극(太極)[166]이라고 하는 품새를 배운다. 총 1장부터 8장까지로 구분되어 있으며 보통 태권도를 시작하면 태극 1장부터 배운다. 총 8가지로 분류되어있는 이유는 동양 철학 팔괘(八卦)에 영향을 받았기 때문이다. 팔괘는 건, 태, 이, 진, 손, 감, 간, 곤을 뜻한다[167]. 태극 1장은 하늘과 모든 것의 시작을 뜻하는 건(乾)을 의미한다[168]. 건은 인체에서 머리를 뜻하며 올바른 마음가짐을 배양하는 품새이다. 태극 2장은 태(兌)를 뜻한다[169]. 본래 고요한 강, 연못이라는 뜻이고 인체에서는 마음에 해당한다. 파동 하나 없는 연못처럼 고요한 마음을 다스리는 품새이다. 태극 3장은 이(離)를 의미한다[170]. 이는 불, 태양같이 뜨거운 것들을 상징하는데, 이는 인체에서 심장에 해당하며 용맹한 마음을 기르는 품새이다. 태극 4장은 진(震)을 의미한다[171]. 진은 말 그대로 벼락, 천둥, 번개를 뜻한다. 인체에서는 기동력, 속도, 민첩성을 담당하는 두 발에 해당하며 신속한 기술을 배우는 품새이다.

태극 5장은 손(巽)을 의미한다[172]. 손은 바람을 뜻하며 인체에서는 골반을 이야기한다. 바람이 모여 예측 불가능한 태풍이 되듯이 상대방의 허를 찌르는 기술과 움직임을 수련하는 품새이다. 태극 6장은 감(坎)을 의미한다[173]. 감은 끊임없이 흐르고 변화가 자유로운 물을 의미한다. 인체에서는 귀를 상징하며 물 흐르듯 이어지는 자세를 배우는 품새이다. 태극 7장은 간(艮)을 해당하며 산맥을 의미한다[174]. 인체에서는 산등성이와 비슷한 척추 부분과 관절을 나타내며 이를 효율적으로 사용할 수 있도록 수련하는 품새이다. 태극 8장은 곤(坤)을 나타내며 땅을 의미하고 인체에서는 모든 힘의 기원이 되는 배, 복부를 나타낸다[175]. 복부를 강화하는 동작을 수련하고 태극 1장부터 7장까지의 전체적인 과정을 마무리하는 품새이다.

고려(高麗)는 고구려의 무술 단련 조직 선배(仙輩)의 정신을 기리기 위해 만든 품새이며 1단이 주로 수련한다[176]. 고려 품새 시 취하는 선비 사(士)자세는 선배에 대한 존경과 예우를 나타낸다. 금강(金剛)은 2단이 수련하는 품새이며 헤아릴 수 없는 강함과 용맹함을 뜻한다[177]. 더불어 모든 방향으로도 빛을 내뿜는다는 의미를 지니기도 한다. 금강 품새에서 취하는 뫼 산(山) 자세는 굳건한 산을 의미하며 어떤 역경에도 무너지지 않는 강인한 신체를 나타낸다. 3단이 수련하는 태백(太白)은 높은 이상과 긍지를 표현한다[178]. 보통 교양으로 가르치는 태권도 교육 과정에서는 3단까지 수련하는 경우가 대부분이다. 태백 품새에서 취하는 장인 공(工) 자세는 태권도를 통달한 자들을 일컫는다.

4단이 수련하는 평원(平原)은 평평하고 넓은 땅을 의미한다. 마치 조용한 평야처럼 많고 다양한 움직임이 있더라도 금방 평정심을 찾을 수 있도록 단련하는 품새이다[179]. 4단부터는 무술인(武術人)이 아닌 무도인(武道人)으로 전환이 된다. 무술인[180]은 단순히 정권, 발차기 등 기술을 익히는 자들을 의미한다면 무도인[181]은 무술인의 상위 개념이며 정신적, 신체적으로 무술에 통달한 자들을 일컫는다. 5단이 배우는 십진(十進)은 장수하는 열 가지인[182] 십장생(十長生)[183]을 의미하며 자연에 대한 사랑을 일컫는다[184]. 십진 품새에서 하는 열 십(十) 자세는 신체의 힘을 중심에 모은 채 몸을 좌우로 자유롭게 움직이는 동작을 수련하는 품새이다. 6단이 배우는 지태(地跆)는 땅에 발을 두고 있는 지상인(地上人)을 의미하며 인간의 삶과 경쟁을 내포한다[185]. 6단부터는 단순히 수련의 단계를 넘어 태권도와 자신이 하나가 되는 무아일체(武我一體)의 경지에 도달한다. 즉, 적의 공격이 와도 무의식적으로 방어하고 반격할 수 있는 동작을 수련하는 품새이다.

7단이 수련하는 천권(天拳)은 하늘의 힘을 뜻한다[186]. 하늘에서 비롯된 바른 마음가짐을 끝없이 수련하며 지행일치(知行一致)를 지향(志向)하는 품새이다. 8단이 수련하는 한수(漢水)는 만물의 어머니인 한물(漢物)을 의미한다. 한물은 어머니의 상징인 포용력, 탄생, 강함을 의미한다. 그리고 하늘과 모든 것의 근간이라는 의미를 지니기도 한다[187]. 이를 끝없이 흐르는 물의 성질과 합쳐 한수가 만들어졌다. 이는 동작을 소모하여 에너지와 기운을 빼는 것이 아닌 동작을 통해 기를 모으는 방법을 배우는 품새이다. 마지막으로 9단이 수련하는 일여(一如)는 정신과 몸은 하나라는 원효대사의 사상을 의미한다[188]. 일여는 정신과 동작의 일체이며 무예의 정수이다. 궁극적인 태권도의 경지에 다다르는 품새이며 태권도 유단자가 배우는 최종 품새이다.

태권도는 프랑스에 어떻게 들어왔을까?

태권도의 모국[189]은 한국이 맞지만, 우리나라에서만 즐기는 무술은 아니다. 예로부터 서양의 다양한 국가들은 동양의 무술을 신비롭고 멋지다고 여겨왔으며 태권도도 예외는 아니었다. 태권도는 1969년 이관영 사범[190]을 통해 프랑스로 도입됐다. 하지만 당시에는 태권도가 그 자체로서 인정되지 못하고 일본에서 흔히 하는 무술인 가라테의 또 다른 종류로서 프랑스 가라테 및 무술협회(FFKAMA, Fédération Française de Karaté et des Arts Martiaux Associés,)산하로 편입됐다. 그로부터 30년이 지난 1995년이 돼서야 세계태권도연맹(FFTDA, Fédération Française de Taekwondo et Disciplines Associées)이 창설됐다. 프랑스의 세계태권도연맹 가입은 1975년이며 대한민국과 독일 다음으로 3번째다. 프랑스를 제외하고도 현재까지도 프랑스어를 쓰고 있는 다양한 프랑스어권 국가들이 있는데, 이를 프랑코포니(francophonie)라고 한다[191]. 프랑코포니 국가 중 약 40개국 (프랑스 해외령 포함)이 세계 태권도 연맹의 회원국으로 가입되어 있다.

* 세계 태권도 연맹 가입 국가[192] 중 프랑스어를 주로 사용하는 국가

순번	한글 국가명	프랑스어 국가명
1	가봉	Gabon
2	과들루프	Guadeloupe
3	기니	Guinée
4	누벨칼레도니	Nouvelle calédonie
5	니제르	Niger
6	도미니카 연방	Dominique
7	라오스	Laos
8	레바논	Liban
9	룩셈부르크	Luxembourg
10	르완다	Rwanda
11	마다가스카르	Madagascar

순번	한글 국가명	프랑스어 국가명
12	마르티니크	Martinique
13	말리	Mali
14	모로코	Maroc
15	모리타니	Mauritanie
16	바누아투	Vanuatu
17	베냉	Bénin
18	벨기에	Belgique
19	부르키나파소	Burkina Faso
20	세네갈	Sénégal
21	세이셸	Seychelles
22	세인트빈센트 그레나딘	Saint-Vincent-et-les Grenadines
23	아이티	Haïti
24	알제리	Algérie
25	중앙아프리카 공화국	République centrafricaine
26	지부티	Djibouti
27	차드	Tchad
28	카메룬	Cameroun
29	캐나다	Canada
30	코모로	Comores
31	코트디부아르	Côte d'Ivoire
32	콩고 공화국	Congo
33	콩고 민주 공화국	République démocratique du Congo
34	토고	Togo
35	튀니지	Tunisie
36	프랑스	France
37	프랑스령 기아나	Guyane française
38	프랑스령 폴리네시아	Polynésie Française

이토록 많은 국가가 태권도를 하는 이유가 무엇일까? 이후 인터뷰에서도 일부 언급되겠지만, 태권도 수련자들은 끈기, 정신수양, 심신단련 등을 태권도의 매력으로 꼽고 있다[193]. 더불어 태권도는 범죄 예방 수단으로서도 큰 효과가 있다. 프랑스는 아직도 범죄, 폭력이 심각한 국가라고 생각한다. 프랑스 치안 통계 서비스(SSMSI, Le service statistique ministériel de la sécurité intérieure)[194] 부서의 한 통계 자료에 따르면, 프랑스에서 고의적 폭행 및 구타 후 사망한 사람의 수가 2021년 882명

에서 2022년 959명으로 증가 됐다고 보도했다[195].

하지만, 프랑스나 프랑스어권 국가가 얼마나 태권도를 얼마나 하는지 파악하기 힘든 것이 현실이다. 또한, 태권도가 정말로 유행하는지, 태권 도장의 숫자는 얼마나 되는지, 태권도 수련인구는 몇이나 되는지 자료로도 잘 나와 있지 않다. 그래서 보다 깊이 프랑스와 프랑스어권 국가들의 태권도 현황을 조사하기 위해 알제리, 벨기에 그리고 프랑스에서 태권도 수련 경험이 있는 사람들과 이야기를 나눴다. 편의상 각 나라의 태권도인을 나라로 줄여서 표기하겠다.

Q. 인터뷰에 선뜻 응해주셔서 감사합니다. 태권도를 알게 된 계기가 궁금합니다.

A. (알제리) 제 큰 언니가 어렸을 때부터 태권도를 꾸준하게 수련했고 저도 언니를 보면서 자연스럽게 태권도라는 스포츠를 알게 됐습니다. 태권도가 매력적으로 느껴졌던 이유는 다른 유형의 스포츠와 달리 끈기라는 점이 더욱 강조됐기 때문입니다.

A. (프랑스) 저는 앞의 답변과는 달리 Instagram이나 Youtube 같은 플랫폼을 통해 태권도를 알게 됐습니다. 저는 UFC나 MMA 같은 격투기 스포츠 대회나 경기를 관람하는 것을 매우 좋아해서 이런 부류의 영상들을 즐겨 봅니다. 예를 들어, Henry Tran(태권도 유단자 프랑스인 Youtuber), Karate Bushido(무술 관련 Youtube 채널) 이나 MMA 태권도를 하는 사람의 영상을 좋아합니다.

Q. 태권도를 어떻게 시작하게 됐는가?

A. (알제리) 저는 항상 태권도 동작에 대해 호기심이 많았고 태권도를 배워보고 싶다는 동기가 생겼습니다. 그 결과 언니의 추천한 체육관에 등록했고, 태권도 동작을 배우고 익히기 위해 1년 동안 태권도를 연습했습니다.

A. (프랑스) 오베르뉴(프랑스 중부지역에 있는 도시)에 있는 집 근처의 작은 도장에서 태권도를 수련하기 시작했습니다.

Q. 태권도가 여러분의 나라에서 잘 알려져 있거나 유행 중인지 궁금하다. 얼마나 많은 단원이 있는가?

A. (알제리) 전 세계가 그렇듯이 태권도는 우리나라에서도 국가대표팀이 국내 및 국제 대회에 참가하는 스포츠 중 하나입니다. 태권도는 전투력과 신체적 인내심을 길러주며, 필요한 경우 자신을 방어하는 데에도 도움이 되는 스포츠로 인식되고 있습니다. 정확한 수치는 알 수 없지만 알제리 전역에 여러 훈련장과 여러 팀이 띠 승급을 위해 대회에 참가하거나 우승을 위해 다른 지역 간의 대회에 참가합니다.

A. (프랑스) 프랑스에서 태권도는 그다지 잘 알려지거나 인기가 없다고 생각한다. 프랑스에서는 종합격투기나 태국 복싱, 영국 복싱이 더 인기가 많다. 프랑스에는 5만 명 정도의 태권도 수련생이 있는 것으로 알고 있습니다. 제가 속한 클럽에는 50명 정도 있는 것 같습니다.

Q. 태권도를 수련하는 이유가 궁금하다.

A. (알제리) 저는 태권도 선수나 태권도 프로는 아니고 그저 이 스포츠를 좋아하는 사람입니다. 지금은 따로 태권도를 하고 있지는 않지만 2018년부터 2019년까지 호기심과 기타 스포츠와 다른 매력에 이끌려 한번 해보고 싶다는 생각에 하게 됐습니다.

A. (프랑스) 저는 무술을 좋아해서 태권도를 하고 있는데, 기술, 속도, 근력, 유연성을 모두 갖춰야 해서 매우 화려하고 힘든 운동이라고 생각합니다. 태권도는 무(武), 문(文), 예(藝)를 두루 갖춘 스포츠이며 한국어 실력 향상에도 도움이 됩니다. 특히 준비운동 중 스쿼트와 팔굽혀펴기를 하며 횟수를 셀 때 한국어로 말하며 실력을 늘리고 있습니다.

이렇게 3명의 태권도인과 인터뷰를 간략하게 진행해보았다. 해당 국가들의 대략적인 태권도의 인식을 알 수는 있었지만, 구체적인 수치나 정도를 파악하기는 매우 힘들었다. 더 자세히 태권도의 현황을 탐구하기 위해 이번에는 알제리, 카메룬 그리고 프랑스에서 태권도를 가르친 경력이 있으신 한 사범님을 모셨다. 앞선 인터뷰는 프랑스어권 태권도인의 개인적인 측면에 중점을 뒀다면, 이번에는 태권도 전반적인 전파 상황에 초점을 맞춰 인터뷰를 진행했다.

Q. 인터뷰에 선뜻 응해주셔서 감사합니다. 프랑스나 프랑스어권 국가의 태권도장에서 무엇을 가르치는지 궁금합니다.

A. 사범마다 차이가 있지만, 대부분의 프랑스 도장에서는 우선 태권도의 무도로서 가치를 중요시하기 때문에 인사, 예절, 존중, 등 태권도 정신을 가르치며, 기본 태권도 동작을 비롯해 품새, 겨루기, 호신술 등을 가르치고 있습니다.

Q. 프랑스에서 태권도를 실제로 많이 알고 있는지, 보급이 얼마나 되어있는지 궁금합니다.

A. 프랑스 태권도 보급 수준은 현재 전국적으로 약 900여개의 태권도장들이 있고 약 6만 명의 수련생들이 협회에 가입되어 있습니다. 협회에 미 가입된 수련생들까지 잠정적으로 추정하면 약 7만 명에서 7만 5천 명의 수련생이 있을 것으로 예상합니다. 프랑스 유도 수련생은 현재 약 50만 명, 가라테 수련생은 약 25만 명인 것에 비하면 태권도가 인기가 덜 하지만 올림픽 스포츠로서 인지도가 있어 대부분 격투 스포츠라고 인식하고 있는 수준입니다. 몇몇 지역에 공립, 사립학교에서는 태권도를 방과 후 수업으로 지정하여 학생들이 수련할 수 있도록 프로그램이 있는 곳도 있습니다.

Q. 프랑스어권 아프리카 국가들의 태권도 보급 현황도 궁금합니다.

A. 해당 국가 중 알제리에서 4년, 카메룬에서 2년간 태권도를 가르친 경력이 있습니다. 제가 카메룬에 머무를 당시(2012-2014) 약 4천 명에서 5천여 명 정도의 수련생들이 전국에 분포되어 있었으며 제가 있을 당시 첫 국기원 공인 심사를 주최하여 100여 명의 유단자를 배출하였습니다. 현재도 수련인구는 아마 비슷한 수준으로 예상합니다.

알제리는 약 7천 명에서 8천여 명의 수련생들이 전국에 분포되어 있으며, 알제리 파견 당시(2014-2018) 국립체육대학교에 태권도 전공 수업을 개설하여 지도자를 양성하기도 했습니다. 또한 국군체육부대 태권도 팀도 있고, 군부대에도 태권도가 보급되어 있습니다.

불어를 통용하는 아프리카 국가 중에는 코트디부아르가 가장 태권도 보급이 잘되어있습니다. 올림픽에서 금메달을 획득할 정도로 수준이 상당히 높고, 태권도 인구도 상당한 것으로 알고 있습니다. 2016년 리우데자네이루 올림픽에서 코트디부아르 출신 태권도 선수인 셰이크 살라 시세 선수가 금메달을 차지했으며 2023년 바쿠 세계 선수권 대회에서도 금메달을 목에 걸었습니다[196]. 태권도 전용 경기장도 있고 정부에서 태권도에 관심을 가지고 지원을 아끼지 않고 있습니다. 예전에 프랑코포니 태권도 국제 대회가 2년에 한 번씩 개최가 되었는데 현재는 개최되지 않고 있지만 프랑코포니 국가들끼리 교류가 이루어지고 있습니다. 불어권 국가 중 코트디부아르, 세네갈, 튀니지 이 세 국가가 가장 태권도 보급이 잘 되어있는 국가들입니다.

Q. 태권도의 장래를 여쭙고 싶습니다.

A. 비싼 장비 없이 맨손으로 모두가 즐길 수 있는 태권도는 현재 전 세계 보급이 되어있다고 보셔도 무방합니다.

저는 태권도의 보급을 3단계로 구분하는데 1단계는 60년대부터 70년대 1세대 사범님들이 해외에 나가셔서 가라테의 모방 무술 '태권도'라는 오명을 벗고 진정한 의미의 '태권도'를 알리기 위해 고군분투하시며 태권도를 보급하신 것이 1단계입니다. 2단계는 1990년대부터 2000년대 태권도가 올림픽 정식 종목으로 채택되면서 저변확대 및 기술 및 정신적 보급이 확대된 부분입니다. 현재는 3단계로서 태권도가 지닌 정신적, 기술적, 철학적, 교육적 가치를 기본으로 각 국가의 정치, 외교, 국가안보, 사회 분야에 진출하고 있는 단계입니다. 태권도는 대한민국과 국제관계를 맺는 국가와의 문화적 가교역할을 하며 소프트파워를 높일 수 있는 중요한 대한민국의 문화유산이라고 생각합니다. 그래서 태권도는 대한민국의 공공외교로서 중요하며, 아프리카 국가에 올림픽 금메달을 안겨준 종목이라 그 국가에서의 태권도의 가치는 상상 그 이상이라고 생각합니다. 더불어, 폭력, 범죄 등을 통틀어 일컫는 프랑스어, 야만

(ensauvagement)[197]이 사회적 문제로 화두 되는 프랑스에는 태권도를 통한 인성교육과 교육적 가치를 인정받고 있어 태권도의 미래는 밝다고 생각합니다.

추억에서 미래까지

어렸을 적 태권도장에서의 추억이 많아 지금까지 태권도에 쭉 관심이 있었고 더 탐구해보고 싶었다. 특히 불어불문학과라는 내 전공과 연관시켜 프랑스에서 온 테니스, 프랑스에서 온 태권도를 주제로 정하고 태권도와 테니스 현황을 조사하고 원고를 작성했다. 단지 우리나라에서 일시적으로 유행할 것만 같았던 테니스는 해가 지날수록 점점 시장이 커지고 있고 태권도도 프랑스와 프랑스어권 국가들뿐만 아니라 세계에 널리 전파되고 있다. 추억으로부터 비롯된 단순한 호기심이 책을 집필하게 했고 다양한 사람과 이야기하며 보다 두 스포츠의 구체적인 상황을 알게 됐다. 필자는 태권도와 테니스 모두 전망이 좋다고 생각한다. 테니스는 접근성이 점차 좋아지고 있으며 비용을 부담할 수 있는 사람들도 많아지고 있다. 특히 테니스는 귀족 스포츠라는 인식이 강해 많은 사람이 테니스를 즐길 뿐만 아니라 지금처럼 사진이나 영상으로 테니스를 하는 모습이나 테니스복을 입은 모습을 찍어 SNS에 자랑하는 문화 또한 더 성행할 것으로 보인다.

태권도도 마찬가지이다. 점점 더 올림픽 주 종목으로서 많이 입에 오르고 있고 인터뷰에서도 언급됐듯이 기타 무술들과는 구별되는 점 덕분에 다양한 사람들이 관심을 가지고 태권도에 입문하고 있다. 또한, 단순히 무술의 영역에 국한되는 것이 아닌 또 하나의 외교 수단의 기능을 한다. 특히 한국, 프랑스 양국 간 태권도 교류는 현재도 왕성하게 진행되고 있다. 태권도라는 공공 문화재는 후대에도 전승하고 계속 명맥을 이어나갈 가치가 있다고 생각한다. 내년에 필자는 베트남으로 해외 봉사활동을 가는데 그곳의 초등학생들에게 교육을 제공하는 활동을 할 예정이다. 한국 문화 수업의 일환으로서 수업시간에 태권도를 가르칠 예정인데 이 수업이 태권도의 세계화에 조금이라도 기여했으면 좋겠다.

끝으로 내 원고의 완성도를 위해 기꺼이 필자를 도와준 테니스를 취미로 하는 학교 동기, 알제리 태권도인, 프랑스 태권도인 마지막으로, 프랑스에서 태권도를 가르치고 있는 사범님께 감사드리며 이 글을 마치려 한다.

K-pop에 열광하는 프랑스

이주아

‖ 가천대 유럽어문학과(프랑스어) 3학년 ‖

Nous aimons la K-pop! (우리는 K-pop이 좋아요!)

프랑스의 유명관광 명소를 떠올려 보자. 무엇이 떠오르는가?

에펠탑, 개선문, 노트르담 대성당, 루브르 박물관 등 여러 가지가 떠오를 것이다. 그렇다면, 이 명소들에서 한국의 음악이 흘러나오는 상상을 한 적이 있는가? 실제, 프랑스의 유명 명소를 배경으로 하여 K-pop을 부르며 커버 댄스를 촬영하는 K-pop 팬들이 점점 늘어나고 있다. 프랑스는 2022년 기준 한류 콘텐츠 소비 유럽 2위, 전 세계 13위로 알려져 있다[198].

K-드라마를 통해 시작된 한류 열풍은, K-pop으로 확장되었고, K-드라마와 K-pop 소비층은 드라마 속에 등장하는 패션과 아이돌 스타들의 패션, 뷰티, 음식 등 전반적인 한국 문화에 관심을 가지는 식으로 영향력이 확대되었다[199].

특히, 10여 년 전 유럽에 상륙한 한류 열풍은 강력한 K-pop 팬덤을 형성하며 매년 더욱더 팬층을 넓혀가고 있다. 한류 열풍이 점점 더 거세지면서, 프랑스의 대중문화에도 막대한 영향을 펼치고 있다.

특히, 프랑스의 10・20세대, 즉 프랑스의 젊은 세대들이 K-pop에 열광하고 있으며[200], 실제로 파리의 거리를 돌아다니다 보면 한국 아이돌의 음악을 쉽게 접할 수 있을 만큼 K-pop의 인기를 몸소 느낄 수 있다. K-pop이 유행함에 따라 좋아하는 아이돌들의 음악에 맞춰 춤을 추는 것이 유행하기 시작하였고, 한국의 노래와 춤을 배우고자 하는 인구가 점점 늘어나는 등 한류 열풍이 계속해서 발전해 나가고 있다[201]. 프랑스의 10・20세대에게 가장 좋아하는 음악이 무엇인지 묻는다면 그들은 이렇게 대답할 것이다.

"Nous aimons la K-pop!"

그렇다면, 왜 프랑스의 젊은 세대들은 왜 한류에 열광하는 것일까? 특히, 나는 그 중 K-pop 중심으로 글을 써보려 한다.

K-pop의 정의

K-pop이란 무엇일까? K-pop은 대중음악, 혹은 대중음악 중에서도 보다 많은 이들이 쉽게 즐길 수 있는 대중성 장르인 '팝(Pop)'과 한국이라는 특정한 국가, 지역을 나타내는 '케이(K)'가 결합한 장르명이다. 글로벌 음악 산업 내에 이런 식으로 만들어진 장르명으로는 제이 팝 (J-pop), 라틴 팝(Latin pop), 브릿 팝 (Brit pop) 등이 있다. 이들 모두 음악의 국적이 장르를 정의하는 중요 요소로 사용되고 있다는 점이 공통된 부분이다. 따라서 이들 장르는 록, 재즈, 힙합, 전자음악처럼 음악적인 특징으로 정의된 장르들과는 달리 음악적으로는 한 가지 스타일로 설명하기 어려운 다양성을 가지는 것이 보통이다[202].

K-pop은 세대별로 구분할 수 있다. 1990년대 후반부터 등장한 H.O.T,

젝스키스, 신화, SES, 핑클. 베이비 복스 등을 1세대, 2000년대 중후반부터 활약하며 아시아를 중심으로 본격적으로 한류를 견인한 동방신기, 빅뱅, 소녀시대, 원더걸스, 카라 등을 2세대라고 부른다. 3세대는 BTS, 엑소, 트와이스, 블랙핑크 등 북미를 포함한 전 세계로 팬덤을 확장해 나가며, 한국 대중음악이 사상 처음으로 세계 시장의 정상을 정복한 세대다. 특히, '글로벌 케이팝'이라는 개념이 이 시기에 탄생하기도 하였다. 4세대는 코로나 팬데믹 시기에 등장하여, 글로벌 시장에서 K-pop의 위상을 자리매김한 시기이다. TXT, 뉴진스, 에스파, 아이브, 르세라핌 같은 4세대 아이돌은 틱톡과 인스타그램 등과 같은 뉴미디어를 통한 마케팅으로 국경을 넘어선 엄청난 성장세를 보이고 있다.

또한, 기획사들은 저마다 글로벌 오디션을 개최하여 그것을 콘텐츠로 활용하면서, 이전과는 비교할 수 없는 해외 시장에 대한 전략을 펼치고 있다. 이는 단순히 아이돌을 육성하는 것이 아닌, 국내를 넘어서 해외에서 K-pop을 현지화하는 방식으로 팬덤을 확장해 나가는 것이다. 따라서, 해외 시장에 대한 의존도가 압도적으로 커지고 있다[203].

그렇다면, 도대체 왜 K-pop이 전 세계적으로 큰 호응을 얻게 된 것일까?

한류 열풍의 시작

1세대 아이돌들은 10대를 위주로 하였으며, 이 시대에 지금 가장 핫한 팬덤 문화가 생겼다고 해도 과언이 아니다. 팬덤의 이름부터 풍선 색깔로 자신들이 지지하는 아이돌을 표현하기도 하였으며, 응원법을 만들어 외치는 등 현재 K-pop 아이돌의 문화적 특성이 제시되었다. 그러나, 이 시기에는 해외 진출을 위한 시도는 존재하였으나, 주 활동 무대는 국내에 머물러 있었다.

사실상 최초의 'K-pop팬'이 만들어진 시기는 2세대이다. K-pop그룹 내에 외국인 멤버가 영입되는 경우가 늘어나면서, 외국인 멤버들은 출신 국가에서 높은 인기를 얻었다. 태국 출신의 2PM 닉쿤, 일본 출신 트와이스 멤버 사나, 미나, 모모 등이 있다. 2005년 인터넷에서 유튜브가 출범하면서, 그동안 국내시장에 머물러 있었던 K-pop이 전 세계에 선보여지게 되었다. 또한, 이 시기에 국내 작곡가들만으로는 변화하는 시장에 능동적으로 대응하기 어렵다고 판단한 SM에서 유럽 출신의 작곡가들을 섭외하면서 '공동 작곡 시스템'을 구축하게 된다[204].

이는 단순히 국내의 소속사들이 외국의 트렌드를 모방하는 것이 아니라, 현지에서 활발히 활동 중인 작곡가들과 함께, 공동으로 음악을 작곡하는 체계이다. 이러한 과정을 통해 K-pop은 글로벌한 대중음악으로 입지를 굳히게 되었다[205].

여기에 K-pop은 음악적 특성만큼이나 중요한, 때로는 음악보다 더욱 중요하다고 여겨지는 퍼포먼스가 합쳐져 전 세계의 엄청난 호응을 불러왔다. K-pop 퍼포먼스는 춤뿐만 아니라 화려하고 통일감 있는 의상, 독특한 화장법과 머리 모양, 독자적인 색감과 서사의 개성적인 뮤직비디오 등을 통해 보여주는 모든 모습을 포함한다[206]. 특히 한국 아이돌은 마치 모두가 한 몸인 것처럼 똑같은 박자에 똑같은 동작을 자로 잰 듯 조금도 어긋남이 없이 정확하게 맞춘 군무를 보여주는데, 이는 많은 대중에게 더욱 사랑받게 된 이유이기도 하다.

특히, 프랑스에서 K-pop의 열기는 2011년 6월 프랑스 파리에서 열렸던 'SM 콘서트'를 통해 입증되었다. 파리 공연 티켓 예매가 오픈 15분 만에 전석이 매진되었고, 티켓을 구하지 못한 팬들을 상대로 암표 매매도 존재했다고 한다[207]. 또한, 프랑스 팬 300여 명이 파리 루브르 박물관 앞에서 추가 공연을 원하는 플래시몹 (Flash mob) 시위[208]를 벌이기도 했다고 한다. 플래시몹이란 사전에 서로 미리 약속을 해놓은 사람들끼리 정해진 시간에 정해진 장소에서 정해진 행동을 하고 유유히 사라지는 놀이 중 하나이다[209]. 좋아하는 가수와 한글 문구가 새겨진 한글 티셔츠를 입기도 하고, 플랜카드를 준비하고 한국어 가사로 된 노래들을 따라 부르면서 K-pop의 인기를 실감하게 했다. 자국 문화에 대한 자부심이 세계 최고라고 알려진 프랑스 파리에서 프랑스인들이 한국의 가수들에게 열광하는 것은 매우 이례적인 사건이었다.

그리고 3세대의 대표 격인 BTS는 아예 세계인을 겨냥한 글로벌 전략과 SNS를 통한 강력한 팬덤을 형성하면서 유럽 시장 정복의 시작을 알렸다. 특히, 2018년 방탄소년단이 유럽투어를 성공적으로 마무리하면서, 유럽 시장 데뷔를 성황리에 마쳤다. 특히 방탄소년단의 공연 당시 파리 시내 교통이 마비될 정도로 많은 팬이 모였다고 한다. 위에 언급한 대표적인 두 사례를 통해 프랑스에서 K-pop의 인기를 어느 정도 인지할 수 있을 것이다.

그러나 여전히, 프랑스 일각에서는 K-pop에 대한 부정적인 시각이 존재한다. 프랑스의 한 일간지 르 파리지앵 (Le Parisien) 에서는 블랙핑크의 공연을 프랑스에서 열린 전 세계 유명 가수들의 공연 중 최악의 공연으로 평가했다. 르 파리지앵은 당시 공연에 대해 파리 축구 경기장 (Stade de France)을 가득 채운 관중이 있다고 해서 그에 걸맞은 공연인 것은 아니라며 안무가 너무 교과서적이고, 멤버들을 보여주는 카메라가 안정적이지 않아 공연이 제대로 이루어지지 않았다고 평가했다. 또한, 인터미션 (공연 중 쉬는 시간)이 지나치게 많아 리듬이 깨졌다는 등 부정적인 입장을 표현했다[210].

그렇다면 여전히 콧대 높은 프랑스인들에게 있어 K-pop은 비주류 문화인 것일까? 기존 프랑스들은 어떤 문화를 즐겼길래, 자국 문화에 대한 자부심이 이렇게 강한 것일까?

기존 프랑스가 향유하던 문화

세계 문학과 미술과 영화의 중심이자 패션과 미식의 중심인 프랑스는 모든 문명의 중심에 자리 잡고 있다. 하지만, 프랑스의 문화 예술은 철저한 경제 전략으로 키워진 '국가 산업'이었고, 평범한 국민들이 소외된 오직 '상류층'을 위한 예술이다[211]. 인상주의 그림들이 활발하게 거래될 시기에도 프랑스 서민들의 절반은 주식을 감자로 먹는 그저 평범한 서민들이었다. 우리가 잘 알고 있는 프랑스 문화는 처음부터 서민들의 것이 아닌 프랑스가 향유하던 문화는 전통이라는 이름으로 형식과 격식을 중요시하는 즉, '겉모습을 가치 기준으로 삼는' 귀족 문화에서 온 것이다[212].

프랑스는 문화의 다양성을 인정하면서도 여전히 자국어를 고수하는 문화 보수적인 나라임에도 불구하고, 한류가 프랑스에까지 이르렀다는 것은 현실적인 것 이상의 의미이며, 한류의 글로벌 비전을 가늠케 하는 상징적인 의미를 지닌 현상이라고 볼 수 있다[213].

프랑스는 톨레랑스(tolérance, 관용) 정신을 지니고 있기 때문에, 개인의 자유를 인정한다[214]. 톨레랑스는 정치, 종교, 학문, 사상 등의 영역에서 의견이 다를 때 논쟁은 하되 물리적 폭력에 호소하지 말아야 한다는 이념을 의미한다. 그러나 프랑스의 톨레랑스 정신은 모든 사회영역에서 구현되는 것은 아니지만, 문화와 예술에 있어서는 상대적으로 관용을 갖는 나라이다. 프랑스 이주민의 인구가 전체 인구의 8%에 해당할 만큼, 많은 비중을 차지하면서 프랑스가 문화 동화주의 정책을 펼쳤다. 하지만, 이는 인위적인 개입일 뿐 프랑스 국민의 정서를 대표하지 못한다. 따라서, 프랑스는 문화적으로 개성을 추구하는 사람이 많으며, 그 개성을 존중하는 분위기가 형성되어 있기 때문에, 프랑스의 젊은 세대에게 K-pop이 큰 문화적 괴리감이나 거부감 없이 접근할 수 있었다[215].

그러나 모든 프랑스인이 처음부터 K-pop을 우호적으로 받아들였던 것은 아니다. 캘리포니아 대학교 현대 유럽사 교수 린 헌트의 말을 빌리면, "프랑스의 관점에서 문화는 상류사회에서 만들어 하류사회로 하달되거나 배급되는 것은 아니다." 즉, 프랑스 예술은 고급 예술을 끊임없이 대중화하려 하고, 반대로 대중예술 역시 고급화하기 위해 노력한다. 고급 예술이 일방적으로 대중예술로 내려가는 것이 아닌, 대중예술도 고급 예술을 지향한다는 것이다. 그렇기에 기존 프랑스인들에게는 고급 예술을 지향하는 분위기가 자리 잡고 있었기 때문에, 프랑스 내의 중산층들에게는 소외감으로 접근했을 수도 있다. 이는 자연스럽게 케이팝에 대한 부정적인 인식으로 연결되었다.

또한, 프랑스 민영 TV 방송인 카날 플러스 (Canal Plus)가 방영한 '르 쁘티 주르날 (Le petit journal)'은 K-pop 현상을 소개하고 분석하는 대표적인 프로그램인데, 이 프로그램에서 K-pop에 대한 젊은이들의 열기를 일시적 쏠림 현상 정도로 다루고, 젊은 세대와 기성세대는 다른 문화적 성향을 가지고 있다고 밝혔다. 또한, 세대 간 잠재적인 문화적 갈등의 가능성까지도 내포하고 있다고 분석하였다[216].

2011년에 열린 'SM town Live in Paris'가 성공적으로 마치긴 했지만, K-pop이 아직 프랑스의 주류 대중문화로 자리 잡지는 못했다. 프랑스의 주간지 리베라시옹 (Libération), 일간 신문 르 피가로 (Le Figaro)에 의하면 프랑스의 현지 K-pop 팬은 10 만여 명으로 추측된다고 밝혔다[217]. 프랑스의 전체 인구가 6,775만 명이고, 이 중에서 대부분 K-pop 팬들의 연령층에 해당하는 10대부터 30대 팬의 인구가 약 1,300만 명인 것을 고려하면 큰 숫자는 아니다. 하지만 개성이 뚜렷하고, 콧대 높은 프랑스인들에게 모두가 열광하는 대중문화는 존재하기 어렵고, 실제로 거의 존재하지 않을 것이다. 프랑스에서의 주류 대중문화의 의미는 한국에서처럼 대부분이 따르는 문화라기보다는 그 문화를 즐기는 사람이

다수라면 대중문화라고 칭하는 것이다[218].

그러나 시간이 지날수록 프랑스에서의 K-pop의 열기는 점점 더 거세지고 있다. 프랑스의 거리에서 들리는 한국의 음악, 한국 아이돌의 춤을 따라하는 어린 학생들부터, 노인들까지!

아시아에만 국한되어 있던 K-pop이 프랑스인들의 마음까지 사로잡은 이유는 무엇일까?

콧대 높은 파리지앵들을 사로잡은 K-pop!

대략 20년 전부터 K-pop이 유럽 사회에 퍼져가고 있었으나, 최근 5-6년 사이에 그 열풍은 확실히 두드러지고 있다. 프랑스 청소년들에게 K-pop 노래 개인 교습을 하는 학원이 있는가 하면, 파리의 차이나타운에는 한국 아이돌의 앨범 및 굿즈 등 관련 소품 전문 매장들이 문을 열고, 한국의 길거리 음식을 파는 가게들이 생기고 있다고 한다. 심지어 외국인들에게 불어를 가르치던 어학원에 한국어반이 신설되고, 프랑스의 여러 대학(파리 대학교 (Université de Paris), 보르도 몽테뉴 대학교 (Université Bordeaux- Montaigne), 리옹 대학교 (3대학) (Université Jean Moulin Lyon 3) 등)에는 한국학과를 희망하는 학생이 점차 늘어나고 있는 상황이다[219]. K-pop의 열기는 프랑스인들의 일상에 그렇게 한 발짝씩 다가가고 있다.

K-pop이 프랑스 사회에 흡수된 문화 현상임을 넘어서 폭발적 확장세를 타게 된 것은 2013년 3세대 대표주자인 BTS의 등장과 관련있다. 특히, BTS의 두 번에 걸친 프랑스 공연은 프랑스의 팬덤을 절정에 이르게 만들었다. 2018년 10월 파리 아레나 호텔에서 열린 첫 번째 콘서트와 2019년 6월 파리 축구 경기장 (Stade de France)에서 열린 두 번째 콘서트의 초고속 매진 기록과 동시에 콘서트 전날부터 공연장 주변을 가득

채운 엄청난 팬들의 열기는 프랑스 미디어들이 너도나도 K-pop의 인기를 분석하게 했다. 일각에서는 이 시기를 기점으로, 프랑스의 K-pop 팬덤의 숫자가 백만을 넘어선 것으로 추정한다[220].

프랑스에서의 BTS 등과 같은 K-pop 아이돌의 성공은 SNS가 큰 역할을 했다고 해도 과언이 아니다. 한국의 아이돌은 전 세계의 팬들을 만족시키기 위해 SNS를 통해 화보 및 앨범 사진뿐만 아니라 일상적인 사진, 메시지, 비디오를 공유하며 팬들과 소통하려고 지속적으로 노력한다. TV, 라디오 등과 같은 전통적 미디어가 아닌 SNS를 통한 소통은 전 세계 팬들을 모으는데 가장 중요한 홍보 및 전파의 매체로 자리 잡게 되었다. 특히, BTS는 일찍이 트위터와 네이버 V 라이브를 비롯한 SNS를 적극적으로 활용하여 일상적인 소통을 시도하고 그러한 일상을 작업물에 녹여냈다[221]. 이를 통해 대륙과 국적을 불문한 다양한 해외 팬들을 끌어모으기 시작하면서, 멀리서만 지켜볼 수 있는 '우상'적인 존재를 넘어서, 마치 늘 곁에 존재하는 친구와 같은 존재로서 자리잡게 되었다. 그들은 진부한 사랑 이야기가 아닌 이 시대의 청춘들이 겪는 갈등과 고민, 사회문제들을 다룬 메시지를 전달하면서 팬들에게 엄청난 반응을 이끌었다.

BTS는 초창기에 첫사랑과 이별의 고통을 주제로 한 음악을 위주로 활동했지만, 현재는 험난한 세상 속에서 스스로가 느끼는 자아 성찰을 이야기한다. 대중들에게 큰 사랑을 받은 <IDOL>은 대중의 압력에도 굴하지 않고 당당히 살아가는 자신의 이야기를 담은 곡이다[222]. 방탄소년단은 매체 인터뷰에서 공연과 무대에 대한 압박감, 제약이 있는 사회생활, 팝스타라는 이미지로 자아를 잃을 것 같은 두려움, 화려한 이미지 속에서 숨겨진 열등감 등을 이야기하며 오늘날 많은 청년들의 공감을 얻게 되었다[223].

BTS가 프랑스 팬들에게 큰 호응을 얻게 된 이유는 그들은 노래를 통해 한국 사회의 결점을 비판하는 걸 두려워하지 않고, 세상을 살아가는 청년들에게 역량을 강화하도록 요구하기 때문이다. 새로운 앨범을 발매할 때마다, 사회적 순응 혹은 지나치게 엘리트주의적인 학교 시스템, 자신감, 우울증, 인종차별에 대한 비판 또는 페미니즘 등 다양한 주제를 과도하지 않게 소화한 점이 긍정적으로 작용한 것이다[224].

노래와 댄스 등 무대 위 화려한 겉모습만을 좋아하는 것이 아닌 예능 및 SNS를 통해 바라본 스타들의 생활상, 패션, 관심사 등까지 무대 뒤 친근한 스타들의 일상적인 면모까지 사랑하게 되며, 이는 곧 팬덤의 일상으로 이어지기도 한다. 프랑스 K-pop 팬덤은 각 그룹은 물론 멤버들의 이름까지 모두 외우고, 그들의 앨범을 사고 음원을 다운받고 댄스를 익힐 뿐만 아니라 한국어로 된 가사 그대로를 따라한다.

또한, 그들이 출연하는 모든 프로그램을 시청하고, 그들의 사진과 캐릭터를 비롯한 여러 관련 상품을 수집할 뿐만 아니라 팬들끼리 서로 교환하고 더 나아가 스스로 생산하기도 한다[225].

심지어 프랑스의 제25대 대통령 에마뉘엘 마크롱 (Emmanuel Macron)이 자신의 트위터에 “Si vous aviez 300 euros à dépenser en livres, musique, films, expositions ou concerts, là, maintenant, quel serait votre premier achat? Citez ce tweet avec vos réponses.”(만약 당신이 책, 음악,영화, 전시회, 콘서트에 300유로를 지출할 수 있다면 당신은 무엇을 처음 구매할 것인가? 이 트윗에 답변을 해달라) 라는 글을 올렸다. 이를 본 BTS의 팬인 트위터 사용자가 “Un concert de BTS. Merci. Streamez ‘Butter’ Mr le président” (BTS 콘서트에 쓸거예요. 고맙습니다. BTS ‘버터’ 스트리밍 해주세요, 대통령님”이라고 답하였다.[226] 이 트윗은 마크롱 대통령을 포함한 5,000명 이상이 리트윗하게 되면서 프랑스 내 BTS의 인기를 실감할 수 있었다. 대통령의 리트윗을 통하여 프랑스 내 BTS의 입지는 더욱 단단해졌으며 범국민적으로 BTS를 인지하는 계기가 되었다.

이처럼 프랑스의 한류 팬들은 K-pop 문화를 소비하는 소비자의 역할을 넘어서 생산자의 역할을 하기도 한다. 좋아하는 가수의 음악을 단순히 소비하는 것을 넘어서, 좋아하는 아이돌의 곡을 리메이크 하거나, 다양한 콘셉트로 댄스 커버 영상을 만들어 SNS에 업로드하여 전 세계 K-pop 팬들과 함께 공유하는 등 2차 생산을 통해 팬덤 문화를 즐기고 있다.

프랑스의 K-pop 팬들이 K-pop 아이돌의 문화를 즐기는 문화는 점점 더 다양화되고 있다. 그렇다면, 그들이 K-pop을 즐기는 방식에는 무엇이 있을까?

프랑스인들이 K-pop을 사랑하는 방식

프랑스에서의 한류 콘텐츠의 확산은 인터넷 통신망의 보급과 SNS의 등장으로 볼 수 있다. SNS는 또래 집단의 결속력을 강화하는 매개로서 작용할 뿐만 아니라, K-pop 팬들 스스로 자신이 좋아하는 아이돌 음악을 듣고, 아이돌의 정보를 검색하고 소셜 네트워크를 통해 공유하며 확산해나가면서 팬덤을 더욱 확산해나가고 있다. 프랑스 한류는 청소년 자녀가 있는 프랑스 가정의 인터넷 보급률이 증가한 2000년대 중반[227] 온라인에서 일본 콘텐츠를 소비하면서 자연스럽게 한류 콘텐츠 소비로 이어지게 되었다. 그리고 2010년 SNS의 사용자가 급증하기 시작하면서 한류 팬덤이 형성되었다.

소셜 네트워크는 한류 팬 간의 소통을 촉진하면서 단순히 콘텐츠를 소비하는 데 그치는 것이 아니라, 생산과 소비를 동시에 하는 프로슈머(prosumer) 한류 팬을 양산하기 시작했다[228]. 프로슈머는 생산자와 소비자의 역할을 동시에 하는 사람을 나타내는 말로, 생산형 소비자 또는 참여형 소비자라고 칭한다[229]. 쉽고 간편하게 콘텐츠 제작이 가능해지면서 프로슈머 한류 팬들의 활동은 프랑스 내 한류 콘텐츠 공급 증가로 이어졌다. K-pop 아이돌의 생일을 맞아 팬들끼리 모여 생일 광고를 기획하거나, 아이돌의 사진을 바탕으로 그림, 동영상, 음악 등을 제작하며 다양한 한류 콘텐츠 제작에 팬들의 자발적 참여가 이루어지고 있다[230]. 그렇다면 이들은 왜 이러한 양상을 보이는 것일까?

프랑스에서 프로슈머 한류 팬이 등장하기 이전까지 프랑스의 K-pop을 팬들은 국내에서 유통되는 디지털 플랫폼에만 의존하였다. 하지만, 프랑스의 낮은 인터넷 품질로 인해 한류 콘텐츠를 소비하는데 제한적이었고, 그들이 온전히 문화를 즐기는데 한계가 존재하였다.

인터넷 보급 및 SNS의 발달은 프랑스 팬들의 한류 콘텐츠 소비에 전환점이 되었다. 단순히 인터넷을 통한 정보에 그치지 않고, 정보 공유에 대한 욕구가 크며, K-pop 아이돌 팬클럽 계정을 만드는 등 K-pop 문화를 스스로 재생산하면서 즐기고 있다[231].

프로슈머의 대표적인 사례로 K-pop 댄스 동호회 Risin'Crew를 들 수 있다. 2015년부터 활동을 시작한 Risin'Crew는 프랑스의 K-pop 커버 댄스팀이다. 2010년 빅뱅을 보고 처음 결성되었으며, 최근 프랑스의 새로운 한류 전도사로 자리 잡고 있다. 이들의 Youtube 채널 구독자 수는 49만 명 (2023.12월 기준)을 바라볼 정도로 프랑스를 비롯한 전 세계에서 엄청난 호응을 얻어내고 있다. 이들은 프랑스 전역을 돌아다니면서 관광명소 앞에서 K-pop 아이돌의 의상 및 화장을 하여 댄스 커버 영상을 촬영하고 있다. 가장 높은 조회수를 기록한 영상은 914만 조회수를 기록할 정도 K-pop 아이돌과 함께 이들의 위상도 함께 올라가고 있다[232].

프랑스 매체 소르띠라파리스 (Sortiraparis)의 보도에 따르면 카페의 천국인 프랑스 파리에서 파리지앵들이 한국 문화로 도배된 카페에 3시간씩 줄을 서고 있어서 화제가 되고 있다고 한다. 카페에 이름은 KICK(킥)으로, 멋진 아이들을 위한 K-pop (K-POP IS FOR COOL KIDS)의 약자이다[233]. 이름에서 알 수 있듯이 이곳은 무엇보다도 K-pop 팬들을 위한 공간으로 K-pop뿐만 아니라 노래방, K-드라마 등 다양한 한류 콘텐츠를 즐길 수 있는 공간이다.

킥 카페 (KICK Café)의 주인인 사바나 트리옹 (Savannah Truong) 에 따르면, 그녀는 패션업계에서 일하는 단순한 K-pop 팬에 불과했다. 그녀는 "당시 언론들이 묘사하는 아이돌에게 열광하는 유치한 사람들이 아닌, 힙한 사람들이 방문하는 카페를 꿈꾼다"라고 말하며, 킥 카페를 통해 여러 한류 팬들과의 소통을 꿈꿨다. 한류 초창기, K-pop 그룹에 빠지게 된 그녀는 파리 시내에 K-pop에 대한 열정을 함께 나눌 공간이 없다는 점을 깨닫고, 한류 열풍이 불거져 오면서 K-pop을 같이 사랑하는 사람끼리 정보를 공유하고 자신들의 즐거움을 나누고자 하는 생각에서 카페를 차리게 되었다고 한다. 이 카페에서는 K-pop 음악이 흘러나올 뿐만 아니라, K-pop 그룹의 이름이나 노래 제목을 딴 음료와 함께 한국식 라면과 여러 가지의 한국 디저트, K-pop 굿즈 판매까지 다양한 K-pop 관련 이벤트가 열린다. 특히 이곳에서 넷플릭스 프랑스와 함께 '오징어 게임'의 체험 행사인 설탕 뽑기 행사도 개최되었다. 또한, BTS의 데뷔 8주년 행사를 킥 카페에서 주관하게 되었는데, 당시 한류 팬들이 몰려들어 3시간 정도 줄을 섰으며, 대기 줄을 놓고 몸싸움이 벌어졌고, 이 현장이 SNS를 타고 전 세계적으로 퍼지면서 더욱 이슈를 얻게 되었다[234]

특히 코로나 19 이후 프로슈머 한류 팬의 규모는 더욱 커지게 되었다.

코로나도 막지 못한 프랑스인의 K-pop 사랑 !

코로나 19 팬데믹은 전 세계적으로 여러 산업과 생활 영역에 영향을 미쳤으며, K-pop 역시 예외가 아니다. 프랑스에서도 코로나 19로 인한 사회적 거리 두기 및 이동 제한 등의 조치로 문화 소비에 변화가 나타났다.

코로나 19로 인해 프랑스 문화산업 중 대중음악 공연시장은 가장 큰 타격을 받게 되었다. 공연장이 잠정 폐쇄됨에 따라 공연이 중단되는 사태가 발생하면서 코로나 19 이전 대비 전체 매출액의 90% 이상이 감소하기도 하였다[235]. 이러한 사태는 K-pop 공연을 기다리던 팬과 아티스트 모두에게 실망감을 안기게 되었다. 그래서 국내의 기획사들은 코로나 19로 공연이 계속해서 중단되자 해결 방안을 찾아야만 했다. 그렇게 그들이 찾은 방안은 온라인 플랫폼을 통해 비대면 소통을 확대하는 것이었다. 그 중 대표적인 사례가 바로 라이브 스트리밍을 활용한 '온라인 콘서트'이다.

국내의 여러 기획사들은 온라인 스트리밍 플랫폼과의 협업을 통해 '온라인 맞춤형 유료 콘서트'를 온라인 콘서트 서비스를 시작했다.

대표적인 예시로는 SM 엔터테인먼트와 네이버가 협업한 Beyond LIVE(비욘드 라이브), HYBE의 플랫폼 자회사 위버스(Weverse) 등이 있다[236]. K-pop 팬들이 온라인에서 콘서트, 팬미팅 등을 무료 혹은 유료 스트리밍 서비스를 통해 아티스트와 소통하거나 콘텐츠를 소비하게 되었다. 대면 공연의 단순한 스트리밍 송출이 아니라 온라인의 장점을 이용하여 온라인 전용 공연을 제작하여 코로나 19로 불가능했던 공연장을 현실에서 가상으로 옮겨놓은 것으로 해석하면 쉬울 것이다[237].

스트리밍 서비스 내 디지털 도구를 활용하여 물리적으로 멀리 떨어져 있는 해외 팬들과도 직접적인 소통이 가능해졌다. 특히 하이브(HYBE)가 위버스(Weverse)에서 진행한 BTS의 <방방콘 The Live>는 107개국에서 75만 명의 팬을 운집하며 '음악 콘서트 라이브 최다 스트리밍' 기네스북 세계 기록을 세우기도 하였다[238]. 이는 5만 명 이상 수용 가능한 스타디움 공연을 15회 진행한 것과 맞먹는 수치인 것이다. 온라인 콘서트를 통해 아티스트가 카메라를 응시하는 이른바 '아이 콘텍트'가 진행되어, 전 세계의 팬들은 마치 자신과 좋아하는 아티스트가 영상통화를 하는 듯한 상상을 자극하면서 팬들의 큰 호응을 얻게 되었다. 상황과 물리적 거리의 한계를 심리적 거리감으로 극복하면서 아이돌과 팬을 연결하는 역할로 자리 잡게 되었다[239].

또한, 코로나 19로 인해 집콕 (집에 콕 박혀서 거리두기 하는 것을 칭하는 용어)이 증가하면서 소셜 미디어를 통한 소통이 더욱 강화되었다. 팬들은 자신의 K-pop 관련 활동을 소셜 미디어에서 공유하고, 아티스트와 전세계의 팬들과의 커뮤니티를 형성하는데 더 많은 시간을 할애하였다. X (옛 명칭은 트위터 (Twitter)이다), 인스타그램, 페이스북 등의 SNS 플랫폼을 통해 K-pop 관련 소식을 공유하고, 팬 아트, 팬 비디오 등을 제작하여 서로 공유한다.

더 나아가, 프랑스의 K-pop 팬은 팬덤 내에서 다양한 온라인 활동을 개최하며 팬덤간의 유대감을 강화했다[240]. 특히, 코로나 19로 인해 집에서 머무는 시간이 증가하면서 팬들은 집에서 K-pop 노래를 커버하거나, K-pop 댄스 챌린지에 참여 혹은 새롭게 창시하면서 창의적인 방식으로 즐겼다. 과거에는 가수가 주도적으로 영상을 올려 챌린지를 주도하였다면, 이제는 해외 팬덤이 없는 춤까지 자발적으로 만들면서 '챌린지 역수입 현상'을 만들어내기도 한다. 이를 통해 팬이 직접 가수의 노래 히트에 기여하는 등 이례적인 현상 역시 생겨나고 있다.

K-pop뿐만 아니라 넷플릭스 플랫폼의 파급력 역시 확대되었다. 코로나 19의 여파로 극장에서의 영화 관람을 꺼리는 사람이 많아지면서, 넷플릭스 드라마 '오징어 게임' 등과 같은 K-콘텐츠 역시 많은 인기를 끌었다. K-pop부터 오징어 게임에 이르기까지 K- 콘텐츠의 인기는 자연스럽게 한국에 대한 관심으로 이어지면서, 국가 이미지에도 긍정적인 영향을 미치게 되었다[241].

K-pop의 그림자에 대한 프랑스 팬들의 생각

K-pop의 수요는 날이 갈수록 커져가고 있고, K-pop 가수를 꿈꾸는 사람들 역시 증가하고 있다. 그러나 화려하기만 할 줄 알았던 K-pop 가수들의 어두운 이면이 수면 위로 드러나자 프랑스의 K-pop 팬들은 엄청난 분노를 터트렸다. 과연 무엇이 프랑스의 K-pop 팬들을 화나게 하였는지, 한국과 프랑스와의 문화적 차이를 비교하면서 알아보자.

K-pop 아이돌을 꿈꾸는 지망생들이 많아짐에 따라 연령대는 점차 낮아지고 있는 추세이다. K-pop 아이돌은 보통 10대 중반에 데뷔하며, 아무리 늦어도 20대 초・중반에는 데뷔를 하게 된다[242]. 아이돌의 연령대가 낮을수록, 아이돌로서 더 유리하다는 장점이 있기 때문에 연령대는 날이 갈수록 점점 낮아지고 있다. 그렇기에, 아이돌이 되고자 하는 아동 청소년들은 기획사 주도의 육성 시스템 안에서 일찍, 경쟁 사회를 경험하게 된다.

데뷔를 한다고 해서 모두가 BTS, 블랙핑크처럼 성공하는 것은 아니다. 혹독한 경쟁을 뚫고 데뷔를 하더라도, 적게는 50개, 많게는 100여 개의 그룹이 데뷔를 하는데 이 중 성공적인 행보를 보이는 팀은 극소수에 속하며, 그 중 '스타'가 될 확률은 더욱 희박하다. 연습생 기간부터 아이돌로서 성공적으로 입지를 다지기 전까지, 그들은 기획사라는 큰 울타리 안에서 여러 제약에 사로잡혀 있어야 한다. 혹독한 트레이닝 뿐만 아니라, 체중과 미의 기준에 대한 엄격한 규율 등 미의 기준이 유달리 엄격하고 냉정한 한국 사회의 분위기를 때로는 프랑스인들은 이해하지 못할 것이다.

특히, 2019년 데뷔 후 첫 장기 휴가를 떠난 BTS를 보고, 프랑스인들은 큰 충격에 빠지게 되었다. 그동안 BTS 멤버들이 감내해야 했던 노동 강도에 격렬한 반응을 보였고, 프랑스 일부 언론들은 K-pop 세계의 무대 뒤 현실을 신랄하게 보도하기도 하였다[243].

휴가 선진국으로 알려진 프랑스에서는 상상도 할 수 없는 일이기 때문이다.

우리는 바캉스 심으로 살아요!

프랑스에서는 어떤 직업군이건 최소 연 5주의 유급 휴가를 보장받고 있다. 한국에서는 '한국인은 밥심으로 산다'라는 표현이 있다면, 프랑스인들에게는 '바캉스 심으로 산다'라는 말이 있다.

말을 풀어 설명해보자면, 프랑스인은 여름 바캉스를 삶의 주된 목적이라고 생각하고 1년은 바캉스를 위한 1달을 위해 나머지 11달을 열심히 일한다는 것이다. 이때, 프랑스어 바캉스 (Vacance)는 '무엇으로부터 자유로워진다'는 뜻의 라틴어 바카티오 (vacatio)에서 유래되었다[244].

때문에, 휴가를 인간이 갖는 기본권으로 간주하는 프랑스 사회에서 BTS의 데뷔 6년 이후 첫 휴가는 큰 충격으로 다가온 것이다. 프랑스에서 휴가를 보내는 것은 노동자의 건강과 웰빙을 증진 시키며, 업무와 가정생활의 균형을 유지하는 데 도움이 된다고 여겨지기 때문이다[245].

그러나 쉴 새 없이 쏟아져 나오는 K-pop 아이돌 시장으로 인해 장기간 휴가는 대중의 기억 속에서 쉽게 잊히기 때문에, 쉽지 않은 선택이다. 그래서 기획사와 아이돌들은 계속해서 새로운 모습을 보여주기 위해, 휴가를 반납하고 연습에 몰두한 것이다. 모두가 쉬는 연말과 연초 또는 국가의 명절에도, K-pop 아이돌들은 집에 가지 못하고 대중들에게 멋진 무대를 선보인다. 가족과 함께 보내야 하는 시간에도, 피땀 흘려가며 무대를 준비하는 모습이 무대 위 화려하게만 보여줬던 K-pop 아이돌의 어두운 이면이지 않을까 싶다.

이름이 잘 알려진 가수들이 지금까지의 위치에 자리하기 위해 그동안 얼마나 피나는 노력을 했는지는 필자는 감히 가늠하기 어렵다. 이제는 국내 팬들만 만족시키는 것이 아닌, 전 세계적으로 K-pop 소비가 증가했기 때문에, 해외 팬들의 니즈를 충족시키는 것 또한 새로운 과업으로 주어진 것이다.

계속해서 변화하는 트렌드에 발맞춰, K-pop은 완성도 높은 종합예술로서 자리매김하면서 가시적인 성과를 보여주었으며, 국가의 인식과 국가 이미지 향상에 엄청난 영향을 미치고 있다.

프랑스서 울려 퍼지는 K-pop. 한국의 위상을 높이다!

"K-pop 가수들을 보면서 한국인이 얼마나 열심히 일하는지 알 수 있어요" 동아일보 조은아 특파원의 인터뷰에 따르면, 프랑스인들이 K-pop을 통해 한국 문화를 잘 이해하게 되었다고 이야기한다. 이는, K-pop 가수들이 연습생 때부터 부단히 노력하여 데뷔해서 인기를 얻기까지 지켜보면서 근면하고 성실한 한국인 문화를 알게 되었다는 것을 의미한다[246]. 이를 통해 알 수 있듯이, K-pop을 통한 한국에 대한 국가적 호감과 한국 문화를 사랑하는 팬들이 많이 늘어났다.

또한, 유럽에서 처음 열린 '케이콘(K-CON) 2016 프랑스'에서는 프랑스를 넘어 유럽에서 K-pop과 한류의 열기를 체감할 수 있었다. 특히, 당시 국빈으로 프랑스를 방문 중인 박근혜 대통령이 케이콘에 직접 참석해 한불 수교 130주년을 기념하기도 하였다[247]. 케이콘은 세계 문화의 중심지 파리에서 한류의 확산을 이끌며 '코리아 프리미엄' 창출에 기여했다는 평가를 받으면서, 한국 문화에 대한 인지도를 다시 한번 입증할 수 있는 계기가 되었다.

자국어를 고수하는 나라에서 정확한 한국어의 발음으로 가사를 따라 부르는 것은 물론, 함께 춤추고 즐거워하는 모습은 한류의 상징적인 의미 그 이상을 가진다. 나라와 문화는 서로 다르지만, K-pop이라는 하나의 문화로 여러 사람을 하나로 뭉치게 하고, 프랑스 국민의 감성을 한류로 촉촉이 물들인 K-pop은 한국의 위상을 높이기에 충분한 문화적 요소로 자리매김하였다고 해도 과언이 아니다.

글을 마치며

프랑스에서 대한민국까지의 거리는 9,378km이다. 대략 비행시간이 13시간 정도 차이 나는 먼 타국에서, 우리나라의 K-pop이 울려 퍼진다는 것은 생각조차 해본 적이 없다.

필자가, 올해 초 프랑스에 방문하였을 때 바라본 광경은 아직도 충격적으로 느껴진다. 파리의 관광 명소인 에펠탑 이곳저곳에서 K-pop 아이돌의 음악에 맞추어 춤을 추고 노래를 부르며 K-pop을 즐기는 사람들을 쉽게 찾아볼 수 있었다. 필자도 잘 알지 못하는 한국 아이돌들의 춤을 추고 즐기는 모습을 보고, 한류의 힘을 다시 한번 느낄 수 있었다. 자국의 문화에 대한 자부심이 강한 나라에서, 영어도 아닌 한국어라니!

책을 집필하면서 그동안 알지 못했던 프랑스의 한국 사랑에 대해 새롭게 알게 되었다. 프랑스의 한류 열풍은 앞으로 점점 더 커질 것이다. K-pop, K-드라마, K-Food 등의 한국의 문화가 한국과 프랑스의 문화 교류를 넘어 두 국가 발전에 더욱 긍정적으로 작용할 것을 기대하면서 이 글을 마친다.

프랑스와 한국 : 교통산업

진희원

‖ 가천대 유럽어문학과(프랑스어) 3학년 ‖

들어가며

프랑스와 한국은 지리적, 문화적, 경제적으로 각자 독특한 교통시스템을 가지고 있다. 한 예로 한국과 마찬가지로 프랑스는 매우 편리하고 잘 발달된 철도망을 가지고 있다. 프랑스 철도 하면 바로 떠오르는 게 있지 않은가? TGV(테제베, Train à Grande Vitesse) 이다.

프랑스의 TGV와 한국의 지하철이 만나는 상상을 해보자. 프랑스의 고속 철도망은 마치 신비로운 랜드마크처럼 도시를 잇는데, 빠른 이동성은 편안한 여행을 약속하는 듯한 느낌을 준다. 반면 한국의 지하철은 도심 속을 신속하게 달려가는 느낌이다.

두 나라의 교통산업시스템을 비교하며, 다르게 자란 두 친구가 각자의 특기를 발휘해 서로에게 영감을 주는 모습을 떠올리며 이 글을 읽어보자. 더불어 이러한 산업 문화를 비교하여 두 국가 간의 차이를 이해하고 상호 간의 강점을 인식하고 배워보자.

프랑스의 교통 산업 시스템

프랑스는 세계에서 가장 밀집된 교통 네트워크 중 하나로 꼽힌다. 100제곱 킬로미터당 146km의 도로와 6.2km의 철로를 보유[248]하고 있으며, 이것은 특히 파리 주변 지역에 그물망처럼 연결되어 있다. 이렇듯 철도, 도로, 항공, 그리고 해상 교통이 모두 광범위하게 발전되어 다양한 교통수단이 개발되어 있다.

… 철도 시스템

프랑스는 철도 인프라가 매우 잘 형성되어 있다. 그중 기차는 교통 체증이 없어 이동시간을 최대로 절약할 수 있으며, 도시와 도시를 이어주는 가장 친환경적인 교통수단이다. 대도시를 연결하는 TGV, 지역 특급열차인 TER(Transport Express Régional), 소도시의 기차역을 지나는 Intercité(엥테시테) 등 선택지도 다양하다.

지역 열차인 TER은 프랑스 전역에서 주요 도시와 중소 도시를 연결하는 핵심 교통수단으로, 높은 운행 빈도와 다양한 차량 종류를 자랑한다. 같은 TER 열차라 해도 내부 구조는 다양하며, 패스 소지자라면 내리는 역에 따라 번거로운 별도의 좌석 예약 없이 편리하게 이용할 수 있다는 점도 매력적이다.

Intercité는 프랑스를 전공하는 학생들에게도 다소 생소한 열차이다. 간단히 표현하자면 한국의 무궁화호라고 할 수 있다. Intercité는 TGV가 다니지 않는 노선을 달리며 300개 이상의 목적지를 잇고 있다. 1,2등석이 있고, 주간과 야간을 아우르는 23개의 노선과 프랑스 12개의 지방에 위치한 345개의 역을 운영[249]하고 있어 다채로운 여행을 제공한다.

프랑스의 광범위한 철도 네트워크는 차가 없는 사람도 편하게 여행이 가능하다. 프랑스로의 여행이 단기 여행객이나 학생들에게 인기가 있는 많은 이유 중 하나는 편리한 철도 시스템이 있기 때문일 것이다. 효율적이고 빠른 고속열차는 다양한 도시 곳곳을 연결하고 있어 편안하고 신속한 이동 수단을 제공하는 것뿐만 아니라 주변 국가인 독일, 이탈리아, 벨기에로도 효율적으로 이동하게 해준다.

유럽 각국의 고속열차는 파리로의 빠르고 편리한 이동을 가능하게 해주는데, 이 열차들은 다양한 국가 간의 연결성을 제공한다. 유럽 국가와 프랑스가 연결되어 있는 열차는 무엇이 있는지 간단하게 알아보자.

영국의 유로스타(Eurostar)는 런던과 파리를 빠르게 이어주며, 프랑스 북부 지역인 릴(Lille), 칼레(Calais), 파리의 동쪽인 마른 라 발레(Marne-la-Vallée)와 같은 다른 도시들과도 효율적으로 연결되어 있다. 네덜란드와 벨기에의 탈리스(Thalys)는 암스테르담, 브뤼셀을 비롯한 여러 도시에서 파리로의 직행 열차를 운영하며, 빠른 이동을 제공한다. 독일에서는 탈리스와 알레오(Alleo)가 다양한 도시들과 파리 간의 직행 열차를 운영하여 독일을 중심으로 하는 유럽 여행을 편리하게 만들어 준다. 또한 스위스의 리리아(Lyria)는 제네바, 로잔, 취리히, 발과 같은 도시들에서 파리까지의 빠른 이동을 제공하며, 스위스의 아름다운 풍경을 통과하며 여행하는 동안 즐길 거리를 더해준다. 스페인에서도 TGV를 통해 바르셀로나(Barcelona), 마드리드(Madrid), 타라곤(Tarragon)과 파리를 연결하여 스페인과 프랑스 간의 다양한 목적지를 여행할 수 있다[250]. 이처럼 프랑스의 다양한 철도 서비스들은 유럽 여행자들에게 프랑스로의 편리하고 빠른 이동 수단을 제공하고, 각 나라의 다양한 명소와 문화를 경험하는 기회를 제공한다.

파리의 지하철 노선은 마치 거미줄처럼 뻗어간다. 이 지하철은 14개의 노선으로 파리를 가로지르며, 각각의 역은 보기 쉽게 표지판과 지하통로를 통해 여행자들을 목적지로 쉽게 안내한다. 파리 도심에서는 역과 역 사이의 거리가 가까워서 더욱이 편리하게 이동할 수 있으며, 목적지까지의 빠른 이동을 돕기 위해 다양한 통로로 연결돼있는 경우도 많다. 대표적으로 생-라자르역(Gare Saint-Lazare)과 하우스만 생-라자르(Houseman Saint-Lazare), 아브르 코마르탱(Havre-Caumartin), 오베르(Ober), 오페라(Opéra)역은 모두 통로로 연결되어 있다[251].

광역 노선인 RER(Réseau Express Régional)은 파리 도심과 일드프랑스(Île-de-France)의 교외 지역을 더 넓게 연결하는데, 다섯 개의 노선인 A부터 E까지는 역 간 간격이 넓어 더 먼 지역까지 이동할 수 있게 해준다. RER은 열차 코드를 꼼꼼히 확인해야 목적지를 알 수 있는데, 같은 알파벳의 노선이라도 목적지가 달라진다. 행선지는 총 4자리 알파벳으로 표시되어있는데, 예를 들어 RER B 노선의 경우 열차 코드가 E로 시작되는 열차를 타야 샤를 드 골 공항으로 갈 수 있다.[252] RER 노선의 플랫폼에는 항상 다음 열차가 어느 역에 정차할지 알려주는 전광판이 있는데, 자신이 가려는 목적지 역에 불이 들어와 있는지 확인한 후에 탑승하면 된다.

2015년 9월 1일부터는 프랑실리앙(Franciliens, 일드프랑스 거주자)의 교통비 절감과 환경오염을 개선하기 위해 또 하나의 정책이 바뀌었는데, 정액요금제 패스나비고(Pass Navigo) 카드를 이용할 경우에는 존(zone)의 구분을 없애서 기존의 1-2존 요금으로 5존까지 추가 요금 없이 무제한으로 이용 가능하게 하였다[253]. 즉 패스나비고가 월 70유로(약 93,000원)로 요금의 단일화함에 따라 파리 시내에 거주하는 사람들은 이전보다 연간 35유로(약 46,000원) 더 많은 비용을 부담하게 되었지만, 한편으로 외곽 지역에 사는 사람들은 거주 지역에 따라 연간 199유로(약 264,000원)에서 518유로(약 687,000)까지 교통비를 절감할 수 있게 되었다. 또한 이전에는 주말에만 적용되던 지역 제한 없는(zone-free) 요금제를 이제는 평일에도 활용할 수 있게 되어, 공항과 가까운 근교로 자유롭게 이동할 수 있는 편리함이 더해졌다[254].

… 도로 교통수단

프랑스는 약 950,000km의 도로가 형성돼있으며, 세계에서 8번째로 큰 고속도로 네트워크를 보유하고 있다. 프랑스의 고속도로 네트워크는 주요 도시 주변이나 북부의 일부 지역을 제외하고 대부분 유료 도로이다. 주요 고속도로는 프랑스의 중앙집권화 전통을 반영하며 대부분이 파리 관문에서 나온다. 실제로 주요 도로는 파리의 노트르담에 있는 킬로미터 제로(모든 거리의 출발점)에서 시작된다[255].

현재 우리나라에서는 아직 상용화되지 않은 독특한 교통수단이 프랑스에는 존재하는데, 그것은 트램(Tram)이라 불리는 도로 위의 전용 레일을 주행하는 전차이다. 이 교통수단은 우리나라에서는 찾아볼 수 없는 특별한 편의를 제공하고 있는데 프랑스 문화 속에서 트램이라는 교통산업이 어떻게 발전되었는지 더 자세히 알아보자.

환경문제와 경제적 문제를 해결하기 위해 도입한 트램은 지하철의 속도와 버스의 편안함을 동시에 제공한다. 트램은 도시의 중심부에서 운영되며 구조상 자동차와 사람이 다니는 지상도로와 전용 노선에서 같이 운영된다. 트램은 지하철, 버스, RER와 동일하게 파리 시내와 근교를 연결하는 대중교통으로, 현재 파리의 트램은 T1, T2, T3a, T3b, T4, T5, T6, T7, T8, T9, T10, T11, T12, T13 총 14개 노선이 있다. 대부분 노선이 파리 외곽을 달리며, T3만이 파리 도심을 지난다. 모든 노선이 완성된 것은 아니고, T10, T12호선을 제외한 모든 노선이 전부 운행 중이지만, T11, T13은 아직 부분 운행 중이다. 내년 연말쯤에는 14개 모든 노선이 운행할 것으로 예상하고 있다[256].

유럽은 1980년대 프랑스를 시작으로 트램을 사용해오고 있다. 20세기 초반에 프랑스는 현재의 버스 네트워크와 비슷한 수준의 트램 교통망을 가지고 있었지만 자동차를 자유의 상징으로 여기는 문화로 인해 역사

속으로 사라졌었다. 결국 파리시내에선 1938년, 교외 지역에선 1957년에 트램이 거의 없어지고 1944년에는 릴(Lille), 마르세유(Marseille), 생테티엔(Saint-Étienne)만 트램웨이[257]를 보유하고 있었다. 하지만 1973년 발생한 오일쇼크와 세계 2차 대전 이후 수도권에 발생한 교통문제로 자동차의 한계를 인식하고 중앙정부는 이를 해결하기 위해 트램을 다시 도입하기로 결정했다. 그렇게 트램이 50년만에 재부활하게 되는데, 현대적인 트램을 도입하기 위해 8개 도시를 선정했고, 낭트(Nantes)에서 1985년에 현대적인 트램이 가장 먼저 도입되었다. 그 후에는 그르노블(Grenoble), 파리(Paris), 루앙(Rouen), 스트라스부르(Strasbourg) 등 여러 도시에 트램이 건설되었다 2019년엔 81개의 노선이 운영되고 있으며 전 세계 트램웨이의 약 1/4를 프랑스가 차지하고 있다[258].

다음으로 발전된 트램의 변화를 1950년대와 비교해보자. 1950년대의 트램은 주로 교통수단으로의 역할만을 수행했을 뿐 다른 영향은 미치지 못했다. 현대의 트램은 단순한 교통 프로젝트에 그치지 않고 더 나아가 도시 정비, 주거지와 상업지역을 연결하여 균형 있는 경제성장과 같이 도시 프로젝트로 인식하면서 도시계획에서 중요한 역할을 하고 있다. 이전에는 계단과 같은 도로에서 접근이 가능했던 방식에서 저상의 정류장으로 바뀌면서 교통약자의 탑승 편의를 제공하였고 무가선 시스템을 적용시켜 편리성이 향상되었다. 더 나아가 운행 형태도 변경되었는데, 이전의 도로 통행과 분리되지 않아 많은 문제가 되었던 도로 통행과의 충돌 문제에 대해 교차로에서는 트램에 우선 신호를 제공하여 교통사고를 줄이고 정시성을 강화시켰고 운행 간격도 차량 간 시간 간격을 3분까지 감축시켰다. 이렇듯 현재의 트램은 많은 발전을 이뤄 다양한 길이와 용량을 갖추었고 트램이 다니는 노선에 나무와 잔디를 심어 녹색화를 추진하는 등 발전된 교통수단으로써 사용자들에게 더 다양한 서비스를 제공하고 있다[259].

우리나라에도 서울시 영등포구와 구로구를 연결하는 도림천트램이 존재한다. 현재는 일부 관광 상품의 역할로만 자리 잡고 있지만, 대기오염과 교통체증, 자동차의 한계로 보았을 때 프랑스의 트램 시스템이 우리나라에도 많은 도움이 될 거 같다. 같은 노선을 운행하는 프랑스의 트램과 버스의 교통사고 발생 건수를 비교하였을 때, 트램이 버스의 50%[260]정도로 사고 발생률이 낮았다. 나아가 자연친화적인 파리의 트램 운영을 담당하고 있는 일드프랑스 모빌리티 인프라 디렉터 아르노 크롤래씨(Arnaud Crolais)는 "트램을 도입하면서 도시 이미지가 굉장히 크게 변했다. 이전에는 도로에 자동차만 많았는데, 트램이 생기면서 보행자를 위한 인도가 확장되고, 자전거 도로를 만들어 환경오염을 줄이는 등 공공장소의 변화를 가져왔다. 잔디와 가로수를 심으면서 시각적으로 아름답게 바꾸기도 했다. 무엇보다 사람들이 대중교통을 편하게 이용하자는 게 가장 큰 목표였는데 사용자들이 굉장히 만족하고 있다"[261]고 말했다. 이렇듯 도심지의 마스코트의 역할도 톡톡히 해낼 수 있을 것이다.

다음으로 대중교통수단인 버스에 대해 알아보자. 프랑스 지방으로 이동할 때 이용하는 교통수단으로 많이 알려진 기차 외에 프랑스 국유철도 (SNCF, Société nationale des chemins de fer français)가 운영하는 위비스(OuiBus)가 있다. 이 버스는 파리, 리옹, 릴, 엑상프로방스 등 프랑스의 주요 도시들뿐만 아니라 벨기에, 네덜란드, 런던, 바르셀로나 등 주변 인접 국가의 도시들로도 운행한다. 하루 5~8편으로 운행되며, 저렴한 가격, 무선 와이파이, 화장실까지 갖추고 있어 매우 편리한 교통수단이다. 2015년 가을에는 운행 횟수와 취항 노선을 대폭 늘리고 가격은 인하해서 이전보다 더 매력적으로 변신했다[262].

다음 소개할 도로 교통수단은 택시이다. 프랑스는 우리나라에서처럼 아무 곳에서나 택시를 잡기 쉽지 않다. 프랑스는 주요 역과 지하철역

근처에 지정 택시 승강장이 있다. 트렁크와 같이 큰 짐을 실을 때는 추가 요금 1유로가 붙는다. 시간대, 요일, 행선지별로 km당 요금도 다르다. 평일 저녁 리옹 역에서 에펠탑 근처까지 택시를 이용하면 약 16유로(약 23,000원) 정도가 나온다고 한다[263].

한국 교통 산업 시스템

… 철도 시스템

현재, 국제 경제의 침체와 친환경 규제와 같은 다양한 상황 속에서도 철도는 물류 수단으로서의 장점을 보여주는 시기에 있다. 특히, 한국은 효율적이고 발전된 철도 시스템을 갖추고 있으며, 고속철도의 도입은 수송시스템을 전반적으로 향상시켜줬다.

대표적인 고속철도로는 KTX(Korea Train Express)와 SRT(Super Rapid Train)가 있다. KTX는 서울을 중심으로 다른 주요 도시를 연결하며, SRT는 서울과 부산을 잇는다. 우리나라의 KTX의 도입으로 국내 철도 수준이 상당히 향상되었다. 따라서 KTX의 역사를 천천히 살펴보고자 한다.

우리나라는 1970년 중반부터 철도의 용량 포화를 예상하고 철도 노선의 신설, 고속도로의 건설과 같은 여러 대안을 검토한 결과 이중 고속철도 건설을 통해 해결하기로 결정했다. KTX는 코레일(한국철도공사)에서 운영해 1992년 6월 기공식부터 2004년 4월 1일 개통까지 12년간에 걸친 대장정의 고속철도 건설이 이루어졌다[264]. KTX는 크게 수도권(서울역, 용산역, 수서역 등)과 부산역을 잇는 경부고속선개통과 수도권과 광주송정역, 목포역을 잇는 호남고속선 개통으로 운행되고 있다. 현재 KTX의 영업 최대속도는 305Km/h이나 원래 차체는 최대속도 350Km/h까지[265] 낼 수 있도록 설계되어 있다고 한다.

우리의 고속철도 도입에는 일본의 신칸센, 독일의 고속열차 (Inter City Express, ICE), 프랑스의 TGV 등이 참여하여 경쟁했고, 프랑스의 TGV Réseau (테제베 레조 차량의 기반으로 한 KTX 첫 운행이 도입되었다. 처음 우리나라가 고속철도를 도입할 시기에 목표로 삼은 것은 고속철도 제작술을 배우고, 국산화시키는 것이 목표였으나 일본이 제시한 조건의 경우 기술이전이 불가능했고 추후 도입되는 모든 차량 또한 일본에서 제작하고 한국에서 수입하는 형태의 제안이었기 때문에 제일 먼저 제외됐다. 이후 기술이 조금 더 뛰어난 독일과 프랑스의 경합에서 최종적으로 프랑스가 결정된 것은 파격적인 수준의 기술이전과 우리에게 열차의 라이센스를 생산하는 조건을 제시했기 때문인데, 이렇게 우리의 KTX는 001, 002편 2대의 차량이 시범 운전과 연구를 목적으로 1998년 마산항을 통해 처음 들어오게 되었다. 현재 운행 중인 KTX 열차를 살펴보면 서울에서 부산 구간을 정차역 수에 따라서 2시간 15분에서 2시간 53분에 주파할 수 있다. 이는 KTX 도입 전 최고속도 열차였던 새마을호가 4시간 30분 걸려서 서울-부산에 도착하던 시간을 절반가량 줄인 것이다. KTX의 도입과 함께 우리의 철도 관련 정부 기관과 민간기업의 많은 연구진들은 고속철도 기술을 국산화하여 도입기술을 바탕으로 자체 설계한 열차를 만들어내기 위해 많은 노력을 다했다. 그 결과로 KTX가 공식 개통하기 전인 2002년에 국산화 기술이 대부분 적용된 한국형 고속열차, HSR-350x 이라는 시험차량을 만들어 352.4.Km/h의 최고속도를 기록하기도 했다[266].

이처럼 KTX의 발전과정을 통해 볼 때, 한국은 고속철도 분야에서 세계적인 기술을 습득하고 나아가 자체 기술력을 발전시켜 나가고 있다. 이를 통해 우리는 단순히 이동하는 수단으로써 이용되는 것이 아니라 고속열차 자체적 기술로서 세계의 강국들과 경쟁, 문화적 교류를 하는 그 이상의 존재가 된 것이 아닐까 생각한다. 달려가는 고속열차를 보면

새삼 대단해 보일 것이다.

지하철은 수도권뿐만 아니라 부산, 대구, 광주, 대전에서도 운행되고 있다. 수도권에는 9개의 지하철 노선과 인천 1,2호선, 분당선, 신분당선, 경의중앙선, 그리고 공항철도로 운영되고 있다. 각 노선은 다른 색상으로 표시되어있으며, 서울의 변두리부터 위성 도시까지 그리고 도심을 가로지르는 많은 환승역이 표시되어있다. 보통 지하철은 아침과 저녁의 교통 체증 시간에는 2~3분 간격으로 운행되고, 그 외의 시간에는 4~6분의 간격으로 운영되고 있다[267]. 서울에 거주한다면 정시성의 성격을 지닌 지하철이 가장 편리한 교통수단이 아닐까 생각이 든다.

나아가 파리의 지하철과 우리나라 지하철 간의 흥미로운 차이점에 대해 알아보자. 파리 메트로의 경우, 역 간 거리가 약 550m 정도로 다른 나라의 지하철과 비교해봤을 때에도 짧은 편이다. 파리가 면적이 작은 도시에 비해 노선이 촘촘하게 연결되어 있기 때문인데 메트로에서 한 정거장을 더 가게 되면 출구에서 나와 걸어가는 것이 빠른 경우도 있다. 한편, 서울의 지하철은 평균 역 간 거리가 약 1km로 파리보다 길게 설계되어 있다[268]. 이는 서울이 상대적으로 면적이 큰 도시이고, 지하철이 발달한 시기에는 이미 다양한 대중교통수단이 확립되어 있었기 때문이다. 이러한 차이는 각 도시의 교통 인프라 발전과 도시계획의 시대적인 특성에 결정된다.

… 도로교통수단

한국인들이 가장 선호하는 교통수단인 버스에는 시내버스, 시외버스, 고속버스가 있다. 시내버스를 제외하고는 승차권을 구입해야한다.

시내버스에는 간선버스(중앙 버스 차선을 이용하여 교외 지역에서 서울 시내를 도는 버스), 지선버스(서울 시내의 주요 지하철역이나 버스터

미널을 연결하며 운행하는 버스), 광역버스(서울 도심과 위성 도시 통근을 위하여 고안한 버스), 순환버스(서울 시내를 돌며 주요 철도역뿐 아니라 상업, 관광과 쇼핑 지역에 정차하는 버스), 마을버스(철도역 또는 광역버스 환승 거점, 아파트 단지 등 기타 지역을 잇는 소규모 버스), M버스(광역 급행 버스로 수도권 도심의 교통혼잡을 완화하고 출퇴근을 위한 기점 및 종점으로부터 5km 이내에 있는 4개 이내의 정류소만 정차하는 버스)[269].

시외버스나 고속버스는 버스터미널에서 출발하여 먼 거리의 도시를 방문할 때 이용한다. 시외버스는 여러 도시를 다니기 때문에, 비교적 소요시간이 길다. 고속버스는 한 도시에 집중하여 운행되는데, 일반 고속버스, 우등 고속버스, 프리미엄 고속버스로 나뉜다. 좌석 간의 공간, 테이블과 같은 부가 서비스들에 따라 등급이 나뉜다.

택시는 24시간 운행한다. 택시를 타려면 택시 정류장에서 기다리거나 도로변에서 손짓을 하여 지나가는 택시를 부르거나 전화로 호출하는 등 택시 탑승 방법은 다양하다. 하지만 요즘 가장 많이 호출하는 방법은 카카오택시라는 앱을 이용하는 것이다. 택시는 일반택시, 모범택시, 대형택시로 나뉘는데, 일반택시는 3~4명까지 탑승이 가능하고 기본요금은 지역에 따라 다른데 4,800원(서울기준, 1.6km까지) 정도이다. 23시부터 2시까지는 40%의 요금이 2시부터 4시까지는 20%의 요금이 추가로 부가된다. 모범택시는 고급승용차로 영업하는 택시로 대부분 검은색이며 수도권을 중심으로 운행하는데, 기본요금은 3km까지 7,000원이어서 비싼 대신 야간탑승이나 장거리 이동시에도 요금이 추가로 붙지 않는다. 대형택시는 최대 9명까지 탈 수 있는 큰 택시로, 짐이 많거나 일행이 많을 때 이용하면 편리하다. 모든 차량에 호출 시스템이 설치되어 있어 언제 어디서든 전화를 걸면 이용 가능하다. 가격은 모범택시와 같다[270].

… 지리적 · 문화적 환경에 따른 교통시스템 발전

프랑스는 문화적 환경에 영향을 받아 교통시스템이 발전되어왔다. 19세기 본격적인 산업 발전이 시작되면서 파리의 높은 토지 가격으로 인해 '파리 탈출' 현상이 발생했다. 기존 산업들은 교외로 이동하게 되었고, 새로운 산업들도 파리를 피해 도시에 가까운 곳으로 입주했다. 저렴한 가격의 공공 주택은 도심의 높은 토지 가격으로 인해 변두리나 근교에 건설되었다. 출퇴근 이동은 처음에는 파리에서 근교로 이루어졌지만 산업체와 주거지의 교외 이동으로 인해 시간이 지남에 따라 파리에서 멀리 떨어져 있는 지역까지 확대되었다. 이후로 교통 발달이 빠르게 이루어졌다. 이렇듯 프랑스는 주거 문제를 해결하기 위한 사회 정책, 문화의 한 부분으로 교통이 발달해왔다[271].

우리나라는 한반도의 특이한 지형으로 인해 교통 발달에 열악한 환경을 가지고 있었지만 이러한 도전적인 여건을 극복하여 발전해 나갔다. 우리나라의 지형은 남북으로 길게 뻗어있고, 동서는 짧다. 그리고 삼면이 바다로 둘러싸여 있고, 높은 산맥과 그 사이를 흐르는 큰 강들이 많아 교통이 발달하기 어려운 지형을 가지고 있다. 남북을 가로지르는 높은 산맥과 중국 쪽[272]으로 퍼져나가는 여러 산들이 있어서 남북 간에 효과적인 교통로가 발달하기 어려웠다. 하지만 1960년대부터 주요 산업이 경부(서울-부산)를 중심으로 성장하였고, 주변에 고속국도, 철도, 공항, 항만 등이 세워지면서 발전됐다. 국민 소득이 증가함에 따라 1980년대 후반부터는 특히 승용차 이용이 급증해 도로의 수요가 많아져 고속국도 등의 도로 건설이 가속화면서 도로 교통이 발전했다. 교통은 1960년대 이후 수출 산업화 정책과 함께 급속한 경제성장[273]을 이루었으며, 이로써 상대적으로 짧은 기간에 교통시스템이 크게 발전했다.

글을 마치며

프랑스와 한국의 교통산업시스템 비교를 통해 경제적, 지리적 특성뿐만 아니라 두 나라의 독특한 문화에 대한 이해를 높일 수 있었던 의미있는 시간이었다. 두 국가의 교통 인프라와 시스템은 각자의 발전 수준과 특색을 돋보이게 하면서도, 그동안 쌓아온 역사와 가치를 반영하고 있다. 이 글을 읽은 독자들이 교통이라는 단순한 이동수단을 넘어서, 각 국가의 문화적 가치와 다양성을 이해하는 중요한 지표로 인식했으면 하는 바람이다. 필자 또한 이번 글쓰기 경험을 통해 교통이 어떻게 그 나라의 산업시스템과 사회, 문화의 중심에서 역할을 하는지에 대한 깊은 이해를 얻을 수 있었고 이러한 이해를 바탕으로 두 국가 간의 교통시스템의 지속적인 발전을 위해 타 국가의 기술을 배우고 협력하는 중요성을 명확하게 인식하게 되었다.

제2장 한 · 프의 A to Z

TEAM

Allez! Allez!

Allez! Allez!

'Allez! Allez!'는 '가자! 가자!'라는 뜻의 프랑스 응원 문화에서 쓰이는 단어이다. "Allez!"를 통해 팀원들의 도전 정신과 열정을 담고 목표를 향해 나아가겠다는 팀의 의지를 표현한 이름이다.

프랑스와 한국의 디저트 세계

김의나

‖ 가천대 유럽어문학과(프랑스어) 3학년 ‖

요리와 디저트의 본고장, 프랑스

디저트 하면 가장 먼저 떠오르는 나라, 프랑스. 디저트라는 단어의 어원부터도 식사 후에 테이블을 치운다는 의미를 가진 프랑스어의 단어 'desservir'일 정도로 프랑스는 제과제빵이 발달한 나라이다. 마카롱, 타르트, 마들렌, 카눌레 등 많은 디저트가 우리 주위에 스며들어 있으며, 이 외에도 크레페, 몽블랑, 베이비 슈, 에클레어, 크렘 브륄레 등 프랑스에는 수많은 종류의 디저트가 있다.

또한 프랑스에는 르 꼬르동 블루(Le Cordon Bleu), 에꼴 페랑디(Ecole Ferrandi) 등 전 세계적으로 요리, 제과제빵으로 유명한 학교도 있다. 프랑스 미식학의 뿌리인 요리, 제과 예술과 그 전문성을 학생들에게 전수하고 있으며, 나아가 학생들은 학교에서 배운 제과제빵 기술에 개인의 요리 철학, 개성을 접목하여 끝없는 발전을 시켜나가는 등 요리 부문에 있어서 최상의 명성을 가지고 있다. 프랑스는 어떻게 현재의 유명세를 얻게 되었을까? 프랑스는 왜 디저트 강국으로 명부 상실한 것일까. 이제부터 프랑스의 디저트, 그리고 프랑스 디저트에 관한 한국의 현대 문화에 대해 알아보자.

본격적으로 말하기 앞서, 본래 프랑스에서 흔히 말하는 디저트의 개념은 우리가 말하는 빵 종류의 디저트뿐만 아니라 그 외에 과일, 치즈, 아이스크림 등을 통칭하여 정말로 본식 후에 마지막으로 먹는 음식이다. 그러나 이 글에서는 한국에서 말하는 제과제빵류에서의 디저트를 다룰 예정이기에, 이들을 편의상 디저트로 통칭하려고 한다.

그럼, 이제부터 프랑스 디저트 문화에 대해 알아보러 떠나보자!

프랑스의 디저트는 어떻게 발전했을까?

프랑스의 디저트는 시대에 따라 각각 다른 종류가 발전되어 왔다. 시대별로 디저트의 발전과 그 종류를 말하기에 앞서, 프랑스 디저트에 대해 기본적으로 설명하기 위해서는 유럽의 음식에 대해 알 필요가 있다. 유럽 음식은 일반적으로 향신료가 첨가된 소스가 발달되어 있으며, 이로 인해서 식사를 마칠 즘에는 입이 텁텁해지는 경향이 있어서, 이 텁텁함을 해소하기 위해서 달콤한 디저트를 발전시켜온 것으로 일컬어진다. 이러한 프랑스 디저트는 크게 중세, 르네상스, 근대 시대로 나누어 분류해 볼 수 있다.

먼저 라꾸르 데사뵈르 사이트(https://www.la-cour-des-saveurs.com/)의 중세 시대 디저트에 관한 내용에 의하면, 중세 시대의 프랑스 디저트는 식물성 재료, 꿀, 견과류 등을 주재료로 한 디저트들이 많이 있으며, 주로 빵과 과일 중심의 디저트를 많이 먹었다고 한다. 또한 이후 11세기 십자군 전쟁과 함께 설탕이 아랍 문화권에서 유럽에 퍼졌고, 이때부터 설탕을 활용한 단 맛의 디저트가 나오기 시작했다. 그러나 유럽에서 직접 설탕을 제조한 것은 11세기 무렵부터였으며, 설탕이 비쌌기 때문에 이러한 디저트는 상류층들만 누리는 특별한 음식이었다. 테이블을 치우고 세 번째 또는 네 번째 코스의 음식, 즉 식사를 마치며 먹는 마지막 입가심용으로 디저트를 먹었으며, 과일, 치즈 그리고 타르트, 원형의 접시 모양 반죽에 크림 위주의 내용물이 들어간 속으로 이루어진 플랑(flan) 등의 종류가 있다.

다음으로 르네상스 시대의 디저트는 이탈리아의 영향이 중점이다. 퀴진알라프랑세즈 사이트(https://www.cuisinealafrancaise.com)에 따르면, 르네상스 시대에는 이탈리아에서 온 카트린 드 메디치(Catherine de Medici)가 앙리 2세와 결혼할 때 데려온 이탈리아 요리사들이 다양한 식문화를 가져왔다. 때문에 이 시대 프랑스 디저트는 이탈리아의 영향을 많이 받게 되었다. 이탈리아의 식문화와 디저트를 전파한 카트린 드 메디치 덕분에 프랑스 귀족들과 왕족의 관심이 높아졌고, 이를 위해 프랑스의 많은 요리사들이 조리법을 연구하며 프랑스의 식문화가 발전되어 왔다. 이후 1600년에는 헨리 4세와 결혼한 마리 드 메디치(Marie de Medici)의 후원과 함께 현재 프랑스의 페이스트리(pâtisserie) 종류의 디저트에서 많은 발전을 이루었다. 이렇게 르네상스 시대부터 많은 파이와 마카롱, 떡, 비스킷, 과일 젤리(말린 잼), 설탕에 절인 과일 껍질, 누가, 아이스크림 등이 생겨난 것으로 추정된다고 한다[274].

마지막으로 현대 우리가 누리고 있는 프랑스 페이스트리 디저트는 바로 근대 시대에 디저트를 만드는 것이 하나의 예술로 여겨지면서 셰프들이 디저트를 무한히 발전시킴으로써 탄생했다. 이 시대에 만들어진 디저트로는 대표적으로 엎어진 타르트 모양을 갖고 있는 사과 타르트인 타르트 타탱(Tarte Tatin), 한번 베어 물고 나면 안에 든 커스터드 크림이 흘러나와 빠르게 먹어치우게 되는 에클레어(Éclair), 천 개의 잎사귀라는 뜻을 가진 '밀푀유(Mille-feuille), 조개 모양의 대표적인 프랑스 구움과자인 마들렌(madeleine) 등이 있다.

이렇게 시대별로 프랑스의 디저트는 다르게 발전되어 왔으며, 오늘날 우리들이 즐기고 있는 수많은 디저트들이 생겨났다는 것을 알 수 있다.

프랑스 지역별 디저트 추천

프랑스에 여행을 간다면 지역별로 추천하는 디저트가 있다. 아래는 프랑스 관광청과 프랑스 현지의 한 기사에서 추천하는 디저트 리스트에서 가져온 것으로[275], 이에 대해 알아보면 후에 각 지역마다 각각의 특색을 기억하기 좋을 것 같아 지역에 대한 설명도 조금씩 첨가했다. 디저트 세계는 정말 다양하고 무궁무진해서 이름만 들으면 전혀 감이 오지 않는 디저트들이 많지만, 간단한 설명과 함께 총 10개의 디저트의 특징을 알아보고 각 지역의 정보, 디저트의 유래, 기원 등을 소개하고자 한다. 아래 지도에 앞으로 설명할 지역의 각 번호를 넣었으니 참고하여 보면 편할 것 같다.

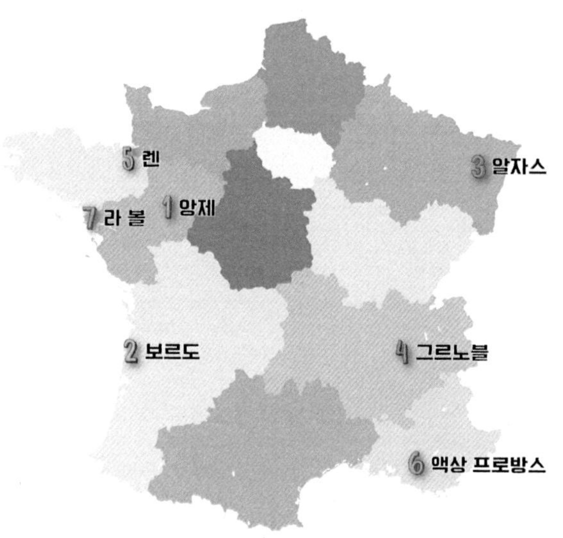

1. 앙제(Angers) - 케르농 다르두아즈(quernon d'ardoise)

앙제는 프랑스의 북서부에 있는 브르타뉴(Bretagne) 지방에 위치한 도시로, 중세 시대의 모습을 볼 수 있는 도시이다. 여러 고성과 포도원으로 이루어진 루아르 강에 있는 고성 중 하나인 앙제 성은 2000년에 유네스코 세계문화유산으로 지정된 곳이며, 그 외에 앙제 생 모리스 대성당, 19세기 대극장 등의 주요 건축물이 있다[276].

케르농 다르두아즈는 캐러멜화된 설탕 과자에 아몬드를 넣은 누가틴(nougatine)의 일종으로, 표면에 코팅되어 있는 파란색 초콜릿이 특징이다. 이 파란 사각형의 형상은 바로 브르타뉴 지방의 건축물의 특징인 청회색 지붕 기왓장에서 따온 것으로, 이를 '아르두아즈(Ardoise)'라고 한다. 현재 이 디저트는 앙제의 3대 생산품 중 하나가 되었으며, 전 세계적으로 판매된다고 한다. 앙제 시립 기록 보관소에 따르면, 이 디저트는 Maurice Pouzet(이하 모리스)가 아이디어를 내어 쇼콜라티에 René Maillot와 함께 개발한 디저트이다. 모리스는 조각가, 일러스트레이터, 화가 등으로 활동하는 예술가였는데, 앙제에는 와인, 오렌지로 만든 술의 일종인 쿠앵트로(cointreau) 외에 지역 정체성을 보여주는 특산품이 부족하다는 것을 극복하기 위해 지역의 건축물 특징인 아르두와즈를 연상시키는 디저트를 개발하게 되었다고 한다[277].

2. 보르도(Bordeaux) - 까눌레(canelé)

카눌레는 프랑스의 남서부의 누벨아키텐(Nouvelle-Aquitaine)에 있는 항구 도시인 보르도의 유명한 구움과자이다. 보르도는 와인으로 가장 잘 알려져 있지만, 그 외에도 역사적으로 무역 도시, 국제도시로 성장해 왔다. 현대 미술관, 고딕 양식의 생미셸 대성당 또한 18세기부터는 수많은 건축물이 지어졌으며, 가론 강과 달의 항구의 주변에 300여 개의 문화유산을 찾아볼 수 있다. 이는 파리 뒤를 이어 프랑스에서 문화재가 두 번째로 많은 도시라고 한다[278]. 이곳은 자전거가 매우 많이 일상적인 교통수단이라서 도시 전체에 자전거 역사가 설치되어 있고, 자전거 공유 프로그램을 시에서 운영하고 있고, 도심에서 자전거를 대여해 다닐 수도 있어 여행하기 매우 좋은 도시라고 한다[279].

카눌레는 세로로 12개의 홈이 난 틀에 반죽을 넣어 만든다. 이러한 카눌레의 가장 보편적으로 알려진 기원은 보르도 지방의 안농시아드 수도원에서 만들기 시작한 것에서 온다. 보르도 지방에서 와인의 불순물을 제거하는 데 계란 흰자를 사용하기 때문에 이 지역에서 노른자를 쉽게 구할 수 있었던 것으로 보이며, 수녀들이 이렇게 남은 노른자를 가지고 만들었다는 것이다.

우리나라에서 카눌레를 먹는다면 정말 생생한 충격을 받을 만큼 너무나도 환상적인 식감을 가지고 있다. 겉은 바삭하고 속은 촉촉한, 이른바 겉바속촉의 대표적인 디저트로 알려져 있다. 그런데 사실 보르도 카눌레는 겉이 단단하지만 바삭한 식감은 없다고 한다. 그래서 우리나라에서 파는 카눌레를 상상하고 보르도의 카눌레를 먹게 된다면 먼저 바삭함이 없어 당황을 하게 되고, 그보다 매우 촉촉하고 부드러운 식감을 느끼게 된다.

3. 알자스(Alsace) - 브레델(bredele)

프랑스 북동부 쪽에 있는 알자스 지방은 크리스마스에 있어서 매우 진심인 곳이다. 프랑스 관광청에 따르면[280], 알자스 크리스마스 마켓 중 압도적인 화려함을 보여주는 스트라스부르(Strasbourg), 하울의 움직이는 성 애니메이션의 배경 마을이기도 한 프랑스의 운하 도시 콜마르

(Colmar)의 마켓들은 규모가 매우 크고 광장이나 거리 등에 따라 파는 상품이 다르며, 이 두 곳과 뮐루즈(Mulouse), 오베르네(Obernai), 케제르베르(Kaysersberg)까지 총 다섯 군데를 크리스마스 마켓으로 추천하고 있다. 특히 스트라스부르의 크리스마스 마켓은 1570년에 시작되어, 프랑스에서 가장 오랜 전통을 갖춘 마켓이라고 한다. 이곳의 디저트 브레델은 전통적으로 크리스마스가 오기 전 11월 말부터 만들기 시작해 크리스마스 기간 동안 두고두고 먹는 작은 비스킷이다. 레시피는 매우 다양하며, 비스킷 반죽에 시나몬, 아니스, 호두, 헤이즐넛 등 다양한 재료들을 넣어 만든다.

4. 그르노블(Grenoble) - 호두타르트(gâteau au noix)

프랑스의 남동부에 위치한 론알프(지방에 있는 도시인 그르노블은 알프스산맥의 산으로 둘러싸여 겨울 관광지로 유명하다. 이 지역의 특산품인 '그르노블 호두'는 도피네(Dauphiné) 지역과 이제르(Isère) 주에서 생산되는 호두로, 1938년부터 그 원산지와 고유성을 인정받아 프랑스의 미식 전통을 보존하기 위해 만든 제도인 AOP(원산지 보호 명칭 제도)로 지정되어 왔을 만큼 유명하다. 그르노블 시 근처에 그르노블 호두 박물관(Le grand séchoir)을 옛 호두 건조장을 개조해 만들었으며, 호두 수확 시기인 10월에 이곳을 방문하는 관광객도 매우 많다고 한다[281]. 그르노블 호두는 보다 고소하고 우유 같은 향을 풍기는 특징이 있다고 한다.

이 지역의 명물인 디저트는 이 호두를 아낌없이 사용한 호두 타르트이다. 타르트지를 만드는 사브레 반죽 안에 호두, 생크림, 버터, 설탕과 꿀을 넣어 만든다. 디저트로 먹을 뿐만 아니라 식사용으로 먹기 위해 만드는 블루 뒤 베르코르 사스나 주 (Bleu du Vercors-Sassenage) 혹은 생마르슬랭 (Saint-Marcellin) 같이 치즈와 함께 구운 짭짤한 호두 타르트도 있다고 한다[282].

5. 렌(Rênnes) - 퀸아망(kouign-amann)

프랑스 북서부에 있는 브르타뉴 지방의 최대 도시인 렌은 역사적으로도 다양한 문화유산을 품고 있는 곳이다. 예술적으로 매우 화려한 장식을 보여주는 브르타뉴 의회, 피카소, 들라 투르 등의 유명한 화가들의 작품들이 전시되어 있는 렌 미술관(Musée des Beaux-Arts de Rennes), 그 외에도 수많은 관광 명소가 있어 볼거리, 즐길 거리가 매우 많다.

이런 렌에 왔을 때 맛봐야 할 디저트는 바로 퀸 아망인데, 이는 브르타뉴어로 '버터케이크'라는 뜻을 가지고 있다. 퀸 아망은 빵 반죽에 설탕과 버터를 섞고 난 후 이 반죽을 파이 반죽처럼 접고 이를 파이 반죽처럼 구워낸다. 크루아상과 비교하면 보다 담백한 반죽을 사용하고, 반대로 크루아상보다 버터는 훨씬 많이 사용한다고 한다. 또 층 사이사이에 모두 설탕을 뿌리기 때문에, 크루아상과 다르게 겉은 설탕이 캐러멜화되어 바삭해지고 속은 달달함과 촉촉함을 두루 갖춘 디저트다[283].

6. 액상프로방스(Aix-en-provence) - 칼리송(calisson)

칼리송은 멜론이나 오렌지 껍질 등의 과일을 설탕에 절인 것과, 지역 특산물인 아몬드 가루를 섞어 만든 아몬드 모양 반죽의 과자에 겉은 아이싱 슈가로 코팅되어 있는 쫀득한 식감의 사탕류의 디저트다. 특히 프랑스 남부에 있는 액상프로방스 지역의 명물이며 크리스마스 시기가 되는 겨울에 특히 일상적으로 많이 먹는다. 그러나 아직 한국에는 알려지지 않은 종류의 디저트로 한국에서 판매하는 곳이 없어서, 프로방스로 여행을 다녀오지 않는 이상 접하기 어렵다고 한다[284]. 아몬드 가루의 고소한 맛이 기본으로 들어 있고, 이와 더불어 사용하는 과일이나 허브 등에 따라 오렌지, 멜론, 혹은 라벤더와 피스타치오 등의 다양한 향이 생기게 된다. 남부에서 판매되는 칼리송은 아몬드를 연상시키는 작은 나뭇잎 모양이다.

혹시 프로방스 지방을 직접 가지 못하는 경우 파리에 있는 르 쁘띠 뒥(Le Petit Duc)에서도 찾을 수 있다고 한다. 특이하게 이곳은 칼리송, 누가(Nougat) 등 프로방스의 명물을 파는 가게로, 칼리송 역시 전통적인 레시피를 참고해 남부와 달리 정사각형으로 만든다고 한다[285].

7. 라 볼(La Baule) - 퐁당 볼루아(Fondant Baulois)

퐁당 볼루아는 프랑스 서부 해변가인 라 볼 에스쿠블라(La Baule-Escoublac) 지역에서 만들어진 디저트로, 1980년 이 초콜릿 케이크를 개발한 Mousieur Denis의 식료품점에서 시작되었다고 한다. 퐁당은 프랑스어로 녹아내린다는 의미를 갖고 있고, 퐁당 볼루아는 볼 지역의 초콜릿 퐁당 케이크를 뜻한다. 이 초콜릿 케이크를 전부 천연 재료만을 사용하여 만드는데, 상온에서 3주 동안 보관해도 상하지 않아서 여행용 케이크라고도 불린다고 한다[286]. 일반적인 경우와는 다르게, 이 흘러내리는 초콜릿의 특징 때문에 냉장고에 보관하면 그 고유의 특징이 살아나지 않아 고유의 맛을 즐길 수 없다고 하니[287], 상온에서 보관하면서 퐁당 볼루아만의 흘러내리는 초콜릿 케이크의 매력을 제대로 느끼는 게 좋을 것 같다.

한국의 디저트 문화

한국에도 다양한 디저트가 있다. 떡, 화전, 다식, 식혜, 유과, 빙수, 화채, 약과 등 전통 디저트들부터 서양의 디저트와 결합해 만든 떡 케이크, 인절미 토스트, 크림 떡, 약과 쿠키 등 퓨전 디저트까지. 우리나라의 디저트 사랑 역시 만만찮다. 디저트 배는 따로 있다는 말은 일반적으로 식당에서 밥을 먹을 때 디저트까지 포함해서 먹지 않는 한국인들이 카페에 가서 따로 디저트를 먹기 시작하면서 생긴 말이다. 이렇게 한국에도 다양한 디저트가 있지만, 프랑스와 한국의 디저트 먹는 문화는 정말 다르다. 어떤 점이 다른 것일까? 지금부터 나의 경험을 토대로 이야기해 보려 한다.

며칠 전 프랑스인 친구와 이야기하던 중 한국에선 디저트로도 크루아상을 먹는다고 하자 친구가 충격을 먹어 소리 지른 일이 있다. 그래서 친구에게 크루아상은 버터가 많이 들어가긴 했지만 식후에 먹는다고 밥 하나 더 먹는 것 마냥 포만감이 큰 것도 않은데, 그게 그렇게 놀랄 일이냐며 왜 그렇게까지 완강하게 거부하냐고 했었다. 오히려 아침에 커피와 크루아상을 먹고 끝내는 프랑스식 아침 식사가 더 이해가지 않는다. 그런데도 이 친구는 절대 안 된다고 제발 그러지 말아달라 신신당부했다.

크루아상은 디저트가 아닌데 어떻게 밥 먹고 크루아상을 먹을 수 있냐며 경악을 하던 게 생생하다. 그래서 그럼 식사류로 먹는 종류와 디저트로 먹는 종류를 우리가 어떻게 구별하냐고 하니, 이 친구가 프랑스의 빵에 대해 설명을 해주었다. 먼저 빵에는 발효된 반죽으로 만드는, 제빵류의 불랑즈리(boulangerie)와 설탕, 버터, 계란을 많이 넣어 구운 제과류의 파티스리(pâtisserie) 두 종류가 있다고 했다. 그리고 불랑즈리 안에 비에누아즈리(viennoiserie)가 있는데, 이 종류의 빵들은 다 식사 대체용으로 아침이나 배고플 때 먹는 빵이라고 한다. 쉽게 얘기하면 불랑즈리인데 버터, 설탕 등이 많이 들어가서 파티스리와 불랑즈리의 사이에 있는 느낌이라고 한다.

이러한 비에누아즈리는 프랑스어로 비엔나에서 온 것을 뜻하는 단어다. 1837년 경에 오스트리아의 장관인 오귀스트 장(August Zang)과 오스트리아의 귀족인 어니스트 슈바이처(Ernest Schwarzer)가 프랑스 파리에 제빵 학교인 불랑즈리 비에누아즈리를 설립하였고, 이것이 지금의 비에누아즈리의 유래가 됐다고 한다. 이때 프랑스 내에서 이 종류의 빵들이 유행하기 시작하여 지금까지 발전해왔고, 현재의 프랑스 빵들이 완성된 것이다. 크루아상(croissant), 브리오슈(brioche), 빵 오 래(pain au lait), 빵 오 쇼콜라(pain au chocolat), 빵 오 스위스(pain au suisse) 등이 이에 해당된다.

두 번째는, 우리나라에서 발전시킨 한국식 프랑스 디저트에 대한 이야기이다. 몇 년 전부터 우리나라에는 프랑스 원조의 한국 현지화된 디저트들의 열풍이 이어지고 있다. 마카롱의 크기를 키우고, 특히 위아래의 꼬끄 사이에 든 필링이 가득 채워져 어마어마한 크기로 다시 태어난 뚱카롱, 크루아상 생지를 와플 팬에 넣어 구워서 만든 크로플 등 한국인들이 2차로 개발한 디저트들은 한국인들에게 매우 사랑받는 디저트가 되었다.

그런데 이를 보는 프랑스인들은 대부분 이해가 가지 않는다는 의견을 내고 있다. 실제 프랑스인들이 한국의 뚱카롱이나 크로플, 카눌레에 대한 반응을 보여주는 영상을 보면 왜 굳이 그렇게 만드냐, 마카롱은 한 입에 간단하게 먹기 위한 과자인데 한 입에 먹지 못하게 만든 뚱카롱은 왜 만든 건지 이해가 되지 않는다, 또 크로플에 대해서는 크루아상의 매력은 겉은 바삭하고 속은 촉촉한 것인데 왜 굳이 와플로 만드는 거냐 등의 반응을 보인다. 이에 대해 한 출연자는 크로플이 맛있는지와 별개로 프랑스인들은 말랑하고 촉촉한 식감을 대부분 선호하고, 한국에서는 바삭한 걸 더 좋아해서 다 바삭하게 만든다고 언급하며 카눌레도 마찬가지라고 말했다[288].

프랑스 디저트에 대한 한국인들의 열정

어릴 때만 해도 마카롱을 처음 보고 신기해했던 기억이 있는데, 이제는 마치 원래 한국 간식이었던 것처럼 익숙해져 있다. 우리나라에 이렇게 디저트가 스며든 이유는 그만큼 우리나라 사람들도 디저트에 진심이기 때문이지 않을까? 프랑스의 가장 유명한 요리 전문학교 중 하나인 르 꼬르동 블루는 전 세계 20개국에 지사가 있는데, 우리나라에도 그중 하나가 있다. 프랑스 본토에 가서 프랑스 음식과 미식을 생생히 체험하기 위해 프랑스 본교로 직접 가서 졸업하고, 현지의 유명 디저트 본사 밑에서 일하며 경험을 쌓는 한국인들도 많다. 또, 그중에는 현재 한국으로 돌아와 자신이 그동안 얻은 경험과 노하우로 자신만의 디저트 카페를 차린 파티시에들도 있다. 한국에서 팔고 있는 프랑스식 디저트를 직접 접해보기 위해 서울의 여러 프랑스 제과점을 찾아가 보았다.

1. 홍대 - 쥬마뺄(Je m'appelle)

홍대입구역 6번 출구 바로 앞에 있는 디저트 맛집 쥬마뺄! <서울 마포구 서교동 와우산로37길 42>에 위치한 쥬마뺄에서는 사장님이 손수 개발하고 작명하신 이곳만의 디저트 '두블오(Double O)'로 알려져 있다. 프랑스의 '르 꼬르동 블루'에서 공부를 마치고 파리의 유명 디저트 가게인 '피에르 에르메'에서 파티시에로 근무하시던 사장님이 한국에 와서 차리게 된 쥬마뺄. 사장님은 계란과 우유 빼고는 모두 프랑스산 원재료를 사용하며, 크림에 설탕을 넣지 않고 밀가루도 50g밖에 넣지 않고 만든다고 한다. 월요일은 휴무라고 하니 참고하면 좋을 것 같다.

메뉴로는 몽블랑, 스톤 타르트 그 외에도 미니 파이와 디아망 쿠키가 디저트로 있으며, 핸드드립 커피, 카페라떼, 밀크티, 마리아쥬 프레르 티, 여러 라떼와 핫 초콜릿, 에이드, 그리고 와인까지 있다. 이중에서도 단연 '두블오(double O)'가 가장 큰 인기를 차지하는 메뉴이다. 이는 버터와 반죽이 겹겹이 쌓인 페스츄리인 푀이타주(feuilletage) 위에 크림을 놓고 그 주위에 과일을 얹은 디저트이다. 딸기, 마롱, 얼그레이, 바닐라, 레몬, 말차 등 다양한 맛이 있고, 각각 종류에 따라 어울리는 맛의 퓌레도 안에 들어있다. 두블오라는 이름은 프랑스어로 'double Oh'에서 가져와 이를 한글로 바꾼 것이며, 놀람과 기쁨이 두 배라는 뜻으로 독자적으로 작명하셨다고 한다. 이외에도 음료 중에서는 주스가 가장 맛있다고 사장님이 직접 말씀하셨다. 이 중에서도 '두블오'가 이곳에서만 맛볼 수 있는 시그니처 메뉴이다. 나는 두블오 바닐라 맛, 마롱(밤) 맛을 먹어 보았다.

두블오 바닐라는 바닐라의 진한 향이 느껴지는 바닐라 크림 곁에 시즌별로 다른 과일을 올리는 것으로 보이는데, 이번에 갔을 때는 딸기가 있었다. 반을 가르면 산딸기 퓌레가 들어있다. 달콤하면서도 혀가 아프지 않고, 바닐라빈을 넣은 진한 향의 바닐라 크림과 함께 산딸기 퓌레의 향이 매우 잘 어우러진다. 딸기보다 더 진한 향을 느낄 수 있는 맛이다. 두 번째로 먹은 두블오 마롱은 밤 크림이 있으며 밤이 그 위에 올라가 있고, 안에는 코코넛 퓌레가 들어있다. 밤, 퓌레, 밤크림과 그 위에 젤리 같은 시럽인 만다린 젤리(gelée)까지 다 함께 먹었을 때가 가장 최고조다. 또한 먹기 시작할 때부터 마무리하기까지 크림의 느끼함을 느끼지 못했다. 아무리 봐도 시중에서 먹던 크림과 확연히 다른 느낌의 크림이 느껴지는데, 먹고 나서 너무 깔끔하게 떨어지는 맛에 이 크림은 대체 어떻게 만드는 것일까 궁금해진다.

2. 양재 - 크레미엘(CRÉMIEL)

서울 서초구 양재천로21길 3에 있는 크레미엘, 이곳은 프랑스인 남편과 한국인 아내 부부가 운영하는 제과점이다. 이곳은 다른 일반적인 가게들과 다르게 화요일과 수요일이 휴무일이며, 보다 문을 일찍 닫는 편으로, 목, 금, 토, 일, 월에는 11시에 시작해 19시에 영업을 종료한다고 쓰여 있다.

안에 들어서면 보이는 여러 빈티지 장식품처럼 보이는 종이가 있는데, 이 안에 여러 정보가 담겨있다. 상호는 '아내 크리스탈(crystal)과 남편 미카엘(mickael)의 만남', 그리고 또 '크림(crème)과 꿀(miel)의 만남'을 뜻하여 CREMIEL로 지었다고 쓰여있다. 또 각각의 제과들을 맛있게 먹는 방법이 각각 특성에 맞게 설명되어 있는 안내 문구가 있다. 이와 함께 친환경 프랑스 밀, 무항생제 계란 및 우유, AOP 인증을 받은 프랑스 버터를 사용하며, 매장에서 반죽, 크림, 잼 등 모든 것을 직접 만들고 있다고 명시되어 있다. 또한 지구의 환경 보호를 위해 개별 포장과 같은 과대포장을 지양하며, 포장지와 음료 컵 등의 필수 불가결한 일회용 제품은 생분해되는 친환경 제품을 사용한다고 한다. 또 옆에 바로 되어있는 테이블이 세 자리 있는데, 이곳은 디저트 코스 전용이라고 한다.

크레미엘에서는 크루아상, 아몬드 크루아상, 빵 오 쇼콜라, 빵 스위스, 퀸 아망, 쇼송 오 폼, 플랑 파리지앵, 초코 브리오슈, 카시스 포요테, 카눌레로 총 10가지 디저트를 판매한다. 함께 마실 음료로 커피, 우유, 생과일주스 오렌지 맛과 포도맛, 마리아주 프레르 티의 그린티, 루이보스티, 얼그레이 밀크티도 같이 팔고 있다. 또 그 옆에는 잼들과 밀가루도 같이 진열되어 있다. 디저트를 먹기 위해 들렀기에 수많은 유혹들 중 카눌레와 초코 브리오슈를 선택해 가져왔다. 카눌레는 7~8분 정도 길게 데운 후 30분 정도 식히면 바삭하게 맛있게 먹을 수 있다고 하고, 초코 브리오슈는 안에 있는 빵의 부드러움을 위해 1~2분 사이로 짧게

데워 먹으라고 되어 있다.

카눌레는 역시나 우리나라 사람들의 입맛에 맞추어, 겉은 좀 딱딱할 정도로 바삭하고 속은 촉촉한 맛이었다. 이 두 식감의 콜라보로 느끼게 되는 식감의 황홀함은 정말 어떤 것에도 견줄 수 없을 만큼 너무도 행복해져서, 거짓이 아니라 진심으로 카눌레와 사랑에 빠지게 된다. 정말 하나만 사 오면 후회하기 때문에 최소 세 개는 사야 그나마 타협할 수 있을 것 같다. 프랑스인들이 먹으면 어떻게 반응할지는 안 봐도 예상이 가지만 한국인 입맛은 확실히 저격한 것 같다.

두 번째로 먹은 브리오슈는, 정말 상상 그 이상의 디저트였다. 사실은 카눌레를 먹고 나니 기대감이 더해져 빨리 먹어보고 싶어서 에어프라이어에 돌리지 않고 먹으려고 했다. 그러다 베어 물기 직전에, 그래도 셰프의 추천 방식이니까 딱 1분 30초만 참자고 되뇌면서 힘겹게 기다려 데워 먹은 것인데, 진짜 처음 먹는 순간 내가 입에 넣은 게 빵이 맞나?? 구름인데 내가 착각한 건가??하는 생각이 먹자마자 들었다. 정말 너무 퐁신퐁신해서 생전 경험해 보지 못한 신세계를 느끼게 해준다. 브리오슈 가운데는 속이 비어있는데, 이 안쪽 면에도 초콜릿으로 얇게 발라져있다. 심지어 그냥 폭신하고 촉촉할 뿐만 아니라, 겉에는 얇은 쿠키같은 반죽이 붙어 있는데, 이 부분이 데워서 따뜻할 때 먹으면 엄청난 바삭한 식감을 더해줘서 극강의 최고 조합을 만들어낸다. 사실 브리오슈는 그동안 한 번도 먹어보지 않고 이곳에서 처음 먹는 디저트였는데, 여기서 먹은 게 너무 맛있었던 건지 원래 브리오슈는 이런 아이인 건지 혼란스러워진다.

3. 용산구 후암동 - 따팡(TAFFIN)

따팡은 용산구에 있는 프랑스 제과점으로, 역시 한국인 아내와 프랑스인 남편이 함께하는 디저트 가게이다. 2012년 프랑스 리옹에서 시작해 한국으로 옮겨왔다고 한다. 이곳의 대표 빵은 프랑스 밀가루와 천연 효모로 만드는 전통적인 바게트라고 한다. 나는 서래 마을 크리스마스 마켓 행사에 갔을 때 따팡이 있는 걸 발견해, 파운드케이크, 휘낭시에, 사브레 쿠키, 빵 오 쇼콜라, 크루아상 등 다양한 빵들 중 끌리는 디저트를 골라 집에 가져와 먹었다. 바로 레몬 타르트와 바닐라 에클레어이다.

레몬 타르트는 위에 머랭 크림이 올라가 있고, 그 밑에 적당히 상큼한 진한 레몬향이 풍겨지는 속이 있으며, 적당히 얇은 타르트지가 이 속과 함께 어우러져 기분 좋은 신선하고 진한 레몬 타르트를 느낄 수 있다. 크기도 적당해서, 평소 디저트를 다 먹어버리면 아쉬움이 남는데 비해 이번에는 다 먹고 나서도 적당히 만족할 수 있어서 좋았다.

바닐라 에클레어는 안에 들어있는 바닐라 커스터드 크림이 단연 최고로 중요한 포인트이다. 윗부분의 겉면에는 하얀 아이싱 처리가 되어 있어 식감을 더해주고, 한입 베어 물면 번개처럼 먹게 된다는 뜻을 가진 이름답게, 커스터드 크림이 슬슬 뿜어 나오게 된다. 음식은 눈으로도 즐기는 것이라는 걸 이 광경을 보며 느낄 수 있다. 입안에서는 크림과 빵이 어우러지는 달콤한 맛을 느끼고, 눈으로는 점점 흘러나오는 크림을 보게 되니 말이다. 두 번째 입을 베어 물 땐 또 크림이 더 많이 들어오는 느낌에, 또 다른 감동을 느끼게 해주고 행복감을 선사한다.

한국에 상륙한 프랑스 본토 디저트 맛집

이렇게나 세계적으로 명성을 떨치고 있는 프랑스 디저트인데, 프랑스에 가야만 먹을 수 있다면 정말 괴로울 것 같다. 일상 속에서도 프랑스 디저트를 먹고 싶어 할 세계인들을 위해, 프랑스 외 국가들에도 지사를 만들어 방방곡곡에서 프랑스 디저트를 접할 수 있도록 세계 곳곳에 프랑스 유명 디저트 가게의 지점들이 있다. 이에 이번에는 한국에 있는 프랑스 본토의 유명 디저트 지점들을 찾아보았다.

1. 카페 디올 바이 피에르 에르메 - 청담동

피에르 에르메는 파티시에 피에르 에르메가 자신의 이름으로 프랑스 파리에 낸 명품 마카롱 브랜드로, 현재 파리에만 27개 지점, 그 외 프랑스 지역까지 합하면 35개 지점, 그 외에 런던, 모나코, 방콕, 홍콩, 카타르, 모로코 등에도 진출했으며, 일본에는 15개 지점이 있다고 한다[289].

이렇게 전 세계로 퍼져나가고 있는 피에르 에르메는 현재 제과 계의 피카소로 불린다고 한다. 사용하는 재료의 풍미를 확실히 살리는 동시에 다양한 맛을 섞어 그만의 새로운 맛의 마카롱을 탄생시키는 것이 그 이유이다. 그의 마카롱은 남들과 다른 새로운 시도를 하는 것으로도 알려져 있는데, 장미꽃 잎으로 윗면을 데코 한 이스파한(Ispahan) 마카롱, 마카롱 케이크, 마카롱 타르트 등이 그의 마카롱에 대한 넓은 세계관을 보여준다[290].

이렇게 프랑스에서 탄탄한 입지를 갖춘 피에르 에르메는 프랑스의 명품 단체인 '콜베르 위원회'에서 크리스찬 디올을 만났고, 이를 계기로 디올과 협업을 진행해 2015년 6월 청담동에 문을 연 '하우스 오브 디올'의 5층에 '카페 디올 바이 피에르 에르메'를 열게 되었다고 한다[291]. 전에는 현대백화점 압구정점, 판교점, 코엑스 무역센터점까지 네 지점이 있었는데, 한국인들의 취향에 맞춘 마카롱인 뚱카롱이 주도권을 쥐면서 쇠퇴해 현재는 카페 디올이 유일하게 남아있는 것으로 보인다.

2. 얀 쿠브레 - 동교, 여의도, 송도, 압구정

얀 쿠브레 공식 홈페이지에 따르면, 얀 쿠브레는 프랑스의 유명 파티시에로, 인공 색소나 화학물을 넣지 않고 신선한 식재료를 사용하는 자연주의 셰프이다. 그는 프랑스의 파크 하얏트 호텔, 미슐랭 스타 레스토랑에서 경력을 쌓으며 자신만의 페이스트리를 개발했다. 2015년 5월 파리에 자신의 이름을 걸고 낸 '얀 쿠브레'가 생겨났으며, 프랑스인들의 입맛을 사로잡아 2022년 2월 기준 프랑스 내에 매장을 7개까지 확장시켰다고 한다[292]. 그뿐만 아니라 프랑스의 가장 뛰어난 페이스트리 셰프들도 그의 디저트에 호평을 아끼지 않았다고 한다[293].

이렇게 파리에서 파티시에로 성공을 거둔 얀 쿠브레는 아시아 최초로 한국에 자신의 매장을 론칭했으며, 현재 한국에 있는 얀 쿠브레 지점은 홍대 동교점, 여의도점, 인천 송도점, 압구정 갤러리아 WEST 점에 있는 갤러리아 압구정점으로 총 네 곳이다[294]. 프랑스 지점에서 생산하는 것과 완전히 똑같이 생산해 내며, 가격도 프랑스에서와 똑같이 책정하여 판다고 하니, 그의 디저트를 맛보고 싶다면 한국에 있는 가까운 곳으로 찾아가 봐도 좋을 것 같다.

디저트 문화에 대해 알아보며

지금까지 다양한 시각에서 프랑스 디저트는 시대에 따라 어떤 종류가 어떻게 발전되어 왔는지 알아보고, 프랑스의 지역, 도시별 추천 디저트와 그와 관련된 소개를 하면서 우리가 잘 모르고 있던 프랑스 지역과 프랑스 디저트에 대해서도 알아보았다. 또한 우리나라에서의 프랑스 디저트 문화를 알아보며 프랑스인들의 반응과 비교해 보기도 했고, 국내에 있는 프랑스식 디저트 카페와 우리나라에 상륙한 프랑스 본토 제과점에 관해서도 소개했다. 이 모든 과정을 거치며, 디저트를 좋아하고 이에 대해 나름 잘 알고 있다고 생각했는데, 디저트의 세계가 너무 방대해서 이전까지 갖고 있던 디저트에 대한 지식이 정말 벼룩의 간만도 안 된다는 걸 깨달았다. 그래서 앞으로 알아갈 수 있는 디저트에 대한 정보가 무궁무진함에 미래가 기대되기 시작했다.

또 내가 좋아하는 디저트 중 파블로바라는 디저트가 있는데, 당연히 프랑스 것일 거라고 생각했었다. 그래서 글을 쓰면서 파블로바에 대한 내용도 넣으려고 정보를 찾았더니, 사실은 그게 프랑스가 아니라 오스트레일리아와 뉴질랜드의 디저트라는 걸 알게 되어 적잖은 충격을 받았었다. 지금까지 그냥 프랑스 디저트의 명성이 너무 높아서, '당연히 디저트는 프랑스지.'라고 무의식적으로 인식하고 있었던 것 같다. 그래서 이번 일을 발판 삼아 다른 나라의 디저트들도 많이 알아보는 게 좋겠다는 생각을 갖게 되었다. 이후 다른 정보들을 찾아보며, 현재 레스토랑의 회전 방식 등 우리가 일반적으로 인식하지도 않고 당연하게 여겨오던 식문화의 많은 부분이 프랑스의 식문화가 전 세계에 퍼져서 정착한 것이라는 걸 알게 되고 나니 프랑스 식문화가 매우 다양한 양상으로 존재한다는 것을 깨달았다. 이에 프랑스 식사 문화 예절이나 음식 먹는 순서 등 많은 부분에 대해 더 자세히 알아보게 되었다. 또 사실 프랑스가 디저트에 있어서 지금의 위상을 갖기까지 거쳐온 과정이 프랑스 내에서만 이루어진 것이 아니라 이탈리아, 오스트리아 등 다른 나라와의 교류를 통해 시작되었고, 이를 프랑스의 많은 파티시에들이 거듭 발전시키면서 현재의 발판에 오르게 된 것이라는 걸 알게 되었다. 이렇게 글을 쓰면서 알게 된 새로운 사실들로부터 시작해, 내가 생각하지 못하고 있었던 다양한 정보에 대해 더 알아보게 돼서 매우 좋은 시간을 보낸 것 같다.

뜨거운 여름 떠나보자! 여러 섬들로

김하진

‖ 가천대 유럽어문학과(프랑스어) 3학년 ‖

한국의 휴양지는 제주도 그러면 프랑스는?

휴가 때면 어디든 놀러 가고 싶은 것이 사람의 맘! 휴가 때면 해외 휴양지로 놀러 가고 싶지만, 시간도 돈도 없으니 우리는 쉽게 국내 여행으로 가까운 바닷가나 섬으로 놀러 가게 된다. 제주도, 울릉도, 거제도…. 등등 여행을 사랑하는 한국인은 시간이 나면 해외로도 정말 많이 놀러 가지만 그만큼 국내 섬으로도 많이 다닌다. 일례로 제주도로 가는 국내선 비행기가 3분마다 뜨고 전 세계 국내선 중 한국이 제일 많은 국내선을 띄운다는 결과가 있다. 실제로 필자가 제주도로 갔을 때 육지로 돌아가야 할 비행기가 너무 많은 나머지 이륙 지연된 비행기들이 차례차례로 이륙순서를 기다리며 일렬로 주차해 있는 광경이 펼쳐져 있었다. 비록 40분 정도의 시간을 비행기에서 기다려야 했지만, 차례차례로 떠나는 비행기를 보며 재미있게 시간을 보냈다.

그렇다면 영토도 우리나라보다 넓고 해외 영토도 많은 프랑스인들은 자국의 어느 섬으로 많이 떠날까? 우리와 다른 프랑스인들의 'Vacances'(바캉스)를 알아보고 우리와 다르게 어떻게 'Vacances'를 받아들이는지 또 프랑스인들이 가장 놀러 가기 좋아하는 프랑스의 섬에 대해 알아보자.

프랑스의 바캉스 문화

프랑스의 바캉스 문화는 오래된 만큼 프랑스인들에게 매우 중요하다. 한국인은 밥심으로 산다면 프랑스인들은 바캉스심으로 산다는 말이 있을 만큼이나 중요하다. 그들에게 바캉스가 얼마나 중요한지를 알아보자면 코로나가 심해져 한창일 때에 자가 격리하는 와중에도 프랑스 뉴스와 시사 프로그램에서는 '올여름 바캉스를 떠날 수 있을까?', '코로나 시대에 떠나는 바캉스에 부끄러워해야 하는가?', '캠핑카로 떠나는 바캉스는 과연 안전한가?' 등을 주제로 토론이 자주 벌어졌다. 그들에게 듣도 보도 못한 바이러스를 마주하는 상황이 도래했지만, 그 문제와 별개로 바캉스가 정말 중요한 사항이었던 것이다!

'Vacances'라는 단어는 라틴어인 'Vacans'에서 유래하였는데 라틴어로 이는 '박탈당한, 비어 있는, 빈, 무언가가 필요한'이라는 뜻의 동사 vacare의 과거분사이다.[295] 그렇기에 프랑스어로도 'vacance'는 단수형으로 '비어 있는, (시간의) 공백'을 의미하며, 'vacances'는 복수형으로 '휴가', '휴식'의 의미를 가진다. 여기서 프랑스인들이 말하는 바캉스는 복수형으로 사용되며 vacances de Noël (바캉스 드 노엘) 크리스마스 휴가, vacances scolaires (바캉스 스꼴레흐) 직역하자면 학교의 휴식 즉 방학으로 사용될 수 있다.[296]

이제 단어 뜻은 알겠는데 그렇다면 바캉스는 어떻게 자리 잡게 된 것일까? 그것을 알아보고자 한다면 우리는 프랑스의 1936년으로 돌아가 봐야 한다.

오랫동안 휴가를 떠나는 것은 돈이 많은 계층의 특권이었다. 19세기에 바다와 산으로 휴가를 떠나는 것은 귀족층과 상류층에만 한정된 일이었다. 1936년 사회당이 주도하는 인민전선 (le Front populaire)이 선거에 이기면서 좌파 정부를 구성하게 되었고 정권을 잡은 인민전선은 모든 노동자에게 주당 40시간의 노동과 연간 15일간의 유급휴가(congé payé)를 법으로 정했는데 이것이 바로 지금 바캉스의 출발이다.[297]

그리고 여담이지만 패키지여행의 형태가 바캉스의 출현으로 생겨났다. 유급휴가가 제정되고 노동자 계층들도 바캉스를 떠날 수 있게 되었는데 그들에게 하나의 문제가 있다면 재정적인 문제였다. 그리하여 1950년대 'le Club Méditerranée' 한국어로는 '지중해 클럽'은 패키지여행을 고안해 낸다. 프랑스어로 패키지여행은 'Tout compris' (뚜 꽁쁘히)라고 한다. 초기에 어떠한 사회적인 계층에 따른 차별이나 재정적인 부족함 없이 휴가 기분을 내며 다 같이 다양한 활동을 하는 것이 목표였다. 하지만 점차 상업화되면서 점차 고급스러운 바캉스 상품으로 바뀌었다.

한국과 프랑스의 휴가 비교

프랑스인들이 이렇게 길게 바캉스를 떠날 수 있는 이유는 그들의 긴 유급휴가 덕분이다. 처음 제정 당시에는 유급휴가는 1년에 2주밖에 되지 않았지만, 현재는 1년을 근무하면 5주(30일)의 유급휴가를 준다. 하지만 이에 비교하여 한국은 근로기간이 1년 이상 3년 미만인 근로자는 7일, 3년 이상 5년 미만인 근로자는 10일, 5년 이상 10년 미만인 근로자는 14일을 부여받는다. 근로기간이 10년 이상인 근로자는 1년마다 1일씩 가산하여 최대 30일까지 연차휴가를 부여받는다.

1년을 근로하였을 때 5주의 유급휴가를 받는 프랑스와 비교했을 때 한국은 10년 이상 근로해야 프랑스와 동등한 정도의 유급휴가를 받을 수 있다는 것이다. 유급휴가와 달리 법정 공휴일의 경우 한국의 법정 공휴일은 15일로 11일인 프랑스보다는 많다.

법정 공휴일에서도 문화 차이를 알 수 있는데, 우리나라의 법정 공휴일은 1월 1일 설날, 3월 1일 삼일절, 5월 1일 근로자의 날, 5월 5일 어린이날, 6월 6일 현충일, 8월 15일 광복절, 10월 3일 개천절, 12월 25일 크리스마스 그리고 추석 연휴와 설 연휴를 합해서 15일이다. 우리나라의 법정 공휴일은 대부분이 역사적인 의미가 있다.

반면 프랑스의 공휴일은 종교적인 의미를 갖고 있는 날이 많다. 프랑스의 공휴일은 법정 공휴일과 기념일 둘로 나눠서 볼 수 있는데 법정 공휴일은 모든 국민이 쉬는 날이지만, 기념일은 법정 공휴일은 아니지만, 공휴일로 지정되어 있다. 법정 공휴일은 1월 1일 새해, 4월 2일 부활절 일요일, 5월 1일 노동절, 5월 8일 승전기념일, 6월 21일 성령강림절, 8월 15일 승천절, 11월 1일 만성절, 12월 25일 성탄절 이렇게 9일이고 8개의 기념일 중 7월 14일 프랑스 혁명, 8월 26일 몽소 승천절 이렇게 2일이 공휴일로 총 11일이다.

왜 이렇게 나눠 있나 하고 살펴보니 프랑스는 종교적으로 다원적인 사회이기에 특정 종교적 기념일을 법정 공휴일로 지정할 경우, 종교적 갈등을 유발할 수 있다는 우려가 있기 때문이다. 또한, 프랑스는 국가의 개입을 최소로 하는 것을 중요시하기 때문에 국가가 특정 기념일을 법정 공휴일로 지정함으로써, 개인의 자유를 침해할 수 있다는 우려가 있다. 그래서 프랑스는 법정 공휴일은 국가의 정체성과 역사를 기념하는 날로, 기념일은 개인의 자유와 다양성을 존중하는 날로 구분하여 시행하고 있다.

바캉스 기간, 국내와 해외 어딜 더 선호하나?

그들의 긴 유급휴가 덕분에 프랑스인은 더위를 피할 요령으로 여름에 바캉스를 떠나게 된다. 바캉스 시즌은 국가의 위치나 문화 경제 상황 등 여러 요인에 따라 결정되는데 한국과 프랑스는 북반구에 위치해 있고 두 나라 모두 여름이 매우 덥기 때문에 (프랑스의 여름 평균 기온은 25°이고, 한국의 경우 30°이다.) 그 기간 동안 시원한 곳으로 피서를 떠난다.

우리나라에서 여름휴가 기간은 약 6주 정도로 일반적으로 7월 20일부터 8월 31일까지로 학생들의 방학 기간과 비슷하다. 프랑스의 여름휴가(vacances d'été)는 약 2개월 정도의 기간으로 일반적으로 7월 14일부터 8월 31일까지로 한국과 같이 학생들의 방학 기간과 비슷하다.

우리나라나 프랑스는 여행을 인생에서 중요하게 여긴다. 휴식과 재충전, 새로운 경험의 기회로 여기기에 삶의 중요한 부분이라고 여기는데 다른 점이 있다면 프랑스인은 국내 여행을 선호하는 반면, 한국인은 해외여행을 선호하는 경향이 있다. 필자 또한 한국인으로서 돈과 시간만 있다면 해외로 여행을 떠나야 한다고 생각하는 사람이기에 프랑스인들이 국내 여행을 선호한다는 사실이 조금 놀라웠다.

실제로 프랑스 관광청[298]에서 발표한 2023년 프랑스 여행 트렌드 조사에 따르면, 프랑스인의 국내 여행 비중은 72%, 해외여행 비중은 28%로 나타났다. 반면 한국인의 경우 프랑스인과는 정반대인 결과를 보여준다. 한국관광공사에서[299] 발표한 2023년 국민 해외 여행실태조사에 따르면, 한국인의 해외여행 비중은 66.6%, 국내 여행 비중은 33.4%로 나타났다. 코로나19 팬데믹으로 인한 여행제한이 해제되면서 더 많아진 것도 있겠지만 이렇게만 보아도 많은 한국인이 해외여행을 떠난다는 것을 알 수 있다.

프랑스인들이 국내여행을 떠나는 이유

프랑스인들이 왜 그렇게 국내 여행을 선호하나 살펴보았다. 일단 프랑스는 국토 면적이 약 55만km²로, 우리나라의 약 5.5 배기 때문에 우리나라보다 볼거리와 즐길 거리가 많다는 장점이 있다. 또한, 지중해, 대서양, 알프스, 피레네산맥 등 다양한 자연경관과 파리, 루브르 박물관, 베르사유 궁전 등 세계적으로 유명한 문화유산을 보유하고 있기 때문에 자국에서 만으로도 즐길만한 콘텐츠들이 많기 때문에 멀리 가지 않는다. 또한, 프랑스 국유철도(SNCF: Société Nationale des Chemins de fer Français)를 이용하면 저렴하게 국내 여행을 즐길 수 있기 때문에 오히려 국내로 여행을 다닌다.

또한 프랑스 정부가 국내 관광을 활성화하기 위해서 국내 여행객에게 세금을 감면해 주거나, 지원금을 지원해 주는 등 다양한 정책들을 실시하고 있는데 이러한 정책들이 국내 여행을 장려하는 데 도움이 되고 있다. 프랑스의 '모두를 위한 휴가'는 휴가를 누릴 권리를 모든 시민이 마땅히 권리를 행사할 수 있도록 하는 데에 집중한다. 따라서 프랑스 정부는 다양한 그중 두 가지를 소개하고자 한다.

첫 번째는 체크 바캉스(Le Chèque Vacances)이다.[300] 체크 바캉스는 프랑스에서 시행하고 있는 근로자 휴가 지원의 원조 제도이다. 1982년 자국민의 국내 여행 활성화와 모든 국민이 휴가를 떠날 수 있도록 장려하기 위해 만들어졌으며 ANCV(Agence Nationale pour les Chèques-Vacances)가 전담하고 있다. ANCV는 관광부와 경제산업 재정부의 공동 지원으로 설립됐으며, 관광부 산하기관으로 체크 바캉스 발행 및 상환 기능을 수행하고 있다. 2015년 415만 명이 이 제도의 혜택을 받았고, 2015년 기준 프랑스 체크 바캉스 발행 금액은 15억 7,000만 유로 (약 1조 9,000억 원)이며, 현재 프랑스 전역의 숙박, 교통, 식당, 체험시설 등 20만 곳

이상의 가맹점에서 결제할 수 있다. 근로자는 기업과 함께 여행 경비를 1:1 비율로 공동 분담하고, ANCV가 발행한 수표 형태의 체크 바캉스를 구입해 휴가 때 사용한다. 체크 바캉스는 유효기간 2년의 수표로 10, 20, 25, 50유로 4가지가 발행되며, 2015년부터 온라인에서 사용 가능한 e-체크 바캉스도 출시됐다. 근로자는 연간 최대 500유로까지 체크 바캉스 상품권을 받을 수 있다.

2016년 보고서에 따르면 2016년 체크 바캉스 발행 물량은 15억 9,000만 유로(약 2조 518억 원)이며, 수혜자는 428만 3,635명(프랑스 인구의 약 6.5%)이다. 체크 바캉스는 납세의무를 지는 근로자의 가족 등도 사용할 수 있어 이들을 포함하면 약 1,000만 명이 사용했을 것으로 추측한다. 또 저소득층, 장애인, 노인 등 사회활동 프로그램 수혜자는 25만 1,200명, 사회활동 지원금은 2,660만 유로(약 343억 원)에 달했다. 매년 체크 바캉스 발행 물량이 늘어났음을 확인 할 수 있었다. 또한 2017년 체크 바캉스 발행 물량은 2.5% 성장한 16억 2,900만 유로(약 2조 1,014억)를 기록하며 많은사람들이 이용하고 있으며 확실히 국내 관광업 활성화에 힘을 실어 줬다.

우리나라에서도 2018년도 이후부터 '한국형 체크 바캉스'로 시행 중이며 우리나라의 경우 기업 단위로 신청이 가능하며 기업에서 참여할 의사가 있는 지원자를 선정하고, 근로자가 20만 원 기업이 10만 원을 적립하면 정부가 10만 원을 추가로 지원해 총 40만 원을 국내 여행 경비로 사용하도록 하는 형식으로 운영되고 있다.

두 번째는 콜로니 드 바캉스(Colonies de Vacances)이다. 1880년대에 프랑스 정부는 도시 빈민가의 어린이들을 대상으로 여름 캠프를 운영하기 시작했다. 이 캠프는 저소득층 아동 및 청소년의 관광 접근성을 확대하여 돈에 구애받지 않고 건강한 여가 생활을 제공하고, 도시 생활에서 벗어나 자연 속에서 다양한 경험을 할 수 있도록 하기 위해 시행되었다.

초기에는 주로 스포츠, 레크리에이션 활동에 중점을 두었지만 시간이 지남에 따라 다양한 문화 체험과 교육 프로그램도 제공하기 시작했다. 덕분에 프랑스는 아동의 여행 접근성을 높임으로써 어릴 때부터 여행 문화를 형성하는 데에 도움을 주었고 다양한 정책들과 방안들을 통해 프랑스는 다양한 계층의 사람들이 여행을 일상에서 차별 없이, 방해물 없이 즐길 수 있게 만들어줬다. 그 때문에 굳이 해외로 떠나지 않아도 혜택도 많고, 볼 것도 많은 그들에게 국내 여행은 좋은 선택이 되었다.

해외영토에 대한 소개, 해외영토 왜 있는지

세계지도를 보며 "프랑스 영토가 어디에 있는지 아세요?"하고 물으면 아마 대부분이 한국에서 서쪽으로 쭈욱 가다 보면 자리 잡고 있는 오각형의 국가 하나만을 가리킬 것이다. 그렇지만 사실은 다르다. 프랑스는 해외에 여러 곳에 영토를 가지고 있어 전 세계 이곳저곳에 존재한다. 프랑스는 아틀란티스 해, 인도해, 태평양에 걸쳐 여러 해외영토를 가지고 있다. 프랑스 본토와는 다른 독특한 문화와 자연환경을 가지고 있기 때문에 프랑스인과 외국인 관광객들에게 인기 있는 휴양지로 주목받고 있는데 프랑스의 해외 영토들을 총칭하여 "Les outre-mers" (레 우트르-메흐) 라고 하는데 DROM-COM에 관해 설명을 해주며 해외영토에 관해 설명하고자 한다.

DROM-COM은 프랑스의 해외영토를 DROM과 COM 두 가지로 구분한 것인데, DROM은 Départements et régions d'outre-mer로 해외에 있는 데파르트망과 레지옹을 일컫는 말이다. 여기서 데파르트망과 레지옹은 프랑스의 행정구역을 말하는 단어로 설명하자면 데파르트망은 프랑스 본토와 해외 영토에 모두 존재하는 행정 구역을 말하는 단위이고, 레지옹은 프랑스 본토에만 존재하는 행정 구역 단위이다. 데파르트망은 인구, 면적, 경제적 특성 등을 고려하여 구성하며 현재 프랑스는 101개의 데파르트망을 가지고 있으며 레지옹의 경우 인구, 경제, 문화적 특성 등을 고려하여 구성되어 프랑스는 현재 본토에 13개, 해외에 5개의 레지옹을 가지고 있다. 데파르트망은 교육, 보건, 복지, 교통, 환경 등 다양한 분야에서 지방 자치권을 행사하지만, 레지옹은 교육, 경제 개발, 교통, 환경 등 보다 광범위한 분야에서 지방 자치권을 행사한다.

DROM에 해당하는 지역들은 완전히 프랑스의 일부이며 프랑스 법의 적용을 받는다. 여기에 해당하는 지역들은 카리브해에 위치한 과들루프(Guadeloupe, 레지옹)와 마르티니크(Martinique, 레지옹이자 데파르트망), 남아메리카에 위치한 기안(Guyane, 레지옹), 동아프리카에 위치한 레위니옹(La Réunion, 레지옹)과 마요트(Mayotte, 레지옹)으로 총 5개이다.

COM은 Collectivité d'outre-mer의 줄임말로 한국말로는 해외 집합체로 불린다. COM에 해당하는 지역들은 DROM보다 자율적으로 나라를 운영할 수 있다. 그들은 자신들의 법을 통과시킬 수 있지만 국방이나 국고 및 관세 등은 파리의 관리를 받는다. COM에 해당되는 지역은 프랑스령 폴리네시아(Polynésie française), 월리스 푸투나(Wallis-et-Futuna), 생피에르 미클롱(Saint-Pierre-et-Miquelon), 생마르탱(Saint-Martin), 생바르텔레미(Saint-Barthélemy)이다.

쉽게 이해하자면 DROM은 프랑스의 일부로 취급하기에 프랑스와 모든 것이 동일하게 운영되지만, COM의 경우는 프랑스의 관리하에 있지만 자신들의 권한 또한 어느 정도는 가지고 있다. 과거에는 DOM-TOM으로 불리다 오늘날에는 해외영토를 재분류하여 DROM-COM으로 용어를 개편했다. DROM-COM의 총면적은 약 10만 5천 제곱킬로미터로 이는 프랑스 전체 영토의 약 8.7%에 해당하고, DROM-COM의 총인구는 약 260만 명으로 프랑스 전체 인구의 약 4.0%에 해당한다. DROM-COM 이외에 특별공동체인 뉴칼레도니아와 남방과 남극에 있는 프랑스령 무인도들도 있다.

어쩌다 본국과 떨어져 있는 곳들이 프랑스의 해외영토가 되었는지는 예상했을지도 모르겠지만 이 모든 곳이 과거에 프랑스의 식민지였다.

식민지 시대 동안 프랑스 경제에 종속되어 주로 농업과 광업을 중심으로 경제가 발전했으며, 생산된 상품들은 대부분 프랑스로 수출되었다. 그로 인해 프랑스 문화가 지배적이었고. 프랑스어가 공용어로 사용되게 되면서 프랑스 문화와 교육이 이 지역의 문화와 교육에 큰 영향을 미쳤다. 16~17세기에 식민 지배를 받던 지역들이 20세기 후반에서야 해방되었는데 여전히 프랑스의 영향력이 컸고 여러 경제적, 문화적 상황을 기반으로 프랑스의 해외 영토 혹은 해외 집합체로 프랑스와의 관계를 계속 이어 나가게 되었다. 현재는 프랑스 문화와 원주민 문화가 혼합된 독특한 문화가 형성되어 많은 이들에게 익숙하면서 색다른 매력을 가진 영토들로 많은 관광 사업을 유치해 낼 수 있게 되었다.

프랑스인들이 사랑하는 섬

우리나라 사람들이 제주도로 놀러 갈 때 프랑스인들은 어느 섬으로 여행을 떠나는지가 궁금하여 프랑스의 바캉스 문화부터 해외 영토까지 서술하게 되었는데 우리나라의 5.5배나 되는 만큼 프랑스에는 놀러 갈 만한 섬들이 많다.

첫 번째로는 코르시카다. 한국어로는 '코르시카'(Corsica)로 불리는 이곳의 이름은 지역 토착어인 코르시카어 및 이탈리아어 이름이다. 프랑스어로 Corse(꼬흑스)로 불리며 지중해와 알프스산맥 사이에 위치한 섬이다. 이탈리아와 프랑스 중간에 있는 섬으로도 볼 수 있다. 우리가 잘 알고 있는 나폴레옹도 이 코르시카섬 출신이다. 프랑스 본토와는 다른 독자적인 문화와 언어를 가지고 있는데 이는 코르시카어와 프랑스어가 섞이면서 만들어진 독특한 문화와 언어를 구사한다. 코르시카는 자연경관이 뛰어나기로 유명한데. 알프스산맥의 웅장한 풍경과 지중해의 푸른 바다가 어우러져 장관을 이루는 곳이다. 섬이기 때문에 해양 스포츠를 즐기기에 좋은 곳으로도 유명하다. 알프스산맥을 등지고 푸르른 바다에서 수영할 수 있다는 사실은 정말로 매력적일 것 같다.

두 번째로는 브르타뉴(Bretagne)이다. 브르타뉴는 반도라 섬은 아니지만 브르타뉴가 가진 섬은 800여 개나 되기에 여기에 포함했다. 프랑스 북서부에 위치한 지역으로 깎아지른 절벽과 푸른 바다, 울창한 숲 등 자연이 잘 보존된 곳이다. 브르타뉴는 켈트족의 문화가 잘 보존된 곳으로 켈트 어를 토대로 프랑스어와 라틴어에 영향을 받은 브르타뉴어를 사용한다. 브르타뉴 반도 북쪽에 위치한 꼬뜨 다무흐(Côtes-d'Armor)에 있는 일년내내 꽃이 피고 프랑스 최초의 자연 보호 구역으로 지정된 섬인 브레하 (Bréhat)나 멀리서 바라만 보아도 웅장함과 음산한 기운을 동시에 주는 몽생미셸(Mont-Saint-Michel), 세상에서 가장 높은 등대를 가지고 있는 비에흐쥬(Île Vierge) 섬 등 다양한 특성을 가진 섬들을 가지고 있다.

세 번째로는 마르티니크로 프랑스령 카리브해 섬으로, 열대의 풍부한 자연경관과 프랑스와 카리브해의 문화가 어우러져 보여주는 다양한 볼거리들로 가득한 곳이다. 푸른 바다, 하얀 모래사장 등 카리브해의 아름다움을 만끽하며 프랑스의 요리와 카리브해의 춤과 음악의 조화를 느낄 수 있는 곳이다. 다른 섬들과 마찬가지로 다양한 해양 스포츠를 즐기기에도 매우 좋은 곳이다.

섬들에 관해 얘기만 하기 아쉬워 섬들을 제외하고 조금 덧붙이자면 프랑스인들이 제일 사랑하는 여름 휴양지는 바로 코트다쥐르(Côte d'Azur)이다. 프랑스인들이 가장 사랑하는 국민 휴양지로 여기를 빼놓고 바캉스를 논할 수 없으므로 같이 넣어 보았다. 코트다쥐르는 프랑스 남동부에 있는 지중해 연안 지역을 말하는데 니스의 자갈 바닷가 유명하며, 코트다쥐르 지역을 몰라도 세계 최대 규모의 '칸 영화제'가 코트다쥐르 안에 있는 도시 칸(Cannes)에서 열린다.

코트다쥐르는 국민 휴양지로 매년 프랑스인들의 사랑을 받아 요트 투어, 골프, 테니스 등 다양한 레저 활동을 즐길 수 있는 시설도 잘 갖추어져 있다. 맑은 바다와 백사장, 그림 같은 마을이 어우러져 휴양지로 완벽한 조건을 갖추고 있다.

마무리하며...

프랑스 사람들은 국내의 어느 섬으로 여행을 다니는지 궁금해서 쓰기 시작한 글이 프랑스의 바캉스 문화, 유급 휴가나 정책들, 다양한 해외 영토에 대해서 다룰 수 있어서 좋았다. 바캉스 문화의 시작과 유급휴가 제도에 대해 글을 쓰며 우리보다 긴 유급 휴가를 가진 프랑스인들이 부러웠지만, 프랑스의 해외 영토들에 관해 서술하며 그들이 가진 해외 영토들이 결국 식민 지배 시대 때의 영향이 현재까지 이어져 식민지는 아니지만 경제적이든 어떠한 형태로 여전히 예속된 상태인 상황이 한편으로는 씁쓸했다. 바캉스 지원제도에 대해서 알아보면서 저소득층이나 장애를 가진 사람들도 불편함 없이 여행을 다닐 수 있도록 여러 제도를 많이 마련해 놓은 점이 우리도 본받아야 하는 점들이 아닌가 싶었다. 특히 장애인들을 배려하여 휠체어를 타더라도 부담 없이 여행을 떠날 수 있다는 것 자체가 정말로 대단하다는 생각이 들었다. 우리나라도 복지의 사각지대에 있는 소수를 위한 복지가 많이 실현되었으면 좋겠다고 생각했다. 또한 자료들을 찾아보면서 각 지역의 축제 문화에 대해서도 엿볼 수 있었는데 우리나라의 국내 관광지들도 지역의 특색을 담은 축제들이 잘 홍보되어 많은 사람이 국내 여행에도 관심을 갖게끔 홍보를 잘해주는 점들이 있었으면 좋겠다는 생각이 들었다.

비슷한 듯 다른 두 나라의 명절

허수정

‖ 가천대 유럽어문학과(프랑스어) 4학년 ‖

들어가면서

나는 유럽 언어문화 전공이다. 그중 프랑스의 언어문화 전공자로, 평소 프랑스 문화에 관심이 많다. 그래서일까? 프랑스는 우리나라와 어떤 다른 문화가 있는지 찾아보곤 한다. 그중 가장 관심이 있었던 건 아무래도 내가 좋아하는 음식과 관련된 문화의 차이. 그렇게 음식 문화의 차이에 관해 꼬리에 꼬리를 물다 명절 음식까지 오게 되었다. 처음엔 명절 음식과 조리 방법에 관해 책을 쓰려고 했다. 그러나 프랑스와 한국의 명절에 대한 차이점에 관심을 갖게 되었다.

프랑스는 유럽의 대표적인 문화 강국이다. 한국과는 역사, 종교, 문화 등 다양한 면에서 차이가 있다. 이러한 차이는 두 나라의 명절에도 영향을 미쳐, 서로 다른 특징을 갖게 되었다. 나는 이러한 차이를 이해하고, 두 나라의 문화를 더욱 깊이 이해하기 위해, 프랑스와 한국의 명절을 비교하는 글을 쓰기로 했다.

프랑스와 대한민국의 명절

우리나라의 명절은 대부분 음력으로 기념하며 전통과 관련이 있다. 대표적인 명절로는 설날, 추석, 단오 등이 있다. 우리나라는 농경 사회의 전통이 강한 나라이다. 계절의 변화에 따라 농작물의 재배와 수확이 이뤄졌기 때문에 달의 주기를 기준으로 하는 음력을 사용하는 것이 자연스러웠다. 농경 사회에서는 농작물의 풍요와 풍년을 기원하는 것이 매우 중요했다. 따라서 우리나라의 명절은 대부분 풍년을 기원하고, 가족과 함께 화목을 다지는 것을 목적으로 한다. 또한, 우리나라의 역사는 유교와 밀접한 관련이 있다. 농경 사회의 모습과 유교의 영향으로 명절에 가족과 함께 차례를 지내고, 함께 모여 음식을 나누며 화목한 시간을 보낸다. 이렇게 우리나라의 명절은 농경 사회의 전통과 유교의 문화가 조화를 이루고 형성된 것으로 볼 수 있다.

프랑스의 명절은 대부분 약력으로 기념하며 대부분 기독교와 관련이 있다. 이는 프랑스에서 기독교 문화가 뿌리 깊기 때문이다. 프랑스 인구의 약 80%가 가톨릭 신자로, 기독교는 프랑스 사회와 문화에 큰 영향을 미치고 있다. 이러한 영향은 프랑스의 명절에도 나타난다. 프랑스의 대표적인 명절로는 크리스마스, 부활절 등이 있다. 이러한 명절들은 프랑스인들이 기독교의 가르침을 따르고 있음을 보여준다. 또한, 프랑스의 이런 명절은 사회의 화합과 단결을 도모하는 데에도 중요한 역할을 한다. 프랑스의 명절은 자유와 평등, 예술과 문화를 사랑하는 문화 등의 특징을 반영하고 있다. 대부분 기독교와 관련되어 있지만, 가족과 함께 화목을 다지는 것, 그리고 자유와 평등을 추구하는 것 등의 프랑스 문화의 특징을 잘 보여준다.

양력으로 기념하는 프랑스. 음력으로 기념하는 대한민국. 기독교의 뿌리를 두고 있는 프랑스와 농경 사회의 전통과 유교의 뿌리를 두고 있는 대한민국. 이렇듯 프랑스의 명절과 우리나라의 명절과는 여러 차이점을 보인다. 나는 여기에 흥미를 느껴 더 자세하고 다양한 시각에서 명절의 차이를 소개하려고 한다.

명절의 변화?!

각국의 대표 명절을 꼽으라고 하면, 대한민국의 대표 명절은 설날. 프랑스의 대표 명절은 크리스마스로 꼽을 수 있다.

설날은 음력 1월 1일로, 한 해의 시작을 알리는 한국의 가장 큰 명절이다. 세시, 세초, 정초라고 불리기도 하는데 세시는 한 해의 시작을 세초는 한해의 처음을 정초는 정월의 초승을 뜻한다. 전통적으로 설날에는 가족끼리 윷놀이를 통해 한 해의 풍년을 기원하고, 세배를 통해 친족과 웃어른께 한 해의 안녕과 건강을 기원한다. 또한, 전통적으로 정초에는 차례를 지냈었다.

현대의 설날은 음력 1월 1일을 전후로 하루씩을 추가로 공휴일로 지정하여 총 3일의 연휴를 갖는다. 그렇다면, 현재까지도 명절의 문화가 이어져 올까? 대답은 No! 현대로 접어들면서 명절의 의미가 변화되었고, 전통적인 명절 문화에서의 고충이 있었기 때문에 많이 변하고 있다. 물론 아직 많은 집에서 전통적으로 지켜 오고 있다고 하지만, 대부분 가정은 전통적인 관례를 지키지 않고 있다.

그렇다면 우리나라 대표 명절 '설날'의 고충은 무엇이 있을까? 결혼 후의 명절 연휴 쉴 시간이 없다. 결혼 후의 명절은 절망이라는 말이 있었을 정도로 말이다. 양가의 부모님을 찾아뵙고, 집안의 문화에 맞춰 명절을 지내게 되는데, 친가에서의 며느리는 온갖 차례 음식을 도맡아 했기 때문에 쉴 겨를이 없었고 이를 토대로 고부 갈등을 심화하는 계기가 되기도 했다. 물론 요즘은 종교의 차이로 차례를 지내지 않는 집도 많아졌고, 명절에도 큰집에 모이는 것이 아니라 각 가족끼리만 모이는 추세이므로 그 시절의 명절 문화와는 다른 모습을 보인다. 또 다른 불편함으로는 교통 혼잡을 들 수 있다. 설날에는 웃어른을 찾아뵙고 한 해의 건강과 안녕을 기원하기 때문에 고향에서 벗어나 타지에서 살아가고 있는 개인들이 부모님과 어른들을 만나기 위해 고향을 향한다. 귀성 행렬로 인해 교통이 혼잡해지고, 이동 시간이 길어지고, 최근에는 귀성 열차 탑승권마저 구하기 어려워지는 불편함이 있다. 실제 나의 친한 친구의 명절 귀성길 썰을 들으면 없던 차멀미가 생기는 기분이 든다. 평소라면 서울에서 춘천까지 1시간 30분이면 가는데, 명절마다 최소 4시간에서 최대 7시간까지 걸린다고 한다. 차례를 지내는 친구의 고충을 들어보면, 차례 음식의 가짓수가 많기도 하지만 많은 식구가 모이기에 많은 양을 준비한다고 한다. 하필 명절 때는 물가가 상승하는데 그 때문에 음식을 준비하는 비용도 만만찮게 든다고 한다.

그렇다면 최근의 명절 모습은 어떨까? 최근의 한국 명절은 많은 변화를 맞고 있다. 2022년 설날을 기준으로, 가족 모임에 참석한 비율을 56.2%로 2010년 65.6%에 비해 9.4%P[301] 감소했다. 그렇다면 이 가족들은 어디로 간 것일까? 같은 기준으로, 명절 해외 여행객 수는 120만[302] 명으로, 2010년 60만 명보다 2배 증가했다.

명절 문화의 변화 원인으로는 가족 구성원의 변화가 가장 큰 핵심이다. 핵가족화로 인해 가족 구성원의 수가 감소하고, 핵가족화가 진행되면서 가족 모임에 참석할 가족 구성원의 수도 줄어들고 있다. 또한, 여성의 사회 진출 증가로 인해 맞벌이 가정이 증가했다. 맞벌이 부부의 가사 부담이 증가하면서, 명절에는 양가의 부모님만 뵙거나, 가족 모임에 참석하는 비율이 감소하고 있다.

그렇다면 프랑스는 어떨까? 프랑스의 대표 명절인 크리스마스는 어떤 문화가 자리 잡고 있고, 어떤 차이가 있을까?

프랑스의 대표 명절인 크리스마스는 Noël(노엘)이라고 부른다. 이는 라틴어의 Natalis Domini(주님의 탄생)에서 유래한 단어이다. 프랑스의 크리스마스는 모두가 알다시피 12월 25일이다. 그러나 프랑스의 대표 명절답게 크리스마스이브인 12월 24일부터 12월 26일까지 총 3일간 공휴일로 지정되어 있다. 기독교 국가였던 프랑스이기 때문에 크리스마스는 프랑스에서 중요한 공휴일로 지정되어 있다.

과거의 프랑스 크리스마스 문화는 종교적 의미가 매우 강했다. 예수 그리스도의 탄생을 축하하는 날이기 때문에, 교회에서 크리스마스 미사를 드리고, 성탄절 이야기를 읽으며, 성탄절 노래를 부르는 것이 일반적이었다. 이브에는 가족이 모두 모여 저녁 식사를 하고, 미사에 참석했다. 크리스마스 당일에는 가족과 함께 선물을 교환했었다.

한국 명절과는 다른 프랑스의 명절. 프랑스인들은 그들의 명절에 대한 고충이 없을까? 결국, 그들도 사람이기에 고충이 있을 수밖에 없다. 종교적 의미 때문에 불편함을 느끼는 사람들이 많다. 현대로 접어들면서, 교회에 다니는 프랑스인의 비율이 감소했다. 자료에 따르면, 프랑스에서 기독교를 믿는 사람의 비율은 2022년 기준으로 64.5%. 10년 전인 2012년 74.6%에 비해 10.1%P[303] 증가했다. 이에 따라 종교적 의미가 약화 되었고 크리스마스 미사에 참석하는 사람도 감소하고 있다. 종교적 의미의 약화가 크리스마스에 대한 부담과 불편함을 증가시키는 주요 요인으로 작용한다. 2021년 조사에 따르면, 프랑스인 중 62%가 크리스마슬 기독교적 의미와 분리하여 보내고 싶다고 응답했다. 실제 프랑스로 유학을 가있는 친구를 통해 알게된 Jules (27세)은 기독교를 믿지 않음에도 불구하고 가족이나 친척들이 종교적인 행사를 원해서 크리스마스에 갈등이 빚어진다고 한다. 또한 프랑스인들이 크리스마스에 겪는 고충으로 막대한 선물 비용이 있다. 프랑스에서는 크리스마스에 가족, 친구, 직장 동료 등에게 선물을 주고 받는 것이 일반적이다. 따라서 크리스마스 시즌이 되면 많은 사람들이 선물 구입에 많은 비용을 지출하는데 이에 부담을 느끼고 이로 인해 고충을 느끼고 있다. 장난감, 의류, 화장품이 주를 이루던 과거의 크리스마스 선물과는 다르게 가전제품, 여행, 문화 체험 등 선물의 종류와 가격이 다양해지고 있고, 마음을 전하는 의미가 더 중요했던 과거와 다르게 받는 가격에 대한 기대치가 높아지고 있다. 프랑스 통계청(INSEE)에 따르면 프랑스인들은 크리스마스에 평균 260 유로(약 34만원)을[304] 선물 구입에 지출한다. 특히 젊은 층의 선물 비용은 2022년, 25~34세 프랑스인의 평균 선물 비용은 350 유로(약 45만원)에[305] 달했다.

그렇다면 최근 프랑스의 대표 명절. Noël(노엘)은 어떤 모습일까? 현대 프랑스에서의 크리스마스는 종교적 축제에서 벗어나, 가족과 함께하는 명절로 자리 잡았다. 다른 변화로는 세계적 문화 교류의 확대로 인해, 미국식 크리스마스 문화가 프랑스에 유입되었다. 대표적 예로 과거 프랑스에서 크리스마스 트리는 주로 교회에서만 장식되었지만, 문화 교류로 최근에는 가정에서도 크리스마스 트리를 장식하고 집안을 꾸민다. 많은 부담을 차지하던 크리스마스 선물에서는 선물의 종류를 줄이거나, 직접 선물을 사서 주는 것 대신 Giver, Cadeau Surprise 같은 선물 공유 사이트를 이용해 선물을 저렴하게 주고받는 사람들이 늘고 있다.

비슷한 듯 다른 두 나라의 명절 문화. 설날과 Noël(노엘). 가족과 함께 평안을 기원하는 날이라는 공통점을 갖고 있다. 그만큼 가족의 의미는 동서양을 막론하고 중요한 게 아닐까?

모두가 즐기는 명절 음식

앞서 말했듯이 프랑스와 한국의 명절 음식은 각각의 문화와 역사, 지리적인 특성에 따라 차이가 있다. 주변인들에게 명절 음식 하면 어떤 음식이 떠오르느냐고 물었다. 떡국, 만두, 잡채, 산적, 송편, 동그랑땡, 갈비찜 등 다양한 답변이 나왔다. 그렇다면 프랑스의 명절 음식은 어떨까?

프랑스의 대표 명절로는 크리스마스를 소개했는데, 크리스마스 못지않게 부활절(Pâques) 또한 프랑스에서 크게 챙기는 명절이다. 부활절에 대해 잠깐 짚고 넘어가자면, 예수 그리스도의 부활을 기념하는 명절이다. 부활절에는 대표적으로 달걀 찾기를 한다. 달걀이 새로운 생명의 탄생을 상징하기 때문에 부활절의 상징은 달걀이 되었다.

이 부활절의 대표 음식[306]은 "라비올레(Ravioli)" 가 있다. 밀가루 반죽에 고기, 치즈, 채소 등을 넣고 만든 서양식 만두이다. 부활절에는 보통 라비올레를 삶아 먹는다. 라비올레는 풍요와 행복을 상징하는 음식으로, 부활절에 먹는 대표적인 주요리다. 라비올리는 이탈리아에서 유래한 음식이지만, 프랑스에 13세기경에 전해진 이후로 부활절 대표 음식으로 자리 잡았다. 또 다른 대표 음식으로는 "아그네(Agneau)"가 있다. 부활절에 가장 많이 먹는 대표적인 고기 요리라고 할 수 있는데, 부활절의 상징인 양을 요리한다. 아그네 역시 부활절의 풍요와 행복을 상징하는 음식으로, 부활절에 가족과 친척들이 함께 모여 먹는 풍습이 있다. 일반적으로 양고기에 로즈마리, 월계수, 마늘 등의 허브를 넣어 구워내 부드러운 육질과 고소한 맛이 특징이다. 아그네는 프랑스뿐만 아니라 다른 유럽 국가에서도 부활절에 많이 먹는 음식이다. 또 다른 명절 음식으로는 "에그 타르트(Tarte aux œufs)"가 있다. 라비올리, 아그네 보다 쉽게 접할 수 있는 에그타르트는 프랑스에선 부활절을 상징하는 음식이다. 부활절의 대표적 상징인 달걀을 이용한 디저트이다. 이 에그타르트는 프랑스의 지역에 따라 재료나 만드는 방법이 조금씩 다르다. 북부 프랑스에서는 에그타르트에 달걀 모양의 초콜릿을 올리기도 한다. 남부 프랑스에서는 에그타르트에 견과류나 과일을 넣기도 한다. 이 외에도 프랑스에서는 부활절에 다양한 음식을 먹는다. 달걀을 삶아 먹기도 하고, 달걀 모양과 토끼 모양의 초콜릿을 먹기도 하는 명절 문화가 있다.

그렇다면 제일 큰 명절인 크리스마스의 대표 음식은? 메인 요리로 "푸아그라(Foie gras)"를 먹는다. 푸아그라는 거위나 오리의 간을 요리한 음식으로 프랑스에서는 크리스마스 저녁에 푸아그라를 먹는 문화가 있다. 푸아그라는 풍요와 행복을 상징하는 음식이다. 이와 더불어 가장 많이 먹는 음식 중 하나인 "칠면조(Dinde de Noël)"이 있다. 크리스마스 칠면조는 일반적으로 꿀이나 오렌지, 허브 등으로 양념을 해서 구워낸다. 칠면조는 크기가 크고 살이 많아서 풍요를 상징한다. 또한, 구하기 쉽고, 조리하기에도 쉬운 편이라 가족들이 모여 즐기기 좋은 음식이다. 크리스마스에 대가족이 모이는 프랑스 문화에 맞는 명절 음식이다. 오늘날에는 프랑스뿐만 아니라, 전 세계적으로 크리스마스에 칠면조를 먹는 것이 일반적이다. 마지막으로는 프랑스의 대표적 크리스마스 케이크인 "부쉬 드 노엘(Bûche de noël)"이 있다. Bûche는 통나무, Noël은 성탄절을 뜻한다. 직역하면 성탄절의 통나무. 위 이름처럼 부쉬 드 노엘은 통나무 모양으로 만들어진 케이크이다. 19세기 프랑스에서는 크리스마스이브에 통나무를 태워 크리스마스를 축하하는 풍습이 있었다. 이 전통적인 풍습을 케이크로 표현한 것이 부쉬 드 노엘이다. 초창기에는 케이크 속에 있는 크림마저 초콜릿 크림이었으나, 시간이 지나면서 생크림이나 슈크림을 사용하기도 한다. 프랑스에서 만들어진 부쉬 드 노엘이지만, 현재는 프랑스뿐만 아니라, 전 세계적으로 인기 있는 크리스마스 케이크이다. 이렇듯 과거의 프랑스 명절 음식은 종교적 의미가 강했다. 달걀은 부활과 새로운 시작을, 양고기는 예수 그리스도의 희생을, 푸아그라와 칠면조는 풍요와 행복을, 부쉬 드 노엘은 예수 그리스도의 탄생을 상징하는 음식이다.

그렇다면 최근 프랑스의 명절 음식문화는 어떻게 바뀌었을까? 최근 프랑스의 명절 음식 문화는 전통적인 종교적 의미보다는 가족과 함께 즐기는 축제의 의미가 강해지고 있다[307]. 또한, 채식주의자와 밀레니얼 세대의 영향으로 다양한 음식이 등장하고 있다.[308]. 건강과 환경에 관한 관심이 증가하면서, 채식주의자들이 늘어나고 있다. 이에 따라 전통적인 명절 음식과 함께 다양한 현대적인 음식이 등장하고 있다.

에그타르트, 아그네, 칠면조, 부쉬 드 노엘과 같은 전통적인 음식과 함께 샐러드, 파스타, 피자와 같은 현대적인 음식으로 명절 음식을 대체하고 있다. 또한, 채식주의자가 증가함에 따라 달걀 대신 토마토나 아보카도와 같은 채소를 이용한 샐러드, 버섯이나 두부를 이용한 요리 등이 등장하고 있다. 최근에는 밀레니얼 세대의 영향으로 명절 음식 문화에도 변화가 나타나고 있다. 자신의 개성을 표현하는 것을 중요하게 생각하기에 명절 음식을 통해 자신의 개성을 표현하는 사람들이 늘어나고 있다. 현대에는 다양한 문화적 요소가 명절 음식 문화에 영향을 미칠 것이기에 현재까지의 변화보다 앞으로의 명절 음식 문화가 더욱 풍성하고 다채로운 문화가 될 것이라고 기대한다.

대한민국의 대표 명절 음식은 무엇이 있을까?

앞에서 우리나라의 대표 명절로는 설날만 언급하긴 했지만, 추석 또한 우리나라의 대표 명절이다. 추석은 가을의 풍요와 결실을 기념하는 명절로 가족들이 한자리에 모여 풍성한 음식을 나누며 즐거운 시간을 보낸다. 추석 당일에는 일찍 일어나 달을 보고, 달맞이 놀이, 강강술래, 그네뛰기, 씨름 등 민속놀이도 즐기는 즐거운 날이다.

이 추석의 대표 음식으로는 “송편”이 있다. 이 송편은 추석을 대표하는 음식으로, 찹쌀가루로 만든 떡에 깨, 밤, 대추, 콩, 팥 등을 넣어 만든다. 송편은 가을의 풍요와 결실을 상징하는 음식으로, 송편을 먹으면 한 해의 풍요와 행복을 기원할 수 있다. 송편을 찔 때 솔잎을 넣어 찌는데, 이는 단순 송편의 맛을 더하고 상하는 것을 방지하기 위한 이유뿐만 아니라, 송편의 의미와 상징을 견고하게 한다. 솔잎은 소나무의 오래도록 푸르른 나무의 잎으로, 장수와 건강을 상징하는 나무로 여겨져 왔다. 그러나 최근에는 송편을 찔 때 솔잎을 넣지 않는 경우도 많아지고 있다. "약식" 또한 추석을 대표하는 음식이다. 찹쌀가루로 만든 떡에 팥소를 넣어 쪄 만든 음식이다. 약식에 들어가는 재료는 모두 건강에 좋은 재료로, 약식을 먹으며 건강과 장수를 기원했다. 약식의 유래는 고대 중국에서 약사(藥食)라는 이름으로 불렸던 음식으로, 약과 식품을 함께 먹는다는 의미가 있다. 이 약식은 조선 시대에 더욱 발전하게 되었고 추석뿐만 아니라, 설날, 단오 등 다양한 명절 음식으로 자리 잡았지만, 추석에 먹는 것이 대표적이다. "과일"은 추석의 대표 음식은 아니지만, 추석에 갓 수확한 과일을 먹는 것이 문화이다. 풍요와 다산을 상징하는 음식으로 주로 가을에 수확할 수 있는 사과, 배, 감, 대추 등을 먹는 것이 일반적이다. 사과는 건강을, 배는 풍요를, 감은 다산을, 밤은 장수를, 대추는 부귀를 상징한다. [309]

"떡국"은 설날을 대표하는 명절 음식이다. 선조들은 떡국을 먹으며 새해의 시작을 알렸다고 전해진다. 이 떡국은 찹쌀떡을 얇게 썰어 쇠고기나 돼지고기 육수에 끓인 음식으로, 새해의 시작을 알리고, 새해가 희망과 풍요로움으로 가득하길 기원하는 의미를 담고 있다. "세배 떡"[310] 또한, 설날의 대표 음식이다. 설날에 세배할 때, 손님이나 가족에게 주는 떡으로, 주로 찹쌀떡이나 인절미로 만든다. 새해의 시작을 축하하고, 복을 기원하는 의미를 담고 있다.

여기서 의문! 우리가 명절마다 먹는 "갈비찜"은 전통적인 명절 음식이 아닌 걸까? 엄밀히 말하면 현대에 들어서 명절 음식으로 자리 잡은 음식이다. 갈비찜은 조선 시대부터 먹던 음식이지만, 당시에는 주로 귀족이나 부유층의 음식으로 여겨졌다. 1960년대 이후부터 경제가 발전하게 되면서, 일반 서민들도 갈비찜을 먹을 수 있게 되어 명절 음식으로 자리 잡게 되었다.

그렇다면 최근 우리나라의 명절 음식 문화는 어떻게 변화하고 있을까? 가족 구성원의 감소, 외식 문화의 확산, 여성의 사회 진출 등과 같은 사회적인 변화로 명절 음식은 점차 간편화되고 있다.[311] 전통적으로는 집에서 모든 것을 다 만들어 음식 준비에 많은 시간이 걸렸지만, 최근에는 명절 음식을 구매해 간편하게 명절 음식을 준비할 수 있다. 명절에 외할머니댁에 가면, 외할머니는 만두, 떡국, 잡채, 갈비찜 등 다양한 명절 음식을 위해 하루 전부터 준비하셔서 감사하게 명절 음식을 즐긴다. 반면 요리하시기에는 나이가 드셔 힘든 친할머니댁에 가면, 전부터 잡채, 만두까지 모두 시장에서 구매해 간편하게 명절 음식을 즐긴다. 또한, 가족 중심에서 개인 중심으로, 대가족에서 핵가족으로 사회가 변했기에 다양한 명절 음식이 발달했다. 과거에는 명절 음식을 모든 가족이 함께 나누는 것이 일반적이었다. 그러나 최근에는 개인의 취향과 건강을 고려한 명절 음식을 선호하는 사람들이 늘고 있다. 과거에는 고기나 기름이 많이 들어가는 전류의 음식이 명절 음식의 주를 이뤘지만, 최근에는 건강을 고려해 채식 명절 음식, 건강을 고려한 저칼로리 명절 음식 등이 등장하고 있다. 프랑스와 마찬가지로 앞으로의 우리나라 명절 음식도 변화를 지속하면서, 우리나라의 명절 음식이 풍성하고 다채로운 문화가 되기를 바란다.

명절엔 어떤 풍습이 있을까?

지금부터는 프랑스와 한국의 명절 풍습에 관해 얘기하고자 한다. 예수 그리스도의 부활을 기념하는 부활절. 프랑스에선 부활절 전날에 부활절 달걀을 빨간색, 노란색, 파란색 등으로 색칠하는 풍습이 있다. 부활절 당일에는 교회에 가서 미사를 드리고, 미사 후에는 주변에 부활절 달걀을 나눈다. 크리스마스의 풍습으로는 이브날 가족이 함께 모여 저녁 식사를 하고, 트리를 장식하고, 크리스마스 당일에 미사를 드리고, 선물을 주고받는 이벤트가 있다.

우리나라의 명절 풍습은 뭐가 있을까? 음력 1월 1일은 새해를 맞이하는 가장 큰 명절로 가족과 친지들이 함께 모여 새해를 맞이한다. 대표 풍습으로는 설날 아침에 아랫사람이 웃어른에게 덕을 기리는 의미를 담고 있는 세배가 있다. 또한, 전통적으로 설에는 윷놀이하는 풍습이 있다. 나 역시도 명절에 할머니 댁에 방문하면 윷놀이를 한다. 온 가족이 모인 자리에서 구성원 모두가 전통놀이인 윷놀이를 하며 한 해의 안녕을 기원한다. 추석의 대표 풍습으로는 보름달을 보며 소원을 비는 달맞이가 있다. 돌아가신 조상님을 추모하기 위해 성묘를 하는 것도 우리나라 명절의 대표적 풍습이다.

한국과 프랑스 명절의 공차!

앞서 프랑스와 우리나라의 대표 명절과 명절 음식, 풍습과 최근의 명절 모습을 알아보았다. 프랑스와 우리나라의 명절 문화는 여러 가지 공통점과 차이가 있다. (소제목에서 말한 공차의 뜻은 공통점과 차이점임.)

프랑스와 우리나라 모두 명절에는 가족과 가까운 사람들이 모여 함께 시간을 보낸다. 가족 간의 화합을 다지고 풍요와 서로의 행복을 기원한다. 과거부터 가족의 소중함을 깨닫고 중요시했기에, 명절에도 가족 모두가 모이는 것이 아닐까? 또 다른 공통점으로는 명절에 무언가를 주고받는다는 것이다. 프랑스는 보통 초콜릿이나 와인, 꽃 등을 선물했고, 우리나라는 전통적으로 과일, 떡, 한복 등을 선물했다. 물론 최근 들어 선물의 형태에 제약을 받지 않아 다양한 선물을 주고받는다.

프랑스와 우리나라 명절의 가장 큰 차이점은 아무래도 공휴일의 기간일 것이다. 프랑스의 경우, 대부분의 명절 당일을 공휴일 단 하루로 지정한다. 앞서 말한 크리스마스의 경우 12월 25일은 국가 공휴일로 쉬게 된다. 그러나 크리스마스이브인 24일과 성 스테파노의 날인 26일은 일부의 회사와 학교만 휴일 주는 경우가 있다. 모든 회사나 학교가 크리스마스에 3일의 연휴를 주는 것이 아니기에 공식적인 공휴일은 하루가 된다. 우리나라의 경우, 명절 당일을 전후로 하루씩 더해 총 3일을 국가에서 공휴일로 지정하고 있다. 설날과 추석을 제외한 명절은 프랑스와 마찬가지로 당일에만 공휴일로 지정한다.

마무리하면서

앞서 프랑스와 우리나라의 전통적인 명절 모습과 음식, 풍습. 더 나아가 현대의 변화하는 양상까지 알아봤다. 이러한 차이에도 불구하고, 프랑스와 한국의 명절은 모두 가족과 가까운 사람들과의 화합을 기념하고, 풍요와 행복을 기원하는 의미가 있었다.

프랑스와 한국의 명절은 서로 다른 문화권의 특색을 잘 보여주는 대표적인 문화 행사이다. 이러한 차이를 이해함으로써, 다른 문화에 대한 이해와 존중을 키울 수 있을 것이다. 또한, 서로 다른 문화권에서도 가족의 화합을 중요시하는 가치관은 공통으로 존재함을 알 수 있다. 이는 가족이 인간의 기본적인 사회적 단위로서, 그 중요성이 문화권을 넘는다고 해도 변하지 않는다는 것을 의미한다.

가족은 인간의 삶에서 가장 중요한 존재라고 생각한다. 가족은 우리에게 사랑과 소속감을 주며, 삶의 의미와 용기를 북돋아 준다. 따라서, 화합은 인간의 삶에서 무엇보다 중요한 가치이다.

프랑스와 한국의 명절 문화는 이러한 가족의 중요성을 일깨워 준다. 이러한 문화를 통해 우리는 가족의 소중함을 다시 한번 되새기고, 서로 다른 문화에 대한 이해와 존중을 키울 수 있다.

한국과 프랑스의 시위 문화

양현진

‖ 가천대 유럽어문학과(프랑스어) 4학년 ‖

한국과 프랑스는 모두 민주국가로서, 시민의 기본권으로 시위와 파업이 보장된 나라다. 하지만 두 나라의 시위와 파업의 실상은 그 역사, 배경. 양상, 결과 등으로 인해 많은 차이를 보인다.

한국의 시위는 근대 이후 독립운동, 민주화운동 등에서 중요한 역할을 해왔다. 1980년대 민주화운동을 거치면서 시위 및 파업은 시민들의 목소리를 내는 중요한 수단으로 자리 잡았다. 최근에는 노동조합의 파업을 비롯하여, 다양한 직군 및 사회계층을 지닌 시민들이 시위 및 파업에 동참하고 있는 것을 확인할 수 있다.

한편, 프랑스에서는 프랑스 혁명(1978)에서부터 이어진 오랜 시위의 역사를 가지고 있다. 프랑스 시민들은 혁명 이후 절대 왕정을 무너뜨리고 공화정을 수립했다. 이 영향으로 다양한 사회·정치·경제적 문제에 적극적으로 대항하는 시위 및 파업 활동이 다른 나라들보다 현저하게 활발히 이행되고 있다.

최근에도 두 나라에서 시위 활동이 이어지고 있는 가운데, 한국과 프랑스의 시위는 두 나라의 사회, 정치, 경제를 이해하는 데 중요한 기반을 제공한다. 이 두 나라의 시위 및 파업을 비교해봄으로써 같은 민주주의 시민이지만 시위의 다른 본질과 의미, 그리고 그 역할에 대해 더욱 깊이 이해할 수 있을 것이다. 본문에서는 두 나라에서 주목 할 만한 시위 그리고 시민들의 반응을 중심으로 살펴보고자 한다.

글 속에서의 프랑스 시위

프랑스에서 시위란 의견이나 요구를 표출할 목적으로 조직된 공개 집회로서, 이는 행진, 집회, 점거, 파업 혹은 연좌농성과 같은 다양한 형태를 취할 수 있다. 우리는 흔히 시위를 파업과 분리해서 생각하는 경향이 있지만, 사실 파업은 시위에서의 일종의 하위 개념이라 볼 수 있다. 시위는 정치적 및 사회적 맥락에 따라 평화적이거나 폭력적인 형태로 이어질 수 있다.

프랑스에서 시위권은 1958년 헌법(la Constitution)과 1789년 인간과 시민의 권리 선언(la Déclaration des droits de l'homme et du citoyen)에 의해 보장되는 기본권이다. 이 권리는 개인이나 집단이 공개적으로 자신의 의견을 표명하거나, 정책에 항의하거나, 권리를 주장할 수 있게 해준다.[312]

프랑스 법은 시위를 합법적으로 만들기 위해 선언되어야 한다고 규정하고 있다. 시위를 합법적으로 하기 위해 시위의 주최자들은 종종 시위를 개최하기 위해 지역 당국으로부터 시위 목적, 날짜, 장소 등의 사전 허가를 받아야 한다. 시위 신고는 허가를 필요시하는 절차는 아니지만, 신고되지 않은 시위는 불법으로 간주 될 수 있다.

그렇다면 신고되지 않은 모든 시위, 다시 말해, 즉흥적인 시위는 불법일까? 공공질서에 심각한 위험이 있는 경우, 당국은 시위를 금지하거나 조건을 변경할 수 있다. 그러나 이러한 금지 조치는 위험 평가와 주최자들과의 협의를 거친 후에만 내려질 수 있다.

앞서 언급하였듯이, 시위의 형태는 상황에 따라 평화적 혹은 폭력적인 형태로 이어질 수 있다. 그렇다면 시위대를 향한 경찰의 무력 사용은 어느 정도까지 정당화될까? 특정 개인을 향한 폭력은 필요하지도, 비례적이지도 않기 때문에 국가가 모든 시위대에 대해 공공무력을 사용하는 것은 허용하지 않는다. 그렇지만 만일 시위에 있어서 무력 사용이 필요하다면, 최후의 수단으로서 가능한 한 폭력을 저지르는 사람들로 제한되어야 한다. 다시 말해, 폭력적인 시위자에게는 적절한 수단을 사용해 대응해야 한다. 그렇지만, 원칙과는 달리 현실에서는 프랑스 법이 공력관리인에게 무력을 사용할 수 있게끔 허용한다.[313]

실생활에서의 프랑스 시위

그렇다면 프랑스인들은 왜 그렇게 시위를 자주 하는 것일까? 프랑스는 낭만과 예술의 나라로 널리 알려져 있지만, 다른 한편으로 시위, 항위, 파업의 나라이기도 한다. 정부에 대한 불만을 표출하기 위해 거리로 나가는 프랑스인들의 태도는 어디에서 오는 것일까?

프랑스의 거리는 프랑스의 역사를 탄생시킨다. 1968년 5월 혁명, 2016년 노동 개혁 법안, 2018년부터 2019년까지 이어진 노란 조끼 시위, 그리고 2023년 현재 진행 중인 연금 개혁 반대 시위 등을 포함한 수많은 다양한 시위들은 프랑스 사회의 정치적 및 사회적 삶을 형성해왔다. 인구 1,000명 대비 114일의 파업을 기록하는, 인구 대비당 시위 및 파업을 가장 많이 하고 있는 나라가 바로 프랑스다.

시위는 프랑스인의 삶의 방식 중 하나라고 해도 과언이 아니다. 시위는 권리 이상의 표현의 수단으로서, 프랑스 사회에서 전통적인 집단 표현 수단 중 하나이다. 1789년 프랑스 혁명이 거리에 나가는 것으로 정권을 바꿀 수 있다는 것을 입증한 이후로, 거리는 정치적 표현을 위한 공간이라는 개념으로 바뀌었다. 정부와 의견이 충돌하면, 프랑스인들은 시위를 통해 자신의 의견을 표출하고 정치적인 변화를 일으키기 위해 거리로 나선다.

앞서 언급했듯이, 시위권은 프랑스 인권 선언에 명시된 기본 자유이다. 사회학자 장 프랑수아 아마디에(Jean François Amadieu)는 시위를 '프랑스 문화의 매우 가치 있는 유산'이라 일컬으면서, 그는 프랑스인들이 거의 모든 주제에 대해 자신의 나라가 잘못되어 가고 있다는 느낌을 표현하며, 프랑스 국민의 다양한 파업과 시위에 대한 지지가 항상 높다고 설명한다. 실제로, 프랑스의 한 설문조사에 따르면, 프랑스인들 중 70%가 연금 개혁을 반대하는 시위와 파업을 긍정적으로 지지한다.[314] 그렇다면 프랑스인들은 왜 일상생활의 불편함을 느끼기보다 시위와 파업에 열린 마음을 가진 것일까?

프랑스의 시민교육

실제로 프랑스 인문계 및 실업계 고등학교 1학년에 시민・법률・사회교육 교과서에는 노동조합, 노동시장의 유연성 등에 대한 토의 주제가 등장한다. 그 외에도 교과서에 노동권, 노동법, 노동운동, 노동조합 등의 단어들이 자주 등장하는데, 이는 프랑스에서 노동자로서 살아가기 위한 필수 항목으로 지정하기 때문이다. 프랑스를 포함한 유럽국가들은 시민교육을 의무적으로 수행한다. 프랑스 정부는 1985년 중학교에 시민교육을 의무화하였고, 1999년부터 고등학교의 필수과목으로 지정[315]하였다. 시민교육을 통해 학생들은 평등, 정의, 시민권, 사회적 통합과 연대를 배우고, 현실에 발생하는 시위 및 파업 문제에 관심을 가지며, 성인이 된 후 자신의 권리를 행사할 수 있도록 하는 실질적인 교육을 받는다.

한국의 시민교육

그렇다면 위에서 언급한 프랑스의 교육과 한국의 교육에는 어떠한 차이점이 있을까? 한국기술교육대 고용노동연수원 송태수 교수에 따르면[316], 고등학생들은 이미 노동 현장을 경험하고 있거나, 졸업하고 나서 하는 아르바이트 등 앞으로 수많은 노동을 경험하게 되는 경우가 많으므로 학생들에게 노동에 대한 편견 없는 시야를 미리 교육하는 것이 중요하다. 그러나 한국 교육에서 노동에 대한 학습 환경은 프랑스보다 현실적으로 제한적이다. 서울시교육청 민주시민교육 김원태 자문관에 의하면[317], 사회적 합의뿐만 아니라 헌법에 나오는 가치가 교육과정 전반에 녹아 있도록 하는 것이 어렵기 때문에 민주주의 사회에서 시민이 추구해야 할 가치를 도덕이나 사회 과목에서 교육하는 것은 현실적으로 불가능하다. 그렇지만, 김 자문관은 노동을 포함한 실질적인 시민교육이 가능하도록 교육과정에 필수교과로 신설하고 체계적이면서 지속적으로 교육해야 한다고 강조했다.[318]

주목할 만한 프랑스 시위 사례

앞에서 간단히 언급했듯이, 프랑스에는 프랑스를 대표하는 시위가 여러 가지 있다.

1) 1968년 5월 혁명

이 혁명은 프랑스에서 1968년 5월부터 6월까지 일어난 학생과 노동자의 대규모 시위 및 파업이다. 이 5월 혁명은 어쩌다 발생하게 된 것일까? 이에 대한 원인은 다양한데, 먼저, 1960년대 이후 프랑스 사회는 급격한 변화를 겪고 있었다. 경제 성장으로 인해 중산층이 확대되었고, 교육을 받은 젊은이들이 증가하면서, 기존 사회 질서에 대한 불만이 커져갔다. 여기에, 1968년 프랑스가 베트남 전쟁에 참여하면서 이에 대해 반대하는 움직임도 5월 혁명에 원인이 되었다.

혁명의 발단은 1968년 5월 2일 파리의 소르본 대학에서 일어난 학생 시위였다. 이 시위는 학생들의 교육 개혁 요구에서부터 시작되었지만, 점차 반정부 시위로 확대되었다. 학생들은 "자유, 평등, 박애"를 외치며 거리로 나왔고, 이에 노동자들도 임금 인상, 노동 조건 개선 등을 요구하며 파업을 돌입했다. 이 파업은 전국적으로 확산되었고, 프랑스의 주요 산업에 영향을 끼치는 사태에 이르렀다.

정부는 시위와 파업을 진압하기 위해 경찰 인력을 투입했지만, 상황이 점차 악화되자 결국 시위대의 요구를 일부 받아들이기로 하고 물러났다. 이 혁명으로 인해 정부는 교육 개혁을 약속하고, 임금 인상과 노동 조건 개선을 위한 협상에 나선 것이다. 이 혁명은 기존 프랑스 사회를 크게 바꾸어 놨을 뿐만 아니라 민주화와 개혁에 중요한 계기로 자리잡게 되었다.

2) 2016년 노동 개혁 법안

이 시위는 2016년 2월 28일부터 3월 17일까지 일어난 대규모 시위로서, 당시 프랑스 대통령인 프랑수아 올랑드 정부가 추진한 노동법 개혁 법률에 대해 반대하였다. 이 법률은 노동시장의 유연성을 높이고, 기업의 경쟁력을 강화하기 위한 내용을 담고 있다. 구체적으로는 정규직과 비정규직의 임금 격차를 줄이고, 노동자의 해고 조건을 완화하는 내용을 포함하고 있다. 그러나 이 법안은 노동자들을 중심으로 강력한 반발을 불러일으켰다. 이 법안이 노동자들의 권리를 침해하고, 노동자의 삶을 악화시킬 것이며 노동자의 단결권을 악화시킬 것이라고 우려했기 때문이다. 이 시위는 파리에서 열린 노동조합의 대규모 집회에서 시작되었다. 이후 전국적으로 확대되었고, 수많은 도시에서 노동법 개혁 법안의 철회를 요구하게 되었다. 시위대는 "노동자의 권리를 지켜라", "노동법 개혁 법안을 철회하라" 등의 구호를 외치며 정부에 항의하였다. 시위 과정에서 시위대와 경찰은 충돌을 벌였고, 파리 시내 곳곳에서 폭동이 일어나, 100여명의 부상자가 발생하기도 했다. 그렇지만 결국 정부는 시위대의 요구를 일부 받아들이는 조건으로 물러났다. 노동법 개혁 법안의 일부 조항을 수정하고, 노동자와의 협의를 약속했다.

3) 노란 조끼 시위

노란 조끼 시위는 2018년 11월 17일부터 2019년 3월 2일까지 벌어진 대규모 시위이다.(그러나 아직 노란 조끼 시위의 1주년을 맞이하여 프랑스 전역에서 시위가 열렸다.) 당시 프랑스 대통령인 엠마뉘엘 마크롱 정부의 유류세 인상에 대해 반대하는 내용이다. 프랑스 정부는 환경 보호를 위해 경유 유류세를 23%, 휘발유 유류세를 15% 인상했는데, 이 조치가 저소득층과 중산층의 부담을 가중시켰다는 비판을 받았다. 이 시위는 파리에서 유가 상승에 대한 불만을 가진 노동자들의 참여를 시작으로, 점차 마크롱 대통령의 국정운영 전반에 대한 반발로 번져 전국적으로 확대되었다. 시위대는 노란색 조끼를 입고 거리에 나서 '마크롱 퇴진' 구호를 외치며 정부에 항의하고 정책을 바꿀 것을 촉구했다. '노랑 조끼'는 차량에 의무적으로 비치한 노란색 형광 조끼를 시위대가 입고 나오면서 붙여진 이름이다. 노란 조끼 시위대는 다른 시위보다 상대적으로 다양한 사람들로 구성되었는데, 이는 유류세 인하라는 범국민적 사안을 두고 벌어졌다는 점과 SNS를 통해 확산되었다는 점이 주요했던 것으로 보인다. 시위 과정에서 시위대는 바리케이트를 불태우고, 은행을 때려 부시고, 경찰에게 돌을 던졌으며 경찰도 시위대에게 최루탄을 발사하는 등의 충돌이 벌어졌다. 이로 인해 100여 명의 시위자가 사망했으며, 수천 명이 부상을 당했고, 수천 건의 차량과 건물들이 파손되었다. 마크롱 대통령은 세금 인하, 연금 증가 및 개혁을 약속하며 사태를 진정시키려고 애썼지만, 많은 시위자들이 이는 충분한 조치가 아니라고 주장하였다. 이 시위의 1주년을 맞이하기 위해 전역에서 시위가 열린 가운데, 수만 명이 파리에 몰리기도 했다.

4) 연금 개혁 반대 시위

연금 개혁 반대 시위는 2022년 1월 25일부터 현재까지 일어나고 있는 대규모 시위이다. 이 시위는 마크롱 정부가 추진한 연금 개혁 법안에 대한 반대 시위이다. 이 연금 개혁을 간략히 설명하자면, 더 오래 일해야 하고, 더 많이 내고, 더 적은 기간 동안 받아야 한다는 것이다, 구체적으로 말하자면, 은퇴 연령을 62세에서 64세로 늘리고, 연금 전액을 받기 위한 근속 연수도 42년에서 43년으로 늘리겠다고 발표한 것이다. 시민들은 연금 개편이 노조가 힘들게 싸워 얻은 권리를 위협한다고 주장하며, 공적연금의 부담을 다음 세대의 근로소득에만 부과하는 것은 부당하므로 연금 개혁의 다른 제안안으로 고용주들이나 부유층에게 세금을 더 많이 걷으라고 주장하고 있다. 연금 개혁의 내용도 큰 반발을 일으킬 만한 내용이지만, 프랑스 헌법 49조 3항을 남용하여 정부가 논란이 가득한 이 사회복지 예산안을 의회의 표결을 거치지 않고 임의적으로 통과시켰기 때문에 더 큰 반발을 일으킨 것이다.

이 시위는 최근에 일어난 것으로, 아직 해결되지 않고 여전히 프랑스인들을 비롯한 전 세계에서 주목하고 있다.

주목할 만한 한국의 시위 사례

그렇다면 현재 우리나라에서 주목할 만한 혹은 기념할 만한 시위는 어떤 것들이 있을까?

1) 3.1운동

3.1운동은 1919년 3월 1일, 일제의 무단 통치에 항거하여 전국적으로 일어난 민족 독립 운동이다. 3.1운동은 한국 근현대사에서 가장 중요한 사건 중 하나로, 한국의 독립 정신을 세계에 알리고, 이후의 독립 운동에 큰 영향을 미쳤다.

3.1운동의 발단은 1919년 1월 21일, 중국 상하이에서 열린 대한민국 임시정부의 수립이었다. 임시정부의 수립은 한국의 독립 의지를 세계에 알리는 계기가 되었고, 국내에서는 독립 운동의 열기가 고조되었다.

3.1운동은 3월 1일, 서울 종로에서 학생들이 독립 만세를 부르면서 시작되었습니다. 이 만세 시위는 전국으로 확산되었고, 전국 각지에서 수많은 사람들이 독립 만세를 부르며 시위를 벌였다.

3.1운동은 10일 동안 전국적으로 지속되었으며, 수많은 사람들이 참여했다. 시위 과정에서 많은 사람들이 희생되었지만, 3.1운동은 한국의 독립 정신을 세계에 알리는 데 큰 역할을 했다.

2) 5.18광주민주화운동

1979년 10월 26일, 박정희 대통령이 사망하자, 군부는 전국에 계엄령을 선포하고 집권을 장악하였다. 이에 민주주의를 갈망하는 국민들은 계엄 해제와 전두환 퇴진을 외치며 거리로 나섰다.

1980년 5월 18일, 광주 시민들은 광주 도청 앞에서 시위를 시작했다. 시위대는 "전두환 퇴진"과 "김대중 석방"을 외치며 민주화를 요구하였다. 시위는 점차 규모가 커졌고, 시민들은 도청을 점거하였다.

신군부는 시민들의 시위와 집회를 진압하기 위해 공수부대를 투입하였다. 공수부대는 시민들을 무차별적으로 사격하고, 시위대와 시민들을 학살하였다. 5월 21일부터 27일까지 8일 동안 광주에서 발생한 희생자는 약 2,000명에 이른다.

5.18 광주 민주화 운동은 한국 민주화 운동의 도화선이 되었다. 이 운동을 계기로 한국 사회에 민주화의 열망이 확산되었고, 1987년 6월 민주항쟁으로 이어졌다. 5.18 광주 민주화 운동은 비록 실패로 끝났지만, 한국 민주화 역사에서 중요한 의미를 가진 사건이 되었다.

3) 6.10민주항쟁

6.10민주항쟁은 1987년 6월 10일, 전두환 정권의 독재에 항거하여 전국적으로 일어난 민주화 운동이다. 6.10민주항쟁은 한국 현대사에서 가장 중요한 사건 중 하나로, 한국의 민주주의 발전에 큰 영향을 미쳤다.

6.10민주항쟁의 발단은 1987년 6월 10일, 전두환 정권이 대통령 직선제 개헌에 대한 국민 투표를 연기한 것이다. 대통령 직선제 개헌은 국민의 직접 선거로 대통령을 선출하는 제도인데, 전두환 정권은 대통령 직선제 개헌을 통해 정권 연장을 도모하고 있었다.

6.10민주항쟁은 서울을 중심으로 전국 각지에서 일어났다. 시위 과정에서 많은 사람들이 희생되었지만, 6.10민주항쟁은 전두환 정권의 무너뜨리고, 한국의 민주화를 이룩하는 데 큰 역할을 했다.

4) 공교육 멈춤의 날

23년 7월, 서울 서초구의 한 초등학교에서 교사가 극단적인 선택을 한 사건이 발생했다. 이 사건은 교권 침해의 심각성을 여실히 보여주었으며, 전국의 교사들을 분노케 했다.

9월 4일, 서이초 교사의 49재가 거행되던 날, 교사들은 '공교육 멈춤의 날'을 선포하고, 전국 각지에서 추모 집회를 열었다. 서울 국회의사당 앞에서 열린 집회에는 약 2만 명의 교사와 시민이 참여했다.

집회 참가자들은 서이초 교사의 사망 원인을 규명하고, 아동학대 관련법 개정 등을 포함한 교권 보호 대책을 마련할 것을 요구했다. 또한, 교사들의 과중한 업무 부담을 해소하고, 교권을 보호하기 위한 법・제도적 장치를 마련할 것을 촉구했다.

BBC 등 외신도 한국의 교권 침해 실태에 주목했다. BBC는 "2014년 아동학대처벌법이 제정된 이후, 교사들이 아동학대 신고 대상이 되면서 교권 침해가 더욱 심화되고 있다"고 지적했다.[319]

교사들은 "학부모들의 악성 민원과 업무 과중으로 인한 스트레스가 교사의 죽음에 영향을 미쳤다"고 주장하며, "교권 침해에 대한 근본적인 해결책 마련이 필요하다"고 목소리를 높였다. BBC는 서이초 교사의 사망 사건을 보도하며 "이 사건은 한국 전역의 교사들에게 충격을 주었고, 교권 침해에 대한 경각심을 일깨웠다"고 전했다.

이러한 교권 침해가 다시 발생하지 않으려면 교사를 존중하고 보호하는 사회 분위기 조성이 필요하다. 정부와 교육 당국이 교권 보호를 위한 근본적인 대책 마련에 나서야 할 필요가 있다는 목소리를 높였지만, 12월이 된 현재 아직까지 공교육에 대한 제도적 보완이 이루어지지 않았으며, 집회의 발단이 된 서이초 사건의 실질적 가해자로 주목받는 부모는 아무런 처벌을 받지 않은 상태다.

한국과 프랑스 시민들의 엇갈린 반응

1) 프랑스의 반응

먼저 연금개혁 시위에 대한 프랑스인의 반응은 크게 두 가지로 나눌 수 있다.

시위대의 주장에 공감하며, 정부의 연금 개혁을 반대하는 의견이다. 이들은 시위가 연금 개혁을 막고, 노후 생활을 보장하기 위한 제도적 개선으로 이어지기를 바라고 있다.

그에 반해, 시위의 폭력성을 비판하며, 정부의 연금 개혁을 지지하는 의견도 존재한다. 이들은 시위로 인해 사회가 혼란에 빠지고, 경제에 악영향을 미칠 것이라고 우려하고 있다.

시위에 찬성하는 의견은 프랑스 사회의 전반적인 분위기를 반영하는 것으로 보인다. 프랑스 사회는 전통적으로 노동자의 권리를 중시하는 경향이 있으며, 노후 생활 보장을 위한 제도적 개선을 요구하는 목소리가 높다. 또한, 프랑스에서는 최근 몇 년 동안 경제적 불평등이 심화되면서, 노동자들의 불만이 커지고 있는 것도 시위의 배경에서 빼놓을 수 없다.

반면, 시위에 반대하는 이들은 시위가 폭력적으로 전개되면서 사회 혼란을 야기하고 있다고 비판하고 있다. 또한, 정부의 연금 개혁은 지속 가능한 연금 제도 구축을 위한 불가피한 조치라고 주장하고 있다.

그러나 현재 이 시위에 대한 주된 반응은 연금개혁에 반발하여, 이 시위 자체를 찬성하는 입장이다.

실제 연금 개혁에 관한 한 뉴스[320]에서 프랑스 노동계와 정부 간의 갈등이 심화되고 있으며, 노동계는 정부의 절도와도 같은 노동 개혁안을 철회하기 위해 시위와 파업 등 다양한 방식의 투쟁을 이어갈 것이라는 댓글들이 달려 있었다.(...D'autres manifestations pacifistes suivies d'affrontements partout en France, les unes après les autres... Encore une arnaque constitutionnelle...) 또한 절대 이 연금 개혁에 반대하는 시위를 멈추지 않을 것이라는 반응도 적혀있었다. (Comme vous l'écrivez, on ne lâche RIEN. Effectivement, il faut agir pour que ses commanditaires ... se retrouvent dans une situation intenable et supplient Macron de faire machine arrière. A tous les résignés, sachez que l'on n'obtient RIEN sans RIEN. Nos aînés nous l'ont déjà prouvé par le passé.)

2) 한국의 반응

2023년 9월 4일, 서울 서초구 국회의사당 앞에서 열린 교권 회복 촉구 집회가 주최 측 추산 20만명(경찰 추산 10만명)의 인파가 몰렸음에도 불구하고, 질서 정연하게 마무리되어 화제다.

집회 참가자들은 서이초 교사의 사망 원인을 규명하고, 아동학대 관련법 개정을 통해 교권 침해를 예방하기 위한 법적 장치를 마련할 것을 요구했다. 또한, 교사의 업무 부담 경감과 교사의 자긍심 회복을 위한 근본적인 대책 마련을 촉구했다.

집회는 교사들이 자체적으로 질서 유지 인원을 선발하여 통제하고, 자리 배열을 맞춰 앉는 등 평화롭고 질서 있는 분위기 속에서 진행되었다. 또한, 집회 종료 후에는 쓰레기를 모두 정리하여 뒷정리를 깔끔하게 마무리하는 모습을 보였다.

이를 두고 현장을 관리했던 경찰에서는 "수십만명이 운집한 집회가 이처럼 질서 정연하게 마무리되는 건 오랜만에 보는 것 같다"며 "교사들이 질서를 잘 지켜주셔서 너무 감사하다"고 밝혔다.

이 경찰관은 "쓰레기도 다 가져가고 집회 시간 불법 연장이 없었다"

며 "이런 집회만 다니면 좋겠다"고 덧붙였다.[321]

집회 참가자들 역시 집회의 질서와 뒷정리에 대해 긍정적인 반응을 보였다. 한 참가자는 "교권 회복을 위한 집회라는 의미 있는 자리에서 질서를 지키고 뒷정리를 하는 모습을 보여줘서 고맙다"고 말했다.

또 다른 참가자는 "교권 회복을 위해서는 교사들의 자긍심 회복이 중요하다고 생각한다. 이번 집회가 교사들의 자긍심 회복에 도움이 되기를 바란다"고 말했다.[322]

교권 회복 촉구 집회는 질서와 뒷정리 면에서 높은 평가를 받으며, 교권 침해 문제에 대한 사회적 공분을 일으키는 데 성공했다.

이 글을 마무리 하면서

프랑스와 한국의 시위는 모두 사회의 변화를 요구하는 시민들의 목소리를 내는 중요한 수단이다. 하지만 두 나라의 시위는 그 성격과 방식에서 몇 가지 차이점이 있다.

먼저, 프랑스의 시위는 전통적으로 비교적 과격하며, 정부 정책에 대한 반대 의사를 강력하게 표출하는 경우가 많다. 반면, 한국의 시위는 프랑스 시위보다 다소 평화적인 형태로 많이 행해지고 있다.

다음, 프랑스의 시위는 다양한 계층의 사람들이 참여하는 경우가 많다. 반면, 한국에서는 노동계와 학생 등 특정 집단을 중심으로 이루어지는 경우가 많다.

이러한 차이점에도 불구하고, 이 글을 집필하면서 나는 프랑스와 한국의 시위가 모두 각 역사와 사회적 분위기를 변화시키는 중요한 힘으로 작용해왔다는 것을 느꼈다. 두 나라의 시위가 앞으로도 계속 이어지며, 이것이 각 나라의 사회 발전에 긍정적으로 기여하기를 바란다.

제3장 프랑스 찍어먹기

TEAM

모자이크(Mosaïque)

모자이크(Mosaïque)

서로 다른 조각들이 모자이크 기법으로 합쳐져서 하나가 되는 것처럼, 서로 다른 주제가 모여서 한 권의 책을 집필하는 'P실무 프로젝트'의 팀 활동을 나타내고자 합니다.

프랑스 에티켓, 비밀 해제

지창훈

‖ 가천대 유럽어문학과(프랑스어) 3학년 ‖

오늘날 디지털 시대에는 세계 각국의 문화를 손쉽게 탐험하고 공유할 수 있습니다. 나라 간 교류가 증가함에 따라서 올바른 정보와 함께 다양한 문화에 접근함으로써 세계를 바라보는 우리의 시야를 확장할 수 있을 것입니다. 실제로 프랑스 문화를 직접 체험하지 않은 이들은 쉽게 프랑스에 대한 환상을 가질 수 있습니다. 저자는 다양한 정보를 통해 프랑스에 대한 환상은 없었지만, 오히려 선입견을 품고 있었습니다. 저자와 유사한 선입견을 품은 독자들은 이 책을 통해 프랑스 문화에 한 걸음 더 다가가고, 한국에서 수용 가능한 다양한 문화에 대해 사고할 수 있기를 기대합니다.

나라마다 예절에 대한 교육은 다양합니다. 한국은 '예절의 나라'라고 불리며, 예절을 중시하는 문화가 뿌리 깊게 자리하고 있습니다. 어느 누군가의 행동을 보고 다른 문화권의 사람은 그것을 예의범절에 어긋나는 행동이라고 판단할 수 있습니다. 그렇다면 우리가 관심 있는 프랑스는 예절이라는 것이 존재할까요? 많은 한국인이 서구 국가에서는 한국과 다른 예절이 행해질 것이라는 선입견을 품고 있습니다.

혹시 여러분은 일상에서 '에티켓'이라는 단어를 접해본 적이 있나요? 우리는 예의범절에 어긋나는 행동을 하는 사람을 '에티켓이 없는 사람', '에티켓을 모르는 사람'이라고 부릅니다. 여러분은 에티켓이라는 단어가 영어로 사용되는 것을 알고 있을 것입니다. 에티켓이 프랑스어로도 사용되는 사실을 알고 계실까요? 영어로는 '예절'이라는 뜻이지만 프랑스어에서는 어떤 뜻일까요? 더불어 '에티켓'이라는 단어는 어디서, 어떻게 유래했을까요?

에티켓이 뭐에요?

프랑스어에서 유래된 '에티켓'이라는 단어는 흥미로운 역사와 함께 프랑스 문화의 특징을 엿볼 수 있습니다. 과거에는 이 단어가 작은 표지판이나 라벨을 의미했습니다. '태양왕' 루이 14세는 자신의 권력을 과시하기 위해 화려한 베르사유 궁전을 세우기로 했습니다. 그러나 당시 베르사유 궁전에는 화장실이 없었습니다. 왜냐하면, 당시 대다수 사람이 자신의 전용 변기를 가지고 다녔기 때문입니다. 그래서 변기를 갖고 오지 않은 사람들은 궁전 정원에서 용변을 처리했다고 합니다[323]. 정원에서 나는 냄새 때문에 정원사들이 정원 출입을 금지하는 것을 제안했고, 출입금지 표지판을 세웠습니다. 이 표지판은 단순히 정원 출입금지의 의미뿐만 아니라 사람들의 머릿속에 세워야 하는 표지판이 되었습니다. 즉, 타인에게 피해를 주지 않고 사회인이 지켜야 하는 규범으로 의미가 확장되었고, 이로써 예절이란 의미로 자리 잡았습니다[324]. 마침 이 시기 유럽에서는 생활의 개선을 추구하는 계몽주의가 유행하고 있었으며, 중산층이 상류층의 예절을 따르기 시작했습니다. 그 후, 유럽에서 국가 간 교류가 빈번해지며, 외교와 국제 비즈니스에서 타인과의 식사나 인사 등 지켜야 할 예의범절로 정의되었고 금기사항이 강조되었습니다.

시간이 흘러 일반인들에게도 '관례' 및 '예의범절'의 의미가 정착되었습니다. 에티켓은 시대와 문화에 따라 형태가 다를 수 있지만, 기본적인 프레임은 거의 유사합니다. 현재 전 세계적으로 에티켓이 사회생활에서 개인의 중요한 평가요소로서 강조되고 있으며, 이는 개인의 이미지를 형성하는 데에 결정적인 영향을 미칠 수도 있습니다. 우리가 정확한 예의범절을 알고 행동한다면 현대 사회에서 개인의 경쟁력 상승에 기여할 것으로 기대됩니다.

프랑스 에티켓이 현재는 고급 예절로 자리 잡았습니다. 이제부터는 상황에 맞게 프랑스 에티켓을 풀어내어 보겠습니다. 여러분은 이 책을 통해 사회생활에서 더욱 풍요로운 경험을 쌓을 수 있을 것입니다.

반가워요, 쪽 쪽

여러분은 사람을 만나서 가장 먼저 하는 행동이 무엇일까요? 그것은 인사입니다. 이것은 당연히 전 세계적으로 공통적인 현상일 것입니다. 우리는 종종 온전히 반가운 마음으로 자연스럽게 인사를 하지만, 인사하는 것 자체가 예의로 보이기 때문에, 때로는 형식적으로 인사를 하는 경우도 존재합니다. 잘 아시다시피 한국에서 처음 만나는 경우나 직장 상사에게 인사하는 경우 등에서는 상체를 30도 정도 숙여서 인사하는 것이 일반적입니다. 감사의 뜻, 사과의 뜻이나 공식 석상에서는 상체를 45도 정도 숙여서 인사를 하고 손아랫사람이나 친한 사람에게는 상체를 15도 정도 숙여서 인사를 하곤 합니다. 물론 이러한 인사 방식은 상황과 관계에 따라 언제든지 변할 수 있습니다. 그렇다면 지구 반대편 프랑스는 어떻게 인사할까요?

프랑스에서는 악수가 일상적인 인사 방법의 하나입니다. 프랑스는 세계에서 악수를 가장 많이 하는 나라 중 하나로, 만날 때나 헤어질 때, 혹은 하루에 여러 차례 만나더라도 항상 악수합니다. 악수는 간단하고 빠르게 이루어지며, 일반적으로 사회적으로 높은 지위에 있는 사람이 먼저 손을 내밀어 악수를 청합니다. 남녀 간에는 여성이 먼저 손을 내미는 것이 일반적이지만, 남성이 사회적 지위가 높다면 남성이 먼저 악수를 청하기도 합니다[325].

또한, 프랑스에는 서로의 볼을 맞대는 인사 방식인 '비즈(bise, 이후 비즈로 표기)'도 있습니다. 일반적으로 'faire la bise'라고 표현하며 아이들에게는 '비주(bisou)'라는 표현을 씁니다. 비즈는 상대방과 양쪽 볼을 번갈아 대면서 한쪽 볼이 닿을 때마다 입술로 '쪽' 소리를 내며 인사하는 것입니다. 실제로 비즈는 프랑스뿐만 아니라 남유럽 국가, 남미, 아랍 국가, 심지어 러시아 등에서도 흔히 볼 수 있는 인사 방식입니다[326].

그러나 상황과 사회적 규범은 국가마다 다르며, 프랑스 내에서도 지역에 따라 비즈 횟수나 시작하는 볼 등이 다를 수 있어 혼란스러울 수 있습니다. 예를 들어, 프랑스 리옹(Lyon)에서는 비즈를 두 번 하지만 남부 도시인 몽펠리에(Montpellier)나 님(Nîme)에서는 세 번까지 하는 관습이 있습니다[327].

하지만 모든 프랑스인을 만날 때마다 비즈를 할 필요는 없습니다. 상술한 것과 마찬가지로 프랑스에서는 악수가 가장 일반적인 인사 방식입니다. 가까운 사이가 아니라면 대개 악수를 하는 편이지만, 비공식적이고 가벼운 자리에서는 모르는 사람과도 비즈를 할 수 있습니다. 만약 프랑스에서 가까운 사이와 아닌 것을 구분하고 비즈를 하고 싶다면, 일반적으로 "Tu"라고 부르는 사람과는 비즈를 하고 "Vous"라고 부르는 사람에게는 악수하라고 권하고 싶습니다. 프랑스어를 처음 배울 때는 Tu가 프랑스식 반말이고 Vous가 프랑스식 존댓말이라고 생각할 수 있지만, 더 깊이 있게 배우면 그 사람과 친밀한 관계인지 아닌지에 따라서 기준을 잡게 된다는 사실을 알 수 있습니다. 즉, 연장자일지라도 Tu를 사용할 수 있는 것입니다. 그렇다면 가족들과 Tu를 사용하고 또, 가족과 비즈를 하는 것이 이해가 되죠? 그래도 혼란스럽다면 상대방이 여러분에게 사용하는 호칭에 따라 반응하는 것이 좋겠습니다.

게다가 비즈는 성별에 따라 다르게 적용되며, 업무적인 접촉이 아닌 경우, 여성들끼리는 서로 비즈를 하는 것이 보편적입니다. 프랑스 여성들은 보통 다른 여성과 악수를 하는 것이 오히려 어색하게 느껴질 수 있습니다. 반면에 남성들은 친밀한 사이의 남성을 제외한 다른 남성과 비즈를 자제하는 경향이 있습니다. 그러나 오늘날 남성들끼리도 비즈를 하는 경우가 과거와 비교하면 증가하고 있습니다. 이것들은 일반적인 규칙이지만 항상 예외가 존재하기에 프랑스 갈 때 참고하시면 좋을 것 같습니다[328].

이러한 프랑스의 인사 방식에 익숙하지 않은 한국인이 비즈를 접하게 된다면 처음에는 경직될 수 있습니다. 그러나 우리가 프랑스 문화에 적응하고 좋은 이미지를 형성하고 싶다면, 그들의 인사 예절이 무엇인지 파악하고 적응하기 위해 노력하는 것이 중요하다고 생각합니다.

언제 어디서나 예의 있게

우리는 공공장소에서 예절을 잊어버렸거나 다른 사람의 무례한 행동으로 인해 불쾌감을 느낀 적이 있을 것입니다. 여러분은 실내에서 모자를 쓰고 다닌 적이 있나요? 현재 한국에서 실내 모자 착용에 대해 크게 지적하는 사람은 없는 것으로 보입니다. 하지만 프랑스에서는 실내로 입장할 때는 종교적 이유를 제외하고 모자를 벗는 것이 예의범절로 여겨집니다. 모자를 벗는 행위는 중세 시대 군주에 대한 충성의 표시로 시작되었고[329] 이 관습은 현재에 이르러 예의범절로서 그 중요성을 유지하고 있습니다. 예전에는 남성 예절의 일부로 모자를 쓰고 벗는 방법을 아는 것이 중요했습니다. 남성은 사회에서 머리를 가리고 자신을 드러내지 않았습니다. 종교적인 모자를 제외하고는 모자를 착용하지 않아야 했고, 무슨 일이 없더라도 모자를 쓴 채로는 실내에 들어가지 않았습니다[330]. 공공장소에 들어갈 때, 아는 사람을 만날 때, 장례식이나 행렬을 지나갈 때도 모자를 착용하지 않았습니다.

특히 프랑스에서 이러한 모자 예절이 더욱 중요시되는 장소가 있습니다. 바로 레스토랑입니다. 여성은 저녁 식사 시에 모자를 벗어야 하지만, 점심 식사나 차, 칵테일을 마실 때는 모자를 계속 쓸 수 있습니다[331]. 남성은 언제나 모자를 휴대품 보관소에 맡겨야 하며, 실내에 있을 때는 결코 머리에 모자를 착용하지 말아야 합니다. 초대를 받았을 때도 모자를 쓰지 않는 것이 예의범절에 부합합니다. 결론적으로 중요한 자리에서, 누군가에게 인사할 때, 무언가를 주거나 받을 때, 테이블에 앉아 있을 때 등 다양한 상황에서 자신을 드러내고 모자를 벗는 것이 널리 알려진 에티켓입니다.

사실 프랑스 레스토랑에서 중요한 에티켓이 한 가지 더 있습니다. 종종 한국인이 프랑스 레스토랑에 가서 종업원이 주문을 받으러 오지 않아 당황하는 상황이 발생합니다. 아마도 메뉴판을 닫지 않았기 때문에 종업원이 오지 않았을 가능성이 큽니다. 프랑스 레스토랑에서는 메뉴를 다 골랐으면 메뉴판을 덮어야 직원이 와서 주문을 받을 것입니다. 만약 직원이 주문을 받으러 오지 않더라도, 절대 손을 들어 직원을 부른다거나 한국 식당처럼 큰 소리로 직원을 불러서는 안 됩니다[332]. 답답하더라도 메뉴판을 닫고 있으면 직원이 알아서 올 것입니다.

공공장소에서의 예의범절은 프랑스와 한국의 공통된 규범도 확인할 수 있습니다. 특히 대중교통 수단에서의 에티켓을 살펴보면, 프랑스와 한국에서는 유사한 행동 규범을 보여줍니다. 프랑스에서는 기차, 버스, 지하철에서 누군가가 매우 큰 소리로 전화하거나 음식을 먹는 것에 대해 예의가 없다고 여기는 경향이 있습니다. 이러한 행동은 한국에서도 예의범절에 어긋나는 것으로 여겨집니다. 최근에는 한국 지하철에서도 큰 소리로 전화하는 것을 지양하는 광고 영상이 나오고 있습니다. 프랑스 버스나 지하철 광고에서는 대중교통 수단 내에서 소란스럽게 통화하거나[333] 음식을 먹는 사람들을 비판하는 사진을 볼 수 있는데[334], 이는 두 나라 간에 공통된 예의범절이라고 생각됩니다. 두 나라에서도 유사한 상황에서는 어떤 행동이 적절하고 예의 바른 것인지에 대한 인식이 공유되고 있음을 알 수 있습니다.

이러한 규범은 예의범절을 지키는 것뿐만 아니라 상호 존중과 조화로운 사회생활을 위해 중요합니다. 다양한 문화 간에 공통된 예의범절을 이해하고 존중하는 것은 다문화적인 사회에서 더욱 중요한 가치가 될 것입니다.

콧물은 먹는 것이 아니라고요?

일상생활에서 재채기나 콧물을 처리하는 것은 많은 이들에게 불편함을 초래할 수 있는 자연스러운 생리적 현상입니다. 재채기는 의지와 무관하게 나타나기 때문에 주변 사람들에게 미안함을 표현하는 것이 일반적입니다. 그러나 한국에서 코를 훌쩍거리는 소리는 코를 푸는 것보다 불쾌하거나 성가신 것이 아닙니다. 한국인은 코를 푸는 소리를 듣기 매우 불쾌해합니다. 특히 다수의 사람이 모여 있는 식사 자리에서는 더욱 상호 간의 예의가 필요합니다. 그래서 콧물이 흐를 때는 다른 이들을 피해 이동하여 조심스럽게 처리하는 것이 예의입니다. 다른 사람들 앞에서 무작정 코를 푼다면, 무례한 사람으로 보일 것입니다.

프랑스 문화에서는 재채기에 대한 예의가 우리와 유사하게 행해지지만, 코를 풀 때의 태도는 차이가 있습니다. 프랑스인들은 공공장소에서 코를 푸는 것을 자연스럽게 받아들이지만, 이에 대해 따로 양해를 구하지 않습니다. 식사 도중 재채기를 하면 과도할 정도로 주변 사람들에게 사과를 표현하지만, 식사 중에 코를 푸는 것에는 더 넉넉한 태도를 보입니다[335]. 프랑스 문화에 익숙하지 않은 사람이라면 식사 중에 냅킨을 사용하여 조용히 코를 푸는 행위를 무례한 행동으로 생각할 수 있습니다. 더욱이 이후에 아무 일 없었던 것처럼 식사를 계속하는 모습은 예의에 어긋나는 것으로 여겨질 수 있습니다. 문화는 다양하고 상대적이며, 서로 다른 관습을 이해하고 존중하는 것이 중요합니다.

맛있게 음미하기 위해서

프랑스의 식사 시간은 길고 여유 있는 것으로 유명합니다. '빨리빨리 문화'가 익숙해진 한국인 관점에서는 과하다고 느낄 수 있습니다. 프랑스에서의 테이블은 단순히 식사의 공간이 아닌, 친목의 장소라고 생각됩니다. 그런 테이블에서의 에티켓은 서로 요리를 맛있게 먹기 위함에 토대를 두고 있습니다. 물론, 요리의 맛은 기본적으로 요리사의 실력과 재료에 의해 결정되겠지만, 함께 식사하는 사람에 따라서도 달라질 수 있습니다. 다시 말해서, 맛있는 식사를 위해서는 미각만이 중요한 것이 아니라 레스토랑의 인테리어, 편안한 조명, 식사와 어울리는 음악, 향신료와 와인의 향, 바게트의 촉감, 그리고 식사 태도와 같은 다양한 감각이 식사의 질을 한층 높여줍니다. 그러면 몇 가지 프랑스 테이블 에티켓에 관해 알아보러 갈까요?

첫 번째로, 프랑스는 빵의 나라로 불릴 만큼 빵에 대한 사랑이 깊게 뿌리박혀 있습니다. 한국인의 식사에서 김치가 빠질 수 없다면, 프랑스의 식사에는 빵이 필수적입니다. 이러한 프랑스의 빵 문화에서 파생된 예의와 관습은 식사의 중요한 부분을 이루고 있습니다. 프랑스에서는 대부분 식사에 빵이 함께하며, 이에 따른 핵심 에티켓이 존재합니다. 프랑스에서 빵을 칼로 자르는 행동은 예의범절을 지키지 않은 것으로 여겨집니다. 이는 종교적인 문화와 깊은 관련이 있습니다. 프랑스는 가톨릭 신자가 대다수인 역사적인 배경을 갖고 있습니다. 가톨릭 문화에서 빵은 신성한 존재로 여겨져 식탁에서 칼을 사용해 빵을 자르는 행위는 심각한 신성모독으로 간주합니다. 이는 가톨릭 문화에서 빵을 그리스도의 몸으로 간주하는 신념에서 비롯된 것입니다[336]. 현재에도 가톨릭을 믿지 않는 가정에서조차 칼을 사용해 빵을 자르는 것은 적절하지 않은 행동으로 여겨집니다. 빵을 먹는 방법에도 특별한 주의가 필요합니다. 올바른 방식은 손을 사용해 빵을 조각으로 쪼개는 것입니다. 이는 빵을 자르지 않는 것이 예절에 속한다는 것과 더불어, 칼을 사용하지 않아 바닥에 부스러기가 적게 남는다는 측면에서 더 중요합니다[337]. 이렇게 빵에 대한 규범은 프랑스 식사 문화에서 빼놓을 수 없는 중요한 부분입니다.

두 번째로, 레스토랑에서 손을 어떻게 놓아야 하는지에 대한 규칙은 상당히 엄격합니다. 프랑스인들은 레스토랑에서 테이블 아래에 손을 놓지 않습니다. 이는 과거에 "무기를 숨겨서는 안 된다."라는 관습에서 비롯된 것으로, "이 사람은 좋은 사람이며, 숨기는 것이 없다."라는 의미를 내포하고 있었습니다. 그렇다면 손을 어떻게 해야 할까요? 프랑스 레스토랑에서는 손을 테이블 아래에 숨기지 말고 접시 양쪽에 손을 올려놓아야 하지만 팔꿈치를 테이블 위에 올리는 것이 아니라, 팔의 1/3만을 올리는 것이 적절한 행동입니다. 사실, 이 관습을 이해하려면 식탁의 예술이 만들어지고 상당히 발전했던 중세 시대로 거슬러 올라갑니다. 식탁 위에 팔꿈치를 올려놓지 말라는 에티켓에는 두 가지 이유가 있습니다. 하나는 당시 가족 수가 많아 식탁 공간이 부족했기 때문에 다닥다닥 붙어있는 옆 사람에게 방해가 되었기 때문입니다. 그러나 이 관습을 설명하는 또 다른 이야기가 존재합니다. 두 번째 이야기 역시, 중세 시대부터 시작되었지만 어두운 측면이 있습니다. 당시 연회는 손님들이 서로에게 적대감을 가지고 있으면 쉽게 비극으로 바뀔 수 있었습니다. 그 이유는 식사하는 사람들이 대부분 검을 소지했고 사소한 다툼에도 칼을 꺼내 들고 상대방을 찌르는 일이 비일비재했기 때문입니다. 따라서 팔꿈치를 굽히거나 팔짱을 끼는 등의 자세는 칼에 손을 대려는 의도를 가질 수 있기에 적대적인 자세로 간주하였습니다[338]. 그래서 옆에 앉은 사람에게 칼에 찔릴까 봐 두려워하는 손님들을 안심시키기 위해 팔을 테이블 위에 올려놓도록 조치했습니다. 이렇게 하면 식사에 참여하는 모든 사람이 살아서 레스토랑을 나올 수 있다는 확신을 가질 수 있었습니다. 즉, 식사 시간에 팔꿈치를 식탁에 올려놓지 말아야 한다는 것은 식사 시간에는 다른 손님에게 방해가 될 만한 행동을 해서는 안 된다는 것과 식사는 사람들이 지나치게 친숙한 방식으로 행동해서는 안 되는 공식적인 자리라는 두 가지 생각을 담고 있습니다. 이러한 역사적인 배경은 프랑스 에티켓의 복잡한 면을 강조하며, 손의 위치가 사회적인 의미를 지니고 있음을 보여줍니다.

세 번째로, 프랑스에서 음식을 즐기는 과정에서 나타나는 에티켓 규칙 중 하나는 샐러드를 자를 때의 특별한 규칙입니다. 프랑스에서의 샐러드 에티켓은 놀랍게도 칼 사용을 피하고, 샐러드를 자를 때 포크의 날카로운 모서리를 사용하여 자르는 것이 일반적입니다. 이 규범은 18세기 또는 19세기로 거슬러 올라가며, 그 당시 수저가 은으로 만들어져 있었습니다. 식초나 다른 조미료가 칼과 만나면 산화되어 녹아내릴 수 있어 칼을 사용하여 샐러드를 자르는 것은 예의에 어긋나는 행동으로 여겨졌습니다. 비록 지금은 대부분의 수저가 스테인리스 스틸로 만들어졌지만, 이 관습은 여전히 남아 있습니다[339]. 물론 샐러드는 주방에서 손으로 자른 다음, 작은 조각으로 제공되기도 합니다. 또한, 샐러드를 칼로 자르는 것은 요리사의 기술에 대한 불만을 표현하는 것으로 해석될 수 있습니다. 이로 인해 무례한 행동으로 여겨질 뿐만 아니라, 내가 요리를 바꾸고 있다는 의미가 될 수 있습니다. 따라서 프랑스인들은 샐러드를 적절하게 다루기 위해 미묘하면서도 중요한 에티켓을 준수하고 있습니다.

프랑스에서는 식사할 때 포크와 나이프를 주고 사용합니다. 접시 왼쪽에 포크를 놓고 접시 오른쪽에 나이프를 배치하는 것이 프랑스의 방식입니다. 흥미로운 역사적, 문화적 기원을 가진 이 도구 배열은 중세 시대의 유럽에서 칼이 주로 사용되었던 시기로 거슬러 올라갑니다[340]. 당시 칼은 고기를 자르거나 자신을 보호하는 등 다양한 용도로 활용되었습니다. 따라서 대부분 사람이 오른손으로 사용하기 편한 오른쪽에 칼을 놓는 것이 안전하다고 여겨졌습니다. 반면, 유럽에서 포크는 칼보다 나중에 도입되었으며 초기에는 식사하는 사람이 개인적으로 사용하기보다는 주로 음식을 옮기는 용도로 사용되었습니다. 시간이 지남에 따라 포크는 인기를 얻었고 테이블에서 종종 접시 왼쪽에 자리를 잡았습니다. 대다수가 오른손잡이라서 왼손으로 포크를 쓰고 오른손으로는 나이프로 음식을 자르기 때문에 이러한 배열은 식사를 더 편리하게 만들었습니다. 따라서 오늘날 우리가 알고 있는 식탁의 수저 배열은 문화적 습관, 안전에 대한 인식, 음식 준비, 서빙 및 섭취 방식의 변화에 따라 세기에 걸쳐 진화했습니다. 이러한 관습은 역사적, 사회적, 문화적 요인에 의해 영향을 받았습니다.

프랑스와 달리 한국은 주로 수저를 사용하는 식사 문화가 있습니다. 한국 식탁에서는 수저의 배치뿐만 아니라 전체적인 상차림을 신경 씁니다. 한국 상차림에서 식사하는 사람을 기준으로 왼쪽에 밥그릇, 가운데에 국그릇, 오른쪽에 수저를 놓는 것이 중요합니다[341]. 그릇과 수저의 위치가 중요한 이유는 제사상과 관련이 깊기 때문입니다. 죽은 영혼의 기준으로 그릇과 수저를 위치시키기 때문에 자칫하면 상대방을 죽은 사람으로 취급할 위험이 있습니다[342]. 따라서 한국 제사상에는 일반적인 상과 반대로 수저를 왼쪽, 국그릇을 가운데, 밥그릇을 오른쪽에 놓습니다.

그림 1 프랑스 레스토랑 테이블 세팅

게다가, 한국에서는 양손을 사용하여 음식을 들거나 받는 것이 일반적이고 한국은 연장자가 먼저 식사를 시작하면 연소자가 식사하는 것이 예의범절이지만 프랑스에는 이런 관습이 존재하지 않습니다. 물론, 한국과 마찬가지로 프랑스에서도 식사가 다 끝나면 자리에서 일어나는 것이 예의이며 급한 용무가 있다면, 양해를 구하는 등 유사한 관습도 있습니다.

프랑스와 한국은 각각 독특한 문화를 가지고 있으며, 음식과 에티켓 역시 그 차이를 명확히 보여줍니다. 두 나라의 에티켓 차이는 각 문화의 역사와 가치관에서 비롯되어 있으며, 음식을 둘러싼 예절은 그들의 고유성을 강조하고 있습니다.

여유롭지만 신중하게

여러분이 프랑스를 여행하거나 체류하는 경우, 혹시 프랑스 친구가 생긴다면 집에 초대받게 될 수 있습니다. 이럴 때는 약속 시각보다 15분 정도 늦게 도착하는 것이 프랑스에서의 예의라고 합니다. 한국인에게는 조금 당황스러운 규칙일 수 있겠죠. 왜냐하면, 한국에서는 약속 시간을 지키지 않는 것이 큰 불편함을 줄 수 있기 때문입니다. 따라서 프랑스와 반대로 더 이른 시간에 도착하는 경우가 많습니다. 프랑스에서는 이것을 '15분의 예의(quart d'heure de politesse)'라고 표현합니다[343]. 한국인의 사고방식으로는 이해하지 못할 수 있습니다. 프랑스에서는 초대하는 사람이 시간에 쫓기며 준비하지 않도록 배려하기 위해 15분 정도 늦는 것이 예의범절로 여겨집니다. 만약 여러분이 약속한 시각에 맞춰서 도착한다면, 초대받은 다른 사람 혹은 초대한 사람은 "벌써?"라고 말할 것입니다. 오직 프랑스에만 있는 문화이기 때문에, 다른 나라에서 적용하기 어려운 독특한 문화 중 하나입니다.

조금의 여유를 가지고 도착하기로 한 우리의 계획은 완벽합니다. 하지만 빈손으로 향해서는 안 됩니다. 프랑스에서는 누군가의 집에 초대받으면 작은 선물이라도 가져가는 것이 일반적입니다. 이는 한국과 유사하다고 생각합니다. 프랑스에서 초대받았을 때 가져갈 만한 선물로는 와인 한 병, 꽃다발, 초콜릿과 같은 디저트 등이 적절한 선택이 될 것입니다. 다만, 사전 동의가 없는 한 디저트 선물도 위험할 수 있습니다. 디저트를 가져가는 것은 집주인이 디저트를 계획하지 않았으니 내가 가져가겠다는 뜻으로 오해받을 수 있기 때문입니다[344].

집으로 들어가면 어찌할 바를 모를 수 있습니다. 일단 집 주인이 안내하는 대로 행동하면 문제없을 것입니다. 그리고 대부분은, 프랑스에서는 저녁 식사를 대접할 텐데 여러분은 집주인이 안내하는 자리에 앉습니다. 그리고 너무 배고파도 빵을 집어 먹는 행동은 삼가고 집주인이 식사를 시작하면 따라서 식사하면 됩니다. 단, 절대로 음식을 남기지 마십시오. 음식을 남긴다면, 그것은 집주인에 대한 예의가 아닙니다. 이 자리를 위해서 여러분의 위를 완벽하게 준비하는 것이 중요하겠죠?

우리는 다른 사람의 집에 초대받아 식사하며 다양한 주제로 대화하게 될 것입니다. 나라마다, 지역마다, 사람마다 민감한 주제가 당연히 존재할 수 있기에 주제 선정은 지극히 중요합니다. 집주인이 많은 수고를 했는데, 저녁 식사를 망치는 것은 바람직하지 않습니다. 19세기 말, '르 피가로'에 실린 만화를 보면, 한 가족이 저녁 식사 도중에 격렬한 싸움을 벌이는 장면이 등장합니다[345]. 그들은 '드레퓌스 사건'에 대해 이야기하고 있었다고 합니다. 드레퓌스 사건 중에 우리가 프랑스인과의 대화에서도 피하면 좋은 주제들이 있습니다. 19세기 말, 프랑스 제3공화국 시기인 1894년, 프랑스 군사 정보를 독일에 팔았다는 혐의로 유대인 출신의 프랑스군 장교 알프레드 드레퓌스가 누명을 쓰게 되면서 발생한 사건입니다. 드레퓌스는 군사 기밀 유출 혐의로 기소되었고 유죄 판결을 받았습니다. 그러나 이 판결은 사실에 기초하지 않았고, 그의 유죄는 정치적인 영향과 반유대주의적인 편견에 의해 결정되었습니다. 사건이 공개되자, 작가 에밀 졸라가 드레퓌스의 무죄를 주장하는 "나는 고발한다!(J'accuse!)"라는 글을 발표하며 이 사건을 큰 사회적 논쟁으로 확대했습니다. 결국, 1906년 새로운 증거들이 드러나고 정당한 재판이 이뤄지면서 드레퓌스는 무죄 판결을 받고 석방되었습니다. 드레퓌스 사건은 프랑스 사회를 극단적으로 분열시켰으며, 반유대주의와 정치적인 갈등을 가중했습니다. 이 사건은 프랑스의 정치와 사회에 큰 영향을 미치며 오랫동안 기억되었습니다[346]. 이처럼 정치나 종교에 관한 이야기를 다루면 지나치게 격렬한 논쟁을 불러일으킬 수 있습니다. 친한 친구나 가족일지라도 민감한 주제는 피하는 것이 좋습니다.

한국에서는 어떤 주제가 민감하게 다뤄질 수 있을까요? 특히 북한과 관련된 주제는 매우 민감할 수 있습니다. 이는 곧 정치적인 주제와 연결될 수 있기 때문입니다. 한국의 정치 역시 다양한 의견이 존재하므로 신중하게 다뤄져야 한다고 생각합니다. 그다음으로 일본과의 역사적 민족 갈등과 관련된 주제도 예민하게 접근해야 합니다. 따라서, 다른 문화권 사람과의 대화에서는 중립적이고 적절한 주제를 선택하는 것이 좋습니다.

만국 공통의 에티켓을 잘 지키며 상대를 배려한다면, 우리는 프랑스인에게 초대받았을 때 그들의 문화를 존중하고 수용하는 태도를 보여줄 것이고 좋은 관계를 얻을 수 있을 것입니다.

우아하게 취하기

여러분은 술을 자주 드시나요? 한국은 세계에서 술을 상당히 많이 소비하는 나라 중 하나입니다. 2014년 WHO가 발표한 자료에 따르면, 한국은 1인당 알코올 소비량이 전 세계 15위였습니다. 당시 세계 평균 알코올 소비량이 6.2L였고 한국은 12.3L였으니 엄청난 기록입니다[347]. 안주라는 개념이 없는 프랑스와 달리, 한국에서는 보통 안주에 따라 마시는 술이 달라집니다. 예를 들어, 삼겹살을 먹을 때는 소주를 마시고, 전을 먹을 때는 막걸리를 마시고, 치킨을 먹을 때는 맥주를 주로 마십니다. 물론 매우 사랑받는 한국의 칵테일인 '소맥(소주와 맥주를 섞은 것)'도 있습니다. 그렇게 다양한 안주와 함께 한국인들은 정말 쓰러질 때까지 과음하곤 합니다. 이렇게 술을 사랑하는 한국에 예절의 나라답게 다양한 술자리 예절이 있습니다.

한국에서 술자리는 대단히 중요합니다. 한국에서 술은 단순히 음료가 아닙니다. 일종의 문화로 자리 잡고 있습니다. 한국의 예절은 유교를 기반으로 하고 있습니다. 그래서 연장자와 연소자 간의 예절을 중요시합니다. 게다가 한국은 회식이 하나의 문화로 자리 잡고 있기에 상급자와의 술자리가 디더욱 중요하고 직장생활 일부분이라고 볼 수 있습니다. 술자리에서 어른이나 상급자가 먼저 마시기 전에는 마시지 않고, 마실 때는 오른쪽으로 고개를 돌려 마시는 것이 예의입니다. 일반적으로 술자리에서 사회적 위치 혹은 나이에 따라 오른쪽으로 둘러앉는 것이 기본이 됩니다. 하지만 자리가 뒤섞였을 때는 양옆에 있는 사람 중 더 낮은 쪽으로 고개를 돌려서 마시면 됩니다. 상급자나 연장자가 술을 따라줄 때는 고개를 숙이고 두 손으로 받고 두 손으로 마십니다. 친분에 따라서 고개를 숙이지 않을 수도 있지만 보통 두 손으로 받는 것이 예의입니다[348]. 건배할 때는 상급자나 연장자보다 잔을 높게 들어서는 안 됩니다. 그리고 상대방의 잔이 비어있어서는 안 되기 때문에, 항상 잔을 채워야 하고 절대 혼자 술을 마셔서는 안 됩니다.

프랑스의 1인당 알코올 소비량은 세계 20위였습니다. 하지만 통계 기준을 전체 인구에서 술을 마시는 인구로 변경하면, 프랑스에서 술을 마시는 사람의 1인당 알코올 소비량은 세계 113위였습니다[349]. 다시 말해서, 전 국민이 음주를 즐기지만 과음하지 않는다는 것을 의미합니다. 그렇다면 프랑스는 한국과 어떻게 다를까요?

여러분은 프랑스의 술 하면 어떤 술이 떠오르시나요? 필자는 개인적으로 와인이 가장 먼저 떠오릅니다. 물론 와인 이외에도 프랑스인들은 맥주, 럼, 위스키, 보드카 등을 즐겨 마시지만, 마케팅 덕분인지 와인이 가장 먼저 생각납니다. 프랑스는 와인의 나라라고 불리기도 합니다. 우리는 와인을 어떻게 즐겨야 할까요? 프랑스에서는 술을 반찬으로 볼 수 있습니다. 프랑스인들은 점심 식사 시간에조차 다 같이 와인을 마시곤 합니다. 프랑스 식사에서 와인이 중요한 만큼 음식과 와인의 궁합이 잘 맞아야 합니다. 음식과 궁합이 잘 맞는 와인을 골라서 곁들이는 것을

'마리아주(mariage)'라고 합니다[350]. 예를 들어, 고기와 레드 와인, 생선과 화이트 와인이 잘 어울린다고 소문이 났습니다. 그러나 정해진 공식은 없기에 어떤 요리와 먹는지가 가장 중요합니다.

다음으로 프랑스인들이 어떻게 술을 마시는지 한국과 비교하면서 알아볼까요? 가장 먼저 프랑스에서는 레스토랑에서 술을 따라주는 일이 거의 없습니다. 왜냐하면, 종업원이 잔에 따라서 가져오거나 750mL 와인병을 주문했다면 종업원이 직접 따라주기 때문입니다. 물론 집에서 마시는 경우는 직접 따라 마시겠죠? 반대로 한국은 서로 술을 따라주는 문화가 있습니다. 또한, 한국처럼 잔을 두 손으로 들어 술을 받는 행동은 하지 않습니다. 누군가 와인을 따라줄 때 잔을 들게 되면 와인을 흘리게 될 가능성이 크기 때문입니다. 손윗사람의 술을 두 손으로 받는 한국과의 확실한 차이입니다. 마지막으로 프랑스에서는 건배할 때 반드시 상대방과 눈을 마주쳐야 합니다. 이것은 중세 시대부터 내려오는 이야기입니다. 그 당시에 술집은 함께 술을 마시는 상대에게 독을 먹이기에 이상적인 장소였습니다. 만약 건배하는 사람의 술잔에 불분명한 액체가 섞여 있다면, 몇 방울이 상대방의 잔에 들어갈 것입니다. 그래서 눈빛을 통해 술 마시는 상대가 긴장했는지, 겁이 났는지, 자신감이 있었는지 알 수 있었습니다. 기본적으로 상대방의 의도를 파악할 수 있었습니다. 그리고 가장 먼저 한눈을 파는 사람은 들키게 되었고 이는 그 사람이 상대방의 잔에 독을 탔다는 뜻이며 자신의 잔에는 한 방울도 떨어뜨리지 않으려는 의도가 있단 뜻으로 여겨졌습니다[351].

대학생인 필자는 젊은 세대의 술자리 문화에 익숙한 편이지만 손윗사람과의 술자리 경험은 거의 없었기에 이번 글을 통해 예습하는 계기가 되었으며, 프랑스에는 어떤 술 문화가 있고 어떤 주도가 있는지에 대해 탐구하는 시간을 가질 수 있었습니다.

글을 마무리하며

이 책을 통해 프랑스의 에티켓과 금기사항에 대해 한국의 예의범절과 비교하며 알아보았습니다. 에티켓이 프랑스어라는 사실, 지역과 성별에 따라 다를 수 있는 독특한 인사 방법이 있다는 사실, 한국과 비슷하거나 상반되는 공공장소 에티켓이 있다는 사실, 식사 시간이 중요한 만큼 까다로운 식탁 예절이 존재한다는 사실, 초대받았을 때 조금 늦어도 된다는 사실, 그리고 프랑스에도 주도(酒道)가 있다는 사실을 구체적으로 다뤘습니다. 예상과 다르게 프랑스에는 중세 시대부터 뿌리박힌 예의범절이 존재한다는 것을 이 책을 쓰면서 더 자세히 알게 되었고, 오히려 특정 분야에서는 한국보다 더 예의를 중시한다는 것이 인상적이었습니다.

21세기 현재 교통과 정보 통신 기술의 발달 덕분에 정치, 사회, 경제뿐만 아니라 문화에서도 국경이 없어지고 자유롭게 이동하는 세계화가 급속히 이루어지고 있습니다. 세계화 속에서 에티켓은 필수 불가결한 요소가 되어있습니다.

이 글을 읽고 여러분은 에티켓이 무엇이라고 생각하시나요? 필자는 영어의 매너(manner)가 다른 사람을 배려하는 행동이라면 에티켓은 사회인이 지켜야 하는 필수 덕목이라고 생각합니다. 그래서 매너와 달리 에티켓은 '좋다'와 '나쁘다'가 아닌 '있다'와 '없다'로 표현하는 것이 아닐까요?

필자는 여러분이 세계 각국의 고유한 전통적 문화를 인정하는 것에서 멈추지 않고 수용하는 자세를 가지기를 기대합니다. 저자는 독자가 이 책을 읽음으로써 프랑스 문화에 대한 이해도를 높이고 프랑스에 갔을 때 좋은 유대 관계를 형성하며 현지 문화를 즐기길 바랍니다. 지금까지 필자의 긴 글을 읽어주셔서 감사합니다.

대학에 가기 위한 프랑스 교육

이재형

‖ 가천대 유럽어문학과(프랑스어) 3학년 ‖

대학 간판, 그거 말고 뭣이 중헌디?

"안녕하세요! 저는 프랑스 '파리 제4대학'이라 불리는 소르본 대학을 다니며 그곳에서 미술사학을 전공하고 있습니다."

물론 저자인 저의 소개는 아닙니다. 누군가의 실제 이야기가 될 수 있겠지만 어느 특정 인물의 소개도 아닙니다. 만약 여러분의 지인 중 한 가상의 인물이 세계적으로 유명한 소르본 대학을 다닌다며 본인을 소개했을 때 여러분은 어떤 감정이 드실 것 같나요?

"그렇구나!" 하며 아무렇지도 않게 반응하는 사람, "오! 프랑스에서 미술사학과를 전공한다니" 하며 전공에 놀라는 사람 등 다양한 반응을 보이는 사람들이 있겠지만 아마도 적지 않은 비율로 학교 이름 자체에 집중되는 사람들이 있을 것입니다. 특히, 현재 본인이 수험생이거나 수험생인 자녀를 둔 부모이거나 혹은 엄청난 한국의 입시 경쟁 속에서 목표 달성에 실패를 경험해본 대학생이라면 더욱 그럴지도 모르죠. 심지어 소르본 대학의 역사나 위상을 모르는 사람일지라도 그 학교의 존재감을 어렴풋이 느끼는 사람이 있을 것입니다. 저 역시 소르본 대학에 대한 정보를 몰랐다면 그렇게 반응했을 거예요. 왜 그럴까요? 단지 한국 최고 대학인 서울대학교처럼 소르본 대학 역시 프랑스 수도인 파리에 있어서 비슷한 느낌을 받는 걸까요? 그럴지도 모르지만, 저는 더욱 본질적인 이유는 많은 사람이 한국의 입시 스트레스에 적응되었기 때문이라 생각합니다.

취업은 못하더라도 일단 대학교 졸업장은 있어야 한다는 생각과 좋은 대학을 나와야 좋은 직장에 취직할 것이라는 통념이 한국 사회에 여전히 만연하기에 한국 교육의 현실은 대학입시 자체에 많은 중점을 두고 있는 것이 사실입니다. 게다가 공부하는 것 자체를 재밌어하는 학생은 많을 수 있지만 시험을 잘 보기 위해 공부를 강제로 해야 한다면 그 환경 속에서 공부를 즐기는 학생이 어느 정도 될까요? 흔치 않을 것입니다. 반드시 좋은 학교에 가야 한다는 압박감과 부담감을 비롯한 입시 스트레스는 결국 한국 학생들이 본인의 삶의 질보다 대학 간판에 큰 의미를 부여하는 학벌을 신경 쓰게 만드는 것이죠.

하지만 놀랍게도 소르본 대학교의 입학만을 원한다면 프랑스인들에게는 한국인들이 서울대학교에 입학하는 것만큼 힘든 과정은 아닐 수도 있습니다. 실제 소르본 대학은 약 800년의 역사와 함께 세계적으로 저명한 여러 인물을 배출한 전통 있는 학교입니다. 그런데도 그곳에 입학하기 위해 막대한 사교육 비용을 지출할 필요도. 많은 입시 스트레스를 비롯한 눈치싸움을 할 필요도 없을 것입니다. 그게 어떻게 가능하냐고요?

당연히 프랑스의 대학입시 시스템은 한국과 분명한 차이가 있기 때문입니다. 프랑스에는 한국의 수능과도 같은 '바칼로레아(baccalauréat)'라는 시험이 있습니다. 수능과 마찬가지로 이 시험을 통과해야만 대학에 갈 수 있죠. 하지만 수능과는 엄연히 다르다고 할 수 있는데요, 한국에서 학생들은 본인이 희망하는 학교에 입학하기 위한 점수대를 통과한 후 대학이 학생을 뽑는 '선발' 제도의 성격을 갖춘 입시 시스템이라면 바칼로레아는 정해진 합격 점수대를 통과하기만 하면 원하는 대학에 다닐 수 있는 시스템이기 때문입니다. 또한 문제 유형 역시 전부 객관식 시험인 수능과는 달리 바칼로레아는 논술형으로 출제가 되기에 정해진 답을 찾는 과정에 익숙해진 한국 학생들이 바칼로레아 문제 유형을 마주한다면 문제의 난이도가 매우 어렵게 느껴질 수 있지만 초등교육 과정부터 중등교육 과정에서 프랑스 학생들은 수업 시간에 생각을 깊게 하고 논술 작성하는 방법을 디테일하게 교육받기 때문에 수업 시간에 열심히 참여한 학생들은 충분히 통과할 수 있을 것입니다.

그렇다면 어떻게 소르본 대학은 그 위상을 유지할 수 있을까요? 그것은 바로 원하는 학교에 입학할 수는 있지만 졸업은 아무나 못 하기 때문입니다. 입학한 후부터는 치열하게 경쟁해야 겨우 졸업할 수 있다고 합니다[352]. 또한 프랑스의 고등교육기관 중 일반 국립 대학(Université)을 제외하고도 그랑제콜(Grandes Écoles)이라 불리는 엘리트 교육기관이 존재하기 때문입니다. 그랑제콜에 대해서는 전반적인 프랑스의 입시 제도와 함께 뒤 내용에서 더욱 자세히 다루어보겠습니다. 이처럼 졸업하기 위해서 치열한 경쟁이 이루어지는 시스템과 그랑제콜이 바로 소르본 대학의 위상을 잘 유지할 수 있게 했던 것입니다. 프랑스의 입시 과정이 더 궁금하시지 않나요? 본격적으로 설명 드리겠습니다.

교육의 중요성 국가의 이미지를 만든다.

사회 전반적인 분위기를 비롯해 다른 국가가 바라보는 시선을 통해 나라 이름 앞에 어떤 수식어가 붙기도 합니다. 이를테면 '동방예의지국

(東方禮儀之國)'이라는 말이 있죠. 이는 동쪽에 예의 있는 나라라는 뜻으로 옛날 중국인들이 한국 사람들의 예의 바른 모습을 보며 한국을 일컬었던 말입니다. 이와 비슷하게 프랑스를 '똘레랑스(tolérance)의 나라'로 표현하기도 합니다. 똘레랑스는 라틴어 'tolerare(참다, 견디다)'에서 유래된 말로 인종, 문화, 종교의 차이에서 갈등을 겪으며 터득한 공존의 원칙이자 함께 살아갈 원리를 보여주는 가치를 의미합니다[353]. 실제 역사 속 피 흘림의 여러 사건을 통해 지켜온 가치이기에 프랑스 사람들은 이 가치에 큰 애착을 갖죠[354].

프랑스를 수식하는 단어가 하나 더 있습니다. 프랑스는 자유의 상징인 나라로 여겨지기도 합니다. 엄밀히 말하면 '자유(Liberté), 평등(Égalité), 우애(Fraternité)'의 나라인 프랑스입니다만 그 중 '자유'라는 단어가 특히 프랑스를 대표하죠. 자유를 위해 일어난 프랑스 대혁명, 미국의 독립 선언 100주년을 기념하며 프랑스가 만들어 보낸 미국 뉴욕에 있는 자유의 여신상, 위에서 언급한 '자유, 평등, 우애'가 나라의 표어이듯 프랑스와 자유는 떼어놓을 수 없는 관계인 듯합니다.

이러한 톨레랑스의 나라, 자유를 대표하는 나라와 같은 수식어는 하루아침에 만들어지는 것이 아닙니다. 오랜 시간 동안 그들이 추구하는 가치가 바로 '교육'을 통해 전달되는 것이죠. 즉, 프랑스는 '똘레랑스'로부터 개인주의를 경계하고 공동체의 가치를 중시하는 전통을 유지함과 동시에 '자유'로부터 개인의 자유를 지나치게 억압하는 권력에 대한 비판의식을 갖는 등의 가치를 중요시하고 그것을 '교육'을 통해 강조합니다. 또한 교육이 얼마나 중요한지에 대해서는 프랑스의 교육법을 봐도 알 수 있습니다.

"교육은 국가의 제일 중요한 과제이다. 공공교육은 기회의 평등에 기여하고 사회·지역적 불평등을 해소해야 하며, 교육공동체의 모든 구성원의 협업과 대화를 통해 모든 학생이 학업적 성취를 거둘 수 있도록 보장한다.[355]"

"지식 전달뿐 아니라, 국가는 학생에게 공화국의 가치를 공유하도록 하는 것을 첫 번째 임무로 삼는다. 조직과 방식을 통해 가르치는 교사의 수업을 통해 학생들 간의 협동을 우선시한다.[356]"

프랑스의 교육과정

한국에서는 일반적인 교육과정이 초등학교 6년, 중학교 3년, 고등학교 3년에 이어 대학교 4년 (전문대학은 2년)으로 구성되어 있습니다[357]. 자사고를 비롯해 과학고, 외고 등 특목고 또한 일반 고등학교와 마찬가지로 3년의 과정을 거칩니다. 한국 학생이라면 경험했듯이, 나이로 8세(만 나이 7세) 무렵에 초등학교를 입학하여 대학 진학 전까지 총 12년 동안 학교에 다니는 것이죠. 프랑스는 어떨까요?

프랑스도 한국과 마찬가지로 대학 진학 전까지 초등학교, 중학교, 고등학교 총 12년 동안 학교에 다니는 교육 구조로 되어있습니다. 그러나 한국과 다른 점은 초등학교는 5년, 중학교는 4년의 과정을 거친다는 점입니다. 이후 고등학교는 한국과 같이 3년을 다니게 되죠. 정리하자면, 공식적인 프랑스의 교육과정은 2017년 마크롱 정부 교육개혁 이후 만 3세부터 의무교육을 실시하고 있으므로 유치원 3년의 과정을 포함하여 유치원-초등학교-중학교-고등학교 순서대로 3-5-4-3 학제로 운영되고 있습니다[358].

프랑스 학제의 단계

프랑스의 교육제도는 초등교육, 중등교육, 고등교육 3단계로 나눠집니다. 이는 초등학교, 중학교, 고등학교와는 다른 개념으로, 학교의 차이로 구분하는 것이 아닌 나이에 맞는 교육 수준을 설정하여 교육과정을 구분하는 것입니다. 1단계인 초등교육 과정은 앞서 설명했듯이 마크롱 정부의 교육개혁 이후 만 3세부터 의무교육을 실시하기에 유치원 3년의 과정을 포함하여 초등학교 5년을 포함한 것입니다. 2단계인 중등교육 과정은 중학교를 뜻하는 것이 아닌 중학교 4년의 과정과 고등학교 3년의 과정을 포함하는 것입니다. 그리고 마지막 3단계인 고등교육은 고등학교 졸업 후 이어지는 국립대학, 그랑제콜 등의 교육과정을 나타내는 것입니다. 또한 프랑스는 초・중등 과정에 주기(Cycle)를 설정하고 이에 근거하여 교육과정을 운영하고 있습니다. 유치원 총 3개의 학년 모두가 초기 학습주기(Cycle1)에 속하며 기본 학습주기(Cycle2)에는 한국의 초1, 초2, 초3의 격인 3개의 학년이 이에 속합니다. 또한 한국의 초4, 초5 격인 2개의 학년을 포함하여 한국의 중1 격인 하나의 학년이 강화주기(Cycle3)에 속하며 중학교 4개의 학년 중 나머지 3개의 학년이 심화주기(Cycle4)에 속합니다. 그리고 한국의 고1 격인 한 개의 학년이 결정주기(Cycle de détermination)에 속하며 한국의 고2, 고3 격인 두 개의 학년이 최종주기(Cycle terminal)에 속하게 됩니다[359].

프랑스 학교와 학년별 명칭

여러분도 잘 알다시피 초등학교, 중학교, 고등학교를 영어단어로 각각 elementary school, middle school, high school로 표기할 수 있죠. 암기도 비교적 쉽게 됩니다. 대학교를 제외하고는 학교라는 뜻인 school 앞에 초등, 중등, 고등의 의미만 나타내주면 되기 때문이죠. 프랑스어 역시 학교를 나타내는 단어 앞에 이러한 단계적 의미들만 붙이면 될까요?

단어를 암기해야 하는 학생에게는 아쉽게도 그렇게 쓰이지 않습니다. 기본적으로 학교(school)를 의미하는 단어인 école[에꼴]이 영어단어의 형식처럼 수준(단계)을 나타내는 형용사와 함께 유치원과 초등학교는 표기가 되지만, 중학교, 고등학교, 대학교는 모두 다른 단어로 표기됩니다.

… 프랑스 학교와 학년별 명칭 - 유치원

프랑스에서 유치원은 école maternelle[에꼴 마떼흐넬]로 표기합니다. maternelle은 모성애를 나타낼 때도 쓰이는 단어로 유치원은 초등학교 입학 전 만 3세 이상의 어린이들을 위한 교육 시설인 만큼 학교란 뜻의 école과 '어머니 같은'이란 뜻의 maternel의 여성형(프랑스에서는 단어에 명사와 형용사를 남성, 여성의 형태로 구분하여 쓴다)인 maternelle를 결합하여 표기합니다. 실제 프랑스 유치원의 학습 내용은 아이들이 사회 구성원으로서 함께 배우고 함께 살 수 있도록 존중과 정서적 안정을 우선으로 하고, 유치원 교육은 가정과 학교 사이에 다리 역할을 합니다[360]. 한국과 프랑스 모두 유치원으로써의 역할은 비슷하겠지만 의무교육이 한국은 초등학교부터 시작되는 반면에 프랑스는 유치원부터라는 점에서 프랑스의 공교육 시스템의 열정을 확인할 수 있기도 합니다.

… 프랑스 학교와 학년별 명칭 - 초등학교

초등학교의 경우 유치원의 표기와 비슷하지만, maternelle와 다른 의미를 지닌 형용사가 뒤에 붙어 école primaire[에꼴 프히메흐]로 표기합니다. 프랑스의 초등학교는 한국 초등학교의 학제와 학년 명칭에서 조금씩의 차이가 있습니다. 한국의 초등학교는 교육과정이 총 6년의 과정이지만 프랑스는 총 5년의 과정을 거칩니다. 게다가 학년별 명칭을 숫자로 부르지 않고 약자로 부르는데, 저학년부터 고학년까지 쎄페(CP-준비반), 쎄으1(CE1-초급반1), 쎄으2(CE2-초급반2), 쎄엠1(CM1-중급반1), 쎄엠2(CM2-중급반2) 등으로 부릅니다[361]. 참고로 쎄페(CP), 쎄으2(CE2)는 매해 국가 학력 평가 대상 학년이기도 합니다[362].

… 프랑스 학교와 학년별 명칭 - 중학교

중학교를 나타내는 프랑스어 단어는 école로 표기되지 않고 Collège로 표기합니다. 단어의 생김새가 흔히 영어단어 college와 비슷해 착각할 수도 있기에 주의해야 합니다. 자세히 보면 형태에 차이가 있는데, 영어단어 철자에서 중간의 e에 악상기호인 악상 그라브(accent grave)가 붙어 è로 표기합니다. 게다가 프랑스에서 collège가 중학교를 의미하는 것과는 달리 영어단어 college는 '전문대학'을 의미하기 때문에 더 주의해야 합니다.

이외에도 가장 헷갈리기 쉬운 부분 중 하나가 바로 학년 명칭입니다. 프랑스 초등학교의 경우 숫자가 아닌 약자로 부르지만, 중학교는 한국과 마찬가지로 숫자로 말하는데요, 중요한 점은 학년을 부르는 순서가 한국과 반대라는 것입니다. 즉, 한국은 중학교 1학년, 2학년, 3학년처럼 순차적으로 나타내는 것과는 달리 프랑스는 6학년(sixième)부터 시작하여 3학년(troisième)에 중학교를 졸업하는 것이죠. 따라서 한국에서의 중학교 1학년은 프랑스에서 6학년, 중학교 2학년은 프랑스에서 5학년(cingquième), 중학교 3학년은 프랑스에서 4학년(quatrième)으로 표기합니다. 그리고 프랑스의 중학교는 4년 과정으로 한국의 3년 과정보다 1년 더 길어서 4학년 다음에 마지막 중학교 한 학년을 3학년으로 표기를 한답니다[363].

추가적인 정보로는 한국의 중학교 1학년 격인 6학년은 프랑스 초등학교 CP, CE2 학년이 매해 국가 학력 평가의 대상이듯 마찬가지로 국가 학력 평가 대상 학년이라는 겁니다. 또한 마지막 학년인 3학년은 중학교 졸업 시험인 Brevet를 치르고 중학교 졸업 학위를 받게 됩니다[364].

… 프랑스 학교와 학년별 명칭 - 고등학교

중학교와 함께 중등교육 과정에 포함되는 고등학교는 Lycée라고 표기합니다. 프랑스의 중학교 학년 명칭이 헷갈리는 이유는 시간이 지날수록 나이는 더해지지만, 학년은 반대로 숫자가 줄어들기 때문이라고 생각합니다. 한국에서는 오름차순으로 1부터 시작하여 셈을 하므로 특별히 학년에 맞는 명칭을 외워야 한다는 생각이 없었지만, 프랑스는 6학년부터 시작해 내림차순으로 정리하여 첫 입학 학년은 6학년이라는 새로운 정보를 받아들여야 하므로 프랑스에 대한 정보가 부족한 한국 사람들에게는 충분히 헷갈릴 수 있는 내용이라 생각합니다. 프랑스 중학교의 마지막 학년인 3학년에 이어 프랑스에서 고등학교 신입생을 2학년(seconde)으로 부릅니다. 그리고 한국의 고등학교 2학년을 1학년(première)이라고 부르죠. 마지막 학년인 고등학교 3학년을 프랑스에서는 테르미날(terminale)이라고 부릅니다.

프랑스의 학년 명칭을 암기하는 데에 팁을 드리자면 한국의 학년과 하나씩 대응하여 암기하려고 하다 보면 헷갈리기 쉬운 요소가 많아서 프랑스에서는 중학교와 고등학교가 중등교육 과정이고 그 중등교육 과정의 시작은 6학년으로 시작하여 테르미날로 끝나는 것으로 암기한다면 계산이 덜 복잡할 것입니다.

… 프랑스 학교와 학년별 명칭 - 대학교

대학교를 나타내는 프랑스어 단어로는 영어단어의 university와 비슷한 생김새인 université로 표기합니다. 프랑스 전역에는 70여개의 국립대학이 있습니다. 이 중 13개 대학이 파리에 있고, 이 대학들을 파리 1대학, 파리 2대학 식으로 부르는 것이죠. 또한 대학마다 이름이 붙습니다. 예를 들어 파리 제1대학이 팡테옹-소르본(Université Paris 1 Panthéon-Sorbonne), 파리 제2대학이 팡테온-아사스(Université Paris-Panthéon-Assas), 파리 제4대학이 앞에서 소개한 파리-소르본(Université Paris Sorbonne)으로 불리죠. 한국, 미국과 달리 한 대학에 모든 전공이 있는 것이 아니라 몇 개의 단과대학으로 이루어져 있습니다. 피에르-마리 퀴리의 대학교로 불리는 파리 제6대학(Université Pierre-et-Marie-Curie, UPMC)의 경우 의약 계열과 이공 계열의 17개 과로 구성되어 있는데 이름에서도 알 수 있듯이 공학과 의학이 유명합니다[365].

프랑스 학사일정

저는 한국의 사계절 중 봄을 가장 선호합니다. 갑자기 무슨 소리를 하냐고요? 제가 봄을 가장 좋아하는 이유는 바로 새 학기가 시작되기 때문입니다. 매서웠던 추위가 어느새 점차 사그라들고, 얼어있던 땅에서 새싹들이 피어오르듯 봄은 다시 새롭게 출발하는 긍정적인 사고를 할 수 있도록 합니다. 따라서 봄이 주는 분위기와 함께 학교에서 새로운 친구들을 맞이할 때면 늘 설레고 저 자신이 기대되기도 했습니다. 이렇듯, 한국에서는 보통 3월에 학기가 시작되어 6월 혹은 7월까지 진행되고 이후 약 두 달 정도 되는 여름방학 기간을 지나 9월에 2학기가 시작되어 12월까지 진행됩니다. 저를 포함한 한국의 학생들은 이런 한국 교육 학사일정에 크게 어색함을 느끼지 못할 것입니다. 한 해의 시작이 1월부터 12월까지이듯 순차적으로 3월부터 진행되어 12월에 마무리하는 과정은 너무나도 자연스럽게 보이기 때문이죠. 게다가 몹시 춥고 매우 더운 시기에 방학까지 있으니 이것보다 좋은 일정이 없으리라 생각할 것입니다.

이러한 '3월 학기제'가 한국에서 시작된 것은 6.25 전쟁이 끝난 후 도입되었습니다. 6.25 전쟁 전에는 해방 이후 미군정이 들어서면서 미국의 교육제도를 따라 하여 '9월 학기제'가 실시되었으나 당시 한국의 회계연도(국가나 지방자치단체의 세입, 세출을 구분하기 위해 설정한 일정 기간)는 여전히 일제 강점기에 쓰던 것이었고 이러한 회계연도에 맞춰 1949년 '4월 학기제' 도입으로 전환되었습니다. 그 후 6.25 전쟁으로 인해 다시 9월 학기제가 시행되었으나 1952년에 4월 학기제로 다시 전환되었고, 이후 1956년 교육부(당시 '문교부')는 대학 첫 학기 시작을 3월 1일로 변경하자고 주장했는데 개강 직후는 사무 업무로 인해 학습에만 전념하기 어려우며, 학습하기 좋은 시간인 4월을 낭비하게 되고 3월 학기제로 운영하면 4월부터는 원활한 수업을 진행할 수 있다는 이유 때문이었습니다. 또한 졸업식과 입학식을 비슷한 시기에 할 수 있다는 이유도 주장하는 이유에 포함되었습니다. 이러한 과정을 거쳐 1962년부터 본격적으로 3월 학기제가 정착하게 된 것이죠[366].

프랑스의 학사일정은 어떻게 진행될까요? 손흥민 선수와 이강인 선수의 경기를 보기 위해 해외 축구 중계를 보신 축구 팬분들은 유럽 축구 리그 일정이 한국 축구 리그 일정과 다르다는 것을 분명 알고 계실 겁니다. 한국 축구 리그의 시작이 학교 학기의 시작과 비슷하게 봄에 시작되는 반면 유럽 축구 리그는 9월에 시작하여 5월 정도에 종료하는 일정이죠. 따라서 해당 시즌을 표기할 때도 '2023년 시즌'이 아닌, '2023-24 시즌' 식으로 표기하는 것이죠. 프랑스의 학사일정 역시 유럽 축구 리그 일정처럼 3월 학기제가 아닌 '9월 학기제'로 운영되고 있습니다. 사실 3월 학기제를 시행하는 국가는 OECD(경제협력기구) 국가 중 한국을 포함하여 일본과 호주뿐입니다[367]. (정확히는 호주는 보통 1월 말에서 2월 초, 일본은 4월 초에 신학기가 시작됩니다[368])

즉, 프랑스를 포함하여 미국, 영국, 독일, 캐나다, 중국 등 대부분의 나라에서는 9월 학기제를 시행하고 있습니다. 심지어 3월 학기제를 시행하는 국가 중 호주는 남반구이므로 가을 학기에 시행하는 것과 마찬가지죠. 그렇다면 봄에 새 학기가 시작하는 나라는 OECD 국가 중 한국과 일본뿐인데, 프랑스와 여러 서구 국가는 왜 9월 학기제를 시행하게 되었을까요?

가장 대표적인 예로 영국의 역사를 살펴보면 그 이유를 알 수 있습니다. 1880년대까지 영국에서 학교 교육은 의무가 아니었는데, 당시 어린이들은 부모와 마찬가지로 밭이나 공장 등에서 일했기 때문에 농사가 가장 바쁜 시기인 5월부터 8월까지의 시기를 피하기 위해서였습니다[369]. 이처럼 비슷한 이유로 여러 서구 국가가 9월 학기제를 시행하게 되었다고 유추할 수 있죠. 따라서 프랑스의 학사일정은 9월부터 7월까지 운영되는 것입니다[370]. 한편, 이 기간에 프랑스는 한국과는 다른 독특한 방학 시스템이 운영됩니다. 한국은 보통 겨울방학과 여름방학이 주어지는데, 프랑스는 짧지만 여러 방학이 주어지는 것이죠. 9월 초에 학기가 시작되고 6주쯤 지나 10월 말이 되면 만성절 방학(Vacances de la Toussaint)이 10일 정도 주어지고, 또 6주쯤 지나 12월 말이 되면 약 2주간의 크리스마스 방학(Vacances de Noël)이 주어집니다. 또다시 6주쯤 지나, 2월이 되면 2주간의 겨울방학(Vacances d'hiver) 기간이 있고, 또 6주를 지나 4월이 되면 2주간 봄 방학(Vacances de printemps)이 주어집니다. 정리하자면, 6주 수업과 2주 방학의 사이클이 반복되다가 6월 말이나 7월 초에 학기가 끝나면 9월 초까지 긴 여름방학을 맞이하게 되는 것이죠. 이러한 프랑스의 방학 시스템은 학교 수업 내용 중 부족하다고 생각하는 부분을 방학 기간을 이용해 채워 나갈 수 있는 배려의 시스템이 되기도 한답니다[371].

의무교육과 무상 급식

적어도 중학생 때까지는 학교 다니기 싫다는 생각을 종종 했던 분들이 계실 겁니다. 저 역시 그 당시의 아침에 기상하여 등교하는 것만큼 힘든 일이 없다고 생각했죠. 하지만 가기 싫어도 가야 했습니다. 왜냐하면 한국에서는 초등학교 6년과 중학교 3년을 의무교육 기간으로 설정했기 때문입니다. 대신 일부 지역에서는 학부모들이 좋아하셨을 무상 급식이 제공되기도 합니다[372]. 급식은 학생들만의 또 다른 문화, 상징으로 나타나기도 하는데, 예를 들어 최근 한국 학생들의 특징을 잘 나타내는 영상들을 보면 급식 브이로그 혹은 급식실을 향해 달려가는 모습을 표현하기도 합니다. 저 역시 초등학교에 다닐 때는 크게 느끼지 못했지만, 중학교에 다닐 때는 식사 시간이 너무나도 기다려졌던 기억이 있습니다. 과연 식욕이 인간의 3대 욕구 중 하나이기 때문에 그랬을까요? 혹은 성장기이기 때문에 단순히 식욕이 폭발했던 것일까요? 사실 배가 고프지 않아도 친구들이 뛰어가기에 어울리고자 함께 뛰어간 이유가 가장 컸지만, 또 다른 이유로는 무상 급식이기에 좋아하는 메뉴가 나오면 부담 없이 먹을 수 있는 시스템이 좋았기 때문입니다. 의무교육이 반드시 무상교육을 전제로 하는 것은 아니지만, 일반적으로 무상교육은 의무교육이 실시될 때 함께 추진되는 경우가 많기에[373] 의무교육의 이론 및 원칙상 학생들이 밥을 먹고 공부해야 하기에 의무교육이 실시되는 학년까지는 무상 급식이어야 한다는 것은 당연하게 생각될지 모릅니다. 그러나 만 3세부터 의무교육이 실시되는 프랑스는 무상 급식이 아닌 유상 급식 시스템으로 운영됩니다. 이는 선별적 시스템으로 운영되는데 부모의 수입이 많으면 급식비를 많이 내고, 수업이 적으면 급식비를 적게 내게 하는 시스템입니다. 학교에서는 어느 누구도 한 학생이 어느정도의 급식비를 지불했는지 알 수 없다고 합니다. 급식비는 부모가 내는 세금에 따라 국세청에서 급식비 지로를 집으로 보내며 국세청은 학교에 어느 학생이 급식을 먹는지만 통보하기 때문입니다. 또한 급식은 필수가 아니라서 원하지 않다면 점심시간에 집에 가서 점심을 먹고 오는 학생들도 있다고 하는데 '자유의 나라' 답게 자유가 보장되는 것처럼 느껴지기도 합니다[374].

대학입시 준비

… 한국의 사교육 열풍

매년 11월 셋째 주 목요일은 우리나라 1년에 나날 중 가장 중요한 날이기도 합니다. 바로 '수능'이라고 불리는 '대학수학능력시험'을 치루는 날이죠. 이날만큼은 직장인들의 출근 시간이 조정되는 것부터 일정 시간 동안 비행기 이착륙이 금지되기까지 전국의 많은 사람을 비롯해 여러 매체, 시스템 등이 모두 수능을 치르는 수험생들에게 집중합니다.

실제로 수능 시험장 앞을 가보면 그 광경이 신기하면서도 마음 한편이 울컥한 기분을 받을 수가 있습니다. 간절히 기도하는 부모님들, 그런 부모님에게 인사하는 학생, 경찰차나 오토바이에서 내려서 뛰어가는 학생 그리고 그런 수험생들을 열심히 응원해주는 후배들과 선생님들까지 정신없지만 이런 모습들이 수능 특유의 분위기를 형성하기 때문이죠. 대학입시 재수를 경험한 저 역시도 매년 시험장에 갈 때는 그 특유의 분위기가 늘 적응이 안 됐고 많은 압박감을 주기도 했습니다. 한편, 최근 몇 년간 유명 아이돌이나 세계적인 운동선수들을 이용하여 '수능 응원 영상'을 통해 마케팅으로 이용하는 모습들도 흔히 볼 수 있습니다. 도대체 이토록 한국의 수능이 매우 중요한 사회적 이슈로 여겨지는 이유는 무엇일까요? 초반부에 앞서 소개했듯이, 아직 한국 사회의 현실은 좋은 대학을 나와야 좋은 직장에 취직할 것이라는 통념이 남아있기에 학부모들이 자녀들의 대학 진학을 많이 신경 쓰기 때문이라 생각합니다. 또한 입시를 준비하는 과정이 압박감과 긴장감으로 얼마나 고통스러운지 그 과정을 미리 경험해 본 사람들은 잘 알기 때문에 더욱 집중하는 것이죠. 그리고 열심히 준비했을 수험생들을 위해 전국의 여러 시스템이 그들을 배려하는 것입니다. 한국에서 대학 진학을 위해 준비하는 방법은 수능뿐만이 아닙니다. 바로 고등학교 내신 성적, 모의고사 성적, 교내 여러 활동 등 학생부교과전형, 학생부종합전형 등으로 불리는 수시 모집 전형도 있습니다. 오직 수능 점수로만 모집하는 전형인 정시 모집에 비해 기회가 한 번뿐인 수능 시험 점수의 부담을 덜고 고등학교에서 경험한 활동들을 토대로 한 점수와 면접을 종합하여 치르는 방식이죠. 어찌 됐든, 수시든 정시든 한국 사회는 대학 진학에 많은 신경을 쓰고 그것을 위해 사교육은 거의 필수 과정인 셈입니다. 실제 통계청 자료에 의하면 2021년 사교육비 총액은 약 23조 4천억 원으로 전년도 약 19조 4천억 원과 비교하면 4조 1천억 원(21.0%)이 증가하였고, 2022년 사교육비 총액은 약 26조 원으로 전년도 약 23조 4천억 원보다 역시 증가하였습니다. 저출산으로 인한 학생 수는 점점 줄어드는 데 비해 사교육비는 계속 증가하는 것을 보면 알 수 있듯이 한국의 사교육 시장은 계속 커지고 있다는 걸 알 수 있죠[375].

… 프랑스 역시 학부모들의 사교육 욕심이 많을까?

프랑스에서는 사교육 형태가 어떻게 이루어져 있을까요? 책의 초반부부터 바칼로레아 설명까지 집중 있게 읽은 분들은 쉽게 유추할 수 있습니다. 바로 대학 간판을 위한 사교육 시장은 적어도 프랑스에서는 필요가 없다는 것입니다. 그 이유는 절대평가인 바칼로레아에 합격만 하면 본인이 원하는 국립 대학교의 원하는 학과에 갈 수 있기 때문입니다. 따라서 입시 전문학원의 형태는 존재하지 않으며 과외가 조금 도움이 될 수 있어도 결국 중요한 건 스스로 공부할 수 있어야 한다는 것인데, 바칼로레아 시험의 기본은 스스로 사고하고 자신의 견해를 작성하는 것이며 논술 작성은 어떻게 해야 하고, 논제를 어떻게 분석해야 하는지 등의 방법론은 이미 고등학교에서 배우며 이를 적용해 글을 작성하는 건 오로지 자신의 몫이기 때문입니다[376].

그러나 한국에 비해 대학입시가 어렵게 느껴지지 않다고 하더라도 혹은 자유의 나라이기에 프랑스에서 모든 사람이 스트레스 없이 좋은 교육을 받을 것 같다고 생각한다면 그것은 큰 착각입니다. 바로 '그랑제콜(Grandes écoles) 때문이죠. 한국의 사교육 시장이 과열된 이유 중 하나가 대학 간판을 중요시하는 사회적 인식 때문일 수도 있지만 또 다른 이유는 본인의 뜻이 확고한 사람들이 자신의 목표를 달성하기 위해 치열하게 경쟁하기 위함도 분명히 있습니다. 즉, 확고한 미래에 대한 목표가 정해져 있지 않더라도 일단 좋은 대학, 원하는 대학의 졸업장을 따기 위해서 대학입시를 열심히 준비하며 받는 스트레스에 비해 프랑스 국립대학 입학 과정의 부담이 덜 한다는 것이지 프랑스의 모든 교육을 자유롭게 받을 수 있는 건 아니라는 것입니다. 그랑제콜의 시험은 매우 어렵지만 합격하고 졸업하기만 하면 일반대학 출신자들과는 구별되는 대우를 받게 됩니다[377].

따라서 그랑제콜 출신의 상류층 부모들은 자식을 그랑제콜에 보내기 위해 이사도 가고 사교육에도 돈을 쏟아붓는데 이는 한국의 사교육 시장의 중심인 서울 강남구 대치동의 부모들을 능가할 정도라고 합니다[378]. 어찌 보면 자유와 평등을 중요하게 생각하는 프랑스에서 엘리트를 양성하고 대우받으며 그들만의 세상을 구축하는 그랑제콜이 존재한다는 건 모순적이라 생각할 수 있지만 오히려 그랑제콜이 존재하기에 자유와 평등을 유지할 수 있기도 합니다. 바칼로레아를 통과하기만 하면 누구나 원하는 국립대학에 가서 공부할 기회와 평등을 제공받지만, 직업 전문학교에서 자신의 재능을 발전시킬 수 있고, 상류층에 도달하여 프랑스 사회를 이끌겠다는 야망을 품은 이들에게는 힘들지만, 그 길 또한 열어주는 것이기 때문입니다.

물론 자식의 교육을 위해 큰 비용을 지출하는 건 당연한 인간의 심리

이지만 그로 인한 부작용 역시 크게 존재한다는 것과 평등과 자유의 측면이 어디서부터 어디까지 허용될 수 있는지는 많은 생각을 하게끔 합니다.

바칼로레아

첫머리에 파리 소르본 대학과 함께 '바칼로레아(baccalauréat)'에 대해 잠깐 소개했습니다. 한국의 수능처럼 대학입시를 위해 보는 시험이죠. 엄밀히 말하자면 수능은 각 대학이 요구하는 점수에 맞춰 그 점수대를 통과해야 그 학교에 갈 수 있지만 바칼로레아는 정해진 합격 점수대를 통과하기만 하면 원하는 대학에 갈 수 있는 절대평가 시스템이자 고등학교 졸업장과 같은 시스템입니다.

바칼로레아의 역사는 한국의 수능보다 훨씬 오래된 역사를 가집니다. 줄여서 박(Bac)이라고도 불리는 바칼로레아는 1808년 나폴레옹 1세 때 만들어져 200년이 넘도록 유지되어 지금까지 프랑스의 유일한 대학 입학 시스템이자 중등교육 졸업장 역할로 존재합니다[379]. 바칼로레아는 해마다 6월에 시험이 치러지는데 내용이 2021년부터 새롭게 바뀌었습니다. 2021년 개정 바칼로레아의 주 내용은 기존 이과s, 경제사회과Es, 문과L이 사라지고 필수 공통 과목인 불문학과 철학을 제외한 나머지 과목들이 전공 선택 과목으로 분류되어 학생들에게 선택권을 넓혔다는 것입니다. 또한 고등학교 2학년(Première) 말에 보던 불문학 시험은 기존 방식대로 필기와 구두시험으로 진행되지만, 고등학교 3학년(Terminale) 말에 보는 바칼로레아 과목 수가 철학, 전공 선택 과목 두 개를 합해 총 세 과목으로 줄어든 것입니다. 여기에 더해 새롭게 신설된 '엉 그랑 토랄(un grand oral)'이라는 구두시험이 신설되었는데 이 시험은 수험생이 선택한 전공과목에서 출제되는 주제를 20분간 발표하는 것입니다.

이렇게 필기시험과 구술시험은 바칼로레아의 60퍼센트를 차지하고, 나머지 40프로는 '콩트롤 콩티뉴(Contrôle continu)'라는 수행평가에서 반영합니다. 마지막으로 새롭게 개정된 내용 중 하나는 불합격한 수험생들에게 주어졌던 재시험이 폐지되었다는 점입니다[380].

프랑스에서는 거의 모든 시험이 20점을 만점 점수로 측정한답니다. 전 과목 평균이 10점 이상이면 유급 없이 다음 학년으로 올라가는데 평균이 12점 이상이면 '양호'를 나타내는 Assez Bien, 14점 이상이면 '잘함'을 나타내는 Bien, 16점 이상은 '매우 잘함'을 표현하는 Très Bien이라는 평점을 줍니다[381]. 따라서 바칼로레아 역시 20점을 만점으로 점수를 매기는데 평균 10점이 넘으면 바칼로레아를 취득하게 되고 이어서 누구나 원하는 국립대학에 다닐 수 있습니다. 또한 바칼로레아는 보통 하루에 한 과목씩 일주일간 치러지는데 구두시험이 있는 경우 하루에 두 과목을 치르기도 합니다. 과목당 4시간이 소요되고 결과는 학교 과정이 끝나는 6월 말이나 7월 초쯤에 나온다고 합니다[382].

프랑스에서는 학생들의 진로 선택이 고등학교에서 시작됩니다. 프랑스 고등학교는 일반 학교, 기술학교 그리고 직업학교로 구분되는데 바칼로레아는 이런 구분에 따라 응시자가 보는 시험 문제도 달라집니다. 바칼로레아는 대부분 논술형으로 출제되는데 일반 학교 응시자의 바칼로레아 문제들을 들여다보면 다음과 같습니다[383].

"욕망은 우리의 불완전성에 대한 증거인가?" (2018 바칼로레아 - 과학 분야의 철학 시험), "문화는 우리를 더욱 인간적으로 만드는가?" (2018 바칼로레아 - 문학 분야의 철학 시험), "우리는 예술에 무감각할 수 있을까?" (2018 바칼로레아 - 경제, 사회 분야의 철학 시험)

그랑제콜

프랑스 교육과정에서 바칼로레아 이후 이루어지는 모든 교육을 고등교육이라 합니다. 프랑스 고등교육 체계는 대중적인 고등교육을 담당하는 일반대학과 엘리트 양성 교육기관인 그랑제콜로 나뉘어있죠. 그랑제콜(Grandes Écoles)은 프랑스의 엘리트 인재 양성을 위해 특별히 지정한 학교들로 18세기 후반에 나폴레옹이 프랑스의 중앙집권 체제를 강화할 수 있도록 인재들을 양성하기 위해 세운 학교에서 비롯되었습니다. 18세기 당시 그랑제콜은 주로 군사, 공학 등의 분야의 기술 관료를 키우는 것이 중심이었는데 시간이 지나 19세기 이후의 그랑제콜은 정치, 행정, 경엉 등으로 분야가 세분화되었으며 더욱 전문적인 학교가 되었습니다[384]. 그랑제콜은 프랑스의 엘리트 인재를 양성하기 위해 국가가 특별히 지정한 학교들을 말합니다. 그랑제콜은 18세기 후반, 나폴레옹이 프랑스의 중앙집권 체제를 강화할 수 있는 엘리트를 양성하기 위해 세운 학교입니다. 18세기 당시의 그랑제콜은 주로 군사, 공학 분야의 기술 관료를 키우는 것이 중심이었는데요. 19세기 이후의 그랑제콜은 정치, 행정, 경영 등으로 분야가 세분화되고 보다 전문적인 학교가 되었다고 합니다. 현대에와서 그랑제콜의 과정은 한국의 사교육 시장만큼 치열합니다. 바칼로레아 성적도 평균 16점 이상(Très Bien)의 평점을 받아야 하고 준비반인 프레파(Prépa)에서 2, 3년 동안 공부를 해야 하는 과정을 이수해야 하죠[385]. 프레파 과정 이후에도 콩쿨이라는 그랑제콜 입학시험을 거쳐야 그랑제콜에 최종 합격할 수 있는 것입니다[386]. 이렇게 험난한 과정을 거친 뒤 그랑제콜을 졸업한 초엘리트들에게는 졸업과 동시에 사회적으로 보장된 직장을 얻을 수 있고, 상상 이상의 혜택이 주어지는데 초엘리트 그룹은 그들만의 인적 네트워크를 형성하고 프랑스 사회에 중요한 자리를 많이 차지하고 있습니다. 프랑스의 역대 대통령과 대부분의 유력 정치인은 그랑제콜 출신들입니다[387]. 가장 대표적인 인물로 프랑스 제24대 대통령인 프랑수아 올랑드와 과학자 루이 파스퇴르가 있다고 수업시간에 배웠죠.

여러 그랑제콜 중 유명한 그랑제콜 3곳이 있습니다.

… 그랑제콜 - 에콜 폴리테크니크(École Polytechnique)

에콜 폴리테크니크는 나폴레옹이 우수한 공병 간부 양성을 위해 설립한 유수의 명문 대학 중 최고로 꼽히는 학교입니다. 1794년에 설립됐으며 1804년에 나폴레옹 1세 휘하의 사관학교로 바뀌었습니다. 현재는 국방부에 소속되어 있으며 MIT라 불리는 최정상급 공대입니다. 이 학교는 과거 시대의 변화를 반영하는 다양한 제복을 입었고, 오늘날도 퍼레이드나 주요 행사 때는 역사적 사연을 간직한 제복을 입습니다. 학사 과정은 3년제이며, 4년제 엔지니어 프로그램은 이곳의 독특한 석사 과정입니다. 남학생뿐만 아니라 여학생 모두 학부 교육과정에 들어가기 전까지 군사 교육을 받습니다. 테제베(TGV)기차, 콩고드 여객기를 만들고 원자력과 항공 우주에 강한 프랑스로 만든 건 바로 이곳 MIT의 출신들이라고 합니다[388].

… 그랑제콜 - 에콜 노르말 쉬페리에르(École Normale Supérieure)

최고 지성의 전당이라고 할 수 있는 이 학교는 유명한 고등사범학교로 중등학교 교원이나 대학교수를 양성할 목적으로 프랑스혁명 직후인 1794년에 설립되었으며, 인문학과 자연계 즉, 순수학문 계열에서 최고로 꼽히는 그랑제콜입니다. 물리학과와 수학과는 프랑스의 천재들만 들어간다고 알려져 있으며 그 결과 14명의 노벨상 수상자와 10명의 필즈

상 수상자를 배출하여 프랑스 학문 연구의 산실이 되었고 이 학교 출신의 엘리트들은 노르말리엥이라는 칭호가 붙게 되는데 유명인들로는 철학자 미셸 푸코, 현재 프랑스 사회학의 거봉 알랭 투렌 등이 있습니다[389].

… 그랑제콜 - 에콜 나쇼날 다드미니스트라시옹 (École Nationale D'Administration)

흔히 에나(ENA)로 부르는 이 학교는 프랑스 대통령 4명과 총리 9명을 배출한 그랑제콜로 그나마 최근에 설립되었습니다. 1945년 당시 대통령 샤를 드골이 전문적으로 고위 공직자를 육성한다는 교육 목표하에 세운 학교입니다. 경영인, 정치인, 행정관료 연수원과 같은 기능을 가지고 있다고 합니다. 2년의 과정으로 실무 위주의 교육이 이루어져 있고 에나르크(énarque)라 불리는 에나 출신들은 서로를 도와주며 프랑스 주요 요직을 차지하고 있다고 합니다. 이 학교 출신의 학벌주의는 상상을 뛰어넘는다고 합니다[390].

글을 마무리하며

글을 쓰다 보니 프랑스와 한국의 입시제도를 단순 비교하게 되었고 읽다 보면 프랑스의 시스템을 제가 우러러 바라본다고 생각할 수 있으리라 생각됩니다. 사실 살아오면서 저는 입시의 결과를 떠나 한국 교육 시스템에 불만을 느끼거나 크게 분노한 경험이 별로 없습니다. 심지어 재수를 경험했는데도 말이죠. 물론 수능과 같은 입시제도에 부작용이 존재함을 적극적으로 공감합니다만 가끔은 매우 나쁜 시스템은 아니라는 생각도 문득 들곤 합니다. 수능 시험만 잘 본다면 좋은 대학에 갈

수 있고 그 덕에 한국 사회에 한정될지라도 잠깐의 고생이 긴 시간을 편하게 살 수 있게 하는 나름의 긍정적 측면이 존재하기 때문이죠. 그러므로 어느 한 나라의 교육 시스템을 비판하기 위함이 아닌 불어불문학을 전공하는 학생으로서 직접 경험한 한국 교육 시스템과의 비교를 통해 새로운 지식의 한 형태로 프랑스의 교육 시스템과 입시제도를 소개해 보았습니다.

이번 P실무 프로젝트를 참여하며 프랑스의 교육과 관련하여 찾아본 자료 중 한국 교육과 프랑스 교육에 근본적인 차이가 있는데 프랑스는 실수의 흔적을 고스란히 남겨 놓는다는 내용이 인상 깊었습니다. 쉽게 지울 수 있는 연필이나 샤프를 사용하는 대신 볼펜을 쓰게끔 실수를 지우지 않고 남겨 기억하게 하는 것이죠. 프랑스의 교육은 결과보다는 과정을 중시하고 실수를 부끄럽게 여기지 않는 자세를 자연스럽게 배우는지만 답을 찾기 위한 방법에 애를 쓰는 저의 모습을 발견하게 된 계기도 되었습니다. 저의 글을 통해 여러분께 큰 울림을 주어야겠다는 욕심은 없습니다. 하지만 프랑스의 교육 방식처럼 본인에 대해 생각해볼 수 있는 계기가 되길 바랍니다.

프랑스와 한국의 공공임대주택 아파트 비교

김종현

‖ 가천대 유럽어문학과(프랑스어) 3학년 ‖

현대사회 주거공간으로서 아파트의 의미

우리는 살면서 수많은 공간에서 머무르고, 그 공간을 거쳐 다른 곳으로 이동하기를 반복합니다. 지속적인 우리의 움직임 가운데 우리가 빼놓지 않고 필연적으로 머무르는 공간이 있는데, 과연 어디일까요? 쉽게 떠올릴 수 있듯이, 이 공간은 바로 우리의 주거공간입니다. 어린아이, 학생, 직장인, 심지어는 한 나라의 대통령조차 항상 가진 본인들만의 공간, 그것이 바로 주거공간입니다. 물론, 경제적, 사회적 요인 등 다양한 이유로 '집'이라는 주거공간 외의 장소에서 살아가는 때도 있지만, 대부분은 우리가 흔히 '집'이라고 생각하는 주거공간에서 머무릅니다.

대학에서 실내건축을 공부하고 관련 수업을 들으면서, 저는 항상 우리가 머무르는 공간, 즉 주거공간에 대해 자연스럽게 큰 관심을 가지게 됐고, 제가 매일 생활하는 이 공간을 어떻게 하면 더 깊이 이해하고 더 나은 방식으로 구성할 수 있을지 고민해왔습니다. 필연적으로 마주하는 공간인 주거공간을 항상 나은 방식으로 구성하려는 바로 이 습관이 앞으로 저의 복수 전공인 실내건축학을 대하는 태도를 발전시킬 수 있다고 생각했기 때문입니다. 그렇기에 저는 주거공간, 특히 주거공간의 유형 중 제가 현재 머무르고 생활하는 아파트라는 건물에 관하여 관심이 생겼습니다.

프랑스와 한국을 포함한 전 세계 공통으로 산업화와 도시화를 거쳐 온 현대사회에서는 한정된 단위면적에 최대한의 주거공간을 확보하기 위한 건축이 필연적입니다. 실제 2023 국제통계연감의 도시화율 통계에 따르면 대한민국은 도시화율이 40.7%였던 1970년에 비해 2022년 도시화율은 81.4%로 2배 이상 도시화가 진행되었고, 향후 2050년 그 수치는 86.4%로 예측된다고 합니다[391]. 프랑스 또한 도시화율이 71.1%였던 1970년에 비해 2022년 81.5%의 도시화율을 보이고 있으며 2050년엔 그 수치가 88.3%까지 오를 것으로 예측된다고 합니다[392]. 그 결과 한국의 서울에는 자연스럽게 아주 높은 아파트가 사람들이 몰리는 도시에 주거공간으로 들어서기 시작했고, 심지어는 주거공간과 상업 활동을 위한 공간이 한 곳에 결합한 주상복합건물도 등장하기 시작했죠.

2022년 통계청 인구주택총조사에 따르면 대한민국 총 주택의 64%가 아파트일 만큼 가장 많은 주거공간 유형이 아파트로 나타납니다. 대한민국 전체 주택 중 아파트가 47.8%만을 차지했던 2000년에 비해 약 17%나 그 차지 비율이 증가한 모습이며, 아파트, 연립주택, 다세대주택을 포함하는 공동 주택 또한 꾸준히 그 비율이 증가하여 2022년 전체 주택 중 공동 주택이 차지하는 비율은 78.7%를 기록했습니다[393]. 아파트를 비롯한 공동 주택의 비중 증가는 이처럼 도시라는 한정된 공간에 더욱 많은 주거공간을 필요로 하는 도시화 시대 서울의 모습을 보여준다고 할 수 있습니다. 저는 이런 맥락에서, 이 글을 읽는 여러분도 아마 대부분이 아파트에 주거하고 있으리라 생각합니다.

하지만 한정된 단위면적에 최대한 많은 가구 수가 집중되는 아파트의 성격과 반대로 저는 오히려 '아파트가 사회적으로 이웃 간의 소통과 연결에 더욱 장애물 역할을 하는 성격이 강하게 나타나는 것은 아닐까?'라는 개인적인 의구심이 들었습니다. 아파트에 대한 이러한 개인적인 견해와 한 편으론 걱정이 들면서 아파트에 대한 더 많은 호기심을 자연스럽게 불러왔고, 그 호기심은 '우리가 현재 머무르는 아파트는 언제부터 자리 잡았고, 프랑스와 한국의 아파트에는 어떤 차이가 있을지'에 대한 궁금증으로 이어졌습니다.

또한 과연 프랑스인들은 아파트에 대해 어떤 사회적 인식을 하고 있을지도 매우 궁금해졌습니다. 현실적으로 한국에서는 인프라가 잘 구축된 지역별 신축 아파트를 선호하는 한국인의 경향과 달리, 프랑스인들은 예전의 모습을 간직한 주택, 혹은 파리 1~8구 내 위치한 프리미엄 오스만식 아파트를 오히려 신축 아파트보다 많이 선호하는지 궁금했습니다. 만약 그렇다면 '정말 역사적인 아름다움과 멋을 중시하는 프랑스인들의 성향 때문일까? 혹은 과연 프랑스인들이 기능적으로 획일화된 신축 아파트에 입주하길 꺼리는 다른 이유가 무엇일까?'라는 많은 의문점이 들면서, 프랑스의 아파트, 특히 공공임대주택에 대한 프랑스인들의 사회적 인식 문제를 한국 공공임대주택 양상과 비교한다면 프랑스인들의 아파트에 대한 인식을 더욱 잘 이해할 수 있을 것 같은 생각이 들었습니다.

그럼, 지금부터 한국과 프랑스의 아파트 발달 양상, 공공임대주택에 대한 사회적 인식이 어떻게, 왜 달라질 수밖에 없었는지 알아볼 텐데, 우선 아파트라는 건축물에 대해 조금 더 자세히 알아봅시다.

'건축물' 중 하나인 아파트, 기후가 '건축물'에 미치는 영향을 알아보자

우선 프랑스 파리와 한국의 서울을 기반으로 양국의 도시 건축물 이미지에 대해 떠올려봅시다. 아파트라는 건축물을 떠올린다면 일반적으로 우리는 프랑스 건축물 중 파리 시내를 가득 채운 오스만식 아파트, 한국 건축물 중 (초)고층 빌딩과 아파트를 각 국가의 대표적인 건축물로 먼저 떠올리기 쉽습니다. 물론 이외에도 한국의 고전 건축물인 경복궁과 한옥을 떠올릴 수도 있으며 프랑스에서 찾아볼 수 있는 고전 로마 양식 건물과 철근 건축물(에펠탑, 가론강 철교 등)을 떠올릴 수도 있습니다. 프랑스의 오스만식 아파트, 서울의 (초)고층 아파트, 파리의 에펠탑과 한국의 경복궁, 이들의 공통점은 과연 무엇일까요? 바로 이 모든 것은 결국 '건축'의 결과물이라는 것입니다. 각 국가의 아파트가 왜 외형적으로, 기능적으로 다른 양상을 보이는지 알아보려면 어떤 요인들이 과연 건축물에 영향을 미칠지 알아보아야 할 것입니다.

사전적 의미의 건축은, '사용자의 요구와 건축재료를 통해 실용적·미적 요구를 충족시키도록 만들어진 구조물, 기술뿐 아니라 예술적으로 가치 있는 구조물을 일컫는 말이며 사회적 목적과 기능에 충분히 만족하고, 조형상의 감동을 지니도록 종합적으로 계획하는 기술 또는 구조물.'로 정의됩니다. 건축의 영어단어 'Architecture'는 「큰·으뜸·우두머리」를 뜻하는 접두어 「Archi」와 「기술」을 뜻하는 「Tecture」의 합성어라는 사전적 의미가 있습니다[394]. 저는 사전적 의미의 건축에서, 핵심은 '사용자의 요구'라고 생각합니다. 제가 실내건축 설계를 공부할 때, 어느 한 교수의 건축에 대해 한 설명을 빌리자면, "건축은 해당 건축물이 들어설 지역의 문화, 건축물에 대한 접근성, 건축물 건설 자금 등 수많은 요소에 의해 영향을 받지만 가장 건축물에 큰 영향을 미치는 것은 '기후'이다."라고 교수는 설명했습니다. 건축물이 들어설 지역의 기후가 건축물의 형태·목적에 가장 큰 영향을 미친다는 것입니다.

한국 한옥의 처마를 예로 들자면, 처마는 한국의 사계절 특징 때문에 발달한 것이라고 볼 수 있습니다. 온도와 습도가 높은 여름에는 뜨거운 햇빛을 피하고 한옥 내부로 비가 덜 들어오게 막아줄 지붕 역할을 한 처마는 낮은 기온과 함께 눈 내리는 우리나라 겨울 날씨에는 최대한 많은 양의 태양광을 한옥 내부로 들이며 눈이 덜 들어오게 막는 역할을 했습니다.[395] 처마의 각도 또한 여름과 겨울의 태양 고도 차이를 고려하여 설계됐다는 점에서 우리의 선조들도 한옥을 건축할 때 얼마나 기후를 고려했는지 알아볼 수 있는 것 같습니다. 심지어 한옥이라는 같은 유형의 건물이라도 한국 남부 지방과 북부 지방의 처마 길이와 모양, 건물의 배치도 달라집니다. 우리나라의 경우 국토가 남북으로 긴 반도 형태이기에 남북의 기후 차이도 비교적 유의미하게 나타나기 때문이죠.

결국에는 다양한 형태(주거, 상업 활동 등)로 사람이 '생활'하는 공간이 건축물이기에, '생활'에 실제로 큰 영향을 미치는 기후와 건축물의 상관관계는 필연적이라고 볼 수 있습니다. 건축에 대한 기후의 영향력을 이해한다면 사전적 의미의 '사용자의 요구 충족을 위한 사회적 목적과 기능에 충분히 만족하는 구조물'이라는 건축을 우리는 더 잘 이해할 수 있을 것입니다.

프랑스의 건축물의 경우, 대부분의 유럽 국가와 같이, 유럽 지역 지반을 이루고 있는 석회암의 영향을 크게 받아왔습니다. 많은 프랑스 건물의 색깔이 하얗게 만들어진 이유가 바로 여기에 있는 것이지요. 대부분의 유럽 국가들은 비교적 쉽게 구할 수 있는 석회암을 활용해 건물을 지을 수 있었고, 강수량 측면에서도 연평균 1,350mm의 강수량 중 한여름 장마 기간에 강수가 집중되는 한국[396]과 달리 건조한 지역(지중해 해안, 파리 분지)의 연평균 500mm부터 산악 지역의 연평균 1,500mm 이상의 강수량이 1년 내내 다양하고 골고루 평균적으로 900mm 정도로 분포된 프랑스[397]의 경우 더욱 탄탄한 지반이 건축에 긍정적인 영향을 끼칠 수 있는 것입니다. 그 결과 석회암과 벽돌을 사용한 '벽' 중심의 건축이 프랑스를 비롯한 유럽에 자리 잡았고, 다른 극동아시아 국가들과 마찬가지로 한국은 약한 지반의 특성을 고려하여 가벼운 나무를 활용한 '기둥' 중심의 건축이 자리 잡은 것입니다[398]. 건축물이라고 하는 것은 전부 같은 형식과 구조를 갖추고 있을 것 같지만 기후의 영향을 고려하여 그 형태와 구조가 달라지는 것이 놀랍지 않나요?

앞으로의 이 글에서는 사회 전반적인 측면에서 프랑스 파리와 한국 서울의 아파트 건축 양상과 아파트, 특히 공공임대 아파트에 대한 사람들의 인식 차이를 비교할 것이지만, 건축물의 근본적인 건축 양식과 목적에는 그 지역의 '기후'의 영향력을 무시할 순 없다는 것을 말하고 싶습니다.

프랑스와 한국에 등장한 아파트

… 불가피한 선택지, 아파트

건축물이 기후의 영향을 받는다면, 프랑스는 석회암과 탄탄한 지반을 기반으로 고층 건축물이 발달해야 하는 것 아닐까요? 아마 이 글을 읽는 분들도 쉽게 예측하실 수 있을 것입니다.

실제로 프랑스 파리에는 한국의 서울보다 훨씬 일찍 근대 아파트 형태의 건축물이 들어섰습니다. 서울에는 6·25 전쟁 이후에 1960년대가 되어서야 비로소 현대식 아파트 단지들이 자리 잡았죠. 바닥엔 온돌과 목재를 기반으로 한 기둥 구조를 기반으로 하는 점에서 한국에서는 19세기까지 단층 구조의 건물밖에 찾아볼 수 없었죠[399][400]. 하지만 프랑스의 경우 현재까지 유지되고 있는 아파트가 들어선 것이 1850-70년대 파리 도시 정비 시기였습니다. 석회암과 벽돌을 활용한 벽 구조, 난방 시스템을 보유한 프랑스의 경우 이전부터 복층 건축물을 찾아볼 수 있었습니다. 온돌 대신 벽난로를 사용한, 벽 중심 건축의 서양권에 프랑스도 속하며, 난방 시설과 취사 시설이 일찍부터 구분된 프랑스에는 자연스럽게 복층 주거용 건축물이 한국보다 더 일찍 등장한 것이죠.

앞서 설명한 대로 점차 가속화되는 현대사회의 도시화 경향에서 아파트는 한국과 프랑스 모두에게 필연적인 핵심 건축물입니다. 현재 약 81.5%의 비슷한 도시화율을 보이는 두 국가에 아파트는 도시화의 결과 중 하나임과 동시에 도시화로 발생하는 문제들을 해결할 존재 중 하나로 볼 수 있죠. 이러한 관점에서 현재 아파트 건축이 보이는 양상과 미래의 아파트 건축 방향성은 현대사회의 발전에 있어 상당히 중요한 의미를 지니기에 이 글을 쓴다고도 저는 말할 수 있습니다.

하지만 현실은 아파트 건축에 대한 경제적, 정책적 등 다양한 측면에서 갈등이 한국과 프랑스를 비롯한 전 세계에서 발생하고 있다고 생각하지 않나요? 저는 현대사회의 아파트가 사회적인 측면에서도 사람들 간 계층을 나누고 소통을 단절하는 역할을 한다고도 볼 수 있는 개인적인 견해에서 우리가 아파트를 포함한 공동 주택에 대한 관점을 다시 한 번 생각해봐야 한다고 말하고 싶습니다. 따라서 아파트에 대한, 특히 프랑스와 한국 사람들의 사회적 관점이 더 잘 드러나는 공공임대주택 아파트에 대한 비교를 통해, 우리 사회가 공공임대주택에 대해 어떤 생각을 하고 있으며, 아파트, 특히 공공임대주택 아파트가 현대사회에서 보이는 의미를 통해 미래의 아파트는 어떤 방향으로 건축되어야 하는지에 대해 더 자세하게 알아보도록 하겠습니다.

… 프랑스 현대 도심 풍경의 기반, 오스만의 파리 도시 정비 계획

프랑스와 한국의 아파트 중, 먼저 프랑스의 아파트에 대해 알아보죠. 현재 프랑스 파리를 가득 채운 통일된 고전 양식의 도심 풍경은 언제부터 시작됐을까요? 지금의 프랑스 파리 모습은 19세기 나폴레옹 3세의 도시 정비 계획부터 시작됐다고 합니다. 나폴레옹 3세가 추진한 조르주-외젠 오스만 남작(Georges-Eugène Haussmann. 이하, 조르주-외젠 오스만)의 파리 근대적 도시 정비를 통해 획일적이고 통일감 있는 근대적 아파트 건축물이 파리 도심에 자리를 잡고 그 모습이 현재까지 이어져 온 것입니다[401].

하지만 이 시기 프랑스 아파트의 높이는 약 6층 정도밖에 되지 않았습니다. 이 아파트 층수와 높이에 대한 한계를 물론 도시 정비 정책으로도 연관 지어 설명할 수 있겠지만, 앞에서 설명한 건축에 미치는 기후, 문화 등 다양한 요인 중 석회암 채굴 과정에서의 지반 약화를 연관 지어 설명할 수 있겠습니다. 파리의 지하 무덤으로 알려진 카타콤(Catacombs)을 통해 프랑스인들이 석회암 채굴 과정에서 발생한 지하 공간을 어떻게 활용했는지 알 수 있는데, 이 채굴 과정에서 만들어진 지하 공간의 공백으로 인해 약화한 지반 위에 아주 높은 건축물을 세울 수 없었다고 지질학적인 측면에서도 설명할 수 있을 것입니다. 기후가 건축물에 미치는 영향을 무시할 수 없다는 것을 다시 한번 생각해볼 수 있죠?

나폴레옹 3세가 조르주-외젠 오스만에게 파리 도시 정비 계획을 추진하도록 명한 배경 중 19세기 중반까지 파리 도심 전체가 전염병과 오물로 골칫거리를 앓고 있던 것을 언급할 수 있습니다[402]. 콜레라(cholera) 전염병이 유행하던 19세기에 행해진 이 도시 정비 계획의 핵심은 파리의 좁은 도로를 넓히는 도로 확장 계획이었습니다. 이 계획 내용을 기존 파리의 좁은 도로가 파리 시민 시위대의 응집 장소로 사용되던 것을 막으려는 나폴레옹 3세의 정치적 의도로도 볼 수 있겠지만, 좁은 도로를 넓게 확장함으로써 마차가 지나다닐 수 있는 넓은 교통로를 확보하여 도시를 발전시키고자 했다고도 볼 수 있죠.

이 과정에서 프랑스 파리의 기존 건물들을 허물고 새로운 조르주-외젠 오스만식의 아파트(이하, 오스만식 아파트)가 들어서기 시작했는데,

대략 6-7층 높이의 통일된 외형의 이 아파트들이 파리 전역을 가득 채웠고, 이는 파리의 전경 통일감에 큰 영향을 미쳤습니다. 루브르 박물관, 에투알 개선문, 파리 도심 재개발 이후에 건축된 에펠탑 등 여러 파리의 랜드마크로 볼 수 있는 주요 건축물들은 모두 재개발 때 진행된 넓은 도로를 통해 이전보다 간편하게 접근할 수 있게 됐고, 랜드마크 이외의 건물들은 통일된 높이와 통일된 외관을 보이며 파리 전경의 통일감이 확보된 것입니다[403].

프랑스 도시개발에 대한 TV 프로그램의 한 교수가 파리 도시 정비 계획에 대에 설명한 것에 따르면 이러한 통일감의 의도는 오스만 남작의 건축 규칙에서도 발견할 수 있다고 합니다. 실제로 오스만의 파리 도시 정비 계획에 대한 자료에서 오스만은 파리 정비 계획 규칙으로 '1. 건물 높이와 도로 너비가 비례하도록 파리를 재개발한다.' '2. 같은 도로에 있는 건물들의 높이를 같게 통일한다.'라는 규칙을 두었다고 합니다[404]. 또한 이 시기에 진행된 재개발로 인해 파리 전경의 통일감 확보뿐만 아니라 파리 교외 지역의 확장으로 파리에 거주하는 인구수가 2배 증가했으며, 파리 전체가 12구에서 20구로 확장되는 결과를 이끌었습니다. 하지만 같은 프로그램 참여자 중 한 프랑스인 국립외교원 프랑스어 전임강사가 '이 당시 진행된 파리 도시 계발로 인해 기존의 집을 허물면서 살 곳을 잃은 많은 파리 사람들이 몽마르트르 언덕 근처로 이주했다.'라고 지적하며 프랑스인들의 오스만 도시 정비 계획 정책의 결과에 대한 부정적인 견해를 대변하기도 했죠.[405]

… 현재 프랑스 파리 건축물의 모습은 어떨까?

그렇다면 19세기 오스만의 파리 재개발 이후 현재 프랑스 파리의 모습은 어떨까요? 멋과 아름다움을 중요시하는 프랑스인 성향 때문일까요, 대부분 파리 건물이 문화재로 지정되어 재건축 및 재개발이 이루어지지 않았습니다. 오스만의 파리 도시 정비 계획 이후의 모습을 약 200년간 유지해온 것이죠. 도시 정비 계획 후 파리 아파트들은 파리의 가로수와 잘 어울리며 미적으로 아름다운 모습을 뽐내는 파리 도시 풍경을 만들었다고 볼 수 있습니다.

오스만의 파리 도시 정비 계획 이후의 과정에서 20세기 프랑스 대표 건축가인 르 꼬르뷔지에(Le Corbusier)의 영향력 또한 무시할 수 없습니다. 르 꼬르뷔지에의 건축이념 중 특히 도미노(Domino)이론은 프랑스 파리뿐만 아니라 20세기 유럽 건축 전체에 큰 영향을 미쳤으며, 이 결과로 유럽의 '집합 주택형식'이 확립되었다고 볼 수 있습니다. 르 꼬르뷔지에 도미노이론이 유럽에 퍼지며 파리에는 근대적 기능주의에 기반한 건축 형태가 주류를 이뤘고, 아파트와 같은 집합주택에 대한 기능주의적, 합리적 계획을 바탕으로 다양한 주거 문제들이 터져 나왔다고 할 수 있죠[406]. 현재 우리가 생각하기에도 사소한 변화에 민감하게 반응하기 쉬운데, 당시의 산업혁명 발전 과정에서 주거공간이 기능주의적인 성격을 갖고 변화한다면 수많은 주거 문제들이 발생했을 것 같습니다.

그림 1 현재까지 남아있는 6층 높이 프랑스 아파트

또한 르 꼬르뷔지에의 도미노 이론에 의한 기능주의적이고 합리주의적인 건축과 함께 1950년대 제2차 세계대전 이후의 프랑스를 비롯한 유럽 전반에는 신속한 복구와 재건을 위한 건축이 이루어졌습니다. 1920년대에 등장한 르 꼬르뷔지에의 '근대건축 5원칙'은 기능성, 현대성, 단순성, 현실성, 공간과 조명 활용이라는 5가지 원칙을 중요시하는데 이 근대건축의 성격과 이전 19세기 조르주-외젠 오스만의 프랑스 파리 전경 통일감을 추구하는 재개발 성격이 만나 <그림1>의 아파트 모습처럼 오늘날의 시각적으로 통일된 프랑스의 모습이 나타났다고 볼 수 있는 것입니다[407][408].

프랑스의 공공임대주택 아파트(HLM)

… 프랑스의 공공임대주택(HLM)이 궁금해!

저는 위에서 소개한 파리의 재개발 이후, 현대사회에서 새롭게 지어지는 공공임대주택에 더 관심이 생겼습니다. 그렇게 멋과 아름다움을 중요시하며 통일된 파리 전경을 지키려는 프랑스인들은, 과연 어떤 모습으로 새로운 신축 아파트, 공공임대주택 아파트를 지을 것이며, 이러한 신축 아파트와 공공임대주택 아파트에 대한 사람들의 시선은 어떨지 궁금하지 않을 수가 없죠.

저는 과연 공공임대주택 아파트가 프랑스 사람들의 주거 문제를 해결하며 편의성을 제공한다는 관점을 가진 파리지앵들이 많을지, 반대로 파리 전경의 안정감과 통일감을 해치고 파리 도심의 시민 안전성을 낮춘다는 부정적인 관점을 가진 파리지앵들이 많을지 무척 궁금했습니다. 이러한 프랑스인들의 다양한 공공임대주택 아파트에 대한 인식과 한국의 공공임대주택 아파트에 대한 인식 차이는 뒤에서 알아보도록 하고 우선 프랑스의 공공임대주택에 대해 먼저 알아봅시다.

프랑스의 공공임대주택은 과연 무엇일까요? 프랑스의 공공임대주택은 1894년, 프랑스 정부가 「지그프리드법(Loi Seigfried)」을 제정함으로써 저렴한 임대주택의 공급을 시작하는 것에서 시작됩니다. 기업에 세금면제 혜택을 주면서도 대신 저렴한 임대료 주택을 건설하도록 하는 이 법은 프랑스 국민의 주택난 문제를 해결하고자 하는 정부의 노력이라고 볼 수 있습니다. 이후 프랑스 정부는 1896년 「스트라우스법(Loi Strauss)」, 1912년 「보누베법(Loi Bonnevay)」을 제정하면서 지방자치단체가 주도하는 저가 주택(Habitations à bon marché : HBM)을 공급하는 공사가 설립하였고 이후 저가 주택의 보급이 시작되었습니다.[409] 저가 주택 보급의 시작을 보면, 공공임대주택의 본질적인 목적과 방향은 국민 중 특히 서민들을 위한 주택난 해결책이라고 할 수 있습니다. 공공임대주택 보급을 시작하고 주택 보급 수를 늘리면서 그 목적과 방향의 측면에서는 표면적으로 주택난 해결에 큰 도움이 될 수 있는 획기적인 주택 정책이라고 볼 수 있겠네요.

우리가 주목해야 할 현대 프랑스 공공임대주택 아파트는 저렴 임대주택으로 불리는 HLM(HLM : Habitation à Loyer Modéré. 이하, 저렴 임대주택)입니다. 프랑스 저렴 임대주택은 중앙 정부 보조하에 지방정부가 주도하는 것과 더불어 정부 조직 이외의 일반기업 또는 금융기관, 상공회의소, 공제조합기관 등의 주도로 설립된 주식회사의 명칭이기도 합니다. 특정 저가 임대주택에 대해서는 주택의 면적과 설비 수준에 근거해 제곱미터(㎡)당 정해진 임대료를 받도록 하는 제도하에 운영되고 있는데요, 최종적인 저가 임대주택 임대료는 저가 임대주택기관이 결정하고, 그 범위는 정부가 정한 최저선과 최고선 사이에서 이루어진다고 합니다. 또한 임대료는 6개월마다 인상될 수 있으나, 임대료 상한선은 전체 임대료의 10%를 상회해서는 안 된다는 규정 등 정부의 규제 하에 관리됩니다.

저가 임대주택은 프랑스 국적을 소유하거나 프랑스에 장기체류하는 외국인 중 일정 수준(경제적) 이하인 가구에만 입주 자격이 주어지는데요, 소득 기준이 프랑스 국가에서 정한 법정최저임금의 3배를 기준으로 측정되기에 오직 저소득층만을 대상으로 하는 것은 아니라고 합니다.[410] '저가'라는 단어가 붙었다고 해서 오직 사회적 및 경제적으로 빈곤한 계층만이 아닌 정부의 도움을 받을 수 있는 범위가 넓다는 의미로 볼 수 있겠습니다. 실제 1977년, 소득 한도 기준이 과도하게도 관대하게 설정된 사례가 있는데, 이때 전체 인구의 80%가 입주 가능하였다고 합니다. 이런 경우, 저가 임대주택 입주 우선권은 일정한 수준 이하의 주택에 거주하거나 집이 없는 무주택자 및 홈리스(homeless)에게 주어집니다. 프랑스 정부에서는 '0% 이자율 대출(prêt à taux zéro)'이라는 지원제도를 제공하고 있는데, 이 제도는 주택을 여태까지 한 번도 소유하지 않았던 사람을 대상으로 제공되며 소득에 제한이 있습니다. 프랑스 정부의 저가 임대주택 지원비용은 가구의 구성원 수, 해당 지역 등 다양한 변수에 의해 차등화되며 발생한 이자에 대한 부담은 정부가 진다는 점에서 국민, 특히 서민을 위한 지원이 법적으로 보장되는 상황이라고 할 수 있습니다[411].

… 한국의 공공임대주택 아파트는 어떨까?

그렇다면 한국의 공공임대주택 아파트는 어떨까요? 1960년대 아파트가 한국에 들어서기 시작한 뒤 1990년대까지 30여 년이 지나는 기간 동안 공공주택과 아파트가 전체 주택에서 차지하는 비중은 크게 상승했습니다. 아파트의 층수도 5-6층의 저층 아파트에서 70년대 중반부터는 15층 규모로 올라갔으며 2000년대에 들어서는 초고층아파트의 시대로 바뀌었죠[412]. 서양의 아파트 건축기술과 2000년대 이후 전 세계 건축기술 발달의 힘을 빌린 획기적인 변화라고 저는 생각했지만, 한국의 아파트 단지 발달을 두고 누군가는 "마치 울면서 새 도화지를 달라고 떼쓰는 어린아이의 모습 같다. 몇십 년 동안 멋있을 것이라고 생각했던 아파트를 지어 댔다. 그런데 만들어진 도시가 유럽의 사진 속에 나오는 그림

같은 도시가 아니었다. 그러니 부수고 처음부터 다시 시작해야겠다는 재개발 방식은 새 도화지 달라고 떼쓰는 어린아이 같은 모습이 아닐까?"라고 평가하기도 합니다[413]. 이런 평가 중 유럽의 사진 속 그림 같은 도시와 한국의 아파트가 위치한 도시 풍경이 다를 수밖에 없는 이유를 이제는 이 글을 읽는 사람이라면 어느 정도 잘 이해할 수 있을 것이라 기대합니다. 특히 프랑스 파리와 한국의 서울을 비교하면, 프랑스 파리는 옛 도시의 풍경을 유지하려는 오스만의 도시 정비 계획과 이후 재개발 금지 구역 정책 등 다양한 노력을 통해 예전 파리의 모습이 유지되었고, 한국의 서울은 재개발 과정에서(이전 일제강점기, 6・25 전쟁 등 다양한 과정의 영향도 있겠지만) 서울의 옛 모습인 조선 한양의 모습을 많이 잃은 것이 두 도시의 풍경 차이를 만든 것이죠.

이런 맥락에서 한국에 공공임대주택은 1980년대에 본격적으로 보급되었습니다. 1987년 이전까지는 주택이 단지 개인의 사적 재화로서 시장에서 개인이 본인 재산으로 자력 구매하거나, 구매 후 임차 대상으로 아파트를 비롯한 주택이 사용되었습니다. 하지만 1987년 한국에선 민주화 투쟁과 대통령직선제 개헌 이후 주택문제에 대한 정치적&사회적 요구가 쏟아졌고 서울을 비롯한 도시 저소득층을 위한 공공임대주택 공급이 확대된 것입니다[414].

저소득층을 위한 공공임대주택 아파트는 이런 맥락 속에서 1989-95년 최초로 42.68㎡ 이하 규모로 임대 시세의 30%로 공급되었고, 이후 1992~2003년 이를 대체하는 50년 공공임대주택이 등장했습니다. 이 50년 공공임대주택은 나중에 30년 기간의 국민임대주택으로 대체되었으며 임대 시세의 50~80%, 50㎡ 미만 규모로 공급되는 변화를 거쳤습니다. 공공임대주택에 대한 주거급여는 2014년 지급되기 시작했으며 2015년 주거기본법이 제정되면서 저소득층을 위한 정부의 지원 또한 본격화되기 시작했습니다[415]. 한국의 공공임대주택 아파트 또한 국민, 특히 서민을 위한 사회복지 성격을 가진다는 점이 프랑스와 유사한데, 당연히 공공임대주택이라는 '공공'의 본질적인 복지 성격에서 유래한다고 볼 수 있겠죠?

한국의 공공임대아파트 리모델링의 경우 2001년 법규에 처음으로 등장합니다. 공공임대아파트의 문제점 중 하나인 건물 노후화 문제를 해결하기 위한 리모델링에 대해 알아봅시다. 한국 공공임대주택(영구임대주택을 제외한) 단지는 「주택건설기준 등에 관한 규칙」과 「주택건설기준 등에 관한 규정」에 따라 건설되고 있다는 것이 특징입니다. 다만 누군가는 저소득층이 많은 공공임대주택 주민의 복지 수요 특성에 이 공공임대주택의 특징이 대응하기 곤란하며 공공임대주택이 주로 공급된 1980년대 말부터 1990년대 초 설치기준과 현재의 설치기준이 달라 조경 시설, 녹지 내 휴게소, 주차장, 보육시설, 주민운동시설 등이 매우 부족한 상황이라고 말합니다[416]. 제가 현재 거주하고 있는 아파트도 1988년 올림픽이 열리던 당시에 세워진 낡은 아파트라 주차장 주차선, 수도시설 및 방음시설의 수리에 큰 어려움을 겪고 있는 상황을 저는 자주 목격하기도 합니다. 도시화로 인한 도시 인구 밀집과 그로 인해 발생한 주택난을 해결하기 위해 급하게 1990년대 공공임대주택을 건설하는 상황과 당시의 건축기술의 한계 등 다양한 요인이 현재 설치기술 및 건축기술과의 부조화에 작용하여 공공임대주택 리모델링의 필요성을 초래한다고 해석할 수 있습니다.

그 결과 한국 주택 리모델링은 2011년 이후 그 증축 범위가 30~40%로 증가하고 1인 가구 수 증가를 고려해 세대 분할 허용, 별동 증축, 측면 증축, 2~3개 층 수직 증축, 기존 세대수 15% 이내 신규 분양이 가능하게 되는 등의 변화를 거쳤습니다. 공공주택 리모델링의 경우에도 건축 후 15년 이상이 지난 영구임대주택과 50년 공공임대주택의 노후 시설 교체가 2008년부터 2010년 사이에 실시되었으며 2010년에는 장기공공임대주택 입주자의 삶의 질 향상 지원법이 제정되어, 건물의 용적률 및 높이 등 기준을 20% 완화하는 내용이 담긴 공공주택 리모델링의 틀이 마련되었습니다[417]. 공공임대주택 또한 이 공공주택 리모델링의 틀 안에서 기존의 노후화 시설을 고칠 수 있지요.

… 프랑스 저렴 임대주택(HLM)과 한국의 공공임대주택 아파트의 차이

공공임대주택의 본질적인 사회·복지적 성격이 프랑스와 한국 공공임대주택 아파트의 공통점이지만, 두 국가의 공공임대주택 아파트 사이에는 주목할만한 차이점이 하나 존재합니다. 공공임대주택의 정책적인 측면의 차이점인데, 바로 공공임대주택에 대한 총체적 권한이 누구에게 있느냐의 차이입니다.

프랑스와 한국 모두 이전 설명에서 보았듯 공공임대주택 아파트 건축 시행, 임대료 측정 등 임대주택에 중앙 정부가 관여하는 비중이 작고 각 지방정부가 핵심적으로 주도하여 공공임대주택 아파트를 관리한다는 점에서는 유사합니다. 다만 주목해야 할 차이는 프랑스 공공임대주택 아파트는 민간기업에 의해서도 지어진다는 것입니다[418]. 한국은 모든 공공주택을 중앙 정부와 각 지방정부만이 건설하고, 민간기업의 건설에 정부가 기업에 '역세권 청년주택 지원금'[419] '용적률 및 층수 규제 완화' 등 지원금 및 규제 완화 형식으로 지원만을 해주는 것과 달리 프랑스는 민간기업이 공공임대주택(프랑스의 경우 저렴 임대주택) 건설을 주도할 수 있다는 것입니다.

공공주택에 대한 프랑스인과 한국인의 인식 차이

… 프랑스 부르주아 계층과 현대 저렴 임대주택에 대한 인식

'부르주아(Bourgeois)'라는 단어를 한 번쯤 들어본 적이 있지 않나요? 부르주아란 부르주아 계층에서 유래한 단어이며, 부르주아 계층은 본래 중세부터 도시에 거주하던 프랑스 시민을 가리키는 용어이나 근대 민주주의 혁명 즉 부르주아 혁명의 담당 계급을 뜻하는 용어이기도 합니다[420]. 프랑스 아파트 중 오스만식 아파트와 현대 프랑스 저렴 임대주택에 대한 프랑스인 인식과 부르주아란 단어는 무슨 연관이 있을까요?

오스만의 파리 도시 정비 계획 후 오스만식 아파트 건물은 대부분 부르주아 계층의 소유물이었습니다. 18세기 기존 봉건 체제에 반대하는 민주주의 혁명을 주도한 역할의 부르주아 계층은 혁명 이후 교회와 귀족으로부터 거둔 토지로 더욱 경제적 여유를 누릴 수 있었습니다. 부르주아 계층은 부를 과시하고 '귀족'의 자세를 갖춘 새로운 '문명화 계급'을 지향하면서, 6~7개의 층 구조의 오스만 아파트 건물 내 층별로 계급을 나타내는 인식을 주도했습니다. 6~7개의 층 중 1층에는 빵집이나 식당 같은 상점들이 들어섰고, 부르주아 계층은 2층에 거주하는 것을 선호하는 문화를 유행시켰습니다. 엘리베이터가 없던 당시 높은 층까지 이동하며 생활하기에는 불편함을 느낄 수밖에 없었기 때문입니다. 부르주아가 거주한 2층 위에는 중산층, 4층엔 빈민층, 그리고 5층~6층의 꼭대기 층에는 부르주아 계층의 하인이나 집시들이 거주했다고 합니다.

부르주아가 주도한 아파트 층별 계층 문화를 잘 보여주는 예시로 1845년 프랑스 작가 줄 에쩰(Jules Hetzel)의 코믹 잡지에 실린 '파리의 악마, 파리와 파리지앵(Le Diable à Paris, Paris et les Parisiens)이라는 그림이 있습니다. 이 그림에서 작가는 화려하게 장식된 부르주아 계층의 2층 주거공간과 그 위로 층층이 올라갈수록 주거공간이 빈약해지며 꼭대기 층의 하인, 집시 계층의 주거공간을 묘사했고 방의 크기와 위생 상태 정도가 매우 빈약한 모습을 찾아볼 수 있으며 이는 당시 파리 아파트의 층별 사회계층을 보여주는 대표적인 삽화라고 할 수 있습니다[421].

또한 2000년대에도 파리 내 부르주아 지역으로 불리기도 하는 파리 6~9구는 저렴 임대주택의 비중이 전체 주택의 2~3%에 불과하지만 이에 반해 상대적 저소득층이 많은 파리 13, 19, 20구는 저렴 임대주택의 비중이 전체 주택의 35%가 넘는다고 합니다[422]. 이는 기존의 중세의 부르주아 계층 출신이 현재까지도 상대적으로 경제적 상류층에 속해있다 결과 중 하나라는 것을 알 수 있습니다. 실제 프랑스의 공공임대주택 의무 공급 비율을 강제하는 법안인 SRU(Loi Solidarité et Renouvellement Urbain)법이 2000년에 제정된 후 의무 공급 규정을 준수하지 않은 프랑스 200여 자치구는 2016년까지 5,000만 유로, 약 675억 원에 해당하는 벌금을 냈다고 합니다. '자신들의 구 내에 공공임대주택을 새로 건축하는 것보다 차라리 벌금을 내고 말겠다.'라는 태도로 볼 수 있죠.

또 다른 시선에서 본다면 벌금을 낸 해당 200여 자치구는 이 엄청난 금액의 벌금을 낼 능력이 있는 지역이라는 뜻으로 볼 수 있습니다. 프랑스 정부는 1980년대부터 무려 40여 년간의 꾸준히 소셜믹스 가치를 추구했지만 파리는 부자 동네(파리 6~9구)와 상대적으로 가난한 동네(13, 19, 20구)는 공공주택 공급률로도 가늠할 수 있는데, 해당 구의 임대주택 비율 차이는 이런 측면을 반영하고 있는 것입니다. 저렴 임대주택의 비중이 3%와 35%인 이 경제적 차이는 임대주택에 대한 파리 내 서로 다른 구별 출신 프랑스인의 임대주택에 대한 인식 차이에 이바지한다고 생각합니다.

프랑스인의 도시 주거 전통에서 유래한 보 까르띠에 (Beaux Quartiers)는 아름다운 동네에 대한 애착을 의미합니다. 이 프랑스인의 보 까르띠에 정신 또한 프랑스인이 프랑스만의 도시 전통과 도시 주거 전통(중세 이후 르네상스와 바로크-로코코를 거친 프랑스의 전통 양식)을 유지하고 계승하려는 태도를 보여주는 상징적인 정신이라고 생각합니다. 또한 몇몇 건축학자는 "파리 사람들은 현재에도 주거지를 고를 때 실제로 리노베이션과 엘리베이터 등 시설을 고려하기보다 자신의 아파트가 위치한 곳에서 가까운 곳에 시장은 열리는지, 상점이나 빵집은 충분한지, 문화시설과 공원이 있는지를 훨씬 중요하게 따져본다."라고 말하며 프랑스인이 아파트 건물의 기능적인 면보다 주변 환경과 소통하고 타인과의 조화를 더 중시한다는 생각을 보이기도 합니다[423].

그럼 어째서 이 프랑스인의 전통 양식 건물을 사랑하고 계승하려는 태도와 부르주아 계층의 영향으로 고착된 아파트 층수별 이미지가 현재까지 아파트 및 프랑스 임대주택에 영향을 미친 것일까요?

한 프랑스-한국 건물에 관한 영상인터뷰에서 프랑스인 영상 콘텐츠 제작자는 한국 아파트 모습을 보고 "프랑스에서 이런 형식의 건물은 가난한 사람을 위한 건물이다. 이런 건물은 가장 저렴한 건축 방식이기 때문이다"라고 하며 "같은 공간에 최대한 높이 올려서 최대의 인원을 수용하는 것보다 싼 건축은 없다. 아파트 설계는 Ctrl+C, Ctrl+V면 끝난다"라고 평했습니다[424]. 전통의 프랑스만의 멋과 아름다움, 오랜 역사를 자랑하는 고전 양식의 아파트와 건물들을 지키는 것을 중요하게 여기며 프랑스인은 그 프랑스만의 공간인 오스만식 아파트에 거주하는 것을 현대식 프랑스 저렴 임대주택에 거주하는 것보다 선호하는 것이라고 알 수 있죠.

… 한국인의 공공임대주택 아파트에 대한 시선

저는 공공임대주택 아파트에 대한 한국인의 보편적인 사회적 인식은 명확하지는 않다고 생각합니다. 다만 '아파트'에 대한 한국인의 인식은 긍정적이라고 생각하는데, 그 배경에는 1960년대 마포아파트 건립 이후 정부의 아파트 건설 전략이 있다고 생각합니다. 정부는 일제강점기와 광복 및 6·25전쟁 이후 소규모 민간 아파트의 노후화, 빈민굴 이미지와 달리 중산층이 거주할 수 있는 넓은 아파트 단지, 고층 주동, 첨단설비로 서구화와 발전을 상징하고자 하였으며 결과는 성공적이었다고 평가됩니다[425]. 아파트와 아파트 부동산 시장에 대한 한국인의 초기 의심은 아파트 매매가 상승과 지역 명소화와 영화의 배경으로 아파트 단지가 등장하기 시작하면서 사라지고 아파트에 대한 긍정적인 인식으로 변화한 것입니다. 이후 주택공사의 동부이촌동 아파트, 반포아파트, 서울시의 여의도 시범아파트, 현대건설의 압구정 현대아파트 등 다양한 아파트가 지속해서 성공하고, 아파트 공급 규모가 점점 커지며 아파트는 중산층을 넘어 부유층 주택의 유형으로 자리 잡고 그 이미지 또한 긍정적으로 변화하였다고 볼 수 있습니다.

하지만 저는 공공임대주택 아파트에 대한 한국인의 인식 중에 다소 부정적인 인식이 대부분이라고 봅니다. 이는 공공임대주택 아파트가 가진 여러 문제점에서 시작됐다고 볼 수 있겠죠.

우선 공공임대주택단지 커뮤니티의 활성화 미흡과 관련된 공공임대주택에 대한 부정적 인식을 보면, 한 행정학자의 의견에 따르면 공공임대주택의 커뮤니티가 비활성화되는 이유는 공공임대주택단지 정책이 공공임대주택 수요자보다는 공급자 측면(공기업과 정부의 측면)에서 시행되었기 때문이라고 설명합니다. 공공임대주택단지에 입주하는 사회적 약자 계층에 대한 사회적 배제와 소외로 인해 임차인대표회의 조직

률이 낮고 조직된 경우에도 권한이 주어지지 않아 주민자치와 관리참여가 미흡하게 된다는 것입니다[426]. 이는 결국 공공임대주택 내부 임차인 사이의 소통 결여와 이 주변 환경의 모든 사람에게 부정적인 인식을 안겨 줄 수밖에 없죠. 또한 이러한 맥락에서 해당 학자는 공공임대주택 단지의 노후화 문제와 주거환경 문제와 관련해 공공임대주택에 대한 부정적 인식을 보이기도 합니다.

마무리하며

위의 글을 통해 주거공간 중 아파트, 특히 공공임대주택 아파트에 대한 개인적인 호기심을 시작으로 프랑스와 한국의 공공임대주택을 알아보았습니다. 프랑스의 파리와 한국의 서울의 아파트를 기반으로 한 도시 풍경에 대해, 각 도시의 건축물과 해당 지역의 기후 사이의 상관관계, 그리고 그 영향으로 아파트가 프랑스와 한국에 어떻게 들어섰는지에 대해 많은 이해가 되었길 바랍니다.

또한 프랑스와 한국에서 공공임대주택을 어떻게 부르는지, 관련 정책은 무엇이 있는지를 통해 공공임대주택이 각 국가에서 어떤 점에서 다른지 알아보았습니다. 공공임대주택에 대한 프랑스인과 한국인의 인식은 공통으로 부정적인 인식이 많았지만, 그 배경에 문화적인 차이가 있었죠. 프랑스와 한국 모두 이러한 공공임대주택 아파트에 대한 사회·문화적 인식을 극복하여 프랑스의 '소셜믹스' 가치와 한국의 세대 차이를 극복하길 바라며 이 글을 읽은 여러분들도 공공임대주택에 대해 타인과 더 원활한 소통을 할 수 있었으면 좋겠습니다.

축구... 좋아하세요?

남치원

‖ 가천대 유럽어문학과(프랑스어) 4학년 ‖

21/22시즌부터 22/23시즌까지 스페인의 1부리그인 라리가 산탄데르(LaLiga Santander, 이후 라리가로 표기)의 RCD 마요르카(RCD Mallorca)에서 뛰던 이강인 선수가 23/24시즌을 앞두고 프랑스의 파리 생제르망(Paris Saint-Germain, 이후 PSG로 표기)으로 이적하면서 프랑스 축구에 대한 한국인들의 관심이 커졌습니다. 그래서 저는 프랑스의 축구와 한국의 축구에는 어떠한 공통점이 있고 어떠한 차이점이 있는지를 알아보려 합니다. 그리고 만약에 한국 국가대표팀과 프랑스 국가대표팀이 경기를 치르게 된다면 경기의 승자는 누가 될까요? 지금까지 프랑스 국가대표팀과 한국 국가대표팀의 국제축구연맹(Fédération Internationale de Football Association, 이후 FIFA로 표기)에서 인정한 A대표팀의 국제공식경기 기준 상대 전적은 한국을 기준으로 1무 2패[427]입니다. 2001년 FIFA 컨페더레이션스컵(FIFA Confederations Cup)에서 0대5 패배, 2002년 친선경기에서 2대3 패배, 2006년 독일 월드컵에서 1대1 무승부를 기록했습니다.

프랑스와 한국 축구의 시작

프랑스 축구연맹(Fédération Française de Football, 이후 FFF로 표기)은 FFF라고 불립니다. FFF[428]는 1917년에 탄생한 프랑스 국제 축구위원회(Comité Français Interfédéral, 이후 CFI라고 표기)가 만든 프랑스컵의 성공에 이어서 1919년 4월 7일 설립된 프랑스 축구협회(Fédération Française de Football Association, 이후 FFFA라고 표기)의 탄생 이후에 2019년 4월 7일에 100주년 기념으로 설립되었습니다. 프랑스 국가대표팀의 FIFA 랭킹은 2위[429](2023년 11월 30일 발표 기준)입니다. 프랑스는 유럽축구연맹(Union of European Football Associations, 이후 UEFA로 표기)인 UEFA 가입국입니다. 프랑스의 국가대표팀은 FIFA 월드컵(FIFA World Cup, 이후 월드컵으로 표기)을 1998년과 2018년에 2번 우승하고 유럽 국가 대항전인 UEFA 유로(UEFA EURO, 이후 유로로 표기)를 1984년과 2000년에 2번 우승했으며 가장 최근인 2022년 카타르 월드컵에서 준우승한 세계적인 축구 강국[430]입니다.

대한축구협회는 KFA[431](Korea Football Association, 이후 KFA로 표기)라고 불립니다. KFA는 1933년 9월 19일에 창립되었다가 1942년 일제에 의해 해산된 후 1945년 해방 뒤에 다시 복원된 조선축구협회를 이어 1948년 9월 4일 대한축구협회로 명칭을 바꿨습니다. 한국 국가대표팀의 FIFA 랭킹은 23위[432](2023년 11월 30일 발표 기준)입니다. 한국은 아시아 축구연맹(Asian Football Confederation, 이후 AFC로 표기)인 AFC 가입국입니다. 한국 국가대표팀은 2002년 한·일 월드컵 4강과 아시아 국가 대항전인 AFC 아시안컵(AFC Asian Cup, 이후 아시안컵으로 표기)을 1956년과 1960년에 2번 우승했고 가장 최근인 2022년 카타르 월드컵에서 16강에 진출했던 아시아의 축구 강국[433]입니다.

프랑스 리그와 한국 리그의 시작

프랑스의 프로축구리그를 의미하는 프랑스 프로축구연맹(Ligue de Football Professionnel, 이후 LFP로 표기)은 1933년[434]에 출범했습니다. 이에 속한 1부리그의 정식 이름은 Ligue 1 Uber Eats(이후 리그앙으로 표기)이고, 2부리그의 정식 이름은 Ligue 2 BKT(이후 리그두로 표기)입니다. LFP는 UEFA와 FIFA에 소속되어 있습니다. 리그앙의 공식 타이틀 스폰서는 Uber Eats[435]이고 리그두의 공식 타이틀 스폰서는 BKT[436]입니다.

KFA의 프로축구인 K리그는 1983년[437]에 출범했습니다. 이에 속하는 1부리그의 정식 이름은 K리그1이고, 2부리그의 정식 이름 K리그2입니다. K리그는 AFC와 FIFA에 소속되어 있습니다. K리그는 라리가와 2020년 12월부터 맺어온 상호 발전을 위한 업무 협약[438]을 2023년 11월 28일에 2026년 말까지 연장하기로 했습니다. 기존 협력 분야였던 국제화 전략, 유소년 축구 발전, 마케팅 및 브랜드 전략, 중계 제작 품질 향상 등의 교류에 이어 선수와 코치를 위한 훈련 프로그램, e스포츠 대회 공동 프로모션 추진, 여자축구 활성화 및 차별 반대 캠페인 등 새로운 분야 또한 확대했습니다. K리그의 공식 타이틀 스폰서는 하나은행이고 다른 공식 스폰서[439]로는 HD현대오일뱅크, sorare, EA Sports, 아디다스, flex, ㈜경남제약, 링티, 동원 F&B, 쿠팡 플레이가 있습니다.

리그앙과 K리그1에 참여하는 구단은?

23/24시즌 리그앙에 참가하는 구단은 리그 우승을 열한 번 하고 이강인 선수가 속한 PSG[440], 리그 우승을 네 번 한 OGC 니스[441], 프랑스 영토가 아닌 모나코 공국을 연고지로 하며 박주영 선수가 활약했던 AS

모나코[442], 리그앙에서 19/20시즌부터 5시즌 연속으로 활약하고 있는 스타드 브레스투아 29[443], 20/21시즌 깜짝 리그 우승을 차지했던 릴 OSC[444], 리그 열한 번 우승과 프랑스 구단 중 유일한 UEFA 챔피언스리그(UEFA Champions League, 이후 UCL로 표기) 우승팀 올랭피크 드 마르세유[445], 리그를 한 번 우승한 RC 랑스[446], 유러피언 컵(European Cup)을 두 번 준우승한 스타드 드 랭스[447], 파산으로 인해 11/12시즌부터 5부리그로 강등당했지만 계속 상위리그로 승격해 17/18시즌에 리그앙으로 승격한 RC 스트라스부르 알자스[448], 쿠프 드 프랑스(Coupe de France, 이후 쿠프 드 프랑스로 표기)를 세 번 우승한 스타드 렌 FC[449], 2부리그를 여섯 번 우승한 르아브르 AC[450], 11/12시즌 구단 역사상 첫 리그 우승했고 윤일록 선수도 활약했던 몽펠리에 HSC[451], 리그를 여덟 번 우승한 FC 낭트[452], 두 번의 쿠프 드 프랑스를 우승한 FC 메스[453], 리그를 01/02시즌부터 07/08시즌까지 7시즌 연속 우승했던 올랭피크 리옹[454], 저번 시즌 쿠프 드 프랑스를 우승한 툴루즈 FC[455], 01/02시즌 쿠프 드 프랑스를 우승한 FC 로리앙[456] 그리고 21/22시즌에 창단 후 처음으로 리그앙에 참가한 클레르몽 풋 63[457]이 있습니다.

2023시즌 한국의 1부리그인 K리그1에 참가하는 구단으로는 최근 2시즌 연속 리그 우승과 두 번 AFC 챔피언스리그(AFC Champions League, 이후 ACL로 표기)를 우승한 울산현대축구단[458], 한국 구단 중 ACL 최다 우승인 세 번과 이번 시즌 FA컵을 우승한 공동 FA컵 최다 우승팀 포항 스틸러스[459], 저번 시즌 2부리그를 우승하고 승격한 광주 FC[460], 1부리그 최다 우승인 아홉 번과 두 번 ACL을 우승한 전북 현대 모터스[461], 이번 시즌 처음으로 ACL에 참가했지만 아쉽게 조별리그에서 탈락한 인천유나이티드 FC[462], 2018시즌 창단 후 첫 FA컵을 우승한 대구FC[463], 여섯 번의 1부리그를 우승했지만 2016시즌 리그 우승 후 우승이 없는 FC서울[464], 한 번의 FA컵 우승과 한 번의 2부리그 우승이 있는 대전하나시티즌[465], 1989시즌 1부리그를 우승한 제주유나이티드[466], 2008년에 창단한 강원FC[467], 2012시즌부터 프로리그에 참가한 수원FC[468] 그리고 2019시즌 FA컵 우승 이후 우승이 없는 수원삼성블루윙스[469]가 있습니다.

프랑스 구단이 출전할 수 있는 대회와 한국 구단이 출전할 수 있는 대회는?

UEFA 주관 최상위 대회인 UCL의 진출자격은 리그앙 우승팀, 2위 그리고 3위가 얻습니다. 우승팀과 2위는 조별리그 직행이지만, 3위는 3차 예선 리그 패스(league path, 이후 리그 패스로 표기) 진출 자격[470]이 주어집니다.

표 1 UCL 3차 예선 리그 패스

3차 예선에서 승리할 경우 UCL 플레이오프에 진출하고 패배할 경우 UEFA 유로파리그(UEFA Europa League, 이후 UEL로 표기) 플레이오프에 진출합니다. UCL 플레이오프에서 승리 시 조별리그 진출이고 패배 시 UEL 조별리그에 진출합니다. UCL 3차 예선에서 패배해 UEL 플레이오프에 진출해 승리하면 UEL 조별리그 진출이고 패배하면 탈락입니다.

UCL 본선[471]은 32팀이 4팀씩 8조로 나누어져 조별리그 6경기를 진행합니다. 같은 나라 협회에 속한 팀들은 같은 조가 될 수 없습니다. 조

1위와 2위는 16강에 진출합니다. 1위와 2위 대진을 추첨하는데 같은 리그에 소속된 팀들과 같은 조에 있었던 팀들은 16강에서 만날 수 없습니다. 이후 8강부터는 무작위 추첨으로 대진이 정해집니다. 16강부터 4강까지 홈과 원정 2경기 합산토너먼트로 진행됩니다. 결승전은 중립 구장에서 단판으로 진행됩니다.

UEFA 주관 두 번째 상위 대회인 UEL의 진출자격은 위에서 말한 경우의 리그앙의 3위, 4위 그리고 쿠프 드 프랑스 우승팀이 얻습니다. 만약 쿠프 드 프랑스 우승팀의 리그 순위가 4위 안에 들면 5위에게 UEL 진출권[472]이 생깁니다.

UEL 본선[473]은 32팀이 4팀씩 8조로 나누어져 조별리그 6경기를 진행합니다. 같은 나라 협회에 속한 팀들은 같은 조가 될 수 없습니다. 조 1위는 16강에 진출하고 2위와 UCL 조 3위는 녹아웃 플레이오프(Knock-out Play-offs, 이후 녹아웃 플레이오프로 표기)에 진출합니다. 조 2위와 UCL 조 3위의 대진을 추첨하고 승자와 조 1위 팀의 대진을 추첨하며 이것이 16강입니다.

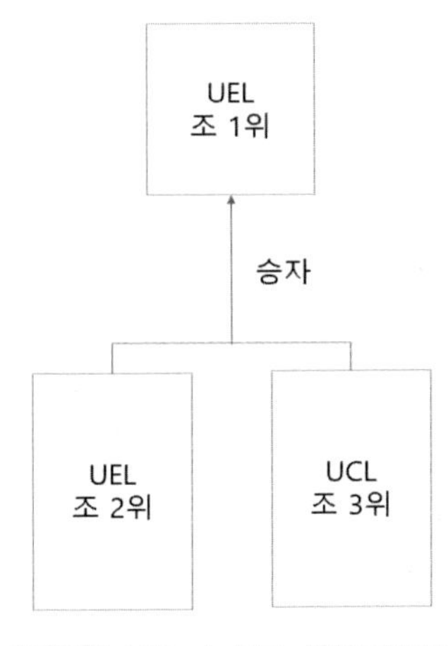

표 2 UEL 녹아웃 플레이오프

녹아웃 플레이오프와 16강에서 같은 리그에 소속된 팀들과 같은 조에 있었던 팀들은 만날 수 없습니다. 8강부터는 무작위 추첨으로 대진이 정해집니다. 녹아웃 플레이오프부터 4강까지 홈과 원정 2경기 합산 토너먼트로 진행됩니다. 결승전은 중립 구장에서 단판으로 진행됩니다.

UEFA 주관 세 번째 상위 대회인 UEFA 유로파컨퍼런스리그(UEFA Europa Conference League, 이후 UECL로 표기)의 진출자격은 자동 조별리그 진출은 없고 반드시 플레이오프를 거쳐 승리하면 조별리그에 진출하고 패배 시 탈락입니다. 플레이오프 진출권[474]은 리그 5위가 얻고 만약 5위가 UEFA 주관 상위 대회에 참가하면 차순위 구단이 진출 자격을 갖습니다.

UECL 본선[475]은 32팀이 4팀씩 8조로 나누어져 조별리그 6경기를 진행합니다. 같은 나라 협회에 속한 팀들은 같은 조가 될 수 없습니다. 조 1위는 16강에 진출하고 2위와 UEL 조 3위는 녹아웃 플레이오프에 진출합니다. 조 2위와 UEL 조 3위의 대진을 추첨하고 승자와 조 1위 팀의 대진을 추첨하며 이것이 16강입니다.

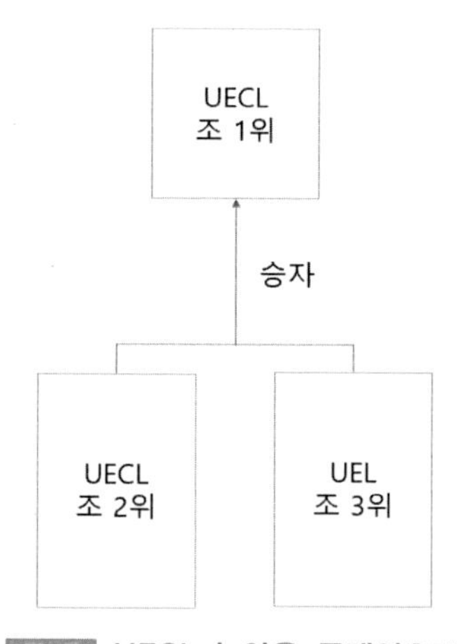

표 3 UECL 녹아웃 플레이오프

녹아웃 플레이오프와 16강에서 같은 리그에 소속된 팀들과 같은 조에 있었던 팀들은 만날 수 없습니다. 8강부터는 무작위 추첨으로 대진이 정해집니다. 녹아웃 플레이오프부터 4강까지 홈과 원정 2경기 합산 토너먼트로 진행됩니다. 결승전은 중립 구장에서 단판으로 진행됩니다.

한 경기로 승부를 내는 UEFA 슈퍼컵(UEFA Super Cup, 이후 슈퍼컵으로 표기)은 UCL 또는 UEL을 우승하면 참가할 수 있습니다.

각 대륙 축구연맹 주최 최상위 대회 우승팀과 개최국 리그 우승팀이 참가하는 FIFA 클럽월드컵(FIFA Club World Cup, 이후 클럽월드컵으로 표기)은 UCL을 우승하면 참가할 수 있습니다.

FFF에서 주최하는 쿠프 드 프랑스는 프랑스에 소속된 프로 또는 아마추어 클럽이라면 다 참가할 수 있습니다.

한 경기로 우승 구단이 정해지는 트로페 데 샹피옹(Trophée des Championnes, 이후 트로페 데 샹피옹으로 표기)은 리그앙을 우승하거나 쿠프 드 프랑스를 우승하면 참가할 수 있습니다.

AFC 주관대회인 ACL은 리그 우승팀, 2위, 3위와 FA컵 우승팀이 진출합니다. FA컵 우승팀이 리그 1, 2, 3위 중에 있을 경우는 차상위 팀이 진출합니다. ACL 본선[476]은 40팀이 서아시아 20팀과 동아시아 20팀으로 4팀씩 각각 5조로 나뉘어 조별리그 6경기를 진행합니다. 같은 나라 협회에 속한 팀들은 같은 조가 될 수 없습니다. 조 1위 10팀은 16강에 진출하고, 서아시아 조 2위 팀에서 성적이 좋은 3팀과 동아시아 조 2위 팀에서 성적이 좋은 3팀이 16강에 진출합니다. 16강부터 결승전까지 홈과 원정 2경기 합산토너먼트로 진행됩니다.

각 대륙 축구연맹 주최 최상위 대회 우승팀과 개최국 리그 우승팀이 참가하는 클럽월드컵은 ACL을 우승하면 출전할 수 있습니다.

KFA가 주관하는 FA컵은 한국에 소속된 프로 또는 아마추어 구단이라면 참가할 수 있습니다.

이번 시즌 프랑스 구단이 UCL에서 우승하고 한국 구단이 ACL에서 우승해서 두 나라의 구단이 클럽월드컵에서 맞대결을 펼치기를 바랍니다.

유럽에서의 프랑스 리그와 아시아에서의 한국 리그

23/24시즌 프랑스 리그의 UEFA 리그 랭킹은 5위[477](2024년 1월 1일 기준)입니다. 유럽 5대 리그라고 불리는 프랑스 리그는 16/17시즌부터 계속해서 5위를 기록 중이지만, 시즌 중에 계속 순위가 바뀌어 5위를 유지하기 위해 프랑스 구단들의 UEFA 주관대회에서의 선전이 필요합니다. 현재 4위 독일 분데스리가와 점수 차이가 18.745점 나는 반면 6위 네덜란드 에레디비시와 점수 차이가 2.264점밖에 안 나기 때문에 네덜란드 구단들이 이번 시즌 UEFA 주관대회에서 프랑스 구단들보다 더 좋은 활약을 보이면 5위를 빼앗길 수도 있습니다. 실제로 이번 시즌 중에 네덜란드리그가 5위를 차지했던 적도 있습니다.

UEFA의 리그 랭킹 산정방식[478]은 현재 시즌 포함 최근 5시즌 간 유럽대항전에서의 성적으로 정해집니다. UEFA 주관대회에서 프랑스 구단은 UCL 우승 한 번[479], 그리고 나머지 UEL[480]과 UECL[481]에서는 우승이 없습니다. 92/93시즌 마르세유의 UCL 우승이 프랑스 구단의 유일한 현재 시행되는 UEFA 주관대회 우승 트로피입니다. 현재 리그앙에서 가장 잘하고 꾸준히 UCL에 출전 중인 PSG는 12/13시즌부터 저번 시즌까지 16강 이상 진출했었고, 이번 시즌도 16강에 진출했습니다. 같이 UCL에 진출했던 RC 랑스는 조별리그에서 3위를 기록해 UEL 녹아웃 플레이오프에 진출했습니다. UEL에 출전한 올랭피크 드 마르세유와 툴루즈 FC와 스타드 렌 FC는 모두 조 2위로 UEL 녹아웃 플레이오프에 진출했습니다. UECL에 출전한 릴 OSC는 조 1위로 UECL 16강에 진출했습니다. 이번 시즌 UEFA 주관대회에 참가한 프랑스 구단들의 UEFA 클럽 랭킹(2024년 1월 1일 기준)은 PSG 4위, 스타드 렌 FC 45위, 릴 OSC 46위, 올랭피크 드 마르세유 47위, RC 랑스와 툴루즈 FC는 113위[482]입니다.

한국의 AFC 리그 랭킹은 3위[483](2022년 랭킹 기준)입니다. AFC의 리그 랭킹 산정방식[484]은 최근 8년 동안의 성적을 가장 최근부터 비율 가장 높게 잡아서 100%부터 30%까지 순서대로 비율이 낮아지게 반영하여 정해집니다. 한국 구단은 ACL을 총 열두 번 우승[485]했습니다. 울산 두 번, 전북 두 번, 성남 두 번, 포항 세 번, 수원 삼성 두 번 그리고 부산이 한 번 우승했습니다. 이번 ACL에 참가하는 4팀 중 울산 현대, 포항 스틸러스, 전북 현대 3팀은 16강에 진출했고, 인천 유나이티드는 조 3위를 기록하며 아쉽게 여정을 마무리했습니다.

프랑스 리그와 한국 리그의 차이점

첫 번째는 프랑스와 한국의 승격과 강등 시스템입니다. 우선, 프랑스의 축구 리그와 한국의 축구 리그 둘 다 1부와 2부리그만 프로로 봅니다. 프랑스는 프로가 아닌 하부리그에서 우승하면 상위리그로 계속해서 승격할 수 있습니다. 예를 들어, 5부리그에 있던 팀이 계속해서 승격 조건을 충족하면 언젠가는 2부리그 또는 1부리그로 승격할 수 있다는 것입니다. 한국도 1부와 2부리그 사이 승격과 강등이 존재합니다. 그러나 2부리그에서 3부리그로 강등이 없고 3부리그에서 2부리그로 승격도 없습니다[486]. K리그2에서 최하위를 기록해도 그대로 K리그2에 남아있고, 3부리그인 K3리그에서 우승해도 그대로 K3리그에 남아있다는 것입니다. 하지만 K3리그와 K4리그 사이에는 승격과 강등이 존재합니다.

두 번째는 LFP와 K리그에 속한 구단의 수입니다. 리그앙은 저번 시즌까지는 20개의 구단이 참여했지만, 이번 시즌부터 18개의 구단이 참여하고 리그두는 20개의 구단이 참여하고 있습니다. 반면, K리그1은 12개의 구단이 참여하고 K리그2는 13개의 구단이 참여하고 있습니다.

세 번째는 리그가 진행되는 기간입니다. LFP에 소속된 구단들은 보통 8월에서 5월까지 경기를 진행합니다. 유럽대항전 결승전에 진출하면 6월까지도 경기가 있을 수 있습니다. K리그에 소속된 구단들은 2월부터 12월까지 리그 경기를 진행합니다. 그러나 AFC 주관대회 경기는 9월부터 5월까지 진행됩니다.

네 번째는 1부리그의 진행방식입니다. 리그앙은 34경기를 모두 처음에 예정된 일정대로 진행 후에 우승팀, 유럽대항전에 진출하는 팀, 승강플레이오프에 진출하는 팀, 강등되는 팀이 자동으로 정해집니다. 그러나 K리그1은 33라운드까지는 리그앙처럼 예정된 일정대로 진행하지만, 34라운드부터 스플릿 리그로 진행합니다. 스플릿 리그[487]는 12개의 구단을 두 그룹으로 분류해서 남은 5경기를 그룹 내의 구단들끼리만 경기를 치르는 파이널 라운드로 진행됩니다. 먼저, 상위 6개 구단은 우승경쟁과 함께 AFC 주관대회 진출권 획득 경쟁을 하고 이를 파이널 그룹A라고 부릅니다. 파이널 그룹B는 하위 6개 구단으로 강등 경쟁을 하는 그룹입니다. 파이널 그룹B에 속한 구단의 최종 승점이 파이널 그룹A에 속한 구단의 최종 승점보다 높아도 파이널 그룹A는 최소 6위 파이널 그룹B는 최대 7위를 기록할 수 있습니다.

표 4 K리그1 스플릿 리그

다섯 번째는 승강 플레이오프입니다. 리그앙은 17위와 18위는 자동 강등이고, 리그두의 1위와 2위는 자동 승격입니다. 리그앙의 16위는 리그두의 4위와 5위의 단판 플레이오프 승자가 3위와 단판 플레이오프를 해서 이 경기 승자와 승강 플레이오프 2경기를 치러서 잔류 또는 승격 구단이 정해지는 시스템[488]입니다.

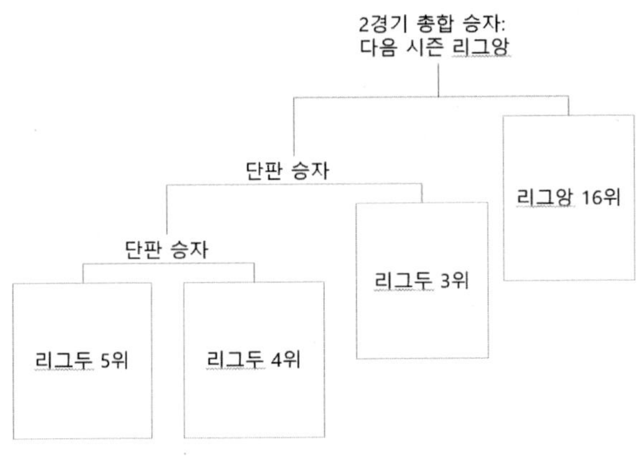

표 5 리그앙 16위 승강 플레이오프

반면, K리그1은 12위는 자동 강등이고 K리그2의 1위는 자동 승격입니다. K리그1의 11위는 K리그2의 2위와 홈 경기와 원정 경기 승강 플레이오프 2경기를 통해 잔류 또는 승격이 정해집니다.

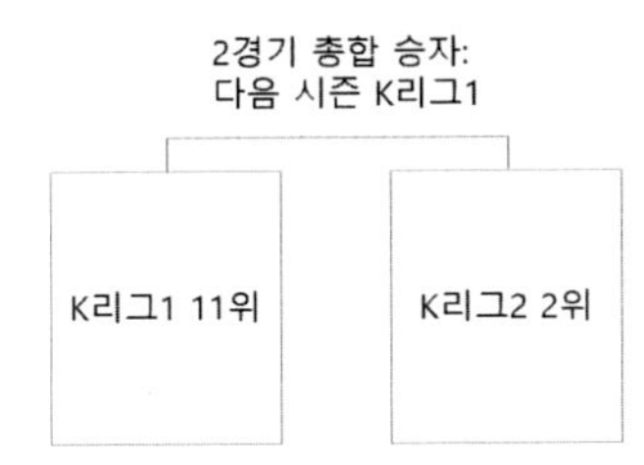

표 6 K리그1 11위 승강 플레이오프

그리고 K리그1의 10위는 K리그2의 4위와 5위의 단판 플레이오프의 승자와 3위가 단판 플레이오프를 펼쳐 이 경기 승자랑 홈 경기와 원정 경기 승강 플레이오프 2경기를 통해 잔류 또는 승격 구단이 정해지는 시스템[489]입니다.

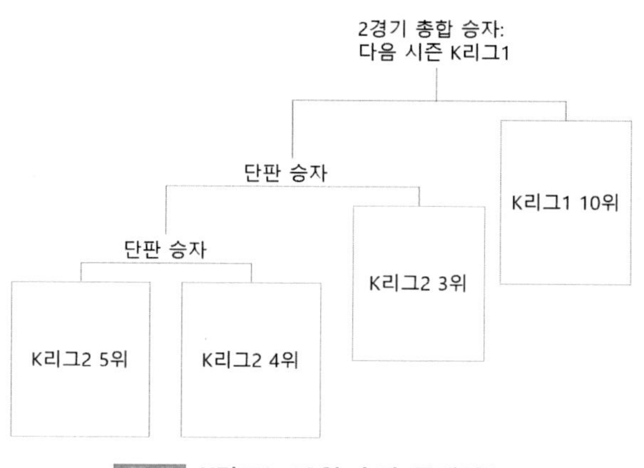

표 7 K리그1 12위 승강 플레이오프

마지막은 외국인 선수에 대한 정책입니다. 리그앙은 프랑스 국적, EU(유럽연합)[490] 소속 국적, EEA(유럽 경제 지역)[491] 소속 국적 그리고 ACP(아프리카 카리브해 태평양지역 국가군)[492] 소속 국적을 제외한 국가의 선수를 한 구단마다 4명씩 계약할 수 있습니다[493]. K리그1은 5명의 외국인 선수와 1명의 AFC 소속 국가 외국인 선수와 계약할 수 있습니다[494].

PSG의 이강인

2023년 7월 9일 PSG로 이적한 이강인 선수는 FC 로리앙과의 리그 개막전에 오른쪽 윙어로 선발 출전했고 툴루즈 FC와의 리그 2라운드에서는 왼쪽 윙어로 선발 출전하며 루이스 엔리케(Luis Enrique) 감독이 이강인 선수를 윙어로만 기용하는 것처럼 보였지만, 부상 복귀전인 독일 분데스리가의 보루시아 도르트문트와의 UCL 조별리그 1차전에서 왼쪽 중앙 미드필더로 교체 출장하며 루이스 엔리케 감독은 이강인 선수를 다양한 포지션에 기용할 것임을 보여줬습니다.

이후 항저우 아시안게임에 참여하며 금메달을 땄고, 튀니지와의 친선경기에서 2골을 넣으며 A매치 데뷔골을 기록하고 베트남과의 친선경기에서는 1골 1도움을 기록하며 10월 A매치 2경기 3골 1도움을 기록했습니다. PSG에 복귀해 9라운드 RC 스트라스부르 알자스 전에 오른쪽 미드필더로 선발 출전했습니다. 이후 이탈리아 세리에 A의 AC 밀란과의 UCL 조별리그 3차전에서 오른쪽 윙어 교체 출장하며 PSG 데뷔골을 기록했습니다. 스타드 브레스투아 29와의 10라운드에서 오른쪽 미드필더로 선발 출전해 음바페 선수의 골을 도우며 리그앙에서의 첫 공격포인트를 기록했습니다. 11라운드 몽펠리에 HSC와의 경기에서 왼쪽 미드필더로 선발 출전하며 리그앙 데뷔골을 기록했습니다. 이 골이 2023년 11월 리그앙 이달의 골로 선정되었습니다.

11월 A매치 기간에 열린 2026 북중미 월드컵 아시아 2차 예선 싱가포르와의 경기에서 1골 1도움을 기록하고 중국과의 경기에서 1도움을 기록했습니다. 최근 리그와 UCL에서 5경기 연속 선발 출전하며 여러 포지션에서 뛸 수 있는 다재다능함으로 주전 선수로 자리 잡았다고 생각됩니다. 2024년 1월 1일 기준으로 23/24시즌 PSG에서 총 15경기를 뛴 이강인 선수는 리그앙에서 10경기 1골 2도움을 기록하며 리그 선두를 달리는 데 기여 중이고, UCL에서 5경기 1골을 기록하며 16강 진출에 일조했고, 국가대표팀에서는 4경기 4골 3도움을 기록했습니다.

리그 주요선수 비교

22/23시즌 리그앙과 2023시즌 K리그1 주요선수 리그기록 비교

이름	리그앙 기록	포지션	K리그1 기록	이름
킬리안 음바페 Kylian Mbappé [495]	34경기 29골 6도움	공격수	36경기 17골 2도움	주민규 [496]
유수프 포파나 Youssouf Fofana [497]	36경기 2골 2도움	미드필더	33경기 1골 2도움	오베르단 Oberdan Alionço de Lima [498]
조나단 클라우스 Jonathan Clauss [499]	34경기 2골 11도움	수비수	32경기 3골 4도움	설영우 [500]
브라이스 삼바 Brice Samba [501]	37경기 15클린시트 28실점	골키퍼	36경기 13클린시트 38실점	조현우 [502]
리오넬 메시 Lionel Messi [503]	32경기 16골 16도움	공격수	26경기 4골 8도움	백성동 [504]

PSG의 킬리안 음바페는 구단의 리그 우승을 이끌고 29골로 리그 득점왕을 차지하면서 리그 베스트 11 공격수 부문에 선정되었고 리그앙 올해의 선수로 뽑혔습니다. 울산현대축구단의 주민규는 구단의 리그 우승을 이끌고, 17골로 리그 득점왕을 차지하면서 리그 베스트 11 공격수 부문에 선정되었습니다. 그리고 ACL 조별리그에서 3경기를 뛰며 구단의 16강 진출을 도왔습니다.

AS 모나코의 유수프 포파나는 리그 베스트 11 미드필더 부문에 선정되었습니다. 포항 스틸러스의 오베르단은 리그 베스트 11 미드필더 부문에 선정되었습니다. FA컵을 우승에 일조했고, ACL 조별리그에서 2

경기를 뛰며 포항의 16강 토너먼트 진출에 힘을 보탰습니다.

올랭피크 드 마르세유의 조나단 클라우스는 도움 11개를 기록하며 구단의 리그 3위에 보탬이 됐습니다. 울산현대축구단의 설영우는 구단의 리그 우승을 이끌고, 리그 베스트 11 수비수 부문에 선정되었습니다. ACL 조별리그에서 4경기를 뛰며 16강 진출을 도왔습니다. 그리고 아시안게임에 와일드카드로 발탁되어 한국의 금메달에 일조했습니다.

RC 랑스의 브라이스 삼바는 구단의 리그 최소실점을 만들며 구단을 리그 2위로 이끌었고, 리그 베스트 11 골키퍼 부분에 선정되며 리그앙 올해의 골키퍼에 뽑혔습니다. 울산현대축구단의 조현우는 구단의 리그 우승을 이끌고, 리그 베스트 11 골키퍼 부문에 선정되었습니다. ACL 조별리그에서 6경기를 뛰며 16강 진출을 도왔습니다.

PSG의 리오넬 메시는 구단의 리그 우승을 이끌고 16개의 도움으로 리그 도움왕을 차지하면서 리그 베스트 11 공격수 부문에 선정되었습니다. 트로페 데 샹피옹을 우승했고, 2022년 카타르 월드컵에서 아르헨티나를 우승시키며 대회 MVP인 골든볼까지 수상했습니다. 포항 스틸러스의 백성동은 도움 8개로 리그 도움왕을 차지했습니다. 그리고 FA컵을 우승했습니다.

PSG와 FC서울의 구단 공식 매장

프랑스의 수도인 파리를 연고로 하는 PSG는 세계적으로 유명한 구단입니다. PSG는 구단 공식 매장[505]을 온라인 매장과 오프라인 매장을 홈구장인 파르크 데 프랭스(Parc des Princes), 샹젤리제 거리, 파리 서쪽 근교 아쉐흐(Achères), 파리 동쪽 근교 호스니-쑤-부와(Rosny-sous-Bois), 런던, 뉴욕, LA, 라스베이거스, 마이애미, 도하, 알라얀, 도쿄, 나고야, 오사카 그리고 서울에서 전 세계적으로 운영 중입니다. 2023년 12월 3

일에 열린 르아브르 AC와의 리그 경기에서 PSG가 선수들의 이름이 한글로 된 원정 유니폼을 입고 경기를 치렀습니다. PSG는 이강인 선수의 합류 이후로 파르크 데 프랭스를 찾는 한국 팬들이 20%나 증가하여 한국 팬들을 축하하기 위한 특별한 한글 유니폼을 제작[506]했고 이 유니폼은 모두 품절입니다. PSG가 한국 시장을 큰 기회로 여기며 공략하고 있다는 것을 알 수 있습니다.

한국의 수도인 서울을 연고로 하는 FC서울은 한국에서 각종 최다 관중 신기록을 수립 중인 인기 많은 구단 중 하나입니다. FC서울은 구단 공식 매장[507]을 온라인 매장과 오프라인 매장을 홈구장인 상암월드컵 경기장에서만 운영 중입니다. FC서울은 95/96시즌 디자인의 레트로 원정 유니폼을 선보였고 모두 품절입니다. 2021년에 판매했던 레트로 홈 유니폼이 성공하자 이번에는 레트로 원정 유니폼을 만들어 FC서울이 마케팅에 진심인 것을 알 수 있습니다.

프랑스 국가대표팀과 한국 국가대표팀의 공식 매장

프랑스 국가대표팀의 공식 매장인 FFF Boutique Officielle의 오프라인 매장은 파리 15구의 FFF 본부 옆에 위치하며 온라인 매장[508]도 운영 중입니다. 온라인 매장의 판매 물품은 유니폼, 의류, 가방, 축구공, 핸드폰 케이스, 모자, 필통, 침구류, 스카프, 물통 등 다양한 카테고리의 FFF 관련 제품들입니다. 유니폼에는 오프라인 매장에서 상시 선수 마킹이 가능합니다. 그리고 오프라인 매장에는 FFF 엠블럼 코인 자판기가 있고 2023년 8월 4일 기준 가격은 3유로입니다.

한국 국가대표팀의 공식 매장인 Play KFA 매장은 온라인 매장[509]만 운영하고 오프라인 매장은 팝업스토어 형식으로만 열립니다. 온라인 매장의 판매 물품은 유니폼, 매치데이 머플러, 키링, 뱃지, 패넌트, 다이어리, 달력, 깃발, 핸드폰 케이스, 필통, 우산 등 다양한 카테고리의 KFA 관련 제품과 선수 응원 도구 그리고 메인 스폰서인 나이키 의류입니다. 유니폼에 선수 마킹은 마킹 이벤트 진행 시에만 가능하며 마킹 이벤트 진행 시에 유니폼을 구매하면 선수 마킹이 된 유니폼을 구매할 수 있습니다. 만약 마킹 이벤트 전에 유니폼을 구매했으면 마킹 이벤트 때 유니폼을 Play KFA로 배송 보내면 마킹이 가능합니다.

프랑스 국가대표팀과 한국 국가대표팀의 감독

프랑스 국적인 디디에 데샹[510](Didier Deschamps)은 2012년 7월에 프랑스 국가대표팀의 감독으로 부임했습니다. 프랑스 감독으로 149경기에서 97승 27무 25패를 기록하면서 2018년 러시아 월드컵 우승, 20/21시즌 UEFA 네이션스리그(UEFA Nations League) 우승, 2022년 카타르 월드컵 준우승, 2016년 유로 준우승을 했습니다. 첫 감독직을 2001년 6월부터 2005년 9월까지 AS 모나코에서 보내면서 쿠프 드 라 리그를 한 번 우승했습니다. 이후 2006년 6월부터 2007년 6월까지 이탈리아 세리에 B의 유벤투스 FC의 감독으로 세리에 B를 우승했습니다. 그리고 올랭피크 드 마르세유에서 2009년 6월부터 2012년 7월까지 감독으로 활동하면서 리그 한 번, 쿠프 드 라 리그 세 번, 트로페 데 샹피옹 두 번 우승했습니다.

독일 국적인 위르겐 클린스만[511](Jürgen Klinsmann)은 2023년 3월에 한국 국가대표팀 감독으로 부임했습니다. 한국 감독으로 10경기에서 5승 3무 2패를 기록했습니다. 부임 후 첫 5경기에서 승리하지 못했지만 최근 5경기에서 무실점 승리를 하면서 2024년에 열릴 카타르 아시안컵 우승에 대한 기대감을 높였습니다. 첫 감독직을 2004년 7월부터 2006년 7월까지 독일 국가대표팀에서 보내면서 2006년 월드컵 3위를 기록했습니다. 이후 2008년 6월부터 2009년 4월까지 독일 분데스리가의 FC 바이에른 뮌헨 감독으로 활동했고, 2011년 7월부터 2016년 11월까지 미국 국가대표팀 감독으로 2013년 북중미카리브축구연맹(Concacaf) 골드컵을 우승했습니다. 그리고 분데스리가의 헤르타 BSC에서 2019년 11월부터 2020년 2월까지 감독으로 활동했었습니다.

국가대표 주요선수 비교

23/24시즌 각 나라 주요선수의 기록 비교(2024년 1월 1일 기준)

이름	소속 구단 + 국가대표	포지션	소속 구단 + 국가대표	이름
앙투안 그리즈만 Antoine Griezmann [512]	24경기 16골 2도움 + 6경기 1골 2도움	공격수	21경기 12골 5도움 + 5경기 4골 2도움	손흥민 [513]
오렐리앙 추아메니 Aurélien Tchouameni [514]	16경기 1골 + 4경기 1골	미드필더	18경기 2골 2도움 + 4경기	황인범 [515]
다요 우파메카노 Dayot Upamecano [516]	19경기 1골 + 2경기	수비수	22경기 1골 + 6경기 1골	김민재 [517]
마이크 메냥 Mike Maignan [518]	21경기 7클린시트 26실점 1도움 + 5경기 2클린시트 3실점	골키퍼	22경기 6클린시트 32실점 + 5경기 5클린시트	김승규 [519]
에두아르도 카마빙가 Eduardo Camavinga [520]	17경기 + 3경기	미드필더	25경기 5골 6도움 + 2경기	홍현석 [521]

스페인 라리가의 아틀레티코 데 마드리드 소속인 앙투안 그리즈만은 라리가 도움왕과 유로 득점왕을 한 번 차지했고, 월드컵 도움왕을 두 번 차지했습니다. 라리가 MVP와 유로 MVP도 수상했습니다. 그리고 이번 시즌에 리그에서 18경기 11골 2도움, UCL에서 6경기 5골, 국가대표팀에서 6경기 1골 2도움을 기록 중입니다. UCL에서 화끈한 공격력으로 구단의 조 1위 16강 진출을 이끌었습니다. 잉글랜드 프리미어리그의 토트넘 홋스퍼 소속인 손흥민은 프리미어리그 득점왕을 한 번 차지했고, FIFA 푸스카스상도 한 번 수상했습니다. 현재 토트넘 홋스퍼의 주장과 한국 국가대표팀의 주장을 맡고 있습니다. 그리고 이번 시즌에 리그에서 20경기 12골 5도움, 카라바오 컵에서 1경기 출전, 국가대표팀에서 5경기 4골 2도움을 기록 중입니다.

스페인 라리가의 레알 마드리드 C.F. 소속인 오렐리앙 추아메니는 리그앙 올해의 영플레이어에 한 번 선정되었습니다. 이번 시즌에 리그에서 13경기 1골, UCL에서 3경기 출전, 국가대표팀에서 4경기 1골을 기록 중입니다. UCL에서 구단의 조 1위 16강 진출에 일조했습니다. 세르비아 수페르리가인 FK 츠르베나 즈베즈다 소속인 황인범은 이번 시즌에 리그에서 12경기 1골 1도움, UCL에서 6경기 1골 1도움, 국가대표팀에서 4경기 출전 중입니다. UCL에서 엄청난 활동량을 보여줬지만, 구단은 아쉽게 조 4위를 기록하며 탈락했습니다.

독일 분데스리가의 FC 바이에른 뮌헨 소속인 다요 우파메카노는 이번 시즌에 리그에서 13경기 1골, UCL에서 5경기 출전, DFB-슈퍼컵에서 1경기 출전, 국가대표팀에서 2경기 출전 중입니다. UCL에서 구단의 조 1위 16강 진출에 일조했습니다. 독일 분데스리가의 FC 바이에른 뮌헨 소속인 김민재는 세리에 A 올해의 수비수에 한 번 선정되었고, K리그1 올해의 영플레이어상도 한 번 수상했습니다. 이번 시즌에 리그에서 15경기 1골, DFB-포칼컵에서 1경기 출전, UCL에서 5경기 출전,

DFB-슈퍼컵에서 1경기 출전, 국가대표팀에서 6경기 1골을 기록 중입니다. UCL에서 탄탄한 수비력으로 구단의 조 1위 16강 진출을 이끌었습니다.

이탈리아 세리에 A의 AC 밀란 소속인 마이크 메냥은 리그앙 올해의 골키퍼와 세리에 A 올해의 골키퍼에 한 번씩 선정되었습니다. 이번 시즌에 리그에서 15경기 5클린시트 18실점 1도움, UCL에서 6경기 2클린시트 8실점, 국가대표팀에서 5경기 2클린시트 3실점을 기록 중입니다. UCL에서 좋은 선방을 보여줬지만, 구단은 아쉽게 조 3위로 16강 진출에 실패하며 UEL 녹아웃 플레이오프에 진출했습니다. 사우디아라비아 사우디 프로리그의 알 샤밥 FC 소속인 김승규는 이번 시즌에 리그에서 19경기 6클린시트 25실점, 킹스컵에서 3경기 7실점, 국가대표팀에서 5경기 5클린시트를 기록 중입니다.

스페인 라리가의 레알 마드리드 C.F. 소속인 에두아르도 카마빙가는 이번 시즌에 리그에서 13경기 출전, UCL에서 4경기 출전, 국가대표팀에서 3경기 출전 중입니다. UCL에서 구단의 조 1위 16강 진출에 일조했습니다. 벨기에 주필러 프로리그의 KAA 헨트 소속인 홍현석은 이번 시즌에 리그에서 14경기 3골 4도움, UECL에서 3경기 1도움, UECL 예선에서 6경기 1골 1도움, 크로키 컵에서 2경기 1골, 국가대표팀에서 2경기 출전 중입니다. UECL에서 구단의 조 2위 UECL 녹아웃 플레이오프 진출에 일조했습니다.

프랑스와 한국에서 축구의 인기

리그앙의 23/24시즌 평균 관중 수는 2만 6862명[522]입니다. 구장마다 수용인원이 다르며 가장 큰 구장인 오렌지 벨로드롬(Orange Vélodrome)[523]은 6만 7,000명을 수용할 수 있고, 가장 작은 구장인 스타드 가브리엘-몽

피에(Stade Gabriel-Montpied)[524]는 1만 3000명을 수용할 수 있습니다. 반면, 프랑스 국가대표팀 2023년 홈 경기 평균 관중 수는 5만 5,716명[525] 입니다. 2023년 프랑스에서 열린 A매치 경기에서 사용된 프랑스 국가대표팀의 가장 큰 경기장은 스타드 드 프랑스(Stade de France)로 수용인원은 8만 1,338명[526]이고, 가장 작은 경기장은 알리안츠 리비에라(Allianz Riviera)로 수용인원은 3만 6,178명[527]입니다. 리그 평균 관중 수와 국가대표 평균 관중 수가 대략 3만 명 정도 차이가 있는 것을 볼 수 있습니다.

K리그1의 2023시즌 평균 관중 수는 1만 642명[528]입니다. 구장마다 수용인원이 다르며 가장 큰 구장인 상암월드컵경기장[529]은 6만 6,704명을 수용할 수 있고, 가장 작은 구장인 광주 축구 전용구장[530]은 1만 7명을 수용할 수 있습니다. 한국 국가대표팀 2023년 홈 경기 평균 관중 수는 5만 1074명[531]입니다. 2023년 한국에서 열린 A매치 경기에서 사용된 한국 국가대표팀의 가장 큰 경기장은 상암월드컵경기장으로 수용인원은 6만 6,704명[532]이고, 가장 작은 경기장은 울산 문수 축구경기장으로 3만 7,897명[533]입니다. 리그 평균 관중 수와 국가대표 평균 관중 수가 대략 4만 명 정도 차이가 있는 것을 볼 수 있습니다.

국가대표 경기의 경우 다른 리그에서 뛰는 선수들도 볼 수 있고 무엇보다 각 나라에서 가장 잘하는 선수들이 경기하기 때문에 화제성도 높고 인기가 많습니다. 두 나라 다 잘하는 선수들이 자국 리그보다 해외에서 뛰는 경우가 많아서 이런 해외에서 뛰는 선수를 보기 위해 국가대표 경기를 찾는 팬들이 더 많은 것이 두 나라의 리그보다 국가대표 경기가 인기가 많은 이유인 것 같습니다.

글을 마무리하며

두 나라 축구의 공통점인 국가대표팀의 인기가 리그의 인기보다 높은 것과 차이점인 리그의 운영방식 등 축구랑 관련된 여러 가지를 조사하며 관심이 있는 분야여서 매우 재미있게 탐구할 수 있었습니다. 그리고 두 국가 사이의 경기가 친선경기라면 프랑스가 이길 것이라는 생각이 들지만, 만약 월드컵에서 만난다면 어느 팀이 이길지 가늠이 안갑니다. 그리고 2024년 1월 12일에서 2월 10일까지 진행되는 AFC 아시안컵 카타르 2023에서 한국의 우승과 2024년 6월 14일에서 7월 14일까지 진행되는 UEFA 유로 2024 독일에서 프랑스의 우승을 기원합니다. 마지막으로, 2024년 7월 26일부터 8월 11일까지 진행되는 2024 파리 올림픽에서 개최국 자격으로 본선에 진출한 프랑스 올림픽대표팀과 2024년 4월 15일에서 5월 3일까지 진행되는 AFC U23 아시안컵 카타르 2024에서 3위 안에 들어야 본선에 진출하는 한국 올림픽대표팀이 본선에 진출해서 두 국가가 같이 올림픽 포디움에 올라서길 기원합니다.

제4장 캐치업 프랑스

TEAM

Ceci Cela

Ceci Cela

'Ceci Cela'는 '이것저것'이라는 의미로, 프랑스의 여러 문화를 탐구하는 사람들이 모여 프랑스 문화의 이것저것을 알아가 본다는 뜻을 내포하고 있음.

깊게 알아보는 IT 산업

박채연

‖ 가천대 유럽어문학과(프랑스어) 2학년 ‖

들어가는 말

'IT'를 생각했을 때 가장 먼저 생각나는 것은 무엇인가? 사람에 따라 다양한 답변을 얻을 수 있겠지만, 그중에서도 가장 먼저 떠오르는 나라를 떠올려보자. 대부분의 사람이 가장 먼저 떠올릴 나라는 보통 미국일 것이다. 그리고 더 나아간다면 실리콘밸리. IT 업종 사람들의 꿈의 도시이다. 나의 꿈의 도시이기도 하다. 이 생각으로부터 시작된 질문은 '유럽과 아시아의 IT 강국은 어디일까?'라는 질문으로 향하게 되었고, 이에 답을 하기 위해 필자는 한국과 프랑스의 IT 기업을 알아보고, 각국이 IT 인재를 양성하기 위해 어떤 제도를 도입하는지, 그리고 각 나라의 IT 산업 확장을 위한 산업 단지에 대한 비교 등을 해보고자 글을 쓰게 되었다.

5년 전만 해도 디지털 후진국이라는 얘기를 들었던 프랑스가 어떻게 현재 유럽의 IT 강국으로 자리 잡을 수 있게 되었는지, 어떻게 한국이 반도체 산업을 앞세워 다양한 IT 산업의 성장으로 아시아의 IT 강국이 되었는지 궁금하지 않은가? 전세계적 국가 단위나 기업 단위로도 주목하고 모두가 다 같이 발전할 때, 유독 빠르게 발전하는 곳이 있다면 우리는 그곳에 주목하고 그 방법에 대해 관찰하여 우리에게 맞게 적용시켜야 한다.

IT 기술은 우리 삶을 보다 편리하고 효율적이게 만들어준다. 사람의 삶의 질과 연관된 문제로부터 대부분의 질문이 시작된다. 이러한 점이 IT 업계가 무한히 성장할 수 있는 발판이 되고, 주요 미래 산업으로 꼽히는 이유가 된다. 필자는 진로에 대한 깊은 고민을 할 때, 이점이 매우 흥미롭게 다가왔다. 절대로 사라지지 않는 산업과 모든 배움이 도움이 되는 기술 말이다.

본격적인 글에 들어가기 전 필자는 특정 분야의 IT 기업을 목표로 하고 있지는 않지만, 빅데이터 분석가와 인공지능 개발자가 되기 위해 공부하고 있음을 밝힌다. 요즘은 초등학생 때부터 코딩을 배운다던데 필자는 대학교 2학년이 되어서야 진로를 결정하고 먼저 실무에 뛰어들었다. 하지만 현실은 무서웠다. 정말 무서웠다는 말이 잘 어울릴 정도로 혼자 해내야 하는 것들과 버겁다고 느껴질지라도 혼자 감당해야 하는 것들이 많았다. 아무도 이런 차가운 현실에 대해 말해주지 않았는데! 모두들 좋은 경험이 될 것이라는 조언만 해주었던 것이 다소 밉게 생각될 때도 있었다. 다시 학교에 돌아온 것이 아늑하게 느껴질 정도였다. 그에 대한 후기도 가장 마지막에 이야기하고 있으므로 관심이 없는 분야라면 지루할 수 있겠지만 끝까지 읽어보길 바란다.

IT가 뭐야!

대체 IT는 무엇이길래 IT가 미래를 이끌어갈 4차 산업혁명이 된 것일까? 엄연히 말하자면 3차 산업혁명 또한 IT 기술을 포함하고 있다고 할 수 있지만 4차 산업혁명과 명백히 구분되는 점은 4차 산업혁명은 기계 학습과 인공지능을 포함하고 있는 IT 기술이라는 점이다. 즉, 3차 산업혁명에서의 IT는 컴퓨터, 인공위성, 인터넷 등의 큰 틀에서의 IT 산업을 포함한다고 할 수 있다. 인류가 3차 산업혁명에서 멈추지 않고 컴퓨터를 통한 다양한 개발을 하여 4차 산업혁명까지 발전하게 된 것이다. 간단히 예를 들어보자면 기존의 공장들은 설계된 프로그램에 따라 모든 생산품들을 기준 하에 만들어냈다면, 4차 산업혁명 이후의 공장에서는 각 기계들이 단지 프로그램 안에서만 생산을 이루어내지 않고 기계 학습된 데이터 내에서 기계가 스스로 판단하여 실행하는 것으로 바뀐 것이다.

개발자를 목표로 공부를 하고 있지 않아도 'IT'가 무엇인지 다들 알 것이다. IT는 Information Technology의 약자로, 한국어로 '정보 기술'이라고 한다. 이에 따라 IT 기업은 주로 정보 기술과 관련된 제품, 서비스, 소프트웨어, 하드웨어 등을 개발, 생산, 유통하는 회사를 의미한다. 앞에서 언급한 바와 같이 IT 기업은 정보 기술과 관련된 다양한 서비스와 제품을 제공하기에 다양한 기술 분야가 존재하고, IT 기업 범위가 굉장히 넓기 때문에 기준 안에 속하는 기업들도 굉장히 많다.

다양한 기술 분야 중에서도 주가 되는 IT 기업들의 분야를 알아보자.

첫 번째로 모두 가장 쉽게 생각할 수 있듯이 소프트웨어 개발은 IT 업계에서도 가장 중심이 된다. 소프트웨어 기업들은 어플리케이션, 운영체제, 보안 소프트웨어 등을 개발하고 소비자들에 맞춰 개발한 서비스를 제공한다.

더 나아가 빅데이터 및 인공지능 기술을 개발하는 IT 기업들도 있는데, 빅데이터 분석이나 인공지능 기술 개발을 통해 각각의 개인 소비자들 또는 기업을 위한 맞춤형 서비스를 제공하여 삶의 질과 직결된 문제들을 해결하거나 더 좋은 선택을 위해 선택지를 제시하는 역할을 하기도 한다. 최근엔 회사의 규모에 따라 하나의 기업 내에서 위의 서비스를 모두 제공하는 기업들도 많이 등장하였다.

또 우리가 어떤 정보를 얻기 위해서는 요즘은 실물 책이 아닌 인터넷 플랫폼을 사용하는 경우가 대다수인데, 이러한 인터넷 서비스 및 플랫폼을 운영하는 기업도 IT 회사로 분류된다. 이러한 인터넷 플랫폼은 초창기엔 단순히 검색 엔진의 역할만 했었다면, 요즘은 검색 엔진의 역할만 하는 게 아닌 온라인 광고, 소셜 미디어, 온라인 쇼핑 플랫폼 기능까지 제공한다. 매년 발전하는 SNS와 인터넷 서비스 등은 다양한 정보를 통해 검색, 쇼핑, 소통 등을 보기 쉽게 할 수 있게 해준다.

마지막으로는 하드웨어를 제조하는 기업도 IT 회사에 속한다. 지금 이 문장을 읽자마자 생각난 바로 그 기업들! 뒤에서 자세하게 설명하기 위해 지금은 기업명을 언급하진 않겠지만 컴퓨터, 스마트폰, 서버, 네트워크 등의 하드웨어를 제조하는 기업도 IT 회사의 범위 내에 속한다.

프랑스 정부의 '인류를 위한 AI'

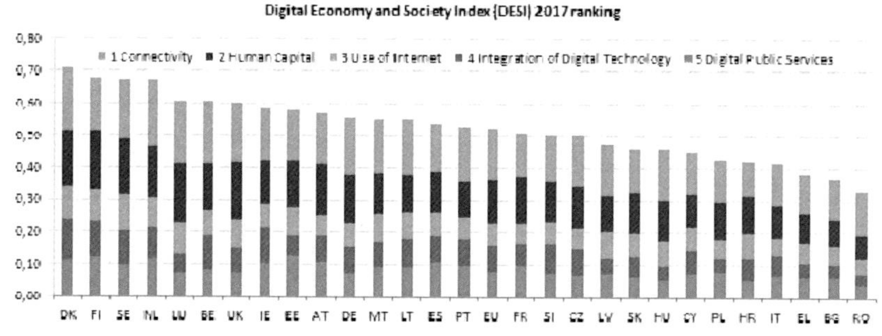

eu 집행위원회가 유럽 내 29개국을 대상으로 조사한 '디지털 경제사회 지수(DESI)'[534]

위의 그래프는 2017년, 유럽위원회에서 발표한 디지털 경제사회지수(DESI)[535]이다. 디지털 경제 및 사회 지수란 EU 국가들의 디지털 경제 및 사회 발전 수준을 측정하는데 2017년 프랑스는 29개국 중 17위에 기록할 정도로 꽤 낮은 수준에 안착되어 있었다. 이를 의식한 건지 아닌지는 알 수 없지만 그 다음 해인 2018년 프랑스 정부는 'AI 국가전략'을 발표했다. 이 행사는 세계적인 IT 대기업 임원들을 초대하여 기업과의 상생과 국가 산업 발전을 약속하는 자리가 되었는데, 그 효과가 엄청났다. 이 행사 이후 전 세계를 무대로 하는 세계적인 IT 대기업들이 프랑스로 관심을 가지기 시작했다.

세계적으로 압도적인 점유율을 가지고 있는 구글도 프랑스 정부의 AI 산업에 대한 지원으로 프랑스에 인공지능 연구소를 짓게 되었다. 이 연구소가 바로 구글의 'Deepmind' 연구소이다. 구글의 'Deepmind' 인공지능 연구소는 영국 이외에 유럽에 유치된 두 번째 구글의 연구소이다. 이에 대한 설명은 뒤에서 자세히 하려고 한다. 더 나아가 페이스북이나 MS와 같은 IT 대기업들이 프랑스의 AI 연구원 인원을 확대하고, AI 교육 활성화를 위한 투자를 약속했다. 그리고 나에게 가장 인상 깊었던 기업은 삼성전자이다. 한국의 대표 IT 기업 중 하나인 삼성전자는, 2018년 파리에 AI 연구개발 센터(파리AI랩)를 건립하였다. 실리콘밸리 이후의 두 번째 AI 개발 센터이다. 그만큼 프랑스 정부의 강력한 지원 정책 덕분에 세계적인 대기업들이 프랑스에서의 기술 개발에 관심이 있다는 점을 알 수 있다. 이점을 통해 AI 개발이란 그저 훌륭한 인재를 많이 모은 회사가 홀로 성장할 수 있는 것이 아닌, 국가 단위의 큰 지원과 정책이 있어야만 성장할 수 있는 발판을 마련해줘야 된다는 점을 더 와닿게 되었다.

파리에 들어선 인공지능 연구소(Deepmind)

앞서 언급한 Deepmind 연구소에 대해 자세히 알아보자. 2018년 3월 파리에 유럽의 인공지능 연구를 강화하기 위한 목적으로 Deepmind가 설립되었다. 들어가기에 앞서 Deepmind 연구소에 대해 간단히 설명을 해보겠다. Deepmind 연구센터는 영국 런던에 위치한 인공지능 연구소로, 2010년 구글이 인수한 후, 세계 최고 인공지능 연구소 중 하나로 자리매김했다. Deepmind 연구센터의 가장 유명한 성과는 인터뷰로 먼저 알아보자.

“En octobre 2015, DeepMind démontrait que l'algorithme pouvait se saisir d'un jeu réputé inaccessible, et y faire preuve d'une créativité triomphante..”(2015년 10월, DeepMind은 바둑이라는 게임을 인공지능이 이길 수 있다는 것을 증명했습니다. 이는 인공지능이 단순히 효율적인 알고리즘이 아니라, 창의성까지 발휘할 수 있다는 것을 보여준 획기적인 성과였습니다.)[536]

인터뷰가 어떤 내용을 담고 있는지 알아챘다면 당신은 프랑스어에 매우 능통한 것이다. 인터뷰에서 Deepmind의 설립자는 “2015년 10월, DeepMind은 바둑이라는 게임을 인공지능이 이길 수 있다는 것을 증명했습니다.”라고 말을 시작하고 있다. 여기서 전세계의 이목을 끈 하나의 매우 큰 사건이 있지 않은가? 방금 당신의 머리를 스친 그 사건이 정답이다. Deepmind에서는 바로 2016년 세계 최고의 바둑 선수인 이세돌 9단을 4:1로 꺾은, 최초로 인간을 이긴 인공지능을 개발한 것이다. 추가로 Deepmind의 설립자는 “이는 인공지능이 단순히 효율적인 알고리즘이 아니라, 창의성까지 발휘할 수 있다는 것을 보여준 획기적인 성과였습니다.”라고 말하며 이는 단지 하나의 바둑 게임을 이긴 것이 아닌 인공지능의 잠재력을 보여주는 획기적인 성과였고, 더불어 방대한 양의 머신러닝을 통해 인공지능이 사람처럼 사고 할 수 있다는 가능성을 보여주었다고 말했다.

중간에 말이 조금 길었지만 다시 본론으로 돌아와 프랑스에 설립된 Deepmind에 대해 간단히 정리해보겠다. 파리의 Deepmind는 크게 세 가지의 분야에서 연구를 진행하고 있다. Deepmind는 강화학습을 사용하여 게임, 로봇 제어, 자율주행 등의 분야에 대한 연구, 신경망을 사용한 이미지 인식, 자연어 처리, 기계 번역 등의 연구, 신경과학을 통한 인공지능 모델의 고도화에 대한 연구를 진행하고 있다.[537]

중요한 건 대한민국도 해보는 전략

프랑스 정부만 IT 산업 확대에 관심이 있나? 대한민국 정부도 있다! 2019년 12월 17일 과학기술정보통신부를 비롯한 전 부처가 참여하여 '인공지능(AI) 국가 전략'을 발표했다. 해당 전략은 "IT 강국을 넘어 AI 강국으로!"[538]라는 비전을 앞세워 AI 반도체와 산업의 발전뿐만 아니라, AI 인재 양성과 AI 교육 실시 그리고 AI를 통한 경제 효과 창출을 위한 국가 전략이다.

해당 전략은 단지 IT 산업 분야에서의 AI 발전만을 목표로 하는 게 아닌 제조, 바이오, 의료, 물류, 농수산, 국방 등의 분야를 세분화하여 AI를 통한 서비스 간편화라던지, 해당 분야의 데이터를 활용한 지능형 플랫폼을 개발한다던지, AI 기반 스마트공장 확산 등의 구체적인 과제를 제시하고 있다.

더 나아가 정말 최근인 2023년 9월 13일 과학기술정보통신부는 "대한민국 초거대 인공지능 도약" 행사를 개최하였는데, 이곳에는 국내의 AI 기업 대표들과, AI 전문가들이 참여하여 한국의 인공지능이 세계적인 수준에 도달하기 위해 필요한 연구들에 대해 토론하며 인공지능 관련 정책을 제안하는 자리가 열렸었다. 최근 정말 뜨거운 주제로 떠오른 초거대 인공지능 모델에 대한 주제에 대한 논의도 흥미로웠다.

하나의 산업은 단지 훌륭한 기업들이 많다고 커질 수 있는 게 아닌, 국가 단위의 지원과 인재 양성을 필요로 한다는 점이 다시 한번 와닿았다. 앞으로는 AI뿐만 아니라 모든 분야의 IT 산업들이 지금보다 더 주된 산업으로 자리 잡을 것이라고 확신하기 때문에 그에 대한 지원과 더 많은 관심이 필요하다고 생각한다.

벤처기업은 뭐고, 스타트업은 뭐지?

IT 산업이 미래 산업 중 가장 중요하다고 대두되고 있는 만큼 세계 각국에서는 정부 차원에서도 IT 인재를 육성하고 스타트업과 벤처기업 투자 유치 및 창업을 위한 기업 정책도 펼치곤 한다. 그런데 잠깐. 벤처기업과 스타트업의 차이를 설명해보라고 하면 할 수 있는가? 분명히 다른 건 알겠는데, 간단한 문장으로 설명을 하는 게 어려웠다. 지금부터 간단히 소개해볼 테니 기본 상식으로 알아두자.

벤처기업과 스타트업은 모두 신생 기업을 의미하지만 분명한 차이가 존재한다. 중소벤처기업부에서는 '벤처기업'이란 일반적인 의미로 첨단의 신기술과 아이디어를 개발하여 사업에 도전하는 기술집약형 중소기업을 의미[539]한다고 했고, 법제처에서는 '스타트업'이란 혁신적인 기술이나 새로운 비즈니스 아이디어를 보유해 고위험, 고성장이 기대되는 신생기업을 말한다[540]고 했다. 즉, 스타트업은 벤처기업의 범주에 속하지만 벤처기업보다 조금 더 포괄적인 개념으로 사용된다고 할 수 있다. 하지만 위에서 언급한 것과 같이, 스타트업은 기술 기반의 기업일 수도 있고, 기술 기반의 기업이 아닐 수도 있다. 다양한 산업 분야의 설립된 지 얼마 되지 않은 기업을 스타트업으로 분류하는 것이다. 그렇기에 주로 다양한 기술을 기반으로 운영되는 IT 기업들은 벤처기업으로 분류되는 것이다. 하지만 엄격하게 구분하는 경우는 거의 없으니 알아두는 것에 의의를 두도록 하자. 하지만 이 글을 읽었다면 앞으로는 누가 물어볼 경우 잘 전달할 수 있도록 하자.

스테이션 F, 어떤 곳일까?

스테이션 F는 프랑스 파리에 위치한 세계 최대 규모의 스타트업 인큐베이터로, 프랑스 정부와 프랑스 비지니스 업계에서의 지원을 받아 2017년에 개장하였다. 파리 13구에 위치한 이 건물의 길이는 에펠탑의 높이와 같을 정도로 큰 규모이다. 스테이션 F의 록산느 바르자(Roxanne Varza) 디렉터는 "Our goal with Station F is not only to create the largest startup campus in the world but also create a space that houses an entire startup eco system under one roof."("스테이션 F의 목표는 세계에서 가장 큰 스타트업 캠퍼스를 만드는 것뿐만 아니라 전체 스타트업 생태계를 한 지붕 아래 수용하는 공간을 만드는 것"이라고 말했다.)[541]

저작권 문제 때문에 사진을 올리진 못했지만, 궁금한 사람들은 구글이나 네이버에 찾아보는 것을 추천한다. 내가 만약 스타트업 창업을 준비 중인 사람이라면 회사의 첫 시작을 이런 인큐베이터에서 할 수 있다는 점에 매우 큰 자부심을 느끼고, 좋은 동기 부여가 될 것이라고 확신한다. 파리 13구에 위치한 스테이션 F는 세계 최대 규모의 스타트업 인큐베이터이기 때문에 같은 규모의 인큐베이터나 시설이 한국에는 존재하지 않는다. 하지만 앞으로 정부의 스타트업에 대한 관심이 더 높아지고, 지원도 많아져서 우리나라에도 이런 인큐베이터가 생겼으면 좋겠다.

이 회사도 스타트업이라고?

지금은 대기업이나 중견기업으로 느껴지는 규모의 다양한 회사들이 사실은 스타트업으로 시작된 경우가 최근 15년 동안 정말 많다.

소개할 회사는 '당근마켓'이다. 생각해보면 당근마켓 어플 출시 이전,

우리나라의 중고 물건 거래 혹은 판매는 주로 택배를 사용하였기 때문에, 무게나 크기에 제한이 있었다. 그리고 직접 만나서 거래하는 경우가 매우 적었기 때문에 그와 관련한 사기도 굉장히 많았다. 워낙 많은 형태와 다양한 금액대의 사기가 있기 때문에 돈을 돌려받기도 쉽지 않다. 지금 생각해보면 정말 위험한 거래 형태였다. 하지만 2015년 당근마켓은 이용자의 집에서 최대 6km 반경으로 거래 가능 지역을 축소하여 기존 중고 거래의 단점이었던 물건 전달 방식을 택배에서 직접 만나 물건을 거래하는 형태로 주된 거래 형태가 바뀌게 되었다. 이는 카카오의 회사 내 커뮤니티에서 시작된 아이디어였지만, 판교 내의 카카오 기업 종사자가 아닌 사람들도 서비스 이용을 원하게 되며 창업까지 이어졌고, 현재 중고 거래 1위 서비스로 자리 잡게 되었다. 성공한 스타트업인 만큼 투자자들의 투자액도 400억을 넘기게 되었다. 기존에 존재한 산업을 바탕으로, 거래 가능 지역을 제한하는 혁신적인 아이디어로 창업된 신생 기업이다.

지금도 많은 사람들이 스타트업을 시작하려고 하고, 창업을 꿈꾼다. 2023년 가천대학교 내에서도 '코코네스쿨'이라는 창업 대학을 유치하여 정부 지원뿐만 아니라 학교에서 스타트업 창업을 지원하는 제도들을 시행하고 있다. 혹시 창업을 생각하고 있다면 최근에는 다양한 지원 제도들이 많기 때문에 잘 알아보면 큰 도움이 될 것이다.

그런데 판교 테크노밸리, 어떤 곳일까?

판교 테크노밸리는, 이름에서부터 알 수 있는 것처럼 IT 산업단지이다. 조금 더 자세하게 알아보자. 판교 테크노밸리는 홍콩의 홍콩 섬 남구 서쪽 일대에 있는 아시아 최초의 IT신도시, "사이버포트"를 산업 모델로 두고 개발된 산업 단지이다. 사이버포트는 홍콩의 실리콘밸리로 불리는데, 그렇다면 판교 테크노밸리는 미국의 실리콘밸리를 모델로 만들어진 홍콩의 사이버포트를 모델로 만들어진 한국의 판교 테크노밸리가 된 것이다. 사이버포트에 대해 간단히 알아보자. 사이버포트는 2005년 정부 지원 아래 설립된 산업 단지로, 사무 공간 및 연구 시설을 제공할 뿐만 아니라 다양한 기업 발전을 위한 지원이나 세미나, 컨퍼런스 등을 통해 산업 단지 내의 전문가들과 기업들이 소통하고 협력할 수 있는 기회를 제공하고 있다. 또한 현재 2,000명의 기술자들과 1,100여 개의 스타트업 및 기업이 가입하여 유기적으로 연결되며 성장하고 있다.

지금까지는 간단하게 판교 테크노밸리의 모델이 되는 사이버포트에 대해 알아봤다면 이젠 본격적으로 판교 테크노밸리에 대해 알아보자.

판교테크노밸리의 공식 사이트에서는 판교테크노밸리를 R(Research), P(People), I(Information)< T(Trade)가 집적된 글로벌 IT, BT, CT, NT 중심의 글로벌 융복합 R&D 허브로서, 기술혁신, 인력양성, 고용창출, 국제비지니스 경쟁력 강화 등 국가의 성장 동력을 확보하고자 조성된 경기도의 대표적인 혁신 클러스터[542]라고 소개하고 있다. 사업비가 대략 5조 2,700억원 이상 들어간 대형 프로젝트로, 대한민국의 대표적인 IT 기업 집적지이다.

우선 정책적인 것과 다양한 지원을 배제하고, 내가 생각한 판교테크노밸리의 가장 좋은 점 중 하나는 경기도에 위치하지만 신분당선이 서울과 판교를 이어주고 있기 때문에 경기 남부권은 물론이고, 서울에서의 접근이 쉽다는 점이다. 기업의 위치는 사업에 있어 중요한 영향을 미치는데 이 높은 접근성이 다양한 기업들의 입주에 크게 기여할 것이라고 확신한다. 개인적으로 필자는 판교와 인접한 지역에 살고 있는데, 판교가 상대적으로 서울보다 가깝고, IT 기업으로의 취직을 바라고 있기 때문에 취업 준비를 시작한 적도 없지만 벌써 매우 편리함을 느끼는 중이다.

이렇게 텍스트로만 읽는다면 판교 테크노밸리는 IT 기업들에게 굉장히 환상적이고 이상적인 곳으로 다가온다. 이에 대한 궁금증을 해소하기 위해 2021년부터 판교 테크노밸리 내의 IT 기업에 다니고 있는 20대 후반 현직자와의 인터뷰를 통해 테크노밸리에 관한 질문을 해보았다.

Q. IT 기업이 판교 테크노밸리와 같은 IT 산업 단지 내에 위치할 시 다른 지역에 위치한 기업에 비해 가지는 이점이 무엇이 있는가?

A. 물류나 제조업같은 경우에는 같은 산업 단지 내에 위치할 경우 운송비 절약이나 제조 설비 공유 등 지리적 이점이 있겠지만, IT 업계 같은 경우에는 생각보다 큰 장점이 있다고 보여지진 않습니다. 업종 자체에 가져다주는 이점보다는 회사와 사람들이 모이면서 만들어지는 인프라가 주는 이점이 더 많은 것 같아요.

Q. 취업을 준비할때 회사의 위치가 판교 테크노밸리 내에 위치하는 것이 회사 지원에 있어서 선택적 우위에 있었는가?

A. 실제로 회사 내의 조직 만족도 조사 결과를 보면 회사가 판교에 위치한다는 점이 재직 기간에 유의미한 영향을 보이고 있습니다. 거주지가 판교와 멀어 출퇴근의 시간이 오래 걸리는 분들도 물론 있지만, 신도시기 때문에 버스나 지하철과 같은 대중교통이 잘 되어있어 접근성이 우수하고 도로가 잘 정비되어 있으며 주차 공간이 넉넉하다는 이점을 가지고 있기 때문에 선택적 우위에 있는 것 같습니다.

Q. 현직자의 시선으로 판교 테크노밸리는 서울이 아닌 경기도에 위치해있지만 앞으로 산업 단지의 규모가 유지되거나 더 커질 것으로 판단하는가?

A. 당연히 커질 것 같다고 생각합니다. 제조, 물류업은 회사 면적대비 직원 수는 적지만 IT 산업은 컴퓨터만 있으면 가능하기 때문에 회사 면적대비 직원 수가 많아요. 근데 넥슨이나 NC, SK, 카카오처럼 이름은 한 번쯤 들어봤을 법한 거대기업들이 이미 사옥을 세워놨고, 현재도 높은 건물들이 판교 안쪽으로 쭉쭉 올라가고 있습니다. 이렇게 많은 기업에 다니는 직장인들이 점심을 먹고 커피를 마시고, 회식을 하면 지역 인프라는 더 커지겠죠. 그렇게 만들어진 상

권은 더 많은 IT기업들을 유인할거구요. 게다가 지리적으로도 서울과 성남을 잇는 길목에 있기 때문에 앞으로도 더 규모가 커질 것 같습니다.

Q. 테크노밸리 내에서 다양한 규모의 기업들이 서로 협업하고 교류하는 방식이 있는가?

A. 이점은 회사마다 차이가 큰 것 같습니다. 저희 회사는 주로 협업툴들을 통해 고객사와 교류하고 작업물을 공유하고 있고, 테크노밸리에 입주해 있는 다른 회사에서 일하는 지인의 회사는 대면이나 비대면을 통해 회사 간 기술 교류 또는 협업을 진행하고 있다고 들었습니다. 또 판교 내의 관련 기업의 기술자들이 모여 개인 간의 기술을 공유하는 컨퍼런스가 열리면 다양한 분들이 참여해서 서로의 기술을 공유하는 시간을 가진다고 들었습니다.

이러한 실무자의 인터뷰를 통해 현실적인 판교테크노밸리에 관한 이야기를 들어보았다. 결론적으로는 IT 기업들은 공간 내에서 큰 교류를 진행한다기보다는 각 회사 내의 협업툴을 사용하여 협업을 진행하지만, 테크노밸리가 있기에 IT 기업이 한 공간 내에 모여 긍정적으로 서로를 견제하며 성장할 수 있는 발판이 된다는 점을 알 수 있었다.

IT 기업 실무 후기

지금부터는 2021년 6월부터 2022년 3월까지 IT 회사에서 근무하면서 IT 기업이 서로 협업하며 일하는 방식과 근무 형태 등을 설명해보고 느꼈던 점과 아쉬웠던 점을 소개해보고자 한다.

먼저 내가 근무했던 IT 회사는 총 두 곳이었는데, 한 곳은 가장 크게 보면 인터넷 플랫폼의 역할을 하는 회사였고, 다른 한 곳은 크게 보면 인터넷 커머스 서비스를 제공하는 회사였다. 두 회사에서 나의 가장 큰 업무는 매 순간 회사 서비스를 이용하는 사용자들에 의해 쌓인 사용자

빅데이터를 통해 더 나은 서비스 제공을 위한 인공지능과 데이터 분석 업무를 맡았었다.

한 곳은 주 2회 재택근무와 주 3회 사무실 출근을 하는 방식이었고, 다른 곳의 근무 방식은 하이브리드 근무제였다. 하이브리드 근무제, 나에게 익숙하지 않은 근무 제도였다. 지금은 나의 미래 직장이 하이브리드 근무 제도이길 매우 바라는 중이다. 다시 본론으로 돌아가서 앞서 언급한 이 하이브리드 근무제란 근무 장소를 자율적으로 선택하는 근무 방식으로, 본인이 업무를 할 때 가장 효율적일 수 있는 장소를 선정하여 근무하는 방식이다. 만약 사무실 출근을 희망하는 날에는, 사무실 내의 원하는 자리를 회사 그룹웨어 어플리케이션을 통해 예약하면 된다. 아주 예외로 특정 부서는 사무실 출근이 필수로 요구되는 부서도 있지만, 내가 속했던 데이터그룹은 팀원 50명 이상이 당일의 근무 형태를 재택근무로 선택한 날이 있을 정도로 근무 형태의 선택이 자유로웠다. 물론 모든 IT 기업의 재택근무가 자유로운 것은 아니다. 특히 하드웨어를 제조하는 회사의 경우, 해당 상품의 출시 이전 사양이 외부로 유출되는 것을 막고자 모든 근무자의 재택근무를 전면 제한하고 있다고 들었다.

재택근무를 하면 출, 퇴근 시간에 낭비되는 시간을 줄일 수 있고, 자신이 선택한 공간에서 업무의 효율을 높이며 일할 수 있다는 장점이 있지만, 유연한 재택근무로 인해 아쉬웠던 점 또한 존재한다. 자고로 회사 내의 인간관계란 같은 사무실 안에서 일하며 점심을 같이 먹거나, 오고 가며 소소한 대화 속에서 발전하는 것인데, 팀원 전체가 평균적으로 일주일에 한 번 정도씩만 사무실 출근을 하고, 개발 시엔 재택근무를 압도적으로 선호하기 때문에, 직장 동료 간의 유대감을 쌓기가 어려워서 아쉬웠다. 아직 사회초년생도 아닌 대학생인 나에게 이미 사회에 진출한 업계 관계자들과 다양한 이야기를 편하게 나눠볼 수 있는 기회가 많이 없기 때문이다.

개인적으로는 사회초년생이 되기 전 대학생일 때 인턴이든, 어떠한 고용 형태든 간에 회사를 다녀보는 것을 추천한다. 모르는 것을 모른다고 말해도 된다는 점이 정말 든든하게 느껴진다는 것을 알려주고 싶다. 학교와 사회는 정말 다르다고 느꼈다. 그러나 사회의 쓴맛을 맛보고, 학교에서 더 많은 배움을 학습해야 한다는 것들을 매일매일 느끼며 버거운 점들도 분명 존재했지만 좋은 경험이었다. 대학생과 사회초년생의 사이에 있었던 이 시기를 앞으로도 계속 그리워하게 될 것 같다. 원하는 회사에 입사하여 원하는 업무를 하는 것도 물론 중요하다. 하지만 같이 일하는 동료가 중요하다는 것. 학교에서도 정말 다양한 팀 프로젝트를 진행하지 않는가. 아주 간단한 단기성 팀 프로젝트에서도 같이 프로젝트를 진행하는 팀원이 정말 중요한데, 회사에서 장기적으로 일하는 팀원은 얼마나 중요할지에 대해 생각해보는 것도 좋을 것 같다. 이상 사회를 맛보기 스푼으로 맛본 대학생이었다.

프랑스 IT 기업의 일하는 방식

프랑스와 한국의 기업은 정말 다른 방식으로 일한다. 한국의 직장인들이 가장 부러워하는 것이 바로 프랑스의 장기적인 여름 휴가인데, 한국에서는 아직 상상도 할 수 없는 문화이다. 프랑스의 경우 1년을 근무할 경우 30일의 휴가 일수가 주어진다. 그런데 정말 부러운 점은 주휴일까지 따로 보장된다. 정말 프랑스 기업으로의 취업을 희망하게 되는 순간이다. 회사마다의 분위기과 정책이 다르겠지만, 프랑스의 여름 휴가 만큼의 장기적인 휴가는 보통 신혼여행으로 한 번 존재하는 것처럼 느껴지기도 한다. 나도 벌써부터 방학이 없는 회사 생활을 할 생각에 취업을 최대한 미루고 싶은 마음이 한가득이다.

또 정말 다른 것은 일주일에 근무하는 시간이다. 한국의 기업들은 보통 하루에 8시간씩 주에 40시간을 기본으로 근무하는 문화를 가지고 있지만, 프랑스는 워라밸을 중시하는 문화를 중심으로 2000년 이후부터 35시간 근무를 시행하고 있다. 한국 기업보다 하루에 1시간씩 덜 일한다는 것인데, 하루에 8시간 근무를 해본 사람이라면 8시간과 7시간의 차이가 얼마나 큰지는 몸소 느껴봤을 것이다. 자료를 찾아보며 다소 놀라웠던 점은 1982년 근로시간 단축을 위한 법 개정을 추진할 때 주에 39시간 근로를 입법화하였다는 점이다. 우리나라는 몇 년 뒤에 주에 35시간, 아니 주에 39시간으로의 근로시간 단축을 위한 제도가 생길까? 부디 내가 취업을 하기 전 제도가 마련되고, 시행까지 되기를 간절히 바라는 중이다. 일을 하려면 그만큼의 쉼이 필요하다. 합법적 쉼을 위해선 국가 제도의 마련이 필요하다. 우리나라도 최근 노동 환경 개선에 대한 운동도 활발해지고 다양한 제도들이 도입되고 있는데, 앞으로도 더 나은 노동 환경이 마련되었으면 한다.

결론

해당 글은 IT 산업을 찬양하는 글이 아니다. 그리고 꼭 이 산업에 종사해야 한다고 말하고 있는 것이 아니다. 인류는 각각 1차 산업혁명, 2차 산업혁명, 3차 산업혁명에 맞춰 새로운 산업에서 적응하고 발전시켜 왔던 것처럼 우리도 앞으로 4차 산업혁명에 맞춰 발전해야 한다. 앞으로 미래 산업은 다양한 분야에서 4차 산업 혁명에 맞춰 성장할 것이다. 내가 종사하고자 하는 분야가 절대 4차 산업 혁명과 연관되지 않을 것이라고는 아무도 확신할 수 없다. 앞서 언급한 점이 전체적인 글을 통해 내가 IT 산업에 대해 소개하며 전달하고 싶은 점이다. 나도 정말 긴 시간에 걸쳐 진로를 정하게 된 사람이지만 내가 앞으로 이 분야에서만 종사하게 될 것이라고는 생각하지 않는다. 그렇기 때문에 더욱 다양한 산업에 대해 이해하려고 해보고 알아가 보려고 한다. 그러면서 작은 시선을 통해 진로를 고민하지 않고 다양한 분야에서 다양한 직무와 관련된 고민을 할 수 있게 되고, 이게 분명한 강점이 될 것이라고 생각한다.

이 글이 진로나 취업 결정에 관한 글은 아님에도 불구하고 단순하게 IT 산업에 대한 소개만 담고 있는 것이 아닌 IT 산업이라는 큰 틀 안에서 다양한 것들을 이야기하고 있는 이유이다. IT는 산업으로만 존재하지 않는다. 인공지능이나 빅데이터 등의 형태로도 정말 많은 기업과 산업에 포함될 것이다. 그리고 21세기에는 지금까지보다 더 많은 기업들이 편리한 서비스를 제공하기 위해 다양한 형태의 IT 기술을 활용할 것이다. 모두 다 아는데 나만 모르면 나만 바보된다. 그런데 모두 다 알 때 내가 하나라도 더 알면 그것이 나의 강점이 된다. 이 글을 읽는 모두가 예를 들어 벤처기업과 스타트업의 차이라든지, IT 기술의 종류 등 글에서 전달하고자 한 정보에 대해 얻어갈 수 있다면 성공적인 글이라고 생각한다. 이러한 맥락에서 많은 사람들이 주목하고 있는 IT 산업가 IT 기술에 대해 우리도 자세히 알아보자라는 목적을 가지고 글을 작성하게 되었다.

각 개인마다 주목하는 산업과 근무를 희망하는 산업이 다르겠지만 어떻게든 흘러가고, 안 될 것도 결국 만들어내면 되는 게 21세기의 사회라고 생각한다. 열심히 살고 열심히 공부하자. 결국 우리가 아는 모든 것이 우리에게 정말 중요할 때 도움이 될 자산으로 돌아올 것이다. 앞으로 우리에게 일어날 많은 일들을 이겨내야 하는 우리 모두에게 많은 응원을 보낸다.

뷰티 인사이드: 프랑스와 한국의 코스메틱, 그리고 ESG의 여정

성윤지

‖ 가천대 유럽어문학과(프랑스어) 3학년 ‖

시작하며

계절에 어울리는 옷과 가장 잘 어울리는 코스메틱을 선택하는 것은 개성을 드러내는 중요한 수단이다. 코로나 팬데믹이 끝나고 다시 일상으로 돌아가며 이제는 마스크를 벗은 모습이 우리에게 더 익숙한 모습이 되었다. 이와 동시에 마스크를 벗고 화장을 하며 멈추어졌던 본인의 개성을 드러내고 있다. 또한 색조화장뿐만 아니라 피부 관리를 위한 기초 스킨케어도 아주 중요한 역할을 하고 있다. 이렇듯 코스메틱은 우리 일상에서 매우 큰 비중을 차지하고 있다. 그럼 코스메틱 산업에서 빼놓을 수 없는 두 나라는 과연 어디일까? 바로 프랑스와 한국이다. 현재 이 두 나라는 코스메틱 산업에서 큰 비중을 차지하고 있다.

프랑스는 오랜 역사와 전통을 지닌 뷰티 산업의 중심지로, 럭셔리 브랜드에서부터 대중적인 제품까지 폭넓은 라인업을 선보이며 세계적인 영향력을 행사하고 있다. 또한 자연 원료를 활용한 프랑스의 기초 제품들은 피부에 자연스러운 아름다움을 부여하며 전 세계 사람들에게 많은 사랑을 받고 있다.

한편 한국은 빠르게 주도하는 트렌드, 효과적인 마케팅, 합리적인 가격이지만 높은 품질을 내세워 급속한 성장을 이루며 코스메틱의 중심지로 자리 잡고 있다. 또한 'K-뷰티'라는 명목하에 새로운 아름다움의 기준을 제시하고 글로벌 뷰티 트렌드를 주도하는 역할을 수행하고 있다.

이처럼 프랑스와 한국, 두 나라는 각자의 뷰티 산업에서 서로 다른 고유한 매력으로 소비자들을 사로잡고 있다. 이 책에서는 두 나라의 코스메틱 산업을 비교하고 분석함으로써 그들이 어떻게 세계적 영향력을 제시하고 있는지, 더 나아가 ESG 경영을 위해 어떤 노력을 기울이고 있는지에 대해 다룰 것이다.

프랑스의 코스메틱 역사[543][544]

프랑스는 18세기부터 화장품 판매가 이루어졌을 만큼 오랜 역사를 지닌 코스메틱 종주국이다. 뿐만 아니라 명실상부한 코스메틱 산업 강국으로 전 세계의 코스메틱 트렌드를 주도한다. 코스메틱 산업의 중심지로 자리매김한 프랑스의 코스메틱 역사에 대해 알아보자.

프랑스 코스메틱의 역사는 고대 이집트로부터 시작된다. 이에 대한 근거는 피부 관리 및 치료 전통에서 찾아볼 수 있다. 서양 왕실의 여성들은 당나귀 젖을 이용한 목욕을 통해 피부를 관리했다고 한다. 또한 그리스 로마시대 이후 15세기까지 프랑스인들은 특별한 코스메틱 제품보다는 목욕을 통한 피부관리가 그 시대의 관리법이었다. 이는 중세 기독교 문화의 확산을 통해 '물'이 모든 사물을 정화시킨다는 기독교 인식에서 비롯되었다. 하지만 14세기, 흑사병이 프랑스 전역에 유행하자

'물'은 전염병의 주원인으로 인식되며 물을 사용하는 목욕 대신 코스메틱이 성행하게 되었다.

프랑스 코스메틱 산업에서 중세 시대는 아주 중요한 시기라고 할 수 있다. 우리가 흔히 알고 있는 메이크업의 형태가 이때 나타나기 때문이다. 또한 향료가 되는 식물을 재배하여 향료를 대량생산한 시기이기도 하다. '파르'(fard. 코스메틱)라는 코스메틱을 칭하는 단어도 이 시기 생겼다. 종교가 인간에게 절대적 영향을 미쳤던 중세 시대에는 종교적으로 가발과 메이크업을 엄격하게 통제했으며 결혼 적령기 여성들에게 약간의 치장은 허용되었지만 과한 화장은 금했다고 한다. 하지만 많은 여성들이 비밀리에 화장을 하였다. 이 당시 유행한 화장법은 창백할 정도로 하얗게 분칠한 얼굴이다. 종교의 억압으로 화려한 화장을 하지 못한 여성들은 피부 톤으로 자신의 미를 표현해야 했기 때문이다. 그래서 납이든 백연을 과도하게 사용한 여성들은 검은색으로 얼굴이 변색되기도 했다고 한다. 흰 얼굴과 더불어 눈썹도 이 시기의 중요한 화장법이라 할 수 있다. 초기에는 자연스러운 형태의 눈썹이 유행했지만 작품 모나리자처럼 점차 모두 밀거나 활 모양이나 아주 가느다랗게 뽑은 눈썹이 유행했다. 이와 더불어 이마의 앞머리를 뽑거나 밀어 넓게 가꾸는 것도 유행했다. 또한 진한 화장은 자제하였지만 볼이나 입술을 빨갛게 물들이기 위해 연지를 사용하였다고 한다.

중세와 근대를 잇는 개화의 통로 역할을 한 르네상스 시기에는 신에게만 맞춰지던 초점이 인간에게도 맞춰지게 되며 그에 따라 아름다움, 즉 미에 대한 기준도 바뀌게 되었다. 종교개혁이 이루어지고 개인주의와 향락주의가 만연하며 사람들은 각자의 개성을 뽐낼 수 있게 되고, 이에 따라 상류 계층들은 남녀를 불문하고 화려한 의복과 메이크업을 하던 시기이다. 당시 이탈리아에서 유행했던 미용법이 프랑스로 건너왔고, 16세기 말에는 상류 계층에서 화장과 염색 등이 성행했다고 한다.

앙리 3세 때부터는 현재까지도 많이 불리는 '트렌드'라는 개념이 궁정인들을 중심으로 생겨났고, 이는 루이 14세 때 최고조에 이렀다. 이 시기에는 화장술을 발전시키기 위해 계속해서 새로운 원료와 향료 색소들을 개발하였다. 르네상스 시대에도 중세 시대와 동일하게 창백한 얼굴, 얇거나 거의 없는 눈썹, 넓은 이마를 강조하였지만 낮에는 창백하게, 저녁에는 붉게 짙은 색의 볼 화장을 했다고 한다. 또한 체취 제거를 위해 향수를 사용했다고 한다. 아마 이때부터 그 유명한 프랑스의 향수 산업이 시작되었을 것이다.

바로크 시대에는 조화를 중시하며 고전적인 아름다움도 섞였던 르네상스와 달리 화려함이 극치를 달했다. 때문에 화려한 의상과 함께 진한 메이크업이 특징이라 할 수 있다. 이 시기에는 포동포동하고 성숙한 여성이 미의 기준이 되었고, 따뜻한 혈색에 크고 검은 눈을 지닌 여성이 우위에 있었다. 또한 밝은색의 입술과 볼을 선호했고, 상류층에서는 지금의 파우더의 역할을 하는 백연을 사용하여 광택 없는 흰 피부를 연출하였다. 또한 짙은 눈썹을 선호했으며 오페라 배우와 같이 짙은 화장과 의상이 유행했다고 한다. 그리고 현재 애교점이라고 불리는 것처럼 눈밑이나 입가 등에 점을 그려 애교를 상징했다고 한다.

메이크업이 더욱 성행한 로코코 시대에는 코스메틱의 제조가 더욱더 활발해졌으며, 이에 따라 더 진하고 화려한 메이크업이 극에 달했다. 화려한 스타일의 가발이 성행하고, 매우 두꺼운 메이크업을 선호했으며 눈썹은 검게, 혈관은 푸른색으로 치장했다고 한다. 그리고 노란색, 초록색, 자주색 등 혼합색을 사용한 메이크업을 즐겼다고 한다.

하지만 잦은 전쟁과 귀족들의 호화로운 생활에 국력은 점점 쇠퇴하고, 프랑스 혁명을 거친 19세기에는 생활 풍조가 검소해지며 점차적으로 자연스러운 화장이 주를 이루게 되었다. 이 시기에도 역시 창백한 메이크업이 유행했지만 연지를 바르는 메이크업은 점점 없어지고 강한 화장이 사라지기 시작한 시점이다. 대신 자연스러움을 강조하였으며 향수만 사용하여 자신의 개성을 알렸다.

코스메틱뿐만 아니라 향수도 프랑스의 뷰티 역사에서 빼놓을 수 없다. 흑사병으로 물을 금기시하고, 위생이 좋지 않아 악취를 풍기던 이 시기 프랑스에서는 사람들이 악취를 없애기 위해 향이 나는 것을 온갖 곳에 뿌렸다고 한다. 아이러니하지만 이때 발전한 향의 역사는 프랑스가 현재 향수로 가장 유명하게 된 계기이지 않을까 싶다.

20세기에 접어들면서 사람들의 몸은 더욱더 자유로워졌다. 때문에 이 시기에는 패션, 뷰티 할 것 없이 모두가 본인만의 개성을 뽐낸 시기이기도 하다. 당대 여성들은 해수욕을 하며 햇볕에 본인의 몸을 그을렸는데 이러한 성향이 지금까지 이어져 태닝의 역사를 만들어내지 않았을까라는 생각이 든다. 또한 제1차 세계대전이 끝난 후에는 성형의술과 미용클리닉이 성행했고, 개인 샵을 넘어 지금 우리가 흔히 알고 있는 프랑스 코스메틱 기업들이 이때 자리를 잡아가기 시작했다.

한국의 코스메틱 역사[545][546][547]

한국의 코스메틱 역사가 깊다고 할 수는 없지만 'K-뷰티'라 불리며 전 세계 코스메틱 시장에 신흥 강자로 떠오르고 있다. 이제부터 코스메틱 업계에서 떠오르는 샛별인 한국의 코스메틱 역사에 대해 알아보자.

한국 화장의 시초는 고조선 시대 만주지방에서 살며 추위를 막기 위해 돼지기름을 몸에 바르며 시작되었다. 즉 한국의 전통 화장은 추위로부터 피부를 보호하기 위해 시작된 것이다. 이는 얼굴이 매끈하고 부드럽게 표현된 고분 벽화를 통해 추측할 수 있다.

또한 한국은 흰 피부를 선호하는 경향이 있다. 한국인이라면 한 번쯤 들어봤을 단군신화에서 곰과 호랑이에게 미백에 효과가 좋은 쑥과 마늘을 사용하고, 빛을 보지 못하게 한 것에서 추측할 수 있다.

현재 한국에는 눈썹에 관련된 코스메틱만 셀 수 없을 정도로 많다. 이렇듯 사람의 인상을 결정하는 데 가장 중요한 역할을 하는 눈썹은 삼국시대 이전에도 마찬가지였다. 정확히 언제부터 시작되었는지는 알 수 없지만 '낙랑의 유물인 채화칠협에 인물상'에서 넓은 이마를 위해 머리털을 뽑은 흔적과. 굵고 진하게 그려진 눈썹을 통해 유추할 수 있다.

삼국시대에는 적색에 강한 주술성을 부여하며 적색을 가장 선호하여 화장과 장신구의 색으로 많이 사용하였다. 때문에 적색은 검은색과 함께 색조화장의 주요 색상이 되었다. 이는 고구려의 여인들이 볼에 적색의 연지 화장을 한 것에서 유추할 수 있다. 연지는 지금의 립스틱, 블러셔의 역할을 한다고 할 수 있는데 중국의 서북지방과 몽골고원지대를 거쳐 고구려로 전파되었다는 가설도 있다. 볼과 입술을 붉게 하여 피부를 생기 있게 보이게 하는 역할도 하지만 거칠어진 피부를 부드럽게 하는 역할에도 사용되었다. 이 시기 고구려 사람들이 연지를 바르는 데는 세 가지 방법이 있었다. 첫 번째는 현재로 따지면 파우더의 역할을 하는 백분을 바른 후 다시 연지를 바르는 방법과 두 번째는 화장 전에 연지와 연분을 조합해 분홍색을 만든 후 얼굴에 발라 은은한 홍조를 띠는 것이다. 마지막으로는 얼굴 부위에 연지를 바르고 그 후에 백분으로 가볍게 덮는 방법이다. 입술을 붉게 칠하는 것은 모든 민족에게 공통적으로 나타나는 화장법이지만 원래 북방 유목 민족의 풍습이다. 또한 고구려 여인들은 눈썹을 짧고 뭉툭하게 다듬었으며, 연지를 이마에 바르고 금당으로 머리를 꾸몄다고 한다.

신라는 고구려와 백제에 비해 화장에 대한 많은 기록을 갖고 있다. 신라에서는 가체가 발달했고, 연분을 만들어 사용했음을 알 수 있다. 기존의 백분은 쌀을 맷돌에 갈아 체에 거르고, 조개껍질을 곱게 갈아 섞어 만든 분으로 바르기 전 안면의 솜털을 뽑고 물에 갠 백분을 바르고

2~30분 기다려야 하는 번거로움이 있었다. 하지만 연분은 백분에 화학처리 한 납이 첨가되어 부착력과 퍼짐성이 좋아졌다. 또한 신라도 연지를 볼과 입술에 바르며 치장하였다. 신라는 여성뿐만 아니라 남성의 아름다움 또한 중시하였는데 이는 신라국기에서"귀인자제 중에서 어여쁜 분을 바르고 곱게 단장하여 이름을 화랑이라 하여 나라를 사랑하여 높이 섬기다"라는 구절을 통해 알 수 있다. 이렇듯 신라는 남녀 모두 외모를 중시하였으며 화장 기술과 화장품 제조 기술이 매우 섬세하게 발달하였다는 사실을 알 수 있다. 하지만 엷은 메이크업을 추구해 고구려에 비해 화장이 화려하지는 않았다.

백제는 구체적인 기록이 적어 메이크업의 역사를 알아보기 어렵지만 일본의 '화한 삼재회'에 기록된 바로는 일본이 백제로부터 메이크업 기술을 배워간 후부터 메이크업을 시작했다고 한다. 이 기록을 미루어 보아 당시 백제의 메이크업 기술은 상당했을 거라는 추측이 든다. 또한 엷은 화장을 했다는 기록이 있지만 이는 그만큼 백제가 고도의 메이크업 기술을 갖고 있다는 추측으로 이어진다.

이후 고려 시대에는 신라의 문화가 전승되고, 발전되었다. 따라서 신라에서 추구한 아름다움이 그대로 전승되었지만 외형상으로는 더 사치스러워졌다고 한다. 이 시기에는 신분에 따라 메이크업이 달랐는데 보통 일반 가정집의 평민들은 엷은 메이크업을 주로 하며 색조를 제외한 백분만 사용하고 가느다란 눈썹을 선호했으며, 기생들은 교방에서 직접 화장을 배우며 진한 메이크업을 했다고 한다. 또한 현대에서 향수와 같은 역할을 하는 향낭이라는 향 주머니를 사용했다고 한다.

조선 시대에는 여성의 외적 아름다움보다 내적인 아름다움을 중시했다. 이를 깨끗한 마음이라고 생각하며 메이크업은 천한 행위로 간주했다고 한다. 이러한 이유 때문에 진한 메이크업은 궁녀나 기생 등 직업여성들만 한다는 인식이 생겼고, 평민들은 연한 생활 화장 정도만 했다고 한다.

1916년 '박가분'이라는 상품명으로 한국 최초의 화장품이 등장했다. 출시 당시 흰 피부를 좋아하는 한국인의 취향에 맞춰 선풍적인 인기를 끌었다. 코스메틱 제품을 출시하기 위해 다양한 검사를 하는 현재와 달리 이 당시에는 딱히 거치는 검사가 없었다. 때문에 부착성을 높이기 위해 첨가된 납 성분에서 나온 치명적인 독성으로 점점 인기가 줄며 역사 속으로 사라졌다. 흔히 '화장독'이라고 부르는 용어가 이때 생겨났다고 한다.

이후 1930년대에는 납을 사용하지 않은 '서가분', '서울분' 등이 출시되었으나 '박가분'만큼의 인기는 끌지 못했고, '크림'이라는 크림이 등장했다. 크림은 주로 화장품 방문판매로 직접 방문하여 덜어서 판매하는 형태로 팔았다고 한다.

1945년 해방 이후 한국의 코스메틱 종류는 매우 다양해졌다. 이때 콜드크림, 바니싱 크림, 포마드 등이 폭발적인 인기를 누렸다. 콜드크림은 마사지 크림 정도의 용도를 사용한 크림인데 화장을 지울 때도 사용해서 만능 크림이라고 불렸다.

1960년대부터는 단순히 피부의 색만 밝히는 것이 아닌 자연스러운 피부를 표현하는 것이 성행했다. 또한 메이크업 단계라는 개념이 생겨나며. 화장수 이후 파운데이션을 바르고, 파우더로 마무리하는 단계가 유행했다. 이는 현재 보편적으로 화장하는 순서와 비슷하다.

1980년이 되면 화장품 개발 기술이 발달하게 되면서 천연 고분자 보습제인 히알루론산과 립스틱의 천연색소 성분을 대량 생산할 수 있게 되었고, 안티에이징 화장품, 민감성 화장품에 대한 연구 등이 시작되었다.

1990년에는 식물성 성분을 함유한 식물유래 성분을 사용한 화장품이 유행하였고, 각자의 개성이 강조된 메이크업과 TV 속 자신이 선망하는 인물에 따라 메이크업의 유행이 바뀌기도 하는 등 다양한 메이크업이 유행했다. 그리고 이 시기 우리가 흔히 아는 '아모레 퍼시픽' 등의 코스메틱 기업이 생겨나기 시작했다.

프랑스와 한국의 대표적 코스메틱 기업

유명하다고 알려진 기초 제품, 파운데이션 등을 보면 제품 대부분의 원산지가 프랑스인 것을 확인할 수 있다. 그리고 최근 착한 가격에 좋은 성분을 사용하고, 고급스러운 화장을 위해 한국의 코스메틱이 입소문을 타고 있다. 그만큼 한국 코스메틱의 위상이 급격히 오르고 있다. 이렇듯 코스메틱 하면 떠오르는 두 나라, 그중에서도 프랑스의 대표적 뷰티기업 '로레알'과 한국의 대표적 뷰티기업 '아모레퍼시픽'에 대해 알아보고자 한다. 참고로 필자도 사용하는 코스메틱의 대부분이 다 이 기업들 제품이다.

프랑스의 대표적 코스메틱 기업인 '로레알'(L'ORÉAL)[548]은 1909년 'Eugène Schueller'에 의해 창립되었다. 초기에는 염료 제조사로 출발하였지만, 뒤이어 뷰티와 화장품 산업에서의 혁신과 성장으로 세계적으로 유명한 기업으로 성장하였다.

'로레알'은 '로레알 파리', '랑콤', '키엘', '아르마니 뷰티', '입생로랑 뷰티' 등 다양한 브랜드를 보유하고 있으며, 등 전 세계 36개 브랜드를 보유하고 있으며 2021년 기준 전 세계 시장 점유율의 14.2%를 차지하고 있다고 한다. '모두를 위한 아름다움'이라는 목표 아래 각 브랜드는 고유한 특징과 목표를 가지고 있다. 예를 들어, '랑콤'은 고급 스킨케어와 메이크업 제품으로 유명하며, '키엘'과 '라 로슈-포제'는 효과가 확실한 기초 제품으로 단단한 소비층을 보유하고 있다. 또한 '로레알 프로페셔널'은 전문 뷰티 전문가를 위한 제품을 제공하여 프로페셔널 시장에서 강한 입지를 유지하고 있다.

글로벌 시장에서 '로레알'은 강력한 경쟁자로 자리 잡아왔다. 다양한 지역에서 소비자들의 다양한 뷰티 관행과 소비자 맞춤형 제품을 제공함으로써 글로벌 소비자들의 신뢰를 얻어내었고, 연구 및 개발에 대한 투자를 지속적으로 이어가며 혁신적인 제품을 출시하고 있어, 뷰티 산업에서의 선도적 역할을 수행하고 있다.

'로레알'은 '세상을 움직이는 아름다움을 창조한다'는 슬로건 아래 지속 가능성에 대한 책임을 다하고 있다. 이에 대한 자세한 내용은 뒤에서 다루도록 하자.

또한 '로레알'은 뷰티와 화장품 산업에서의 업적을 토대로 지속적인 성장을 이루어 나가고 있다. 특히 '로레알'은 기업 인수합병(M&A)으로 유명하다. '메이블린 뉴욕', '라 로슈-포제', '슈에무라' 등 각국의 경쟁력 있는 브랜드들을 '로레알' 산하의 브랜드로 끌어들이며 코스메틱 시장을 선점했다.

더불어 유통 경로에 따라 컨슈머 코스메틱(시판), 럭스(백화점), 프로페셔널 헤어(헤어), 더마톨로지 뷰티(약국) 총 4개의 사업부로 나뉘는데 각 사업부의 특성에 따라 운영하여 세분화된 영업은 '로레알'의 인기 비결 중 하나이다.

다음으로 한국의 대표적 코스메틱 기업인 '아모레퍼시픽'(AMORE PACIFIC)[549]은 아시아를 중심으로 한 세계적인 뷰티 기업으로, '사람을 아름답게, 세상을 아름답게'라는 목표 아래 다양한 브랜드와 제품 라인을 보유하고 있는 기업이다. 1945년 '서성환' 선대 회장의 '태평양화학공업사' 창립을 시작으로 이후 꾸준한 성장과 혁신을 통해 글로벌 뷰티 산업에서 주목받고 있다.

주요 브랜드로는 '에뛰드', '라네즈', '이니스프리', '헤라' 등이 속해 있으며, 이들 브랜드는 각각 독특한 특성과 시장에서의 목표를 가지고 있다. '에뛰드'는 트렌디하고 젊은 이미지를 바탕으로 한 메이크업 제품으로 소비자들에게 인기를 끌고 있다. '라네즈'는 스킨케어 제품을 중심으로 탁월한 기술력과 품질로 고객들에게 신뢰를 받고 있다. 또한 '이니스프리'는 자연을 내세워 자연친화적인 이미지로 소비자에게 많은 사랑을 받고 있다.

'아모레퍼시픽'은 아시아를 중심으로 하는 글로벌 기업으로서, 다양한 지역에서 소비자들의 다양한 뷰티 관행을 이해하고 있다. 이를 토대로 지역적인 차별화 전략을 펼치고 있으며, 특히 중국과 동남아시아에서의 성장세가 돋보이고 있다.

'아모레퍼시픽' 역시 'Live Your New Beauty'라는 비전 아래 지속 가능성에 대한 책임을 강조하고 친환경 제품 개발 및 탄소 중립을 위한 노력을 진행하며, 뷰티 산업에서의 사회적 책임을 다하고 있다. 기업의 사회적 가치를 실현하기 위해 지역 사회와의 협력 또한 강화하고 있다. 이는 뒤에서 더 자세히 다루도록 하고 다른 특징에 대해 알아보자.

연구개발 분야에서도 높은 투자를 유지하며 혁신적인 제품을 개발하고 있다. 특히 자사 브랜드뿐만 아니라 스타트업과의 협력을 통해 뷰티 산업의 트렌드를 선도하는 역할을 수행하고 있다.

'아모레퍼시픽'은 앞으로도 글로벌 뷰티 산업에서의 리더십을 강화하며, 다양한 고객층에게 뷰티와 스킨케어의 혁신을 제공할 것으로 기대되는 기업이다.

프랑스 패션 기업의 코스메틱

프랑스의 '디올 뷰티', '샤넬 뷰티'를 들어본 적이 있는가? 한국의 코스메틱 브랜드와 달리 프랑스에는 유명한 패션 기업들도 뷰티 카테고리를 따로 만들어 각 기업의 뷰티 브랜드도 같이 운영한다. 이 기업들에 대해서도 가볍게 다루고 넘어가 보자.

먼저 로레알과 더불어 프랑스의 대표적 코스메틱 기업인 'LVMH 뷰티'[550]다.

'LVMH 뷰티'는 '셀린느', '디올', '루이비통', '지방시' 등 수많은 럭셔리 브랜드들을 보유한 프랑스 명품 브랜드 그룹 루이비통 모에헤네시(LVMH)의 화장품, 향수 부문이다. LVMH P&C에서 운영하며 '디올 뷰티', '프레쉬', '베네피트', '메이크업포에버', '지방시', '겔랑' 등 인기 럭셔리 뷰티 브랜드를 다수 보유하고 있다. 'LVMH'는 다양한 범주의 브랜드들을 포함하고 있어 지속적으로 진화하고 있으며 '로레알'과 마찬가지로 지속적으로 새 브랜드 인수에 힘쓰고 있다.

다음으로는 그 유명한 '샤넬 뷰티'[551]다. '가브리엘 샤넬'이 '샤넬 모드'라는 모자 부티크를 운영하게 되며 샤넬의 역사가 시작된다. 그녀의 모자는 당대 유명 여배우들 사이에서 선풍적인 인기를 끌었고, 그렇게 브랜드로서의 명성을 쌓아 나갔다. 그리고 샤넬에서 향수를 좋아하는 사람이라면 모두가 알고 있는 No.5가 출시되며 선풍적인 인기를 끌었고 현재까지 향수의 클래식으로 자리 잡게 된다. 샤넬의 코스메틱은 이 때부터가 시작이라고 말할 수 있을 것이다. 이후 모든 패션, 뷰티 분야에서 명품의 클래식으로 불리며 최상위의 자리를 유지하고 있다.

ESG 경영과 코스메틱

ESG는 Environmental, Social, Governance의 약자로, 기업이 환경, 사회, 지배 구조 측면에서 지속 가능한 경영을 추구하고 실천하는 것을 의미한다.

여기서 환경(Environment)은 기업이 환경에 미치는 영향을 평가하고 관리하는 데 초점을 맞추는데 친환경적 사업 운영, 탄소 배출 감소, 재생 에너지 활용 등이 여기에 포함된다. 사회(Social)는 기업이 사회적 책임을 다하며 사회적 영향을 최소화하도록 노력하는 것으로 노동 조건 개선, 사회 참여, 다양성과 포용, 고객 안전 등의 사회적 측면을 반영한다. 마지막으로 지배 구조(Governance)는 기업의 경영구조와 투명성에 대한 측면으로, 기업이 공정하고 투명하게 운영되도록 하는 것이 중요하다. 이는 기업의 의사결정 과정, 이사회의 역할, 윤리적 경영 등을 포함한다.

ESG 경영은 기업에게 다양한 이점을 제공한다. 환경적 책임은 기업의 이미지를 높이며, 사회적 가치 창출은 소비자와 긍정적인 관계를 형성한다. 또한, 금융 시장에서는 ESG를 고려하는 기업에 대한 투자가 늘고, 법적 준수와 리스크 관리에도 도움이 된다.

ESG 경영은 기업의 미래에 더 중요한 역할을 할 것으로 전망된다. 소비자들의 환경 의식이 높아지고 윤리적 소비가 더욱 중요시되면서, ESG는 기업의 경쟁력과 지속 가능한 비즈니스 모델의 핵심이 될 것이다. 이러한 전망 아래에서 기업들은 ESG 원칙을 적극적으로 수용하고 발전시켜 나가야 할 것이다.

코스메틱 산업에서도 ESG 경영은 중요한 위치를 차지하고 있다. 친환경 제품 개발과 동물실험 감소는 환경 및 윤리적 요구를 충족시키는 방법으로, 다양성과 포용은 소비자 다양성을 존중하는 중요한 측면이다. 뿐만 아니라 투명한 생산 과정은 소비자에게 높은 신뢰를 제공하며 이는 기업이 지속 가능성과 사회적 책임을 고려하여 비즈니스를 수행해 나가야 함을 시사한다. 더불어, ESG 경영은 기업, 투자자, 소비자 간의 긍정적인 관계를 형성하며, 지속 가능한 비즈니스 환경을 조성하는 핵심적인 원칙으로 자리 잡고 있다.

코스메틱 기업의 ESG 경영

앞서 말했듯 ESG 경영은 회사의 부패 감소와 건강한 작업 환경을 조성하고, 자연보호에 기여에 그치지 않고 브랜드 이미지를 제고하고 마케팅 영역으로 확장하여 소비자에게 해당 브랜드를 어필하는 기회가 되기도 한다. 이에 발맞춰 트렌드에 민감하고 단숨에 소비자의 마음을 흔

들어야 하는 코스메틱 업계에서는 ESG 경영 방식의 필요성과 중요성을 빠르게 인지하고 ESG 경영에 앞장서고 있다.

앞서 소개한 두 개의 코스메틱 기업들은 각국에서 ESG 경영으로 유명한 기업이다. 이 두 개의 기업과 더불어 한국과 프랑스의 ESG 경영 코스메틱 기업들을 알아보자.

먼저 한국에서 ESG 경영 모범 사례라 불리는 '아모레 퍼시픽'[552]이다. '아모레 퍼시픽'은 ESG 경영에 꾸준한 모습을 보이는 기업 중 하나다.[553] 특히 최근 'Less Plastic'이라는 캠페인을 적극적으로 진행하고 있어 재활용 플라스틱에 대한 연구를 바탕으로 지속 가능한 패키징을 선보였다. 또한 '아모레 퍼시픽'은 2025년까지 공병 물질 재활용률 100%를 달성하겠다는 포부를 밝히기도 했다. 특히 자사 브랜드 중 '프리메라'는 클린 뷰티를 메인 철학으로 삼으며 지속 가능한 목자재로 만들어진 FSC인증지를 사용한 패키징 제품들을 공개하고 있다. 이외에도 '아모레 퍼시픽'은 사회적 공헌을 위해 암 투병으로 외모 변화를 겪는 암 환자들을 대상으로 '메이크업 유어 라이프', 한 부모 여성의 창업을 지원하는 '희망 가게' 등의 사회 공헌 활동을 이어오고 있다. 한국기업지배연구원(KCGS)에서는 아모레 퍼시픽은 2018부터 ESG 경영 종합 평가 A등급을 받고 있으며, 모든 신제품에 ESG 경영을 반영하는 행보를 보인다고 보고하였다.

또 다른 한국의 ESG 경영 코스메틱 기업은 '빌리프', '더페이스샵', '비욘드', 'VDL'등의 친숙한 브랜드들로 우리에게 잘 알려진 'LG 생활건강'이다. LG 생활건강은 화장품 사업 부문에서 환경, 사회, 기업 경영 측면에서의 책임을 다하며 지속 가능한 경영을 실천하고 있다. 특히, 자사 브랜드 '빌리프'를 중심으로 다양한 비건 제품을 선보이고, 화장품 생산에 있어 동물 실험을 배제하며 동물성 원료를 사용하지 않는 등의 노력을 기울이고 있다. '빌리프'의 비건 제품들은 동물 실험을 거치지 않았으며, 동물성 원료를 사용하지 않는다. 이는 환경 및 동물 보호에 대한 고객의 요구에 부응하면서도 브랜드의 이미지를 높이는 긍정적인 결과를 이끌어냈다.

또한 'LG 생활건강'은 '빌려 쓰는 지구, 리필 스테이션'을 국내 여러 지점에서 운영하고 있다. 이 프로그램은 고객이 다 사용한 화장품 용기를 지점에 가져가면 내용물을 리필해 주는 방식으로, 플라스틱 사용을 줄이는 측면에서 기여하고 있다. 이러한 창의적인 아이디어는 소비자들에게 환경 책임감을 심어주며 기업의 환경 보호에 대한 약속을 시사한다.

그리고 활성탄 업사이클링 스타트업 '도시 광부'와 협력하여, 폐기되는 커피 찌꺼기를 이용한 화장품을 만들어 내기로 했다고 한다. 이를 통해 'LG 생활건강'은 재료의 지속 가능한 활용에 주력하며, 친환경 제품의 개발과 사용된 자원의 재활용을 통한 경제적 가치 창출에 기여하고 있다.

'LG 생활건강'은 이러한 노력을 통해 지속 가능한 비즈니스 모델을 구축하고 소비자들에게 긍정적인 영향을 미치고 있으며 ESG 경영 종합 평가에서 A등급을 받으며 업계의 모범 사례로 자리매김하고 있다.

다음으로는 프랑스의 대표적 ESG 경영 기업인 '로레알'[554][555]이다. '세상을 움직이는 아름다움'이라는 슬로건을 가진 '로레알'은 2013년부터 시작된 그룹의 지속 가능경영 프로젝트 'Sharing Beauty With All'을 통해 화장품 산업에서의 지속가능성을 추구하고 있다. 이 프로젝트는 제품 디자인, 유통, 생산과정, 원료 조달 등 코스메틱 생산의 모든 단계에서 지속가능성을 실현하기 위한 다양한 노력을 포함하고 있다. 하지만 '로레알'은 단순히 화장품의 원료를 변경하는 것을 넘어, 전체 비즈니스 모델에 지구의 한계를 고려한 혁신을 제시하고 있다.

또한 '로레알'은 2025년까지 모든 사업장의 에너지 효율을 개선하고, 100% 재생 가능 에너지로 대체하는 목표를 세웠다. 미국의 켄터키 및 알칸사스에 태양광 발전 시설을 도입하고, 댈러스의 물류센터에는 풍력 발전기를 설치하여 신재생에너지를 적극 도입하고 있다. 그다음 목표로 2030년까지 제품 포장에 사용되는 플라스틱을 100% 재활용된 자원 또는 바이오 기반 자원으로 대체하는 목표를 세웠다. 2019년에는 종이 기반의 포장용 튜브를 개발하여 플라스틱 사용을 최소화하고, 2025년까지는 리필 가능하고 재활용 가능한 포장재를 모든 제품에 적용할 계획이라고 한다. 그리고 전체 온실가스 배출량을 2016년 대비 완제품당 기준 50%로 감축하는 목표를 설정하였고, 이를 위해 신재생에너지의 도입뿐만 아니라 생산 및 운송과정에서의 배출량을 줄이는 노력을 진행하고 있다.

다음으로 '로레알'은 지역사회의 환경적 영향을 줄이는 노력을 지속적으로 진행하고 있다. 직접적인 환경적 영향뿐만 아니라 협력업체와 소비자의 활동을 포함한 전체 활동의 영향을 줄이는 것에 초점을 맞추고 있다. 또한, 독립적인 과학전문가와 외부감사인의 검증을 거쳐 제품의 사회, 환경적 영향을 인지할 수 있도록 라벨링 메커니즘을 개발하여 소비자들에게 정보를 제공하고 있다.

여성 지원 사업에 앞장서 온 '로레알'은 'Beauty For a Better Life'라는 여성 지원 프로그램을 통해 사회적 약자들을 지원하고 있다. 프로그램 내용으로는 헤어 및 메이크업 기술 교육을 하고, 전문 테라피스트를 양성하여 외모 변화에 대응할 수 있는 도움을 제공하고 있으며 지속적으로 사회적 약자를 위한 프로그램을 확장하고 있다.

ESG 경영을 실천 중인 마지막 코스메틱 기업은 'LVMH 뷰티'[556][557]이다. 'LVMH 뷰티'는 지속 가능하고 감각적인 명품을 추구하는 데 목적을 두고 있다.

'LVMH 뷰티'의 회장 겸 상무이사인 'Claude Martinez'는 'LVMH'의 라이프 360 프로그램에 따라 가까운 미래에 'LVMH 뷰티' 제품의 포장에 버진 플라스틱을 사용하지 않는다는 의사를 밝혔다. ‘LVMH’의 라이프 360 프로그램은 이산화탄소 배출량을 줄이고자 모든 브랜드에서 공유하는 4가지 목표인 생물 다양성, 이산화탄소 배출, 순환 경제, 투명성을 중심으로 통합한 프로그램이다. 이는 생물 다양성과 기후 위기에 따라 친환경 제품으로 모든 이해관계자를 참여시켜 동기를 부여하는 것으로 2023, 2026, 2030, 총 세 번의 기한을 설정해 진행되고 있다.

또한 글로벌 화학회사 ‘다우(DOW)’와 협업하여 지속 가능한 포장을 가속화한다고 밝혔다. 이는 2022년 발표한 ‘LVMH’ 그룹의 지속가능성 목표에 따른 것으로 2026년까지 포장에서 재활용된 물질 없이 원유나 천연가스와 같은 화석 기반 연료를 사용하여 생산한 버진 플라스틱을 제거하고 지속 가능한 재료를 사용하겠다는 내용이 들어있다. 따라서 제품의 포장에 바이오 기반 플라스틱과 순환 플라스틱을 사용해 제품의 손상 없이 환경친화적으로 제작하는 방법을 찾고자 하는 것이다.

‘LVMH 뷰티’의 ESG 위원회는 그룹의 운영 부서와 협력하여 ‘LVMH’의 사회 및 환경적 책임에 관한 전략적 목표를 달성하기 위한 노력을 지원하고 조정하고 있으며 앞으로도 환경 및 사회적 도전에 직면한 우리와 산업 전반에서 진전을 이루고자 헌신을 지속을 약속했다.

마치며

지금까지 프랑스와 한국의 뷰티 역사와 더불어 코스메틱이 발전해 온 흐름, 그리고 각국의 대표적 코스메틱 기업과 ESG 경영 실천에 대해 함께 살펴보았다. 기존의 명성을 유지하고자 하는 프랑스와 새로운 트렌드를 선도하는 한국의 코스메틱은 서로 다른 방법으로 차별화를 시도하며 코스메틱 시장에서 큰 영향력을 발휘하고 있다.

두 나라가 코스메틱 시장에서 가장 중요시하는 것은 화장품의 성분과 원료이다. 코스메틱은 피부에 직접적으로 사용하는 것으로 인체에 무해하면서도 개인의 개성을 표현하는 중요한 수단으로 사용되기 때문이다.

앞으로 다양한 개인 맞춤형 수요를 위한 제품의 기능과 성능, 안전 가격 등을 고려하여 코스메틱 시장도 소비자의 요구에 귀를 기울이고 뷰티 제품에 대한 신뢰와 독창성에 노력을 기울여야 할 것이다.

마지막으로 필자는 코스메틱에 관심이 있는 사람들은 한국과 프랑스의 코스메틱에 대해 더 자세히 알아가며 즐기는 시간이 되었으면 좋겠고, 코스메틱에 무관심했다면 이번 기회를 통해 코스메틱이 추구하는 다양한 측면을 이해하고 흥미를 갖게 되는 계기가 되었으면 좋겠다.

한국엔 드라마, 프랑스엔? 영화!

정승아

‖ 가천대 유럽어문학과(프랑스어) 3학년 ‖

한국은 드라마 강국?!

K-팝, K-웹툰, K-콘텐츠 등 K- 수식어가 붙은 단어들을 많이 접했을 것이다. 미디어의 발달로 우리나라에선 일상이던 것을 외국인도 경험할 수 있는 세상이 되었다. 이러한 세상에서, 우리나라의 정서와 문화가 담긴 '드라마'도 인기를 얻기 시작했다.

일명 'K-드라마'라고 불리며, 점점 유명세를 타더니 현재는 OTT 플랫폼 '넷플릭스'와 함께 전 세계에 방영되고 있다. 프랑스뿐만이 아니라 전 세계의 여성들은 K-드라마 속 남자주인공(이하 남주)의 매력적인 성격에 빠져 한국에서 사랑하는 사람을 만날 수 있다는 희망을 가진 인터뷰도 찾을 수 있다. 이렇게 매력적인 K-드라마, 어떤 점이 이렇게 많은 사람들을 홀릴 수 있었을까?

K-드라마의 특징

K-드라마의 매력을 높이는 특징들은 무엇인지 알아보도록 하자. 먼저, K-드라마는 로맨스, 멜로 장르가 주력이라고 할 수 있는데, 그 이유로 꼽히는 것은 각각의 장르 속에 감동과 사랑, 그리고 갈등에 대한 풍부한 표현이 많이 담겨있다는 것이다. 이와 더불어 등장인물 간의 서사가 깊게 자리하고 있어 세세한 감정 표현까지 더해지면서 높은 시너지를 발생시킨다. 이에 대한 예시로 대표적인 판타지 장르 드라마 <쓸쓸하고 찬란하神 - 도깨비>를 들 수 있다. 극 중에서 도깨비인 김신은 현실에선 상상조차 어려운 여러 초능력을 사용한다. 현실성이 없으면 자칫 개연성까지 영향을 받기 쉽지만, 해당 드라마에서는 김신이 도깨비가 된 서사를 넣어 자연스러운 극의 흐름과 독특하고 흥미로운 스토리를 구성함으로써 개연성을 만들어냈다. 게다가 주·조연 배우들의 세세한 감정 표현이 더해져 드라마의 매력을 한 층 더 높였다.

또한 K-드라마는 자국의 문화, 전통이 담긴 드라마나 역사적인 사실을 바탕으로 하는 사극 드라마가 제작된다. 대표적인 드라마로, <구미호뎐>에서는 '한국 전통 설화 모음집'이라는 말이 있을 정도로 한국의 이야기들이 잘 소개되는 작품이다. 전설로 내려오던 전래 동화 속 인물들의 설정이 해당 세계관을 크게 벗어나지 않고 그 정서를 잘 담고 있어서 외국인들이 쉽게 경험할 수 없는 한국의 전통 문화를 간접체험 할 수 있으며, 한국의 전통을 전 세계에 널리 알릴 수 있는 콘텐츠이기도 하다.

마지막으로는, 빠른 전개와 강렬한 감동을 추구하며 예측 어려운 스토리 전개이다. 일반적인 K-드라마도 이러한 경향이 있지만 보통 아침 드라마로 제작되는 막장 드라마는 이 특징을 극대화시킨 장르로 자리 잡았다. 막장 드라마란 말 그대로 보통의 삶에서는 일어나기 힘든 자극적인 상황이나 일들이 동시에 동시다발적으로 이어지는 드라마를 뜻하는데[558], 이러한 전개로 시청자들의 눈과 귀를 사로잡고 호기심을 불러일으킨다. 대표적으로, 드라마 <아내의 유혹>이 있다. 극 중 여자주인공(이하 여주)은 자신의 꿈을 포기하고 결혼하면서 재벌가의 며느리로 남편을 내조하며 살아간다. 하지만 남편과 친구의 바람으로 복수를 결심하고, 다른 사람으로 돌아와 다시 자신의 남편을 유혹하는 내용이다. 이 드라마가 막장 드라마의 대표작인 이유는 출생의 비밀이 숨겨져 있다거나 여주가 다른 사람으로 돌아올 때, 눈 밑에 점 하나 찍고 돌아왔기 때문이다. 이처럼 흥미진진한 이야기와 강렬한 소재가 만나 많은 사람들을 끌어들이고 더 나아가 외국인들까지도 매료시킨다.

K-드라마의 영향력

이렇게 매력이 넘치는 K-드라마가 세계적으로 열풍을 불러일으키면서 그 위상이 높아지고 있다. 전 세계 190여 개 국가에서 이용 가능한 OTT 플랫폼 '넷플릭스'에서 K-드라마가 유통되고, 그 수가 증가하고 있다는 사실로 알 수 있다. 이는 외국인들이 K-드라마를 접할 수 있는 기반을 마련한 것이며, 실제로 넷플릭스로 시청한 많은 외국인들은 자연스럽게 한국의 문화에서 더 나아가 역사까지도 관심을 가지게 된다는 것이다. 이렇게 된다면 잘못 알려진 한국의 전통문화나 왜곡된 역사들이 조금씩 바로잡힐 것이라고 보여진다.

K-드라마의 영향력을 알 수 있는 또 다른 점은 드라마의 배경이 된 촬영지가 관광지로서 큰 인기를 끌고 있다는 것이다. 드라마를 인상 깊게 보던 시청자들은 드라마 속 촬영지에 관심을 가지게 되고, 실제로 방문하기도 한다. 이로써 드라마 촬영지인 지역들은 자연스럽게 관광객들의 발길이 이어지고 곧이어 지역 경제효과로 직결된다. 예를 들어 한

류관광의 원조 격인 드라마 <겨울연가> 촬영지인 남이섬과 그 이후 드라마 <쓸쓸하고 찬란하神 - 도깨비>를 촬영한 강릉, 드라마 <푸른 바다의 전설>을 촬영한 포천[559]이 외국인 관광객들에게 많은 인기를 끌고 있어 해당 지역의 지자체들은 관광객 유치를 위해 특색있는 관광지로 개발시키고 있다.

K-드라마와 프랑스

프랑스의 주요 케이블 네트워크인 'Canal+'와 같이 다양한 국제 드라마를 방영하는 플랫폼에서는 K-드라마가 방영되고 있다. 이를 통해 프랑스의 시청자들은 해당 플랫폼을 통해 K-드라마에 접근하게 되고, 이러한 사실로 프랑스인들이 한국 드라마를 볼 수 있는 환경이 구축되어 있다는 것을 알 수 있다.

프랑스 파리에서 발행되는 일간지 르몽드[560]는 5일(현지 시각) "세련되고 로맨틱한 캐릭터를 통해 K-드라마의 젊은 배우들이 전 세계를 휩쓸고 있는 한류의 최고 홍보대사가 됐다."고 전했다[561]. 또한, 소셜미디어 틱톡에는 '한국 남자친구를 사귀는 법'이라는 주제로 프랑스어와 영어로 된 영상이 수십 개 올라와 있다고 매체는 전했다. "드라마 속 캐릭터에 푹 빠진 일부 팬들은 '이론'을 '실행'으로 옮긴다.[562]"는 것이다. 게다가 K-드라마를 시청한 후 작성된 많은 리뷰들 속에는 한국어를 배우고 싶다거나 한국어 공부를 이미 시작했다는 등의 반응들도 온라인 커뮤니티에 올라오고 있어 세심한 감정 표현, 스토리의 독창성이 특징인 K-드라마가 프랑스에서 존재감을 확실하게 드러냈고, 프랑스인들을 단단히 사로잡았다.

프랑스 원작, 한국에서 리메이크 되다

K-드라마는 프랑스 작품을 원작으로, 한국에서 새롭게 리메이크된 작품을 소개해보려고 한다. 바로 떠오르는 신예 배우들이 참여해 화제가 된 드라마 <위대한 유혹자>이다.

2018년 MBC에서 방영된 이 드라마는 18세기 프랑스 소설인 쇼데를로 드 라클로의 <위험한 관계>를 원작으로 제작되었다. 원작의 내용을 소개해보자면, 제르쿠르 백작과 연인 관계였던 메르테이유 부인은 제르쿠르 백작이 순수했던 소녀 세실과 결혼한다는 소식을 듣는다. 메르테이유 부인은 복수하기 위해 옛 연인이었던 발몽에게 세실을 유혹하도록 시키지만, 발몽은 투르벨 부인에게 이끌리고 있었던지라 세실에 대한 큰 관심은 없었다. 그러나, 세실의 어머니인 불랑주는 발몽이 자신의 딸과 투르벨 부인을 향한 심상치 않은 마음을 눈치채고, 이 둘을 보호한다. 이를 알게 된 발몽은 불랑주에 대한 복수심이 불타올라 결국 세실을 유혹하는 데에 성공했고 게다가 투르벨까지 사로잡았다. 하지만 항상 여자와의 관계에서 가벼웠던 발몽이 투르벨에게 진정한 사랑을 느끼게 되면서 펼쳐지는 이야기이다. 한국판 리메이크작의 감독은 "현대적인 시점에서 작품을 재해석하려는 의도로 제작되었으며, 원작에 없는 '세주'라는 캐릭터를 넣어 본인의 나이에 할 수 있는 반항이나 탈주같은 행동들을 의미있게 그렸다.[563]"고 밝혔다. 이러한 감독의 의도처럼 무거운 분위기보단 풋풋한 느낌의 드라마 <위대한 유혹자>는 내기에서 이기기 위해 유혹을 시작하는 내용의 원작을 담아냈지만, 사랑을 내기로 시작하게 되는 개연성이 부족했다고 느껴져 아쉬움이 많은 작품으로 남았다.

프랑스 영화 강국!

한국이 드라마 강국이라면 프랑스도 이 분야에선 전 세계 어느 것과 비교해도 뒤처지지 않는다. 바로 '영화'이다. 프랑스는 영화를 처음 만들어낸, 영화 종주국으로 알려져 있는 나라인 만큼 프랑스의 영화는 그 위상이 매우 높다. 게다가 프랑스에는 '칸 영화제(Festival de Cannes)'가 매년 5월 개최되는데, 프랑스 영화의 위상을 증명하듯 칸 영화제는 여러 영화제 중에서도 매우 높은 위치에 있다. 이는 영화 강국인 프랑스의 상징이라고도 할 수 있으며, 많은 영화 감독들과 배우들이 목표로 두는 꿈의 장소이기도 하다. 칸 영화제에 대한 흥미진진한 이야기는 뒷부분에서 자세히 알아보기로 하고 우선 프랑스 영화에 대해 샅샅이 파헤쳐 보도록 하자.

프랑스 영화사

프랑스 영화는 전 세계적으로 그 위상이 대단하다. 어떻게 지금의 위치에 이를 수 있었는지에 대한 답은 프랑스 영화사 속에 숨겨져 있다. 그 역사적인 시작은 루미에르 형제(Lumière brothers)의 '시네마토그라프'였다. 시네마토그라프, 영화에 대해 관심 있었던 사람들은 들어봤을지 모르겠지만 대부분의 사람들에게는 생소한 단어일 것이다. 하지만 우리에게 너무나 익숙한 단어인 '시네마'가 눈에 띌 것이다. 극장이라는 의미로 사용되는 시네마는 시네마토그라프를 줄여서 쓰이게 된 단어였던 것이다. 그렇다면 시네마토그라프는 대체 무엇일까. 이는 루미에르 형제의 작품으로, 스크린 위에 움직이는 영상을 영사하는 세계 최초의 발명품[564]이다. 루미에르 형제는 사진을 움직이게 하는 것에 관심이 있었기 때문에 이를 바탕으로 영상을 영사하는 장치를 만들어낼 수 있었던 것이다. 이 장치를 사용해 루미에르 형제는 1895년 영화를 공개적으로 상영했고, 이것이 프랑스 영화의 첫 발걸음이었다.

이렇게 시작된 프랑스 영화는 1929년 시작된 대공황의 영향을 받아 새로운 영화 사조, '시적 리얼리즘' 영화가 등장하게 된다. 프랑스는 대공황으로 인한 피해가 크진 않았지만, 타격을 피해갈 순 없었기에 국가적으로 암울한 그림자가 드리웠다. 게다가 프랑스의 대형 영화사인 고몽과 파테가 대공황으로 인해 직격탄을 맞으며 해체되었고, 그렇게 이 시기에 생겨난 소형 영화사들이 신인 감독들과 제작한 영화가 바로 '시적 리얼리즘'이다. 시적 리얼리즘은 생겨난 시기가 시기인 만큼 우울하고 암울한 분위기가 가득 담겼으며, 주어진 운명을 바꿀 수 없고 그대로 받아들여야 하는 숙명론적 모습들이 많이 묘사되는 것이 특징이다. 이를 통해 경제적인 불안, 침체된 분위기는 영화에 가장 큰 영향을 끼친다는 것을 알 수 있고, 이때 생겨난 시적 리얼리즘 영화들은 프랑스의 1930년대를 지배했다. 그렇게 시간은 흘러 1958년, 프랑스 영화사에서 빠질 수 없는 '누벨바그(La Nouvelle Vague)'가 시작된다. 누벨바그는 프랑스어로, 새로운 물결[565]이라는 의미를 가진 프랑스의 영화 운동이다. 기존의 프랑스 영화들은 고전주의를 추구하는 영화들로 가득 찼는데, 이에 불만이 있었던 작가들은 '작가주의'라는 개념을 세상에 선보였다. 프랑스에서 처음으로 시작된 작가주의는 작가 즉, 감독의 개성이나 철학이 각본, 배우, 연출보다 우선시되어야 한다는 개념으로, 이득을 위해 영화를 제작했던 현실에 대한 저항이었으며, 영화는 예술 그 자체로써 제작되어야 한다고 보았다. 누벨바그를 지지하던 자들은 이러한 개념에 입각해 감독의 예술성에만 초점을 맞추다 보니 기존에 완벽하게 만들어진 영화들과 다르게 거칠고 어색한 영화들이 제작되는 경향이 있다.

프랑스 영화의 특징

프랑스 영화가 세계적으로 인정을 받는 이유는 프랑스 영화의 고유한 특징이 있기 때문이다. 그 특징은 앞서 다뤘던 것처럼 프랑스 영화가 여러 시대적 상황을 거쳐오면서 생겼다. 첫 번째로 소개할 특징은 누벨바그의 영향을 받아 생긴 자유롭고 실험적인 제작 방식이다. 프랑스 영화사에서 언급했듯이, 1958년 시작되었던 누벨바그는 새로운 물결이라는 의미를 가진 단어답게 프랑스 영화의 새로운 방향을 선보였다. 고전주의를 지향하던 기존의 영화들을 제작한다면 돈벌이를 위한 수단으로 매우 적합하지만, 누벨바그를 지지하던 감독들은 영화를 돈벌이 수단으로 바라보기보다 예술성을 중요시했다. 이러한 영향으로 감독들은 전통적으로 이어져 오던 영화 제작 방식을 거부하고, 즉흥적인 감독의 디렉팅으로 자유로움을 추구했다. 이때 감독들은 배우들에게 애드리브를 요구하기도 하고, 촬영 기법도 도전적으로 시도했다. 이로써 혁신적인 영화가 다수 제작되었고, 자유로운 제작 방식이 아직까지도 남아있어 하나의 특징으로 자리 잡았다.

두 번째로 소개할 특징으로는 캐릭터와 스토리에 있어서 프랑스 영화만의 심오함을 표현한다는 것이다. 이러한 특징이 잘 드러나는 영화로, <마담 프루스트의 비밀정원>를 다뤄보려고 한다. 프랑스 영화를 즐겨보던 독자라면, 한 번쯤 들어봤을 영화라고 생각된다. 이 영화를 소개하기에 앞서 줄거리를 간략하게 풀어보자면, 어린 나이에 부모를 잃은 남자 '폴'이 등장한다. 떠나간 부모의 빈자리에는 두 이모들이 있다. 폴은 댄스교습소에서 피아노 연주를 하면서 하루하루를 보내는데, 그러다 우연한 계기로 이웃이었던 마담 프루스트의 집에 발을 들이게 된다. 그녀의 집 한 편에 있던 그녀가 가꾸는 정원에서 폴은 그녀가 정원에서 키우는 작물을 먹고 과거의 기억을 떠올리면서 벌어지는 이야기이다.

이름에 걸맞게 마담 프루스트가 가꾸는 정원의 작물들은 비밀스럽고 심상치 않다. 무엇인지 알 수 없는 작물과 그 작물을 먹으면 자연스럽게 과거의 상처가 떠오르기 때문이다. 이 신기한 작물은 심오한 캐릭터인 마담 프루스트를 한층 더 심오하게 만들어주는 도구로 작용하면서 관객들은 어렵게 느껴지는 영화일 수 있다. 그러나 이 작물은 과거의 상처를 치료하는 요법 중 하나인 최면치료를 색다르게 표현한 것이며, 누구나 익히 들어본 최면치료를 극 중에선 비밀스러운 마담이 키우는 심상치 않은 작물로 녹여내 묘한 느낌이 들도록 표현했다. 이뿐만 아니라 과거의 기억, 상처들을 다루기 때문에 인간의 내면적인 부분에 대해 철학적인 질문을 던져 관객들이 깊은 생각을 하게끔 만든다. 영화 자체는 프랑스 영화의 색깔이 담긴 심오함으로 가득찼지만, 인간의 내면을 탐구하게 만드는 메시지까지 담겨있어 프랑스 영화의 특징이 잘 담겨있는 영화이다.

세 번째로 소개할 특징은 '프랑스 국립 영화 센터(Centre national du cinéma et de l'image animée)'이다. 프랑스 영화의 진흥과 해외 진출을 지원하는 공공기관[566]으로, 1946년에 프랑스 파리에 설립되었다. 이는 영화를 처음으로 탄생시킨 프랑스가 영화산업에 대해 오래전부터 지속적으로 관심과 지원을 아끼지 않았다는 것을 의미하고, 영화 창작을 관련 기금으로 지원하며 프랑스 영화 산업을 유지시키고 더 나아가 발전할 수 있도록 돕고 있다는 점에서 다른 나라들과 차별점이 있다. 또한, 영화제와 같은 행사를 지원함으로써 영화 종주국의 본분을 다하고 있다.

이처럼 프랑스 영화는 고전주의를 지향하던 시절부터 예술적인 영화를 탄생시키기 위해 자유로움을 추구하기까지, 영화라는 분야에서 멈추지 않고 새로운 시도를 했으며 프랑스 영화만의 특색을 잃어버리지 않게 지원하는 기관을 설립하는 노력까지 모든 측면에서 프랑스 영화는 전 세계적으로 인정받아 마땅하다고 생각한다.

프랑스 영화의 영향력

다음으로는, 프랑스 영화의 영향력에 대해 알아보자. 앞서 많이 언급되었지만 프랑스 영화의 영향력에서도 누벨바그는 빼놓고 얘기할 수 없다. 기존에 영화를 제작하는 방식은 너무나도 당연시하게 고전주의적인 성격을 담고 있었고, 고전주의로 제작된 영화는 실패할 확률이 매우 적은 안정적인 영화 제작 방식이었다. 하지만 단 하나, 예술성을 살리기 위해 시작된 누벨바그로 영화계에 새로운 바람을 불러일으켰고 국제적으로 주목을 받았다. 게다가 미국은 이러한 영향을 받아 프랑스의 누벨바그와 같은 '뉴 할리우드(New Hollywood)[567]' 운동이 시작되었고, 기존에 만연해 있던 고전적인 할리우드식 영화로부터 탈피하려는 강한 움직임이 나타났다.

세계적으로 모두가 인정하는 예술적 가치를 지닌 프랑스 영화가 높은 영향력을 지니고 있다는 사실은 누구나 알 것이다. 이러한 영향력을 증명할 수 있는 것 중 하나가 바로 칸 영화제(Festival de Cannes)이다. 세계 3대 영화제 중 하나인 칸 영화제는 프랑스가 주최하는 영화제로, 프랑스 남부의 '칸'이라는 도시에서 개최된다. 이 영화제에 참석하기 위해 매년 5월, 전 세계의 영화감독과 배우 등 유명인들이 칸으로 모인다. 영화 종주국으로 알려진 프랑스가 주최하는 영화제인 만큼 칸 영화제 역시 그 위상이 매우 높으며, 세계 여러 나라들은 칸 영화제에서 수상하는 것 자체를 업적으로 인정하고 있다. 칸 영화제에 대한 자세한 이야기는 다음에서 다뤄보도록 하자.

칸 영화제 (Festival de Cannes)

프랑스 영화 하면 떠오르는 게 많을 테지만, 그중에서 가장 많은 사람들이 떠올릴만한 것이 있다. 바로 '칸 영화제(Festival de Cannes)'이다. 칸 영화제는 프랑스의 남부 도시 칸에서 매년 5월에 개최되는 세계적인 영화제이다. 그렇다면 세계 3대 영화제 중 하나로 불리는 칸 영화제의 역사적인 시작은 무엇이었을까.

프랑스는 1932년 처음으로 개최된 베니스 영화제에 매년 참여했다. 그러다 1938년에 개최된 것을 마지막으로 프랑스의 영화는 더 이상 베니스 영화제에서 찾아볼 수 없었다. 그 이유는 최우수상 선정을 위해 모인 심사위원들은 미국 영화를 만장일치로 의견을 모았지만, 그 당시 나치 정권의 압박으로 나치 선전용 다큐멘터리가 최우수상을 수상하게 되었다[568]. 이에 프랑스는 예술을 목적으로 해야하는 영화제에서 정치적인 힘이 휘둘리면 안된다고 판단했고, 그렇게 1946년에 칸 영화제가 처음으로 개최된 것이다.

칸 영화제가 개최된 초기에는 예산 문제 등 개최하지 못할 때도 있었으나, 시간이 지나면서 여러 영화들이 포함되어 세계적인 영화제로 이름을 올리기 시작했다. 또한, 기존에 존재했던 대상 대신에 칸 영화제만의 새로운 상이 제작되었다. '황금종려상'이라고 불리는 이 상은 보석 세공사가 착안한 것을 바탕으로 칸 해변의 종려나무 잎사귀를 트로피로 제작했다[569]. 이렇게 제작된 황금종려상을 비롯한 여러 상을 두고 세계적인 거장 감독들이 많이 참여하게 되면서 칸 영화제는 자연스럽게 세계적인 영화제로 자리 잡게 된 것이다. 이러한 명성에 맞게 수많은 국제 영화제 중에서 가장 엄격한 평가 기준을 가진 칸 영화제는 평가위원들이 각 작품에 대한 평가를 수준 높게 하는 것으로 유명하다고 알려져 있다.

게다가 칸 영화제가 진행되는 기간에는 필름 마켓[570]이 열리기도 한다. 필름 마켓은 곧 개봉될 새로운 작품을 소개하고 국제적인 비즈니스 기회를 제공하는 등의 영화 제작과 유통 전반의 활동으로 이루어져 있다. 또한, 다양한 장르와 스타일의 영화를 소개하며, 감독의 시선을 담은 칸 영화제만의 상영회도 진행되는 것을 통해 영화의 다양성을 추구한다는 것도 알 수 있다.

이처럼 칸 영화제는 영화 종주국인 프랑스의 상징으로 자리 잡게 되었으며, 세계 영화계의 큰 축제로서 예술성 있는 작품들을 세상에 알릴 뿐만 아니라 국제적으로 영화의 발전을 도모할 수 있도록 힘쓰는 역할을 하고 있다.

한국의 원작, 프랑스에서 리메이크 되다.

한국에서 제작된 영화가 프랑스 영화로 리메이크되어 제작된다는 소식을 들어본 적 있는가. 그 영화는 한국의 영화 <끝까지 간다>로, 프랑스에서 리메이크가 확정되어 2022년 2월 넷플릭스에서 공개되었다. 프랑스에서 리메이크된 제목은 '레스틀리스(Restless)'로, 넷플릭스에서 공개되자마자 1위를 차지했다. 대체 어떻게 1위를 차지할 수 있었을까. 그 비결을 알아보기 위해 원작과 리메이크작을 살펴보려고 한다.

먼저, 원작인 영화 <끝까지 간다>는 형사 '건수'가 등장한다. 건수는 어머니의 장례식을 치르던 와중에 경찰서로부터 한 연락을 받고 급하게 차로 이동하다가 실수로 사람을 치게 된다. 이에 건수는 상황을 해결하기 위해 시체를 어머니의 관 속에 숨기지만 뺑소니 사건으로 수사가 시작되는 상황에 정체불명의 목격자가 나타나면서 벌어지는 이야기를 담았다. 이를 리메이크한 영화 <레스틀리스>는 원작의 내용과 매우 유사한 스토리 라인으로 구성되었다. 게다가 줄거리나 인물 설정은 물론이고, 몇몇 장면은 구도와 연출 방법도 비슷하다. 시신을 장례식장 안치실로 옮기기 위해 사용했던 군인 장난감과 풍선 등 소품은 색깔만 다를 뿐, 대부분의 장면이 원작과 똑같다[57]. 하지만 원작과 리메이크작은 차이점을 보였는데 이에 대해 자세히 알아보자.

우선 원작은 소재 자체가 주는 긴장감을 유머스럽게 풀어냈으며, 주인공 건수와 갑작스럽게 나타난 목격자가 대치하는 장면에 초점을 맞춰 두 역할의 비중을 비슷하게 두었다. 이는 영화를 지루하게 느끼지 않고 긴장감이 가득한 영화로 만드는 역할을 했다. 그러나 리메이크작은 목격자의 비중을 줄이다보니 건수와 대치하는 장면으로 생기는 긴장감도 줄어들어 원작만큼의 스릴을 느끼기 어렵다. 이와 같이 원작과 살짝 다르게 구성되었지만, 원작에서 사용된 흥미진진한 소재가 있었기에 넷플릭스에서 단숨에 1위를 차지할 만큼 인기가 있었다고 생각된다. 비록 "원작 영화 <끝까지 간다>는 국내 개봉 당시 비교적 반향을 일으키지 못하며 뒤늦게 '숨은 명작'이라는 평을 받았으나, 2017년 곽부성 주연 중국 영화 '파국'에 이어 '레스틀리스'로 리메이크되며 빛을 발하고 있다. '레스틀리스'의 성공은 다시 한번 한국 콘텐츠의 달라진 위상을 실감하는 계기로 평가할 수 있다[572]."고 한다.

한국의 드라마와 프랑스 영화, 그 둘의 관계성

한국의 드라마와 프랑스의 영화는 각각의 문화적 배경과 스타일을 가지고 있지만, 최근 몇 년 동안 K-드라마와 프랑스 영화 간의 상호작용이 증가하고 있다. 서로 다른 배경에서 비롯된 이 두 형태의 예술은 서로의 창작물에서 영감을 받아 제작된다는 것이다. 앞서 언급했던 두 작품들이 바로 그 예시이다. 먼저 소개했던 드라마 <위대한 유혹자>는 프랑스의 소설 <위험한 관계>를 바탕으로 리메이크되었다. 사랑을 단순히 내기의 대상으로만 바라보는 원작의 내용에 영감을 받은 감독은 현대극으로 탈바꿈하기 위해 작품을 재해석하고, 원작에 없던 캐릭터를 추가하였으며, 기존 작품에 비해 극 중 분위기를 밝게 연출했다. 그 다음으로 소개한 작품인 영화 <레스틀리스>는 한국의 영화 <끝까지 간다>를 리메이크해 만들어졌으며, 원작의 흥미로운 소재와 스토리 라인을 그대로 가져가 살짝 다르게 각색했고, 그 결과 리메이크작은 OTT 플랫폼 '넷플릭스'에서 1위라는 기록을 세웠다. 이를 통해 한국과 프랑스는 서로의 작품을 그 나라의 분위기에 맞춰 리메이크에 성공했고, 이로써 한국과 프랑스가 각자 제작한 예술에 영감을 받아 상호작용하고 있다는 사실이 증명되었다.

또한, K-드라마와 프랑스 영화는 국제적인 시장에서 인정받고 있다. OTT 플랫폼 '넷플릭스'를 비롯해 수많은 스트리밍 서비스의 확장으로 K-드라마와 프랑스 영화는 전 세계인들이 비교적 쉽게 접할 수 있는 상황이 되었다. 그렇게 K-드라마가 알려지게 되어 많은 인기를 끌고 있으며, 프랑스의 영화는 본래 그 위상이 높아 여러 차례 인정받아왔다. 이러한 상황에서 계속되고 더 발전된다면 K-드라마와 프랑스 영화가 서로의 작품을 리메이크할 수 있는 단단한 기반이 마련되는 것이다. 현재로서는 한국과 프랑스가 서로의 작품을 리메이크하는 일이 드물지만, 활발한 교류가 이루어져 훌륭한 작품들이 세상에 나올 수 있기를 기대한다.

이야기를 끝내며 ...

만약 글을 쓰게 된다면 꼭 드라마를 소재로 쓰고 싶다는 생각을 꽤 오래전부터 해왔다. 어렸을 적 티비에 항상 틀어져 있던 드라마를 시작으로 필자의 삶에는 항상 드라마가 있었기 때문이다. 드라마가 가진 매력이 무엇일까에 대한 답을 내리기도 전에 K-드라마라는 이름으로 해외에 수출되고 전 세계인이 빠져들었다. K-드라마를 본 외국인들은 한국을 드라마 강국이라고 일컫기도 했다. 드라마를 정말 좋아하고 많이 봤던 필자는 드라마 강국이라는 칭호가 매우 적절한 표현이라고 생각한다. 그렇게 K-드라마로 인해 생긴 드라마 강국이라는 별명과 오래전부터 가지고 있었던 K-드라마의 매력에 대한 호기심으로 이 글을 쓰기 시작했다. 글을 쓰다 보니 사실 K-드라마의 매력은 평소 드라마를 많이 보는 바람에 당연히 익숙하게 알고 있던 것들이었고, 다시금 K-드라마의 위대함을 느끼게 된 순간이었다. 그리고 글을 쓰기 위해 많은 자료를 찾아보면서 느낀 건 생각하는 것보다 한국은 드라마 강국이라는 별명에 걸맞게 꾸준히 성장해나가고 있다는 것이다. 그렇게 앞으로 더 성장해나갈 K-드라마의 미래가 기대된다는 생각을 품기며 글을 쓰게 되었다.

그런데, 왜 K-드라마와 프랑스 영화를 같이 다뤘는지 궁금하지 않은가. 이제부터 언급해보려 한다. 프랑스어를 전공하는 학생으로서 프랑스의 여러 문화 전반을 배우며, 프랑스 영화에 대해서도 배울 수 있었다. 하지만 배우지 않았어도 프랑스 영화의 위상이 대단한 것은 누구나 알고 있는 사실일 것이다. 이 지점에서 필자는 영화 강국인 프랑스의 이야기와 드라마 강국인 한국에 대해 써보는 게 좋겠다고 판단하게 된 것이다. 쉽게 접할 수 있었고 자주 즐겨보던 K-드라마와 달리 프랑스 영화에 대해서는 깨끗한 도화지나 다름이 없었다. 하지만 이 글을 계기로 프랑스 영화사부터 칸 영화제까지 알게 되어서 좋았고, 또 소개할 수 있어서 좋았다.

드라마와 영화는 누군가의 인생을 담는 것이라고 생각한다. 여러 에피소드와 교훈, 메시지를 담고 있으니 말이다. 우리는 타인의 인생을 볼 수 있는 방법이 없다. 스스로의 인생만 볼 수 있을 뿐. 그렇기에 인간은 이기적인 동물이 아닐까 싶다. 하지만 드라마와 영화는 타인의 인생을 볼 수 있는 기회를 제공한다. 누군가는 단지 문화생활을 위한 하나의 수단이라고만 여길지 모르겠으나, 필자는 그렇게 생각하지 않는다. 드라마와 영화는 우리가 삶을 살아갈 때 필요한 메시지들을 던지기에 삶을 더 풍부하게 만들어줄 수 있다. 요즘처럼 다들 각자의 인생을 살아내느라 여유가 없어 각박해지는 세상 속에서 드라마와 영화를 통해 여러 감정을 느껴도 보고, 깨닫기도 하는 경험을 했으면 좋겠다는 바람을 가지며 글을 마무리한다.

미주

[1] 외교부 서유럽과,「2023 프랑스 개황」,『외교간행물』, 2023.6., 2023.06.16., 138쪽.

[2] 조선왕조실록. (정조 9년 4월 9일 무자). 국사편찬위원회. https://sillok.history.go.kr/id/kva_10904009_003

[3] 가톨릭 대사전 : 파리외방전교회. (n.d.). https://maria.catholic.or.kr/dictionary/term/term_view.asp?ctxtIdNum=3746&keyword=&gubun=01.

[4] 장병일. (2005년10월30일). 브뤼기에르 주교 선종 170주기. 가톨릭신문. https://m.catholictimes.org/mobile/article_view.php?aid=152950

[5] 이승훈. (2019년12월15일). [우리 본당 주보성인] 앵베르 주교・모방 신부・샤스탕 신부. *가톨릭신문*. https://m.catholictimes.org/mobile/article_view.php?aid=323616

[6] 리길재. (2021년07월13일). 풍토병에 걸린 말형 최방제, 사제의 꿈 이루지 못한 채 하늘나라로. *가톨릭평화신문*. https://news.cpbc.co.kr/article/805869

[7] 이승훈. (2023년12월10일). [교구에서 만난 한국교회사] (14) 요당리성지: 기해박해. *가톨릭신문*. https://m.catholictimes.org/mobile/article_view.php?aid=392761

[8] 서상덕. (2002년09월15일). [빛으로 물들인 자리 - 4대박해 순교현장을 가다] (3) 김대건 신부가 순교한 '병오박해'. *가톨릭신문*. https://m.catholictimes.org/mobile/article_view.php?aid=138509

[9] 조선왕조실록. (고종 즉위년 12월 8일 경진). 국사편찬위원회. https://sillok.history.go.kr/id/kza_10012008_002

[10] 조선왕조실록. (철종 14년 12월 8일 경진). 국사편찬위원회. https://sillok.history.go.kr/id/kya_11412008_009

[11] 조선왕조실록. (고종 1년 2월 28일 기해). 국사편찬위원회. https://sillok.history.go.kr/id/kza_10102028_005

[12] Claude-Charles Dallet. (1980). 안응렬, 최석우 역. 한국가톨릭회사 하권 (pp. 360). 서울: 분도출판사.

[13] Claude-Charles Dallet. (1980). 안응렬, 최석우 역. 한국가톨릭회사 하권 (pp. 385-485). 서울: 분도출판사.

[14] Claude-Charles Dallet. (1980). 안응렬, 최석우 역. 한국가톨릭회사 하권 (pp. 387). 서울: 분도출판사.

[15] 조선왕조실록. (고종 3년 1월). 국사편찬위원회. https://sillok.history.go.kr/search/inspectionDayList.do

[16] 가톨릭 대사전 : 리델. (n.d.). https://maria.catholic.or.kr/dictionary/term/term_view.asp?ctxtIdNum=819&keyword=&gubun=01

[17] 전국역사교사모임. (2012). 살아있는 한국사 교과서2: 20세기를 넘어 새로운 미래로 (pp. 21). 휴머니스트.

[18] 강준만. (2007). 한국 근대사 산책1: 가톨릭 박해에서 갑신정변까지(pp. 106-107). 인물과 사상사.

[19] 조선왕조실록. (고종 3년 9월 11일 정묘). 국사편찬위원회. https://sillok.history.go.kr/id/kza_10309011_009

[20] 최석우. (1986). (n.d.), 한불관계자료:1846-1887(pp. 245-246). 한국교회사연구소.
[21] 최석우. (1986). (n.d.), 한불관계자료:1846-1887(pp. 260). 한국교회사연구소.
[22] 전종한. (n.d.). 강화군. *한국민족문화대백과사전.* https://encykorea.aks.ac.kr/Article/E0001503#section-3
[23] 최석우. (1986). (n.d.), 한불관계자료:1846-1887(pp. 249-252). 한국교회사연구소.
[24] *의궤소장 기관(국립중앙박물관).* (n.d.). 문화재청 국가문화유산포털. https://www.heritage.go.kr/heri/html/HtmlPage.do?pg=/mem/uigwePossOrgan_3.jsp&pageNo=4_2_2_0
[25] *의궤란 무엇인가.* (n.d.). 문화재청 국가문화유산포털. https://www.heritage.go.kr/heri/html/HtmlPage.do?pg=/mem/uigweInfo.jsp&pageNo=4_2_1_0
[26] 교육부 고시 제2022-33호 [별책 7] https://ncic.re.kr/mobile.dwn.ogf.originalFileTypeDownload.do?fileNo=10003810&fileExp=PDF&refPath=%EC%9B%90%EB%AC%B8+PDF+%ED%8C%8C%EC%9D%BC+%EB%8B%A4%EC%9A%B4%EB%A1%9C%EB%93%9C
[27] 어서와한국은처음이지. [MBC every1]. (2020년07월16일). *프랑스인에게 물어보는 병인양요 (큰별쌤 궁금) l #어서와한국은처음이지 / EP.148*[영상]. Youtube. https://www.youtube.com/watch?v=5V7-mofvMNw
[28] Pierre-Emmanuel ROUX, 「비금도의 고래와 샴페인 : 한국과 프랑스의 또 다른 첫 만남」,『한국과 프랑스의 외교사 재조명을 위한 「나주와 프랑스의 첫 만남」 학술포럼』, 2023, 19~28쪽.
[29] Pierre-Emmanuel ROUX, 「비금도의 고래와 샴페인 : 한국과 프랑스의 또 다른 첫 만남」,『한국과 프랑스의 외교사 재조명을 위한 「나주와 프랑스의 첫 만남」 학술포럼』, 2023, 20쪽.
[30] 오선열. (2023년08월22일). 막걸리ㆍ샴페인' 외교...172년 전 한국과 프랑스의 첫 만남! *YTN 실시간 주요뉴스.* https://www.ytn.co.kr/_ln/0115_202308221232148483
[31] 송정희(한국외국어대학교). (1999). 한국의 불어교육 : 어제와 오늘, 그리고 전망. 외국어교육연구, 2, pp. 204.
[32] 클라우스 디트리히. (2016). ROUX, Pierre-Emmanuel, La Croix, la baleine et le canon. La France face à la Corée au milieu du XIXe siècle, Paris, Editions du Cerf, 2012, 462 p.. International Journal of Korean History, 21(2), 187-191.
[33] 조선왕조실록. (헌종 14년 12월 29일 기사). 국사편찬위원회. https://sillok.history.go.kr/id/kxa_11412029_001
[34] 손석호. (2019년07월18일). 바다로 미래로] 동해의 또 다른 이름 경해, 지금은 어떤 고래 살까. *경북일보.* https://www.kyongbuk.co.kr/news/articleView.html?idxno=2009251
[35] Pierre-Emmanuel ROUX, 「비금도의 고래와 샴페인 : 한국과 프랑스의 또 다른 첫 만남」,『한국과 프랑스의 외교사 재조명을 위한 「나주와 프랑스의 첫 만남」 학술포럼』, 2023, 23쪽.
[36] Pierre-Emmanuel ROUX, 「비금도의 고래와 샴페인 : 한국과 프랑스의 또 다른 첫 만남」,『한국과 프랑스의 외교사 재조명을 위한 「나주와 프랑스의 첫 만남」 학술포럼』, 2023, 25쪽.
[37] Lacambre, G. (2022, March 21). MONTIGNY Charles de. AGORHA. https://agorha.inha.fr/detail/469

[38] Pierre-Emmanuel ROUX, 「비금도의 고래와 샴페인 : 한국과 프랑스의 또 다른 첫 만남」, 『한국과 프랑스의 외교사 재조명을 위한 「나주와 프랑스의 첫 만남」 학술포럼』, 2023, 24-25쪽.
[39] 김찬흡. (2002). (n.d.). 제주사인명사전(pp. 584, 585). 제주문화원
[40] Pierre-Emmanuel ROUX, 「비금도의 고래와 샴페인 : 한국과 프랑스의 또 다른 첫 만남」, 『한국과 프랑스의 외교사 재조명을 위한 「나주와 프랑스의 첫 만남」 학술포럼』, 2023, 25쪽.
[41] 조선왕조실록. (순조 32년 7월 21일 을축). 국사편찬위원회. https://sillok.history.go.kr/id/kwa_13207021_004
[42] Pierre-Emmanuel ROUX, 「비금도의 고래와 샴페인 : 한국과 프랑스의 또 다른 첫 만남」, 『한국과 프랑스의 외교사 재조명을 위한 「나주와 프랑스의 첫 만남」 학술포럼』, 2023, 25쪽.
[43] 비변사등록. (철종 2년 4월 1일 정사). 국사편찬위원회. http://db.history.go.kr/id/bb_238r_001_04_0020
[44] Pierre-Emmanuel ROUX, 「비금도의 고래와 샴페인 : 한국과 프랑스의 또 다른 첫 만남」, 『한국과 프랑스의 외교사 재조명을 위한 「나주와 프랑스의 첫 만남」 학술포럼』, 2023, 27쪽.
[45] Fay, P.W. (1998 March 16). *The Opium War:1840-1842*(pp. 213~307). The University of North Carolina Press
[46] *미일 화친 조약[美日和親條約]*. (2002년02월26일). 문화체육관광부 국립중앙도서관. https://librarian.nl.go.kr/LI/contents/L20201000000.do?termId=280952
[47] 최덕수, 김소영, 성숙경, 한승훈, 김지형. (2010). 조약으로 본 한국 근대사. 파주: 열린책들.
[48] *프랑스(France) : 우리나라와의 관계*. (n.d.). 한국민족문화대백과사전. https://encykorea.aks.ac.kr/Article/E0060457#section-3.
[49] 승정원일기. (고종 23년 5월 3일 을미). 국사편찬위원회. http://db.itkc.or.kr/inLink?DCI=ITKC_ST_Z0_A23_05A_03A_00080_2003_118_XML
[50] 외교부 서유럽과, 「2023 프랑스 개황」, 『외교간행물』, 2023.6., 2023.06.16., 138, 139쪽.
[51] *명동대성당의 역사*. (n.d.). 가톨릭서울대교구 주교좌명동성당. http://www.mdsd.or.kr/bbs/content.php?co_id=1010&tabs=#tab.
[52] *법어학교*. (n.d.). 국사편찬위원회 한국사데이터베이스. http://thesaurus.history.go.kr/TermInfo.jsp?from=TermInfo&&term_id=11091
[53] 조재곤. (n.d.). *홍종우*. 한국민족문화대백과사전. https://encykorea.aks.ac.kr/Article/E0064396
[54] 신용아. (n.d.). *이위종*. 한국민족문화대백과사전. https://encykorea.aks.ac.kr/Article/E0045403
[55] 홍중식. (2023년02월16일). *신동아* https://shindonga.donga.com/culture/article/all/13/3961444/1
[56] 외교부 서유럽과, 「2023 프랑스 개황」, 『외교간행물』, 2023.6., 2023.06.16., 141쪽.
[57] *Corée*. (n.d.). *MUSÉE GUIMET*. (2023, December 15). https://www.guimet.fr/fr/collections/coree
[58] 엄승희. (2019). 근대전환기 초대 프랑스 駐朝公使 빅토르 콜랭 드 플랑시(Victor Collin de Plancy)의 도자외교. 미술사학연구, 304(304), 167-200.
[59] 문화재청. (2023년04월12일). 반세기 만에 공개되는 '직지(直指)' 프랑스 현지 전시 지원 - 프랑스 국립도서관과 '직지' 전시 관련 대중 강연 및 번역 지원하는 협약 체결. *문화재청*.
[60] 김유정. (n.d.). *박병선*. 한국민족문화대백과사전. https://encykorea.aks.ac.kr/Article/E0071550
[61] 전정환. (1986). 러일전쟁과 프랑스의 대한정책 (pp. 204-205). 한불수교 100년사:

한국사연구협의회.
[62] *민족의 독립 운동*. (n.d.). 우리역사넷.
http://contents.history.go.kr/mobile/ta/list.do?levelId=ta_m62_0070.
[63] *국내의 독립 운동*. (n.d.). 우리역사넷.
http://contents.history.go.kr/mobile/ta/view.do?levelId=ta_m62_0070_0040.
[64] 반병률. (2009). 러시아에서의 안중근의 항일독립운동에 대한 재해석. 한국독립운동사연구, 34, 5-53.
[65] *대한민국 임시정부*. (n.d.). 한국민족문화대백과사전.
https://encykorea.aks.ac.kr/Article/E0015017
[66] 김명섭. (2018). 대한민국 임시정부는 왜 상해 프랑스조계에 수립되었나?. 국제정치논총, 58(4), 179-214.
[67] *영일동맹*. (n.d.). 교과서 용어해설 | 우리역사넷.
http://contents.history.go.kr/front/tg/view.do?treeId=0204&levelId=tg_004_0630&ganada=&pageUnit=10
[68] *파리강화회의*. (n.d.). 우리역사넷.
http://contents.history.go.kr/mobile/kc/view.do?levelId=kc_i403410&code=kc_age_40
[69] 김문환. (2023년07월07일). [김문환의 세계사] 7월 14일 프랑스 대혁명의 정신. *매일신문*.
https://www.imaeil.com/page/view/2023070514291206008
[70] 신재홍. (n.d.). *홍커우공원 의거*. 한국민족문화대백과사전.
https://encykorea.aks.ac.kr/Article/E0065823
[71] 조재수. (n.d.). *이극로*. 한국민족문화대백과사전. https://encykorea.aks.ac.kr/Article/E0043805
[72] *조선어사전*. (n.d.). 한국민족문화대백과사전. https://encykorea.aks.ac.kr/Article/E0052120
[73] [Archives de la parole]. , Alphabet et sons [du] coréen. 1 ; Sons [du] coréen. 2 : (suite) / Hubert Pernot, éd. ; M. Li Kolu, voix Pernot, Hubert (1870-1946). Éditeur scientifique https://gallica.bnf.fr/ark:/12148/bpt6k129253m/f1.media
[74] 조두진. (2018년08월19일). [금주의 역사] 제2차 세계대전, 파리 해방. *매일신문*.
https://www.imaeil.com/page/view/2018081919155091593
[75] 황성모. (n.d.). *8·15광복*. 한국민족문화대백과사전.
https://encykorea.aks.ac.kr/Article/E0059769
[76] 정인섭. (2022). UN 총회 한국정부 승인 결의(제195호) 성립 과정과 의미 분석. 서울국제법연구, 29(1), 241-277.
[77] 외교부 서유럽과, 「2023 프랑스 개황」, 『외교간행물』, 2023.6., 2023.06.16., 139쪽.
[78] 이명환. (2007). 프랑스의 한국전쟁 참전과 유엔군-프랑스 보병대대의 작전 (pp. 185-214). 과천: 국사편찬위원회.
[79] *안장용사찾기*. (n.d.). 재한유엔기념공원.
https://www.unmck.or.kr/kor/04_memory/?mcode=0404020000&mode=1&page=1&country=FRANCE&l_name=&f_name=
[80] 주한프랑스대사관. (2022년11월07일). 한국전 참전 유엔군 프랑스 대대 참전 용사 방한. *주한프랑스대사관*. https://kr.ambafrance.org/%ED%95%9C%EA%B5%AD%EC%A0%84-%EC%B0%B8%EC%A0%84-%EC%9C%A0%EC%97%94%EA%B5%B0-%ED%94%84%EB%9E%91%EC%8A%A4-%EB%8C%80%EB%8C%80-%EC%B0%B8%EC%A0%84-%EC%9A%A9%EC%82%AC-%EB%B0%A9%ED%95%9C
[81] 외교부 서유럽과, 「2023 프랑스 개황」, 『외교간행물』, 2023.6., 2023.06.16., 143-149쪽.
[82] *이동진*. (2023년05월13일). 마크롱의 블랙핑크 '성덕'설까지…유럽 한류의 메카 된 프

랑스. *시사저널*.
https://www.sisajournal.com/news/articleView.html?idxno=263062
[83] 오헬리엉 루베르, 윤여진, &. (2023). 지극히 사적인 프랑스 (pp. 20-100). n.p.: 틈새책방.
[84] 오헬리엉 루베르, 윤여진, &. (2023). 지극히 사적인 프랑스 (pp. 20-100). n.p.: 틈새책방.
[85] 프랑스와 한국의 연애차이. (n.d.). https://brunch.co.kr/@yoonyves/63.
[86] 혼전 동거는 정말 미친 짓일까?. (n.d.). https://brunch.co.kr/@enerdoheezer/87.
[87] 마르고 부엣, 윤여진,. (2015). 프랑스의 혼인과 팍스에 관한 연구(학위논문). 창원대학교 대학원, n.p..
[88] 마르고 부엣, 윤여진,. (2015). 프랑스의 혼인과 팍스에 관한 연구(학위논문). 창원대학교 대학원, n.p..
[89] 평균 초혼연령 남성 33.7세 · 여성 31.3세…전년보다 상승. (2023).
https://www.korea.kr/news/policyNewsView.do?newsId=148919833.
[90] 최재원, 정태연,. (2023). 삶에 대한 가치관과 태도에 대한 세대차이 연구(학술저널). 한국문화융합학회, n.p..
[91] 최재원, 정태연,. (2023). 삶에 대한 가치관과 태도에 대한 세대차이 연구(학술저널). 한국문화융합학회, n.p..
[92] MZ세대가 이기적이라 출산 안 한다고요?"…저출산으로 반영된 잿빛 '청년 현실'. (2023).
https://www.kukinews.com/newsView/kuk202302220154.
[93] MZ세대가 이기적이라 출산 안 한다고요?"…저출산으로 반영된 잿빛 '청년 현실'. (2023).
https://www.kukinews.com/newsView/kuk202302220154.
[94] 김연정, ,. (2018). 프랑스의 PACS를 중심으로 본 생활동반자관계 제도(학술저널). 서울시여성가족재단, n.p..
[95] 김상호, 송민영,. (2016). 비혼 동거 커플의 증가와 프랑스의 시민연대계약(PACS)(학위논문). Global Social Policy Brief 13, n.p.. 1p 인용
[96] 김연정, ,. (2018). 프랑스의 PACS를 중심으로 본 생활동반자관계 제도(학술저널). 서울시여성가족재단, n.p..
[97] 프랑스인이 결혼하는 이유. (2019). https://www.womansense.co.kr/woman/article/42784.
[98] 혼인건수 이혼건수 비교. (2023). https://dreamsr.tistory.com/entry/%ED%98%BC%EC%9D%B8%EA%B1%B4%EC%88%98-%EC%9D%B4%ED%98%BC%EA%B1%B4%EC%88%98-%EB%B9%84%EA%B5%90.
[99] 김상호, 송민영,. (2016). 비혼 동거 커플의 증가와 프랑스의 시민연대계약(PACS)(학위논문). Global Social Policy Brief 13, n.p.. 1p 인용
[100] 결혼 굴레서 프랑스 청년들 해방시킨 '팍스'. (2023).
https://blog.naver.com/excellceo/223243201116.
[101] 동거보다는 가까운 결혼보다는 먼 그 이름, 'PACS'. (2022).
https://www.sedaily.com/NewsView/264R5IUI4M.
[102] 혼인건수 이혼건수 비교. (2023). https://dreamsr.tistory.com/entry/%ED%98%BC%EC%9D%B8%EA%B1%B4%EC%88%98-%EC%9D%B4%ED%98%BC%EA%B1%B4%EC%88%98-%EB%B9%84%EA%B5%90.
[103] 혼인건수 이혼건수 비교. (2023). https://dreamsr.tistory.com/entry/%ED%98%BC%EC%9D%B8%EA%B1%B4%EC%88%98-%EC%9D%B4%ED%98%BC%EA%B1%B4%EC%88%98-%EB%B9%84%EA%B5%90.
[104] 김상호, 송민영,. (2016). 비혼 동거 커플의 증가와 프랑스의 시민연대계약(PACS)(학위논문). Global Social Policy Brief 13, n.p.. 1-4. 1p 인용

[105] 김상호, 송민영. (2016). 비혼 동거 커플의 증가와 프랑스의 시민연대계약(PACS)(학술저널). 한국보건사회연구원, n.p..
[106] 결혼 굴레서 프랑스 청년들 해방시킨 '팍스'. (2023). https://blog.naver.com/excellceo/223243201116.
[107] 동거보다는 가까운 결혼보다는 먼 그 이름, 'PACS'. (2022). https://www.sedaily.com/NewsView/264R5IUI4M.
[108] 김상호, 송민영. (2016). 비혼 동거 커플의 증가와 프랑스의 시민연대계약(PACS)(학술저널). 한국보건사회연구원, n.p..
[109] 김상호, 송민영. (2016). 비혼 동거 커플의 증가와 프랑스의 시민연대계약(PACS)(학술저널). 한국보건사회연구원, n.p..
[110] 확대 가족. (n.d.). https://terms.naver.com/entry.naver?docId=3550718&cid=58584&categoryId=58624.
[111] 혼인・혈연 넘어 가족 범위 확대... '생활동반자법' 제정 전망은?. (n.d.). https://www.ekoreanews.co.kr/news/articleView.html?idxno=67001#:.
[112] 김희연,. (2022). 가족생활의 개인화와 친밀성의 탈제도화, 서울대학교 대학원(국내석사학위논문) 8p 인용
[113] 주한 대사의 품새부터 피아노 연주까지…'2023 문화소통포럼'. (2023). https://www.hankyung.com/article/202306137484Y.
[114] Présentation. (n.d.). https://www.abft.be/presentation/.
[115] Fédération québécoise de taekwondo. (n.d.). https://www.facebook.com/TAEKWONDOQUEBEC/.
[116] FITKD- Fédération Ivoirienne de Taekwondo. (n.d.). https://www.facebook.com/FITKD.ORG/photos.
[117] Frmtkd. (n.d.). https://www.facebook.com/fedrmtaekwondo/.
[118] “그린은 멀고 코트는 가까워” 테니스 전성시대 [Special report]. (n.d.). https://www.mk.co.kr/economy/view.php?sc=50000001&year=2023&no=309310.
[119] Les origines du tennis. (2023). https://www.lequipe.fr/Coaching/Tous-sports/Actualites/Les-origines-du-tennis/1398316.
[120] LES RÈGLES DE LA PAUME. (n.d.). https://www.jeudepaumebordeaux.fr/les-regles-du-jeu-de-paume/.
[121] Anyone for Sphairistiké?. (2012). https://www.bbc.co.uk/blogs/wales/entries/d4437526-3b92-32f4-89a6-bd3c29f296f0.
[122] Les origines du tennis. (2023). https://www.lequipe.fr/Coaching/Tous-sports/Actualites/Les-origines-du-tennis/1398316.
[123] 프랑스오픈테니스선수권대회. (n.d.). https://www.doopedia.co.kr/doopedia/master/master.do?_method=view&MAS_IDX=101013000902674.
[124] 프랑스오픈테니스선수권대회. (n.d.). https://www.doopedia.co.kr/doopedia/master/master.do?_method=view&MAS_IDX=101013000902674.
[125] Les origines du tennis. (2023). https://www.lequipe.fr/Coaching/Tous-sports/Actualites/Les-origines-du-tennis/1398316.
[126] 오픈 대회. (n.d.). https://terms.naver.com/entry.naver?docId=934432&cid=43667&categoryId=43667.

[127] 그랜드 슬램(grand slam). (n.d.).
https://citation.sawoo.com/ref/generation?sso=00052ppbnn0eob8j93tifcjvd5.
[128] 타이 브레이크. (n.d.).
https://terms.naver.com/entry.naver?docId=934432&cid=43667&categoryId=43667.
[129] What Does Deuce Mean In Tennis? - Meaning, Use Cases And Word's Origin. (2023).
https://tennisbolt.com/deuce-in-tennis/.
[130] 타이 브레이크. (n.d.).
https://terms.naver.com/entry.naver?docId=934432&cid=43667&categoryId=43667.
[131] Une reprise du jeu de paume, joué à la Renaissance. (n.d.).
https://www.lunion.fr/id490046/article/2023-06-02/roland-garros-pourquoi-compte-les-points-en-15-30-et-40-au-tennis.
[132] 정구(庭球). (n.d.). https://encykorea.aks.ac.kr/Article/E0049983.
[133] 정구(庭球). (n.d.). https://encykorea.aks.ac.kr/Article/E0049983.
[134] 테니스(tennis). (n.d.). https://encykorea.aks.ac.kr/Article/E0059149.
[135] wta_koreaopentennis. (n.d.). https://www.instagram.com/wta_koreaopentennis/?hl=ko.
[136] 파리 1924 테니스 결과. (n.d.).
https://olympics.com/ko/olympic-games/paris-1924/results/tennis.
[137] 한선혜, 실전 프랑스어, 가천대학교, 2023년
[138] 한선혜, 실전 프랑스어, 가천대학교, 2023년
[139] Les chiffres du TENNIS en France. (n.d.).
https://gestion-sports.fr/les-chiffres-du-tennis-en-france/.
[140] Tennis Viewership Statistics: How Well It Is Doing in 2023. (2023).
https://playtoday.co/blog/stats/tennis-viewership-statistics/.
[141] 문화체육관광부,「국민여가활동조사」, 2022, 2023.12.15, 지속적으로 참여하는 여가활동 분야 및 활동_스포츠 참여활동
https://kosis.kr/statHtml/statHtml.do?orgId=113&tblId=DT_113_STBL_1028392&conn_path=I2
[142] [테니스열풍]너도나도 테린이...MZ세대는 왜 테니스에 열광하나. (2022).
https://www.edaily.co.kr/news/read?newsId=01180806632463072&mediaCodeNo=257.
[143] 테니스 경기 룰, 스코어링(Scoring). (n.d.).
https://search.naver.com/search.naver?where=nexearch&sm=tab_etc&x_csa=%7B%22theme%22%3A%22tennis_info%22%2C%20%22pkid%22%3A%22759%22%7D&pkid=759&os=32259077&x_nqx=%7B%22theme%22%3A%22tennis_info%22%2C%22pkid%22%3A%22759%22%2C%22os%22%3A%2232259077%22%7D&qvt=0&query=%ED%85%8C%EB%8B%88%EC%8A%A4%20%EA%B2%BD%EA%B8%B0%20%EB%A3%B0
[144] 테니스 경기 룰, 볼 체인지(Change of Balls). (n.d.).
https://search.naver.com/search.naver?where=nexearch&sm=tab_etc&x_csa=%7B%22theme%22%3A%22tennis_info%22%2C%20%22pkid%22%3A%22759%22%7D&pkid=759&os=32259077&x_nqx=%7B%22theme%22%3A%22tennis_info%22%2C%22pkid%22%3A%22759%22%2C%22os%22%3A%2232259077%22%7D&qvt=0&query=%ED%85%8C%EB%8B%88%EC%8A%A4%20%EA%B2%BD%EA%B8%B0%20%EB%A3%B0
[145] 테니스 경기 룰, 앤드 체인지(Change of End). (n.d.).
https://search.naver.com/search.naver?where=nexearch&sm=tab_etc&x_csa=%7B%22theme%22%3A%22tennis_info%22%2C%20%22pkid%22%3A%22759%22%7D&pkid=759

&os=32259077&x_nqx=%7B%22theme%22%3A%22tennis_info%22%2C%22pkid%22%3A%22759%22%2C%22os%22%3A%2232259077%22%7D&qvt=0&query=%ED%85%8C%EB%8B%88%EC%8A%A4%20%EA%B2%BD%EA%B8%B0%20%EB%A3%B0

[146] 테니스 경기 룰, 앤드 체인지(Change of End). (n.d.). https://search.naver.com/search.naver?where=nexearch&sm=tab_etc&x_csa=%7B%22theme%22%3A%22tennis_info%22%2C%20%22pkid%22%3A%22759%22%7D&pkid=759&os=32259077&x_nqx=%7B%22theme%22%3A%22tennis_info%22%2C%22pkid%22%3A%22759%22%2C%22os%22%3A%2232259077%22%7D&qvt=0&query=%ED%85%8C%EB%8B%88%EC%8A%A4%20%EA%B2%BD%EA%B8%B0%20%EB%A3%B0

[147] 테니스 경기 룰, 앤드 체인지(Change of End). (n.d.). https://search.naver.com/search.naver?where=nexearch&sm=tab_etc&x_csa=%7B%22theme%22%3A%22tennis_info%22%2C%20%22pkid%22%3A%22759%22%7D&pkid=759&os=32259077&x_nqx=%7B%22theme%22%3A%22tennis_info%22%2C%22pkid%22%3A%22759%22%2C%22os%22%3A%2232259077%22%7D&qvt=0&query=%ED%85%8C%EB%8B%88%EC%8A%A4%20%EA%B2%BD%EA%B8%B0%20%EB%A3%B0

[148] 테니스 경기 룰. (n.d.). https://search.naver.com/search.naver?where=nexearch&sm=tab_etc&x_csa=%7B%22theme%22%3A%22tennis_info%22%2C%20%22pkid%22%3A%22759%22%7D&pkid=759&os=32259077&x_nqx=%7B%22theme%22%3A%22tennis_info%22%2C%22pkid%22%3A%22759%22%2C%22os%22%3A%2232259077%22%7D&qvt=0&query=%ED%85%8C%EB%8B%88%EC%8A%A4%20%EA%B2%BD%EA%B8%B0%20%EB%A3%B0

[149] 테니스 레트[let]. (n.d.). https://www.doopedia.co.kr/doopedia/master/master.do?_method=view&MAS_IDX=101013000944414.

[150] 테니스 레트[let]. (n.d.). https://www.doopedia.co.kr/doopedia/master/master.do?_method=view&MAS_IDX=101013000944414.

[151] TAEKWONDO TAE : DONNER UN COUP DE PIED KWON : DONNER UN COUP DE POING DO : LA VOIE, L'ESPRIT. (n.d.). https://kang-ho-taekwondo.com/le-taekwondo/histoire-taekwondo/.

[152] voie. (n.d.). https://dict.naver.com/frkodict/#/entry/frko/8e68f1573561450c8ab8ec39f6534e5c.

[153] 국중대회(國中大會). (n.d.). https://encykorea.aks.ac.kr/Article/E0006523.

[154] 국중대회(國中大會). (n.d.). https://encykorea.aks.ac.kr/Article/E0006523.

[155] 영고 (迎鼓). (n.d.). https://encykorea.aks.ac.kr/Article/E0037192.

[156] 태권도 (跆拳道). (n.d.). https://encykorea.aks.ac.kr/Article/E0058889.

[157] 수박(手搏). (n.d.). https://encykorea.aks.ac.kr/Article/E0031390.

[158] 수박(手搏). (n.d.). https://encykorea.aks.ac.kr/Article/E0031390.

[159] 택견. (n.d.). https://encykorea.aks.ac.kr/Article/E0059123.

[160] 태권도 (跆拳道). (n.d.). https://encykorea.aks.ac.kr/Article/E0058889.

[161] 태권도 (跆拳道). (n.d.). https://encykorea.aks.ac.kr/Article/E0058889.

[162] 송덕기 (宋德基). (n.d.). https://encykorea.aks.ac.kr/Article/E0030753.

[163] 태권도 기술체계 Introduction to Taekwondo. (n.d.). https://www.koreataekwondo.co.kr/d004.

[164] 정인철, 김동현, 박진수, 최현민. (2019). 태권도 띠색 체계 정립을 위한 기본 연구. 태권도 띠색 체계 정립을 위한 기본 연구, 제10권(제4호), pp. 5-15.

[165] 정인철, 김동현, 박진수, 최현민. (2019). 태권도 띠색 체계 정립을 위한 기본 연구. 태권도 띠색 체계 정립을 위한 기본 연구, 제10권(제4호), pp. 5-15.

[166] 태극 (太極). (n.d.). https://encykorea.aks.ac.kr/Article/E0058890.
[167] 팔괘[八卦]. (n.d.). https://encykorea.aks.ac.kr/Article/E0058890.
[168] 태극 1장. (n.d.).
https://www.kukkiwon.or.kr/base/board/read?boardManagementNo=37&boardNo=980&searchCategory=&page=2&searchType=&searchWord=&menuLevel=3&menuNo=62.
[169] 태극 2장. (n.d.).
https://www.kukkiwon.or.kr/base/board/read?boardManagementNo=37&boardNo=981&searchCategory=&page=2&searchType=&searchWord=&menuLevel=3&menuNo=62
[170] 태극 3장. (n.d.).
https://www.kukkiwon.or.kr/base/board/read?boardManagementNo=37&boardNo=982&searchCategory=&page=2&searchType=&searchWord=&menuLevel=3&menuNo=62
[171] 태극 4장. (n.d.).
https://www.kukkiwon.or.kr/base/board/read?boardManagementNo=37&boardNo=983&page=2&searchCategory=&searchType=&searchWord=&menuLevel=3&menuNo=62
[172] 태극 5장. (n.d.).
https://www.kukkiwon.or.kr/base/board/read?boardManagementNo=37&boardNo=984&page=2&searchCategory=&searchType=&searchWord=&menuLevel=3&menuNo=62
[173] 태극 6장. (n.d.).
https://www.kukkiwon.or.kr/base/board/read?boardManagementNo=37&boardNo=985&page=2&searchCategory=&searchType=&searchWord=&menuLevel=3&menuNo=62
[174] 태극7장. (n.d.).
https://www.kukkiwon.or.kr/base/board/read?boardManagementNo=37&boardNo=986&page=2&searchCategory=&searchType=&searchWord=&menuLevel=3&menuNo=62
[175] 태극8장. (n.d.).
https://www.kukkiwon.or.kr/base/board/read?boardManagementNo=37&boardNo=987&page=2&searchCategory=&searchType=&searchWord=&menuLevel=3&menuNo=62
[176] 고려. (n.d.).
https://www.kukkiwon.or.kr/base/board/read?boardManagementNo=37&boardNo=988&page=2&searchCategory=&searchType=&searchWord=&menuLevel=3&menuNo=62
[177] 금강. (n.d.).
https://www.kukkiwon.or.kr/base/board/read?boardManagementNo=37&boardNo=989&page=2&searchCategory=&searchType=&searchWord=&menuLevel=3&menuNo=62
[178] 태백. (n.d.).
https://www.kukkiwon.or.kr/base/board/read?boardManagementNo=37&boardNo=982&searchCategory=&page=2&searchType=&searchWord=&menuLevel=3&menuNo=62
[179] 평원. (n.d.).
https://www.kukkiwon.or.kr/base/board/read?boardManagementNo=37&boardNo=991&page=2&searchCategory=&searchType=&searchWord=&menuLevel=3&menuNo=62
[180] 무술(武術). (n.d.).
https://stdict.korean.go.kr/search/searchView.do?word_no=423846&searchKeywordTo=3.
[181] 무도[武道]. (n.d.).
https://terms.naver.com/entry.naver?docId=633131&cid=42879&categoryId=42879.
[182] 십장생(十長生). (n.d.).
https://stdict.korean.go.kr/search/searchView.do?word_no=212389&searchKeywordTo=3.

[183] 해, 산, 물, 돌, 구름, 소나무, 불로초, 거북, 학, 사슴

[184] 십진. (n.d.). https://www.kukkiwon.or.kr/base/board/read?boardManagementNo=37&boardNo=992&page=2&searchCategory=&searchType=&searchWord=&menuLevel=3&menuNo=62

[185] 십진. (n.d.). https://www.kukkiwon.or.kr/base/board/read?boardManagementNo=37&boardNo=992&page=2&searchCategory=&searchType=&searchWord=&menuLevel=3&menuNo=62.

[186] 천권. (n.d.). https://www.kukkiwon.or.kr/base/board/read?boardManagementNo=37&boardNo=994&page=2&searchCategory=&searchType=&searchWord=&menuLevel=3&menuNo=62

[187] 한수. (n.d.). https://www.kukkiwon.or.kr/base/board/read?boardManagementNo=37&boardNo=995&page=2&searchCategory=&searchType=&searchWord=&menuLevel=3&menuNo=62

[188] 일여. (n.d.). https://www.kukkiwon.or.kr/base/board/read?boardManagementNo=37&boardNo=996&page=2&searchCategory=&searchType=&searchWord=&menuLevel=3&menuNo=62

[189] 기존의 원고에서는 태권도 "종주국(宗主國)"이라는 표현을 썼지만, 식민지적 용어로 해석 될 가능성이 있으므로 모국(母國)으로 단어를 변경하여 표현했다. 물론 종주국이 문화나 어떤 현상이 처음 시작된 국가라는 뜻이 있지만, 다른 의미로 간주 될 여지가 있어 좀 더 정확한 표현인 모국으로 단어를 변경했다.

[190] TAEKWONDO TAE : DONNER UN COUP DE PIED KWON : DONNER UN COUP DE POING DO : LA VOIE, L'ESPRIT. (n.d.). https://kang-ho-taekwondo.com/le-taekwondo/histoire-taekwondo/.

[191] francophonie. (n.d.). https://dict.naver.com/frkodict/#/entry/frko/df63b51a80184a5ea89e25d72d6b05b9

[192] 세계 태권도 연맹. (n.d.). https://ko.wikipedia.org/wiki/%EC%84%B8%EA%B3%84_%ED%83%9C%EA%B6%8C%EB%8F%84_%EC%97%B0%EB%A7%B9.

[193] 프랑스가 태권 전사 양성에 나선 까닭은?. (2020). https://www.donga.com/news/article/all/20200924/103079999/1.

[194] Le service statistique ministériel de la sécurité intérieure (SSMSI). (n.d.). https://www.police-nationale.interieur.gouv.fr/nous-decouvrir/notre-organisation/organisation/service-statistique-ministeriel-de-securite.

[195] Mickaël Portela. (2023). INSÉCURITÉ ET DÉLINQUANCE EN 2022 BILAN STATISTIQUE. n.p.: Le service statistique ministériel de la sécurité intérieure.

[196] CISSE, Cheick Sallah. (n.d.). https://www.taekwondodata.com/cheick-sallah-cisse.alsp.html.

[197] 프랑스가 태권 전사 양성에 나선 까닭은?. (2020). https://www.donga.com/news/article/all/20200924/103079999/1.

[198] Now news, 프랑스서 한류 성공 비결은…할리우드에 없는 색다른 볼거리 [파리는 지금], https://nownews.seoul.co.kr/news/newsView.php?id=20230302601017

[199] 방송영상 트렌드 인사이트, 프랑스 내 한류 콘텐츠 소비 동향, 지영호(한국국제문화교류진흥원 해외통신원), https://www.kocca.kr/trend/vol36/sub/s42.html

[200] 프랑스 <젊은 세대>의 문화적 성향, 프랑스문화연구 제23집 2011. pp. 5~44,) 김선미 · 최준식**

[201] 문화체육관광부 해외문화홍보원, 프랑스에서 열린 2022 K-POP 아카데미, 2022.11.26
[202] KOFICE 한국국제문화교류진흥원, K-pop 속 'K'의 의미: K다움이란 무엇인가?
[203] Idology, 아이돌 세대론 : ① 2020 아이돌팝 세대론,https://idology.kr/13070
[204] KOFICE,한류인서트 아이돌 세대론은 어떻게 만들어지는가?
[205] KOFICE,한류인서트 아이돌 세대론은 어떻게 만들어지는가?
[206] KOFICE, K-pop 속 'K'의 의미: K다움이란 무엇인가?, 2022.11.24
[207] 조선일보, "2011년 파리 콘서트가 K팝이 全세계로 발화한 순간", https://www.chosun.com/site/data/html_dir/2016/02/15/2016021500295.html
[208] 조선일보, "SM 파리 공연, 1회 연장하라!" 佛팬, 루브르 앞 시위, 2011.04.28., un.com/site/data/html_dir/2011/04/28/2011042801968.html
[209] 나무위키[플래시몹], https://namu.wiki/w/%ED%94%8C%EB%9E%98%EC%8B%9C%EB%AA%B9
[210] 연합뉴스, 프랑스 일간지 "블랙핑크, 최악의 여름 공연…인기 부응 못 해", 2023-09-03 18:10, https://www.yna.co.kr/view/AKR20230903041200081
[211] 프랑스 문화는 '로컬'이다. '만들어진 위대함'의 허상, https://brunch.co.kr/@namoosanchek/278
[212] 브런치 스토리, 프랑스 문화는 '로컬'이다. '만들어진 위대함'의 허상, https://brunch.co.kr/@namoosanchek/278
[213] KOFICE, Hallyu Now Issue Magazine 2020-03+04 vol.35, https://kofice.or.kr/dext5editordata/2020/03/20200312_15513855_05883.pdf
[214] THE FACT 사회, 톨레랑스 뜻, 너그럽게 용서하는 관용…물리적 폭력 'NO', https://news.tf.co.kr/read/life/1471216.htm
[215] 한국사회학회, 프랑스 新한류에 관한 문화인류학적 르포르타주, 2012. 7. 24,한국외대 부속 용인 외국어고등학교 프랑스어과 신재윤
[216] 프랑스 <젊은 세대>의 문화적 성향, 프랑스문화연구 제23집 2011. pp. 5~44,) 김선미 · 최준식**
[217] 한국사회학회, 프랑스 新한류에 관한 문화인류학적 르포르타주, 2012. 7. 24, 한국외대부속 용인 외국어고등학교 프랑스어과 신재윤
[218] 한국사회학회, 프랑스 新한류에 관한 문화인류학적 르포르타주, 2012. 7. 24, 한국외대부속 용인 외국어고등학교 프랑스어과 신재윤
[219] 세계한인언론협회, 프랑스 대학 한국학과 지원자, 정원의 10배까지
[220] 2020 케이팝 월드 리포트 ,[2020 케이팝 월드 리포트] 프랑스에서 본 케이팝의 양면, https://www.ohmynews.com/NWS_Web/Series/series_premium_pg.aspx?CNTN_CD=A0002681177
[221] 아이돌 세대론 : ① 2020 아이돌팝 세대론,2020.06.12., https://idology.kr/13070
[222] KOCCA, WEEKLY GLOBAL 위클리 글로벌 273호, https://welcon.kocca.kr/cmm/fms/CrawlingFileDown.do?atchFileId=FILE_0cdc7396-a53f-4090-935a-e80b3e92097f&fileSn=1
[223] FRANCE ZONE, 유럽 언론, BTS에 주목해야 할 5가지 이유, 2022.05.05., https://www.francezone.com/xe/hanweeklynews/2197899
[224] FRANCE ZONE, 유럽 언론, BTS에 주목해야 할 5가지 이유, 2022.05.05., https://www.francezone.com/xe/hanweeklynews/2197899
[225] 류은영. (2015). 프랑스 한류의 의미와 글로벌 비전. 프랑스학연구, 73, 293-318.
[226] 서울신문, "BTS '버터' 스밍해주세요" 리트윗한 마크롱 대통령,

2021.05.23.,https://www.seoul.co.kr/news/newsView.php?id=20210523500001
[227] ARCEP, <Baromètre du Numérique – Edition 2021 : Enquête sur la diffusion des technologies de l'information et de la communication dans la société française>, 2021, p.56.
[228] 프랑스 디지털 환경변화에 따른 프랑스 한류 팬 소비행태에 관한 연구, 민지은(경희대학교/객원교수), 한국프랑스학논집 제 120집 (2022. 11.) 165~209면
[229] 프로슈머, 위키피디아
[230] 문화일보, 아이돌 '생일 카페' 꾸리고 비행기 광고 걸어… "우리 애, 기 살려야죠" [K팝의 탄생 현장을 가다], 2023.02.23., https://munhwa.com/news/view.html?no=2023020301032112082001
[231] 코로나 19 이후, 프랑스 내 한국대중문화콘텐츠의 지속적인 확산을 위한 프랑스인 소비행태에 관한 연구, 민지은(한국문화매개연구소), 한국프랑스학회
[232] Youtube <RISIN'>, https://www.youtube.com/channel/UCuyFOQGpucDUNW6Cze2yf2A
[233] 한류타임스[한류는 지금], 파리지앵들이 줄서서 가는 '프랑스 K팝 카페', 2021.09.26
[234] SORTIRAPARIS, 킥 카페: 파리 중심부에 위치한 K-POP 전용 미식 카페 겸 컨셉 스토어, https://www.sortiraparis.com/ko/palieseo-meog-eul-gos/kape-titaim/articles/255022-kig-kape-pali-jungsimbue-wichihan-k-pop-jeon-yong-misig-kape-gyeom-keonseb-seuto-eo
[235] 한국국제문화교류진흥원, 코로나19로 위기 직면한 프랑스 내 한류 콘텐츠, 2021.02.19
[236] 중앙일보, BTS・슈퍼주니어 온라인 콘서트, 세계가 '미래의 공연' 미리 봤다, 2020.06.16., https://www.joongang.co.kr/article/23802280#home
[237] KOFICE 한국국제문화교류진흥원, 글로벌 팬덤의 확장 가능성: 온라인 콘서트, 2022.09.22.
[238] 중앙일보, 방탄소년단 전 세계 75만명 본 방방콘으로 기네스 기록 추가, 2020.07.23., https://www.joongang.co.kr/article/23831715#home
[239] KOFICE 한국국제문화교류진흥원, 글로벌 팬덤의 확장 가능성: 온라인 콘서트, 2022.09.22.
[240] 코로나19 이후, 프랑스 내 한국대중문화콘텐츠의 지속적인 확산을 위한 프랑스인 소비행태에 관한 연구, 한국프랑스학논집, 제 119집 (20022. 8.) 79~114 면, 민지은(한국문화매개연구소1)
[241] 문효진・박성현,「한류 인기 요인과 호감도 및 국가이미지와의 관계 연구: 일본, 미국, 프랑스를 중심으로」,『한국PR학회』, 2012, pp.247 - 280
[242] 대한민국청소년의회, K-POP 위상 올라가지만…낮은 연령, 환경오염 등 문제, 2022.01.01., https://m.blog.naver.com/youthassembly/222610466759
[243] [2020 케이팝 월드 리포트] 프랑스에서 본 케이팝의 양면, 2020.10.08
[244] The Women Times, [한기봉 칼럼] 바캉스가 뭐길래, 2017.08.07
[245] 휴가: 일과 쉼이 조화를 이루는 삶을 위하여, 손연정(한국노동연구원 연구위원), 글로벌 포커스 (p.9~11)
[246] 동아일보, "K팝으로 한국인들이 얼마나 열심히 일하는지 알았어요", 2023.10.17
[247] CJ E&M, KCON 2016 프랑스 개최 ! 프랑스 파리에 '코리아 프리미엄' 물결치다, https://www.cj.net/cj_now/view.asp?bs_seq=13489
[248] transport in france. (n.d.). https://academic-accelerator.com/encyclopedia/kr/transport-in-france
[249] 자전거 타고 기차여행. (2018년 11월 30일). https://www.france.fr/ko/holiday-prep/voyager-train-avec-son-velo
[250] 프랑스에서 기차 이용하기. (2018년 06월 28일). https://www.france.fr/ko/holiday-prep/france_train

[251] 프랑스에서 기차 이용하기. (2018년 06월 28일). https://www.france.fr/ko/holiday-prep/france_train
[252] transport in france. (n.d.). https://academic-accelerator.com/encyclopedia/kr/transport-in-france
[253] 서울연구원. (2015). 교통 정액권 가격 단일화로 외곽주민 교통비 절감효과. 교통 정액권 가격 단일화로 외곽주민 교통비 절감효과, 367(367), pp. 1-2.
[254] 서울연구원. (2015). 교통 정액권 가격 단일화로 외곽주민 교통비 절감효과. 교통 정액권 가격 단일화로 외곽주민 교통비 절감효과, 367(367), pp. 1-2.
[255] 파리 대중 교통 수단. (2011년 10월 17일). https://www.france.fr/ko/holiday-prep/114915
[256] 일드프랑스에 있는 RATP의 트램 네트워크. (n.d.). https://web.archive.org/web/20140426233553/http://www.ratp.fr/en/ratp/r_108570/le-reseau-tramway-ratp-en-ile-de-france/
[257] 일드프랑스에 있는 RATP의 트램 네트워크. (n.d.). https://web.archive.org/web/20140426233553/http://www.ratp.fr/en/ratp/r_108570/le-reseau-tramway-ratp-en-ile-de-france/
[258] 신섬미. (2023). 차세대 교통수단 트램 (pp. 7) : 울산매일.
[259] transport in france. (n.d.). https://academic-accelerator.com/encyclopedia/kr/transport-in-france
[260] 이재호. (2018). A Study on the Introduction of Domestic Tram Line of France Tram Line Coding Management Method 이재호 (Lee, Jae Ho, 부산김해경전철)(석사). 부산대학교 환경대학원
[261] 신섬미. (2023). 차세대 교통수단 트램 (pp. 7). n.p.: 울산매일.
[262] 파리 대중 교통 수단. (2011년 10월 17일). https://www.france.fr/ko/holiday-prep/114915
[263] 파리 대중 교통 수단. (2011년 10월 17일). https://www.france.fr/ko/holiday-prep/114915
[264] 김혜란, 김황배, 오재학, 최진희. (n.d.). KTX역사 및 일반철도역사의 환승저항 산정(한국교통연구원). 대한교통학회
[265] 김혜란, 김황배, 오재학, 최진희. (n.d.). KTX역사 및 일반철도역사의 환승저항 산정(한국교통연구원). 대한교통학회
[266] Introduction of the KTX in South Korea [1분 레일테크] 첫 번째 이야기_ 대한민국 KTX도입사를 알아봅시다, 한국철도기술연구원, https://www.youtube.com/watch?v=ueMjP0BuGEo
[267] 교통수단, https://terms.naver.com/entry.naver?docId=3536521&cid=58550&categoryId=58551
[268] 홍춘욱, 박정우. (2019). A Study on the Introduction of D잡학다식한 경제학자의 프랑스 탐방기 : 프랑스와 유럽 문화를 통해 세상을 읽다ment Method 이재호 (Lee, Jae Ho, 부산김해경전철)(부산대학교)
[269] 한웅택, ; June-Hee Na, 2018 "A Study on the Development of Seoul Subway: From the Perspective of Foreign Users" 유통경영학회지 = Journal of distribution and management research, 21(6): 13~18
[270] 교통수단, https://terms.naver.com/entry.naver?docId=3536521&cid=58550&categoryId=58551
[271] 교통도시, (n.d.),한국민족문화대백과사전, https://encykorea.aks.ac.kr/Article/E0005595
[272] 교통. (n.d.),한국민족문화대백과사전, https://encykorea.aks.ac.kr/Article/E0005592.
[273] 『한국도로사』(한국도로공사, 1981)
[274] *A la renaissance.* (n.d.). cuisinealafrancaise.com. *(19, Décembre, 2023).* https://www.cuisinealafrancaise.com/fr/articles/20-a-la-renaissance
[275] Japon, A. F. (2023년 5월 7일). 반드시 먹어봐야 할 프랑스 도시별 대표 디저트 19종. *France.fr : Actualités, destinations et infos du tourisme en France.* https://www.france.fr/ko/news/list/france-sweets

[276] *앙제 여행 정보: 꼭 가봐야할 곳 추천 리스트 & 여행 후기: 익스피디아.* (n.d.). expidia.co.kr. https://www.expedia.co.kr/Angers.dx6128
[277] Bertoldi, S. (2019. Décembre). Les premiers quernons. *Archives.angers.fr.* (2019. Décembre). https://archives.angers.fr/chroniques-historiques/les-chroniques-par-annees/octobre-2010-decembre-2019/les-premiers-quernons/index.html
[278] Filliâtre, P. (2023년 9월 25일). 유네스코 세계 유산이 된 프랑스의 보물 52곳. *france.fr.* https://www.france.fr/ko/news/list/france-patrimoine-unesco
[279] *보르도 여행 정보: 꼭 가봐야할 곳 추천 리스트 & 여행 후기: 익스피디아.* (n.d.). expidia.co.kr. (2023년 12월 19일). https://www.expedia.co.kr/Bordeaux.dx6023322
[280] Dive, C. (2023, Novembre 24). 알자스 지방에서 놓치지 말아야 할 크리스마스 마켓 5곳. *france.fr.* https://www.france.fr/ko/alsace-lorraine/list/marches-de-noel-alsace
[281] 정경화. (2019년 11월 22일). [통신One] "우유처럼 고소해"…프랑스 그르노블 자랑인 '호두'. *news1.kr.* https://m.news1.kr/articles/?3775238
[282] Japon, A. F. (2023년 5월 7일). 반드시 먹어봐야 할 프랑스 도시별 대표 디저트 19종. *France.fr : Actualités, destinations et infos du tourisme en France.* https://www.france.fr/ko/news/list/france-sweets
[283] 봉봉봉. (2023년 8월 17일). 퀸아망의 모든 것을 알아보자. *bongbongplanet.* https://www.bongbongplanet.com/%ED%80%B8%EC%95%84%EB%A7%9D/
[284] 백수진. (2017년 3월 19일). 이걸 몰랐다니…'현지인이 사랑하는 프랑스 디저트' 3. *중앙일보.* https://www.joongang.co.kr/article/21383480#home
[285] 백수진. (2017년 3월 19일). 이걸 몰랐다니…'현지인이 사랑하는 프랑스 디저트' 3. *중앙일보.* https://www.joongang.co.kr/article/21383480#home
[286] *Le Fondant Baulois:spécialités artisanales au chocolat.* (n.d.). *Bienmanger.com.* https://www.bienmanger.com/1R4693_Fondant_Baulois_Produits.html
[287] 백수진. (2017년 3월 19일). 이걸 몰랐다니…'현지인이 사랑하는 프랑스 디저트' 3. *중앙일보.* https://www.joongang.co.kr/article/21383480#home
[288] 별다리 유니버스. [별다리 유니버스]. (2022년 9월 9일). *종특 특집 1. 프랑스에 대한 오해와 편견, 직접 해명하러 프랑스인 총출동했습니다 / 별다리 연구소* [영상]. 유투브. https://youtu.be/5EpNWs8KdVI?si=G2V70vruBaQ5wAGd
[289] *Nos boutiques.* (n.d.). *Pierre Hermé Paris. (19.Décembre. 2023).* https://www.pierreherme.com/fr/nos-boutiques
[290] 허미담. (2020년 7월 22일). 프랑스 명품 마카롱 '피에르에르메', '디저트 계의 피카소' 된 이유[히든業스토리]. *아시아경제.* https://www.asiae.co.kr/article/2020072214321268706
[291] 김나래. (2015년 6월 23일). 무슈, 피에르 에르메를 만나다!. *Elle.* https://www.elle.co.kr/article/12809
[292] 신근수. (2022년 2월 3일). 제과 제빵 업계의 젊은 천재 얀 꾸르베르, 한국 진출. *francezone.com.* https://www.francezone.com/xe/hanweeklynews/2161559
[293] YANN COUVREUR. (n.d.). Home. *Yann Couvreur Korea.* https://www.yanncouvreur-kr.com/ko
[294] YANN COUVREUR. (n.d.). Home. *Yann Couvreur Korea.* https://www.yanncouvreur-kr.com/ko
[295] https://www.lefrancais.eu/dou-vient-le-mot-vacances/
[296] 에듀인뉴스(EduinNews)(https://www.eduinnews.co.kr)
[297] EPS 여행사. 프랑스 바캉스의 대중화.

http://www.eparisseoul.com/coreen/practical-france/la-vie-a-la-francaise---loisirs/yyy-r354.html
[298] Atout France. (2023, July). Étude de mouvements touristiques 2023. France.fr.
[299] 한국관광공사. (2023). 2023년 국민해외여행실태조사.
[300] 근로자 휴가지원의 원조 '체크바캉스'. (2018, May 8). https://www.traveltimes.co.kr/news/articleView.html?idxno=103696
[301] 통계청. 가계동향조사 자료 참고
[302] 통계청. 해외여행 통계 및 한국관광공사. 설 연휴 국내외 여행 동향 자료 참고
[303] Les Français se divisent sur la place de Noël dans la société", Le Monde, 2023-12-25
[304] "Les Français dépensent en moyenne 260 euros pour Noël", INSEE, 2023-01-20
[305] "Les jeunes sont les plus touchés par la hausse des dépenses de Noël", Le Monde, 2022-12-25
[306] 프랑스 관광청 홈페이지, 요리 전문 서적 참고
[307] [Le Figaro] Les Français fêtent Pâques et Noël de plus en plus "à la carte"
[308] [L'Express] Pâques et Noël : les Français remettent en question les traditions culinaires
[309] 한국의 전통 음식 (이영숙 저), 한국의 명절 음식 (김선희 저) 참고
[310] 한국의 전통 음식 (이영숙 저), 한국의 명절 음식 (김선희 저) 참고
[311] 한국언론진흥재단. 2023년 한국인의 명절 음식 소비 트렌드 참고
[312] https://www.20minutes.fr/dossier/manifestation
[313] https://www.amnesty.fr/focus/tout-savoir-sur-le-droit-de-manifester-en-france
[314] https://www.trtfrancais.com/actualites/pourquoi-les-francais-manifestent-ils-autant-12616715
[315] https://m.khan.co.kr/national/labor/article/201802042010001#c2b
[316] https://m.khan.co.kr/national/labor/article/201802042010001#c2b
[317] https://m.khan.co.kr/national/labor/article/201802042010001#c2b
[318] https://m.khan.co.kr/national/labor/article/201802042010001#c2b
[319] https://www.ytn.co.kr/_ln/0104_202309050950033361
[320] https://www.francetvinfo.fr/economie/retraite/reforme-des-retraites/reforme-des-retraites-quelle-reaction-des-opposants-apres-la-promulgation-de-la-loi_5773049.html
[321] https://www.chosun.com/national/national_general/2023/09/04/DRCO5QJAUZHC5EFYBWMHCPB45I/
[322] https://www.chosun.com/national/2023/09/04/3KDWDYCBFBGW5GRYFYC7KYVXKA/
[323] https://www.bjynews.com/news/articleView.html?idxno=17838
[324] http://www.firstnews.co.kr/news/articleView.html?idxno=79215
[325] https://www.kidshankook.kr/news/articleView.html?idxno=3772
[326] https://fr.wikipedia.org/wiki/Baiser#Baiser_sur_la_joue
[327] https://expat-in-france.com/faire-la-bise-in-france/
[328] https://erasmusplace.com/on-se-fait-la-bise/
[329] https://fr.quora.com/Pourquoi-est-ce-malpoli-de-porter-un-couvre-chef-%C3%A0-lint%C3%A9rieur
[330] https://www.abcsalles.com/mag/inspiration/regles-connaitre-porter-chapeau-accessoire-elegance-ultime-sublimer-tenues-fete
[331] https://www.abcsalles.com/mag/inspiration/regles-connaitre-porter-chapeau-accessoire-elegance-ultime-sublimer-tenues-fete
[332] https://www.obonparis.com/ko/magazine/etiquette

[333] https://www.pret-a-voyager.com/2011/09/common-courtesy-ratp/
[334] http://myelitetmoi.unblog.fr/2012/06/24/ratp/
[335] https://www.hellofrench.com/videos/be-polite-in-france-13-rules-you-need-to-know/
[336] https://madame.lefigaro.fr/cuisine/na-pas-couper-salade-avec-couteau-glacons-dans-vin-guide-des-bonnes-manieres-a-table-politesse-250618-149470
[337] https://restaurants-en-terrasse.fr/pourquoi-ne-pas-couper-le-pain-avec-un-couteau
[338] https://www.femmeactuelle.fr/cuisine/news-cuisine/pourquoi-il-ne-faut-pas-mettre-ses-coudes-sur-la-table-2103751
[339] https://madame.lefigaro.fr/cuisine/na-pas-couper-salade-avec-couteau-glacons-dans-vin-guide-des-bonnes-manieres-a-table-politesse-250618-149470
[340] https://www.cuisineactuelle.fr/culture-food/guide-par-ingredient/tout-savoir-sur/pourquoi-faut-il-mettre-la-fourchette-a-droite-et-le-couteau-a-gauche-192829
[341] Benjamin Joinau, 『Croquis De Coree』, Atlier Des Cahiers, p.27
[342] https://digitalchosun.dizzo.com/site/data/html_dir/2016/03/30/2016033011410.html
[343] https://www.marmiton.org/trucs-et-astuces/pourquoi-faut-il-arriver-en-retard-a-un-diner-s4064664.html
[344] https://www.finedininglovers.fr/article/les-regles-de-bonne-conduite-respecter-quand-est-invite
[345] https://www.lefigaro.fr/maison/comment-etre-un-invite-modele-a-diner-20230407
[346] https://wspaper.org/article/28796
[347] https://www.brainmedia.co.kr/BrainTraining/13895
[348] Benjamin Joinau, 『Croquis De Coree』, Atlier Des Cahiers, p.24
[349] https://www.brainmedia.co.kr/BrainTraining/13895
[350] 백경선(2022), 『파노라마 프랑스 문화』, 다사랑, p.94
[351] https://www.beertime.fr/bierologie/passion-pression/cette-tradition-du-moyen-age-trinquer
[352] 이지현. (2022). *프랑스 교육처럼* (pp.90). 지우출판.
[353] 김선미. 곽노경. (2012). *프랑스 문화와 예술 그리고 프랑스어* (pp.38). 신아사.
[354] 김선미. 곽노경. (2012). *프랑스 문화와 예술 그리고 프랑스어* (pp.39). 신아사.
[355] 현 교육제도의 배경. https://educoree.fr/france-edu/contexte/
[356] 현 교육제도의 배경. https://educoree.fr/france-edu/contexte/.
[357] 한국의 교육제도. https://terms.naver.com/entry.naver?docId=3536529&cid=58550&categoryId=58551.
[358] 교육과정. https://educoree.fr/france-edu/cursus/.
[359] 교육과정. https://educoree.fr/france-edu/cursus/.
[360] 프랑스교육부. https://www.education.gouv.fr
[361] 교육과정. https://educoree.fr/france-edu/cursus/.
[362] 교육과정. https://educoree.fr/france-edu/cursus/.
[363] 중학교 교육과정. https://educoree.fr/france-edu/cursus/college/.
[364] 중학교 교육과정. https://educoree.fr/france-edu/cursus/college/.
[365] 이지현. (2022). *프랑스 교육처럼* (pp.234-pp.235). 지우출판.
[366] 교육정책뉴스. https://www.edupolnews.com/news/articleView.html?idxno=20225
[367] 교육정책뉴스. https://www.edupolnews.com/news/articleView.html?idxno=20225
[368] 호주의 교육 시스템. https://www.studyaustralia.gov.au/ko/plan-your-studies/australias-education-system#ref0

일본의 교육 시스템.
https://education.jnto.go.jp/ko/school-in-japan/japanese-education-system/
[369] 외국은 왜 9월에 학기를 시작할까?. (2019).
https://www.bbc.com/korean/international-49644787
[370] 프랑스한국교육원 https://educoree.fr/france-edu/calendrier/
[371] 이지현. (2022). *프랑스 교육처럼* (pp. 187-188). 지우출판.
[372] 한국의 교육 제도.
https://terms.naver.com/entry.naver?docId=3536529&cid=58550&categoryId=58551
[373] 국립특수교육원. (2009), *특수교육학 용어사전*. 하우 출판사
[374] 이지현. (2022). *프랑스 교육처럼* (pp. 39-40). 지우출판.
[375] 통계청 자료 – 초중고 사교육비 조사
https://kostat.go.kr/statDesc.es?act=view&mid=a10501010000&sttr_cd=S012001
[376] 이지현. (2022). *프랑스 교육처럼* (pp. 133-134). 지우출판.
[377] 김선미, &곽노경. (2012). *프랑스 문화와 예술 그리고 프랑스어* (pp. 77-78). 신아사.
[378] 이지현. (2022). *프랑스 교육처럼* (pp. 246). 지우출판.
[379] 이지현. (2022). *프랑스 교육처럼* (pp. 120). 지우출판.
[380] 이지현. (2022). *프랑스 교육처럼* (pp. 121-122) 지우출판. / 바칼로레아.
https://educoree.fr/%eb%b0%94%ec%b9%bc%eb%a1%9c%eb%a0%88%ec%95%84/
[381] 이지현. (2022). *프랑스 교육처럼* (pp. 62). 지우출판.
[382] 이지현. (2022). *프랑스 교육처럼* (pp. 117). 지우출판.
[383] 최민아. (2022). *앞서지 않아도 행복한 아이들* (pp. 52-55). 효형출판.
[384] 대학 위의 대학 '그랑제콜' 어느 정도?. (2019).
http://www.astronomer.rocks/news/articleView.html?idxno=87272
[385] 이지현. (2022). *프랑스 교육처럼* (pp. 242). 지우출판.
[386] 백경선. (2022). *파노라마 프랑스 문화* (pp. 84). 다사랑.
[387] 이지현. (2022). *프랑스 교육처럼* (pp. 242). 지우출판.
[388] 최민아. (2022). *앞서지 않아도 행복한 아이들* (pp. 170-171). 효형출판. / 이지현. (2022). *프랑스 교육처럼* (pp. 245). 지우출판. / 김선미, &곽노경. (2012). *프랑스 문화와 예술 그리고 프랑스어* (pp. 78). 신아사.
[389] 최민아. (2022). 앞서지 않아도 행복한 아이들 (pp. 170-171). 효형출판. / 이지현. (2022). 프랑스 교육처럼 (pp. 244). 지우출판. / 김선미, &곽노경. (2012). 프랑스 문화와 예술 그리고 프랑스어 (pp. 78-79). 신아사.
[390] 최민아. (2022). *앞서지 않아도 행복한 아이들* (pp. 170-171). 효형출판. / 이지현. (2022). *프랑스 교육처럼* (pp. 244). 지우출판. / 김선미, &곽노경. (2012). *프랑스 문화와 예술 그리고 프랑스어* (pp. 78-79). 신아사.
[391] 2023 국제통계연감 도시화율(1950~2050). (2022.09).
[392] 2023 국제통계연감 도시화율(1950~2050). (2022.09).
[393] 2022년 인구주택총조사 등록센서스 방식 결과. (2023.10.).
https://kostat.go.kr/synap/skin/doc.html?fn=02bde6f7dd5c50db6c4e296bd80f2dbee046eddfaef03bda518c7c3f8b6832d2&rs=/synap/preview/board/203/.
[394] 대한건축학회 온라인 건축용어사전
[395] 유현준. 공간이 만든 공간 (pp. 71-76). : 을유문화사.
[396] 서울특별시, 기상자료개방포털『2020년 전국 강수량』

[397] Meteo France, Le climat en France métropolitaine. (2023.09.). https://meteofrance.com/comprendre-climat/france/le-climat-en-france-metropolitaine
[398] 유현준. 공간이 만든 공간 (pp. 126). : 을유문화사.
[399] 제해성, 고밀도 집합주거에 관한 법규 및 제도의 현황과 개선방안, 대한건축학회, 대한건축학회지, 제33권6호, pp. 24-25. 1989
[400] 유현준. 도시는 무엇으로 사는가 (pp. 234-236). : 을유문화사.
[401] 송영섭. 오스만의 파리 개조사업에 관한 연구. 홍익대학교저널, 17, 2006.
[402] 민유기, 감염병 예방을 위한 도시위생 및 건축 규정 변화 : 20세기 초 파리를 중심으로, 서울시립대학교 서울학연구소, pp. 2, 2022.
[403] 송영섭. 오스만의 파리 개조사업에 관한 연구. 홍익대학교저널, 17, 2006.
[404] 강신영. (2017.02). 파리 도시재생 그랑 프로제(GPRU)와 공공미술(서울대석사학위논). 서울대학교 대학원 미술경영협동과정,
[405] TvN, [#벌거벗은세계사] 파리만의 도시구조는 어떻게 탄생하였는가. (2023.04). https://www.youtube.com/watch?v=JM9fGzvm8hs
[406] 이길임. 프랑스 사회주거 계획방식에 나타난 르 꼬르뷔제의 영향. 2011.
[407] 유현준. 공간이 만든 공간 (pp. 250-281). : 을유문화사.
[408] 이길임. 프랑스 사회주거 계획방식에 나타난 르 꼬르뷔제의 영향. 2011.
[409] 봉인식. (2007). 프랑스 공공임대주택의 사회적 변화에 관한 연구. 제 15권 제 4호.
[410] 봉인식. (2007). 프랑스 공공임대주택의 사회적 변화에 관한 연구. 제 15권 제 4호.
[411] 이성근, 최민아. (2016). 2000년 이후 프랑스 사회주택 지원 제도 및 공급 특성연구. pp. 5-7.
[412] 제해성, 고밀도 집합주거에 관한 법규 및 제도의 현황과 개선방안, 대한건축학회, 대한건축학회지, 제33권6호, pp. 24-25. 1989
[413] 유현준. 도시는 무엇으로 사는가 (pp. 236). : 을유문화사.
[414] 장한두, & 제해성. (2019). 프랑스와 한국의 리모델링 사례분석을 통한 아파트 계획과 주택정책 비교 연구 (pp. 132). : 대한건축학회논문집, 35(9).
[415] 장한두, & 제해성. (2019). 프랑스와 한국의 리모델링 사례분석을 통한 아파트 계획과 주택정책 비교 연구 (pp. 132). : 대한건축학회논문집, 35(9).
[416] 오정숙. (2014). 공공임대주택제도에 관한 연구 = A Study on the Public Rental Housing System(경남대학교 행정대학원 법무학석사). 경남대학교 행정대학원, 경상남도.
[417] 장한두, & 제해성. (2019). 프랑스와 한국의 리모델링 사례분석을 통한 아파트 계획과 주택정책 비교 연구 (pp. 133-134). : 대한건축학회논문집, 35(9).
[418] 봉인식. (2007). 프랑스 공공임대주택의 사회적 변화에 관한 연구. 제 15권 제 4호.
[419] 서울시 정책 뉴스 청년안심주택, 임대료 낮추고 품질 개선! 12만 가구 공급. (2023.04.04.). https://www.seoul.go.kr/seoul/mediahub_view.do?articleNo=2007506.
[420] 두산백과 용어사전 부르주아. (n.d.). https://terms.naver.com/entry.nhn?docId=1103757&cid=40942&categoryId=31636.
[421] 이선정. (2018). 도시공동주거 공간과 인문학적 요소의 관계 연구를 위한 기초연구 -사회・문화적 관점으로의 파리 아파트 지속가능성 고찰-. 한국공간디자인학회논문집, 13(4), pp. 111-113.
[422] 진미윤, 김경. (2019). 프랑스 공공임대주택의 지속 성장의 기반과 최근 정책 딜레마. 주택연구, 27(3), pp. 5-40.
[423] 이선정. (2018). 도시공동주거 공간과 인문학적 요소의 관계 연구를 위한 기초연구 -사회・문화적 관점으로의 파리 아파트 지속가능성 고찰-. 한국공간디자인학회논문집,

13(4), pp. 112.
[424] 인사이트 뉴스. (2023.06). https://www.insight.co.kr/news/442002.
[425] 장한두, & 제해성. (2019). 프랑스와 한국의 리모델링 사례분석을 통한 아파트 계획과 주택정책 비교 연구 (pp. 132). : 대한건축학회논문집, 35(9).
[426] 이주원. (2012). "공공임대주택 관리 운영실태와 개선방향"(보고서 번호: 28면).: 공공임대주택 정책의 현주소와 과제.
[427] https://www.11v11.com/teams/korea-republic/tab/opposingTeams/opposition/France/
[428] https://www.fff.fr/121-notre-histoire.html
[429] https://www.fifa.com/fifa-world-ranking
[430] https://uk.fff.fr/2-our-history.html
[431] https://www.kfa.or.kr/kfa/?act=history
[432] https://www.fifa.com/fifa-world-ranking/men?dateId=id14177
[433] https://www.kfa.or.kr/archive/national.php?sec=man&div=TV9BU0lBTi1DVVA
[434] https://europeanleagues.com/member/ligue-de-football-professionnel/
[435] https://www.ligue1.com/articles/news/2021/11/10/uber-eats-and-lfp-agree-naming-extension-ligue-1-eligue1-partner
[436] https://www.lfp.fr/Articles/Communiqu%C3%A9s/2023/06/14/la-lfp-et-bkt-prolongent-leur-partenariat-pour-le-naming-de-la-ligue-2
[437] https://www.kleague.com/about/history.do
[438] https://www.kleague.com/news_view.do?seq=89024&category=notice&orderBy=seq&viewOption=album&page=1
[439] https://www.kleague.com/about/sponsor.do
[440] https://en.psg.fr/teams/first-team/honours
[441] https://www.ogcnice.com/fr/club/histoire/les-50-glorieuses.html
[442] https://www.asmonaco.com/en/histoire/asm-story/
[443] https://www.sb29.bzh/historique.php
[444] https://www.losc.fr/palmares
[445] https://www.om.fr/fr/palmares
[446] https://www.rclens.fr/fr/palmares-du-club
[447] https://www.stade-de-reims.com/palmares/
[448] https://www.rcstrasbourgalsace.fr/en/the-club/the-history-of-racing/
[449] https://www.staderennais.com/en/histoire
[450] http://www.hac-foot.com/news/palmares-du-hac.html
[451] https://www.mhscfoot.com/club/palmares
[452] https://www.fcnantes.com/articles/article2809.php?num=21253
[453] https://www.fcmetz.com/historique/palmares
[454] https://www.ol.fr/en/club/history/records
[455] https://www.fff.fr/competition/engagement/405935-coupe-de-france/phase/1/155-le-palmares-de-la-coupe-de-france.html
[456] https://www.fclorient.bzh/histoire/
[457] https://www.clermontfoot.com/histoire/
[458] https://www.uhfc.tv/fc/history.php

[459] https://www.steelers.co.kr/club/history
[460] https://www.gwangjufc.com/fc/vision.php
[461] https://hyundai-motorsfc.com/history
[462] https://www.the-afc.com/en/club/afc_champions_league/fixtures__standings.html
[463] https://www.daegufc.co.kr/history/history.php
[464] https://www.fcseoul.com/club/clubFcHistoryView
[465] https://www.dhcfc.kr/club/history.php
[466] https://www.jeju-utd.com/club/history
[467] https://gangwon-fc.com/club/history_prev
[468] https://suwonfc.com/?p=36
[469] http://www.bluewings.kr/team_awards
[470] https://documents.uefa.com/r/Regulations-of-the-UEFA-Champions-League-2023/24/Article-14-Match-system-qualifying-phase-Online
[471] https://documents.uefa.com/r/Regulations-of-the-UEFA-Champions-League-2023/24/Article-18-Match-system-round-of-16-quarter-finals-and-semi-finals-Online
[472] https://documents.uefa.com/r/Regulations-of-the-UEFA-Europa-League-2023/24/Article-3-Entries-for-the-competition-Online
[473] https://documents.uefa.com/r/Regulations-of-the-UEFA-Europa-League-2023/24/Article-16-Equality-of-points-group-stage-Online
[474] https://documents.uefa.com/r/Regulations-of-the-UEFA-Europa-League-2023/24/Annex-A-Access-List-for-the-2023/24-UEFA-Club-Competitions-Online
[475] https://documents.uefa.com/r/Regulations-of-the-UEFA-Europa-Conference-League-2023/24/Article-17-Match-system-knockout-round-play-offs-Online
[476] https://assets.the-afc.com/downloads/tournament-regulations/AFC-Champions-League-2023-24-Competition-Regulations.pdf
[477] https://www.uefa.com/nationalassociations/uefarankings/country/#/yr/2024
[478] https://www.uefa.com/nationalassociations/uefarankings/country/about/
[479] https://www.uefa.com/uefachampionsleague/history/winners/
[480] https://www.uefa.com/uefaeuropaleague/history/winners/
[481] https://www.uefa.com/uefaeuropaconferenceleague/history/winners/
[482] https://www.uefa.com/nationalassociations/uefarankings/club/#/yr/2024
[483] https://www.the-afc.com/en/more/afc_ranking.html
[484] https://assets.the-afc.com/Ranking/2022/AFC-Club-Competitions-Ranking-2022-updated.pdf
[485] https://www.fotmob.com/ko/leagues/525/stats/afc-champions-league/trophies
[486] https://www.kfa.or.kr/layer_popup/popup_live.php?act=news_tv_detail&idx=25826&div_code=news&check_url=bGF5ZXI=&lang=KOR
[487] https://www.kleague.com/about/competition.do
[488] https://www.ouest-france.fr/sport/football/ligue-2/ligue-2-format-clubs-engages-dates-cles-ce-qui-change-pour-cette-saison-2023-2024-4f931600-3041-11ee-88f0-37c5cf28e831
[489] https://www.kleague.com/about/competition.do#
[490] https://european-union.europa.eu/principles-countries-history/country-profiles_en?page=0
[491] https://www.eea.europa.eu/en/countries
[492] https://www.oacps.org/about-us/

[493] https://www.lfp.fr/-/media/Project/LFP/LFP/Documents/Charte-Foot-Pro/23-24-JOUEURS-CHARTE-30-06.pdf
[494] https://www.kleague.com/news_view.do?seq=86968&category=notice&orderBy=seq&viewOption=album&page=20
[495] https://www.fotmob.com/ko/players/701154/kylian-mbappe
[496] https://m.sports.naver.com/player/index?playerId=20130248&category=kleague&tab=record&from=sports
[497] https://www.fotmob.com/ko/players/954621/youssouf-fofana
[498] https://www.steelers.co.kr/record/member_detail?player_id=20230043
[499] https://www.fotmob.com/ko/players/715301/jonathan-clauss
[500] https://m.sports.naver.com/player/index?from=nx&playerId=20200046&category=kleague&tab=record
[501] https://www.fotmob.com/ko/players/279714/brice-samba
[502] https://m.sports.naver.com/player/index?playerId=20130156&category=kleague&tab=record&from=sports
[503] https://www.fotmob.com/ko/players/30981/lionel-messi
[504] https://www.steelers.co.kr/record/member_detail?player_id=20170244
[505] https://en.psg.fr/fans/official-stores
[506] https://en.psg.fr/teams/club/content/paris-celebrates-its-korean-fans-with-special-shirt-printing-and-a-meet-up-in-seoul-2023-2024
[507] https://map.naver.com/p/search/fc%EC%84%9C%EC%9A%B8%20%ED%8C%AC%ED%8C%8C%ED%81%AC/place/38482241?placePath=?entry=pll&from=nx&fromNxList=true&searchType=place&c=15.00,0,0,0,dh
[508] https://boutique.fff.fr/fr/?loc=fr-FR
[509] https://shop.playkfa.com/product/all
[510] https://www.fotmob.com/ko/players/78624/didier-deschamps
[511] https://www.fotmob.com/ko/players/133543/jurgen-klinsmann
[512] https://www.fotmob.com/ko/players/184138/antoine-griezmann
[513] https://www.fotmob.com/ko/players/212867/heung-min-son
[514] https://www.fotmob.com/ko/players/914458/aurelien-tchouameni
[515] https://www.fotmob.com/ko/players/623698/beom-hwang
[516] https://www.fotmob.com/ko/players/658554/dayot-upamecano
[517] https://www.fotmob.com/ko/players/828159/min-jae-kim
[518] https://www.fotmob.com/ko/players/466439/mike-maignan
[519] https://www.fotmob.com/ko/players/167247/seung-gyu-kim
[520] https://www.fotmob.com/ko/players/1015185/eduardo-camavinga
[521] https://www.fotmob.com/ko/players/925345/hyun-seok-hong
[522] https://www.transfermarkt.com/ligue-1/besucherzahlen/wettbewerb/FR1
[523] https://www.orangevelodrome.com/page-stade/
[524] https://www.transfermarkt.com/3524/stadion/verein/3524
[525] https://www.11v11.com/teams/france/tab/stats/option/attendances/season/2023/
[526] https://www.transfermarkt.com/frankreich/stadion/verein/3377/stadion_id/535
[527] https://www.ogcnice.com/en/stadium/allianz-riviera.html

[528] https://portal.kleague.com/main/schedule/teamCrowdPopup.do?year=2023&seq=1
[529] https://www.fcseoul.com/club/clubFcHomeStadiumView
[530] https://www.gwangjufc.com/fc/stadium.php
[531] https://www.kfa.or.kr/national/?act=nt_man
[532] https://www.sisul.or.kr/open_content/worldcup/guidance/mainst.jsp
[533] http://www.uic.or.kr/munsu/football/football01.do
[534] European Commission. (2018). Digital Economy and Society Index (DESI). https://eufordigital.eu/wp-content/uploads/2019/10/Digital-Economy-and-Society-Index-DESI-2018.pdf
[535] 소프트웨어정책연구소. (2022.05.27.). 지수로 본 한국 디지털 전환의 방향. https://spri.kr/posts/view/23448?code=data_all&study_type=industry_trend
[536] Demis Hassabis. (2018.03.29.). Google Deepmind. https://deepmind.google/discover/blog/a-return-to-paris/
[537] Google Deepmind. https://deepmind.google/about/careers/
[538] 윤상웅 서기관, 이상국 사무관. (2019. 12. 17). 인공지능(AI) 국가전략 발표. 과학기술정보통신부. https://www.msit.go.kr/bbs/view.do?sCode=user&nttSeqNo=2405727&pageIndex=1&searchTxt=%EA%B5%AD%EA%B0%80%EC%A0%84%EB%9E%B5&searchOpt=ALL&bbsSeqNo=94&mId=113&mPid=112
[539] 중소벤처기업부. https://www.smes.go.kr/venturein/institution/ventureGuide
[540] 법제처. (2023. 10. 15). 1인 창조기업의 의미 및 현황. https://www.easylaw.go.kr/CSP/CnpClsMain.laf?popMenu=ov&csmSeq=1505&ccfNo=1&cciNo=1&cnpClsNo=1
[541] The Space. Station F: the world's largest startup campus opens in Paris. https://thespaces.com/station-f-worlds-largest-startup-campus-paris/
[542] 판교테크노밸리. 판교테크노밸리 개요. https://www.pangyotechnovalley.org/base/contents/view?contentsNo=18&menuLevel=3&menuNo=12
[543] www. kmaa. or. kr. 2급 방송&무대 이론-한국분장예술인협회
[544] www. kmaa. or. kr. 2급 방송&무대 이론-한국분장예술인협회
[545] www. kmaa. or. kr. 2급 방송&무대 이론-한국분장예술인협회
[546] www. kmaa. or. kr. 2급 방송&무대 이론-한국분장예술인협회
[547] 신지현, 고대 한국인의 얼굴특징와 화장에 관한 연구:고구려 고분벽화를 중심으로, 중앙대학교, 2003.
[548] L'Oréal, Who We Are, https://www.loreal.com/en/group/
[549] AMORE PACIFIC, About Us, https://www.apgroup.com/int/ko/
[550] LVMH, About LVMH, https://www.lvmh.com
[551] CHANEL, 샤넬 소개, https://www.chanel.com/kr/
[552] AMORE PACIFIC, COMMITMENTS, https://www.apgroup.com/int/ko/
[553] 허나윤, 코스메틱 업계, "ESG경영은 선택 아닌 필수, 이제는 속도전", http://www.iconsumer.or.kr/news/articleView.html?idxno=22411&returnAIPage=%2Fnews%2FadminArticleIntegrationRecognition.html%3Fsc_area%3DRW
[554] L'Oréal, L'Oréal For The Future, https://www.loreal.com/ko-kr/korea/pages/group/loreal-for-the-future/

[555] 정석균, 아름다움을 공유하는 프리미엄 화장품 기업, 로레알(L'Oréal), http://www.mediapia.co.kr/news/articleView.html?idxno=60580#0BrP
[556] LVMH, SOCIAL & ENVIRONMENTAL RESPONSIBILITY, https://www.lvmh.com/group/lvmh-commitments/social-environmental-responsibility/
[557] SOVAC, [SOVAC Weekly ESG News] 2023년 2월 4주, https://socialvalueconnect.com/community/649.do
[558] 네이버 지식백과, 막장드라마 https://terms.naver.com/entry.naver?docId=371123&cid=42028&categoryId=42028
[559] 네이버 포스트, 작년 BTS로 벌어들인 한국관광수입 얼마? K-관광까지 뜬다 https://post.naver.com/viewer/postView.naver?volumeNo=28812403&memberNo=30482008&vType=VERTICAL
[560] 네이버 뉴스, [언론계 역사 속 오늘] 1944년 12월18일, 프랑스 '르몽드'지 창간 https://n.news.naver.com/mnews/article/006/0000121370?sid=102
[561] 조선일보, '한국남자 사귀는 법' 찾아본다…K드라마 빠진 프랑스 여성들 https://www.chosun.com/international/international_general/2023/11/07/7VCRNANILJCCBHGSBQHUTKPYPQ/
[562] 조선일보, '한국남자 사귀는 법' 찾아본다…K드라마 빠진 프랑스 여성들 https://www.chosun.com/international/international_general/2023/11/07/7VCRNANILJCCBHGSBQHUTKPYPQ/
[562] 조선일보, '한국남자 사귀는 법' 찾아본다…K드라마 빠진 프랑스 여성들 https://www.chosun.com/international/international_general/2023/11/07/7VCRNANILJCCBHGSBQHUTKPYPQ/
[563] 탑스타뉴스, 현장] '위대한 유혹자' 강인PD, 원작 리메이크 대한 부담감?…"부담보다 지원이라 생각해" https://www.topstarnews.net/news/articleView.html?idxno=373118
[564] 네이버 지식백과, 시네마토그라프, https://terms.naver.com/entry.naver?docId=1530382&cid=60657&categoryId=60657
[565] 네이버 지식백과, 누벨바그, https://terms.naver.com/entry.naver?docId=348908&cid=42617&categoryId=42617
[566] 네이버 지식백과, 프랑스 국립 영화 센터 https://terms.naver.com/entry.naver?docId=813803&cid=43137&categoryId=43137
[567] 네이버 지식백과, 뉴 할리우드, https://terms.naver.com/entry.naver?docId=1691651&cid=42219&categoryId=42237
[568] 네이버 지식백과, 칸 영화제, https://terms.naver.com/entry.naver?docId=1149209&cid=40942&categoryId=31805
[569] 네이버 지식백과, 칸 영화제, https://terms.naver.com/entry.naver?docId=1149209&cid=40942&categoryId=31805
[570] 미디어데일, 어떤 한국작품들이 주목받고 있나, 칸 영화제 필름마켓, http://www.mediadale.com/news/articleView.html?idxno=17841
[571] 네이버뉴스, [OTT다방] 韓 숨은 명작 리메이크해 대박 난 프랑스 영화 '레스틀리스' https://entertain.naver.com/read?oid=011&aid=0004031491
[572] 네이버뉴스, [OTT다방] 韓 숨은 명작 리메이크해 대박 난 프랑스 영화 '레스틀리스' https://entertain.naver.com/read?oid=011&aid=0004031491

‘프로젝트’라는 단어가 그리 낯설지 않은 요즘. 여럿이 모여 몇 권의 ‘책’을 만들기로 했다. 일상 곳곳에서 맞닥뜨리는 지극히 익숙한 대상이지만, 줄곧 읽을 생각만 했지 정작 이를 만드는 일까지는 상상해 보지 못했던 터였다.

‘가천’에서 ‘인문’으로 만난 이들. 처음부터 끝까지 기획, 집필, 편집, 디자인 모두 이들 손에 이루어졌다. 매년 이맘때면 이런 결과물이 앞자리 번호를 달고 하나둘 쌓이리라 기대한다. 시간을 거스르며 결국은 그 숫자들이 우리를 이어 줄 것이다.

짧지만 강렬했던 한 달이 지난 지금, 어느새 모두 책 한 권의 저자가 되었다. 첫 출판의 도전을 마치자마자 우리는 또 각자 새로운 이야기를 꿈꾼다. 그 출발을 함께할 수 있어 기쁘고 벅차다.

2020년 12월

‘가천 인문 책 프로젝트’를 시작하며,

가천대학교 인문대학

'가천 인문 책 프로젝트' 시리즈 

01 나도 모르게 먹히었다
- 김주민, 이하윤, 이예빈, 박용춘

02 스무 살은 무거워서 집에 두고 다녀요
- 백희원, 김창희, 한예지

03 배라도 든든하게, 글밥 한 끼.
- 김미경, 신성호, 정량량

04 쩝쩝박사
- 김준형, 이금라, 임세아, 한주희

05 가장 개인적인
- 김성일, 서윤희, 이노자예, 조윤희

06 의성이의 시끌벅적한 하루
- 김다영, 김연수, 손문욱, 임현중

07 밥통
- 허윤준, 이정선, 레 뚜안 안, 응웬 트렁키엔

08 성남에서의 가천-로그 (Gachon-log in Seongnam)
- 강진주, 구기언, 김목원, 김선우, 김솔, 노주영, 문준수, 문창환, 박도이, 백다은, 소힙존, 신기문, 신지수, 오영은, 윤상연, 윤우석, 이가연, 이승렬, 이영주, 이종희, 임동현, 정다현, 정주영, 정진미, 최선호, 치트러카준, 현재호, 정선주

09 서툴러도, 사랑해
- 권지은, 김은서, 김주영, 이하늘

10 전지적 도로시 시점
- 이윤선, 심보영, 이승유, 김가빈

11 카페인과 수면제 사이
- 김준호, 이윤수

12 비록 파라다이스는 아닐지라도
- 송윤서, 이예솜

13 커피 칸타타, 한낮에 꾸는 꿈

- 김유진, 신현기, 최수빈

14 늙은 왕자

- 양혜원, 조소빈, 차소윤, 최민영

15 추억 발자국

- 김가윤, 손수민, 이창규, 정다연

16 탈피

- 김선아

17 찾았다, 프랑스! - MZ세대가 바라보는 프랑스-한국

- 강다솜, 김유경, 안미르, 이유정

18 나의 길 2022

- 홍채린, 김수민, 이예원, 김연재, 김현수, 방극현, 이유선, 임영재, 이다원, 배효정, 정유나, 안소연, 오현택, 김민주, 권라혜, 장상구, 최민수, 김해진, 신정민, 최수인, 장미리, 조성은, 배지은, 임형준, 정슬아, 정지윤, 송인동, 최대원, 김유화, 이상현, 이상훈, 권사랑, 이은지, 임정식, 이만식

19 REALTY for REAL (진짜들을 위한 부동산) [가천대 영어교재 시리즈-01]

- 방극현, 최대원, 송인동, 임형준

20 팝송 가사 실전에 써먹기(Popping expressions in Pop songs) [가천대 영어교재 시리즈-02]

- 배효정, 권라혜, 신정민, 이다원, 임영재, 최수인, 정슬아

21 Dumbo와 함께 말해요 [가천대 영어교재 시리즈-03]

- 김민주, 권라혜, 안소연, 정유나

22 동화로 시작하는 영어공부 [가천대 영어교재 시리즈-04]

- 장미리, 권사랑, 배효정, 신정민, 이다원, 이유선, 조성은, 홍채린

23 별들의 놀이터(Playground of the Stars) [가천대 영어교재 시리즈-05]

- 송인동, 김민주, 김수민, 김연재, 김유화, 이예원, 정유나

24 전치사가 누구야? 대단한 품사지~ [가천대 영어교재 시리즈-06]

- 김현수, 배지은, 오현택, 이상훈, 임정식, 최민수

25 누구나 영어로 말할 수 있다 [가천대 영어교재 시리즈-07]

- 이은지, 정슬아, 최수인, 최민수, 장상구, 안소연, 권라혜, 오현택, 조성은, 정지윤

26 TRENDER: 젊음의 시각으로 시대를 읽다

- 강영흠, 김동환, 김시현, 김지윤, 이가현, 정준영

27 노선 밖의 이야기

- 김지수, 박소연, 이효진, 지은결, 천지영

28 나의 튜토리얼 회고록

- 오소영, 이미현, 이혜람, 정유리, 천성혁

29 각자의 새벽 속에서

- 강중현, 강태경, 김연유, 안주현, 황민지

30 3월 여름밤의 낙엽은 폭설이다

- 김민선, 김현정, 남궁설, 서민지

31 파도타기

- 김정현, 김혜정, 박경아, 양혜인

32 여기저기 써먹는 일상 한국어 (중국어ver)

- 권자연, 김현진, 조수경, 채예인, 황민서

33 마왕에게 꼭 필요한 조언 모음집

- 김동현

34 프랑스 문화 올림픽

- 김의나, 김종현, 김하진, 남치원, 박채연, 성윤지, 신동훈, 신승연, 양기성, 양현진, 이재형, 이주아, 정승아, 지창훈, 진희원, 허수정

35 중국, 넌 어떻게 생각해? : 중국인 인식 개선 프로젝트

- 김다희, 윤태민, 최하늘

36 Travel Bible: For Chinese Student at Gachon University

- 곽민정, 김예림, 김예신

37 즐겨찾기 서울: 한 권으로 보는 서울 핫 플레이스

- 양다연, 유혜린, 이나현